G. Ray Funkhouser · Robert R. Rothberg
Das Dogma vom Wachstum

G. RAY FUNKHOUSER
ROBERT R. ROTHBERG

DAS DOGMA VOM WACHSTUM

GEFAHREN UND CHANCEN
WIRTSCHAFTLICHER EXPANSION

CIP-Titelaufnahme der Deutschen Bibliothek

Funkhouser, G. Ray:
Das Dogma vom Wachstum : Gefahren und Chancen wirtschaftlicher Expansion / G. Ray Funkhouser ; Robert R. Rothberg. [Übers. von Helga Schrapp]. – Frankfurt am Main : Frankfurter Allgemeine ; Wiesbaden: Gabler, 1989
  Einheitssacht.: The pursuit of growth <dt.>
  ISBN-13: 978-3-322-87112-1   e-ISBN-13: 978-3-322-87111-4
  DOI: 10.1007/978-3-322-87111-4
NE: Rothberg, Robert R.:

First published by Tempus Books of Microsoft Press
© 1987 by G. Ray Funkhouser and Robert R. Rothberg
© Frankfurter Allgemeine Zeitung GmbH, Frankfurt am Main 1989
© Betriebswirtschaftlicher Verlag Dr. Th. Gabler GmbH, Wiesbaden 1989
Softcover reprint of the hardcover 1st edition 1989

Das Werk einschließlich aller seiner Teile ist urheberrechtlich geschützt. Jede Verwertung außerhalb der engen Grenzen des Urheberrechtsgesetzes ist ohne Zustimmung des Verlages unzulässig und strafbar. Das gilt insbesondere für Vervielfältigungen, Übersetzungen, Mikroverfilmungen und die Einspeisung und Verarbeitung in elektronischen Systemen.

ISBN-13: 978-3-322-87112-1

Vorwort

IBM, Du Pont, Procter and Gamble – Erfolgsgeschichten vom sensationellen Unternehmenswachstum sind bereits zur Genüge geschrieben und veröffentlicht worden. Aber auch Geschichten, die von den großen Wachstumspleiten erzählen, wie etwa die von *Atari, Bendix* oder *People Express*.

Unternehmenswachstum wurde bisher als der einzige Indikator betrachtet, der ein erfolgreiches Unternehmen ausmacht. Strategien von Unternehmen waren ausschließlich auf Wachstum ausgerichtet, ob dieses nun möglich und ratsam war oder nicht. Doch die Erfahrungen aus der Vergangenheit lehren uns, daß Wachstum nicht immer etwas Erstrebenswertes ist und schon gar nicht, wenn man es erzwingen will.

G. Ray Funkhouser und Robert R. Rothberg sind ihrerseits exzellente Kenner der großen und weltweit operierenden Firmen der USA. Durch die notwendige Distanz, die sie als Außenstehende zu diesen Unternehmen haben, sind sie in der Lage, kritisch deren Entwicklung und Zukunftschancen zu analysieren und zu beurteilen. Sie erkennen, daß übermäßiges Wachstum in der Katastrophe enden kann. Andererseits ist es aber für jedes Unternehmen möglich, durch eine angemessene Strategie auf Erfolgskurs zu bleiben – oder aber Wachstumsfallen gekonnt zu umgehen.

Wer aber weiß schon, was in welcher Situation das Richtige ist? Auch Funkhouser und Rothberg wollen nicht den Zeigefinger erheben und behaupten, sie hätten alles besser gewußt. Hätten sie das Erfolgsrezept, würden sie sicherlich keine Bücher mehr schreiben, sondern, auf den Bahamas zum Beispiel, ein süßes Leben genießen. Statt dessen wollen die beiden Autoren auf Schwierigkeiten aufmerksam machen, die durch falsche Strategien entstanden sind, vor allem durch falsche Wachstumsstrategien, damit aus den Pleiten und Erfolgen der Wirtschaftsgeschichte gelernt werden kann und Fehler sich nicht zwangsläufig wiederholen müssen.

Die Probleme, mit denen amerikanische Unternehmen zu kämpfen haben, sind gewiß auf europäische Firmen übertragbar. Die vielen Fallbeispiele, mit denen Funkhouser und Rothberg operieren, zeigen, daß Wachstumskatastrophen sich nicht auf ein Unternehmensmodell, einen Markt oder gar auf einen Staat beschränken. Wachstumsfallen sind ein globales Problem, auch wir in Europa können uns dem nicht verschließen. Europa hat schon einiges von den USA übernommen, darunter sicherlich viel Gutes. Doch die in Amerika gemachten Fehler sollten wir nicht übernehmen – aus ihnen müssen wir lernen.

Frankfurt am Main/
Wiesbaden, im März 1989 *Die Herausgeber*

Inhalt

Vorwort 5

1. Kapitel
Das Dogma vom Wachstum 13
Ein Star, der alle übertrifft 15
Wachstum – der Tanz ums goldene Kalb 21
Warum uns Wachstum Freude macht 27
Das Ende problemlosen Wachstums 32

2. Kapitel
Fragwürdige Bewertungskriterien 43
Der Yuppie und der Dschinn 45
Wachstum, Wachstum, sei's gewesen 50
Maßstäbe des Wachstums 54
   Umsatz 55
   Marktanteil 58
   Gewinn und Cash flow 59
   Aktiva 62
   Firmenwert 65
   Inputfaktoren 68
   Die Zauberkunststücke des Rechnungswesens 68
   Geld 72
Manager im Wunderland 75

3. Kapitel
Konflikte zwischen Interessengruppen 79
Eine große, glückliche Familie 81

E Pluribus Unum 87
Eigentümer 90
Management 97
Belegschaft 101
Produktmärkte 102
Politik 104
Gesellschaft 106
Schweiß und Tränen 109

4. Kapitel
Gesundes Wachstum 119

Beeindruckende Wachstumsbeispiele 121
Langfristiges Wachstum:
E. I. Du Pont De Nemours And Company 122
„Monster-Wachstum":
International Business Machines (IBM) 123
Harmonisches Wachstum:
American Telephone And Telegraph (AT&T) 124
Akribisches Wachstum: Procter and Gamble 125
Internationales Wachstum: Japanische Autohersteller 127
Verordnetes Wachstum: Tagamet von SmithKline 128
Organisiertes Wachstum: De Beers Consolidated Mines 128
Anhaltendes Wachstum: McDonald's 129
Mythos und Wahrheit 130
Günstige Voraussetzungen für das Wachstum 132
Entdeckung brachliegender Märkte 133
Wachsen eines bestehenden Marktes 137
Zunehmende Kaufkraft eines bestehenden Marktes ... 138
Produktinnovationen 138
Verfahrensinnovationen 139
Patzer der Konkurrenz 140
Wachstum läßt sich nicht erzwingen 141
Wachstum und Schicksal 142
Die Rolle des Wachstums bei der Unternehmensstrategie 144
Die bemerkenswerte Geschichte vom Silicon Valley 146

Inhalt 9

5. Kapitel
Wenn das Wachstum aufhört 153
Die Piraten greifen an, die Leichenfledderer tauchen auf,
der Dschungel fordert sein Recht 155
Wie steht es um die Gegenwart? 161
    Die Ölfeldregion 162
    Das Schrottrevier 166
    Die Nahrungsmittelindustrie 169
    Fernsehen und Werbung 173
    Stolze Giganten vergangener Tage 178
Lektionen für den Ernstfall 182
    Lektion 1: Das Wachstum dauert nicht ewig 183
    Lektion 2: Wachstum ade, Scheiden tut weh 184
    Lektion 3: Wachstum, das zum Stillstand kommt,
    hat weitreichende Folgen 184
    Lektion 4: Ein ausbleibendes Wachstum
    macht verwundbar 185
    Lektion 5: Das Wachstum selbst macht verwundbar ... 185
    Lektion 6: Wenn das Wachstum aufhört,
    ist es auch mit der Karriere vorbei 186
Silicon Valley – Fortsetzung der Saga 188

6. Kapitel
Die Gefahren des forcierten Wachstums 197

Wachstumsspiele im Silicon Valley 199
Das forcierte Wachstum 204
Megakatastrophen des Wachstums 208
    Nutri/System oder wie aus einem gesunden
    Wachstum ein ungesundes wird 208
    People Express: Flüge für die breite Masse 210
    Staatspapiere – eine todsichere Sache:
    Chase Manhattan/Drysdale 212
    Datapoint: 39 mal erfolgreich, aber dann 213
    Penn Square und *Continental Illinois:*
    Ein Doppelschlag ins Wasser 215

Klassische Wachstumsfallen 219
„Nepper, Schlepper, Bauernfänger" 219
Unberechtigter Optimismus 222
Aufmerksamkeit: mangelhaft 225
Fehler des Managements 228
Leverage oder die allergrößte Wachstumsfalle 236
Die Vermeidung von Wachstumskatastrophen 238

7. Kapitel
Vom richtigen Umgang mit dem Wachstum 243

Das Wundermittelsyndrom 245
Die erste Wachstumsphase: die Inkubation 250
   Ein unausgereiftes Produkt 254
   Ein unausgereifter Markt 255
   Ein unausgereiftes Marketingsystem 256
   Die Hauptregeln der Inkubationsphase 258
Die zweite Wachstumsphase: der Aufstieg 261
   Kapitalhandhabung in der Aufstiegsphase 263
   Die Betriebsführung in der Aufstiegsphase 266
   Wie man die Aufstiegsphase am Leben hält 269
   Die Hauptregeln für die Aufstiegsphase 272
Die dritte Wachstumsphase: die Verlangsamung 275
Großunternehmen und Kommunen 278
   Das Wachstum von Kapitalgesellschaften 279
   Das Wachstum von Kommunen 282

8. Kapitel
Wie man in einer Phase ohne Wachstum agiert 287

Das Gesetz des Überlebens
und das Wunder der Auferstehung 289
Eine Nation, die auf den Hund gekommen ist 292
Management-Alternativen bei blockiertem Wachstum 294
   Arten wachstumsloser Situationen 296
   Die wirtschaftliche Lage 299
   Die Unternehmensgröße 301

Inhalt 11

Der Tätigkeitsbereich eines Unternehmens ... 302
Die Überwindung der Talsohle ... 302
Das Inganghalten des Geschäfts ... 304
Das Überstehen des Ausleseverfahrens ... 311
Wie ein Phönix aus der Asche? ... 320
Radikaloperation ... 322

9. Kapitel
Wenn nicht Wachstum, was dann? ... 329
Wachstum – Pro und Contra ... 331
   Wachstum – *Pro* ... 331
   Wachstum – *Contra* ... 334
Wege in die Zukunft ... 338
   Zunehmende Bevölkerungsdichte ... 339
   Überalterung der Industriegesellschaften ... 339
   Verknappung der Ressourcen ... 340
   Technologischer Wandel ... 340
   Ökologisches Ungleichgewicht ... 341
Die Zukunft der Vereinigten Staaten ... 342
Das Makro-Bild ... 347
Alternative Modelle ... 348
   Die alten Methoden sind völlig ausreichend ... 348
   Hoffnungslosigkeit, Verzweiflung, Elend ... 356
   Mit der Zeit gehen ... 359
Ein Ausblick auf die Zukunft des Wachstums ... 366
   Wohin führt uns das Wachstum? ... 371

Literaturverzeichnis ... 377

Stichwortverzeichnis ... 383

1. Kapitel

Das Dogma vom Wachstum

"Größer und besser", lautet der Wahlspruch vieler Amerikaner, und tatsächlich war es der Glaube an die "unbegrenzten Möglichkeiten", der die USA zur politischen und wirtschaftlichen Weltmacht werden ließ. Kein Präsidentschaftsbewerber hätte es sich leisten können, diesen Glauben zu erschüttern. Im Gegenteil: Jeder von ihnen sang sein Loblied auf das "Wachstum" und machte mit beim Tanz ums goldene Kalb. Aber nicht jedes Wachstum ist gesund. Wenn Wachstumseuphorie zu Wachstumsfieber führt, dann ist die Katastrophe nahe. Das erlebte Atari im Jahr 1982. Der Superstar erwies sich als Supernova, die sich schließlich mit einem kosmischen Knall selbst zerstörte. Wachstum an sich, das läßt sich daraus lernen, ist kein geeignetes Unternehmensziel.

Ein Star, der alle übertrifft

Die Firma hieß *Atari* – ein Unternehmensbereich der *Warner Communications*. Man schrieb das Jahr 1982.

Warner hatte *Atari* im Jahre 1976 von deren Gründer, Nolan Bushnell, für 27 Millionen Dollar erworben, und zwar kurz nach dem Erfolg von Bushnells bahnbrechendem Videospiel „Pong". Wall Street war damals skeptisch gewesen. Doch schon 1978 erfreuten sich Elektronikspiele zunehmender Beliebtheit, und 1982 verzeichnete man einen regelrechten Boom. Auf *Atari* entfiel die Hälfte von *Warners* 4-Milliarden-Dollar-Erträgen. Finanzexperten, die ihre frühere Skepsis abgelegt hatten, bescheinigten der *Warner Communications*, der am schnellsten wachsenden Gesellschaft in Amerika, daß sie ein Vorbild an Investitionsbereitschaft sei.

Zu Beginn des Jahres war der Kurs der *Warner*-Aktien fünfmal höher als nur drei Jahre vorher. *Atari* war zum Inbegriff des florierenden Silicon Valley geworden. Eine Gruppe von Politikern, die sich für die High Technology als Retterin der amerikanischen Wirtschaft stark gemacht hatte, erhielt den Spitznamen „Atari-Demokraten". *Atari* erreichte sogar noch mehr: Humoristen, Karikaturisten und Spaßvögel nahmen sich ihrer an. In einem satirischen Blatt, *Off The Wall Street Journal*, konnte man am 1. April 1982 folgende Artikel lesen:

„Sunnyvale, Kalifornien – Atari Inc. erwarb gestern ihre Muttergesellschaft, die Warner Communications Inc., für 3,4 Milliarden Dollar. Der Übernahmepreis, der ungefähr 100 Dollar pro Aktie entspricht, wird in 25-Cent-Stücken bezahlt."

(In Amerika muß bei Videospielen üblicherweise ein 25-Cent-Stück pro Spiel eingeworfen werden.)

„Sunnyvale, Kalifornien – Atari erwarb gestern alle Aktiengesellschaften, die an der New Yorker Börse, der amerikanischen Börse und der Börse des Mittelwestens zugelassen sind. Die Aktiva des neuen Konglomerats namens AT&Tari werden sich auf fast 1 Million Abermillionen Dollar belaufen. Der Übernahmepreis wurde

nicht bekanntgegeben. Laut einem Sprecher ‚gefällt sich AT&Tari in ihrer neuen Rolle als amerikanische Wirtschaft'. Atari, welche gestern einen Gewinn von 2,4 Billionen Dollar bei einem Umsatz von sieben Billionen Dollar verbuchen konnte, widersprach Gerüchten, daß sie auch den Kauf der europäischen, asiatischen, afrikanischen und südamerikanischen Wirtschaft ins Auge fasse."

Kein Unternehmensstratege hätte so etwas im entferntesten für möglich gehalten: Ein Traum schien Wirklichkeit zu werden. *Atari* hatte beinahe 75 Prozent eines 1,1-Milliarden-Dollar-Marktes in der Hand, welcher bis dahin eine jährliche Gesamtwachstumsrate von etwa 80 Prozent pro Jahr verzeichnen konnte. Selbst ein frischgebackener Betriebswirt hätte damit umzugehen gewußt – es steht eindeutig in den Wirtschaftslehrbüchern geschrieben.

Eine Firma, die einen dominanten Anteil an einem schnell wachsenden Markt hat, ist ein „Star". Deshalb wünschen wir uns – wie die Beraterfirma *Boston Consulting Group* in ihrer Methode mit der „Wachstum-Anteil-Matrix" deutlich aufzeigt –, daß das Wachstum weiter angeheizt wird. Man braucht Geld, um Geld zu machen: „Stars" sind keine Unternehmen, die Geld schaffen, sondern Geld aufbrauchen, und je schneller ein Unternehmen wächst, desto größer ist sein Bedarf. Auf einem rasch wachsenden Markt muß die Beibehaltung des dominanten Marktanteils das Hauptziel sein, damit unser „Star", wenn sich das Wachstum verlangsamt, zu einer Cash cow werden kann – das heißt zu der beherrschenden Firma auf einem nur noch langsam wachsenden Markt. An diesem Punkt arbeitet dann die Erfahrungskurve für uns. Aufgrund unserer vergangenen Erfahrung sind unsere Stückkosten – absolut gesehen – zurückgegangen, und als der größte Spieler haben wir die Stückkosten viel weiter nach unten gedrückt als unsere Konkurrenten. Wir haben nicht nur ein größeres Umsatzvolumen, sondern auch niedrigere Kosten. Aus den genannten Gründen machen Cash cows (zumindest theoretisch) kräftige Gewinne, wie zum Beispiel *Procter and Gamble* bei Seifen und Waschmitteln, *General Electric* bei Glühlampen, *Anheuser-Busch* bei Bier, *McDonald's* bei Fast Food und *R.J. Reynolds/Marlboro* bei Zigaretten. Eine Cash cow scheint also genau das Richtige zu sein!

Ein Star, der alle übertrifft

Atari war nicht nur irgendein Unternehmens-Star, sondern ein Superstar, und scheute keine Mühe, diesen Status extensiv zu pflegen: Sie kaufte neue Fabriken; sie verdoppelte die Lancierungsrate neuer Produkte; sie veranschlagte 75 Millionen Dollar für das Werbefernsehen (mehr als *Coca-Cola* oder *Budweiser* in jenem Jahr ausgegeben hatten) und weitere 15 Millionen Dollar für Gemeinschaftswerbungen mit ihrem riesigen Händlernetz. Sie veranstaltete Verbundwerbungen mit *McDonald's* (weitere 20 Millionen Dollar). Analytiker waren sich einig, daß der Markt noch jung sei. *Atari* schickte sich an, ihn zu verschlingen. Die zukünftige Entwicklung stand fest. *Atari* würde die Größte sein!

Dann geschah gegen Ende des Jahres 1982 etwas Seltsames. „Eine Woche vor dem Erntedankfest verschifften wir Spielkassetten im Wert von 98 Millionen Dollar", erklärte Steven J. Ross, der Vorstandsvorsitzende der *Warner Communications*. „Und dann – eineinhalb Wochen später – nichts mehr." Einzelhändler stornierten Weihnachtsaufträge, „als ob jemand eine unsichtbare Wand aufgebaut hätte".[1]

In den ersten Dezembertagen des Jahres 1982 war der Aktienkurs der *Warner Communications* fast auf seinem Jahreshöchststand von 63 Punkten. Am 3. Dezember lag er noch bei 57,625, rutschte aber bis zum 9. Dezember 6 Punkte nach unten und verzeichnete einen Tagesschlußkurs von 51,875. Am nächsten Morgen, dem 10. Dezember, wurde ein Eröffnungskurs von 36 und ein Schlußkurs von 35,125 bei einem Volumen von mehr als 6 Millionen Aktien notiert – ein niederschmetternder Verlust von 16,75 Punkten innerhalb eines Tages! Über Nacht hatte die unsichtbare Hand des Marktes das Vermögen der Kapitalanleger, die Aktien der *Warner Communications* besaßen, um mehr als eine Milliarde Dollar geschmälert.

Am Jahresende waren die Werte der *Warner Communications* auf Platz fünf der am meisten gehandelten Aktien an der New Yorker Börse, obwohl das Unternehmen sich gerade noch für einen Platz unter den 100 führenden US-Industrieunternehmen qualifiziert hatte. Der Aktienkurs erreichte einen Tiefststand von 27, erholte sich aber wieder und schloß sein „Schicksalsjahr" mit 33,5 Punkten ab, was einen Kurssturz von 21,375 Punkten (und einen Marktwertverlust von 1,368 Milliarden Dollar) gegenüber seinem Januarniveau bedeutete. Im nächsten Jahr (1983) verlor *Atari* 539 Millionen Dollar (also mehr, als der Gesamtgewinn von *Warner Communications* in den beiden Vorjahren zusammen ausgemacht hatte), und *Warner* verbuchte einen Unternehmensverlust von 418 Millionen Dollar.

Ataris Belegschaft schrumpfte um mehr als die Hälfte. Trotz einer der größten Hausse-Märkte in der Geschichte driftete der Kurs der *Warner*-Aktien nach unten. Im Juli 1984 erreichte er einen Tiefststand von 17, was einen Marktwertverlust von beinahe 3 Milliarden Dollar gegenüber seinem Höchststand im Jahre 1982 bedeutete. In diesem Monat kaufte der Computerunternehmer Jack Trammiel die *Atari*-Division für 240 Millionen Dollar in Schuldverschreibungen auf, welche laut dem späteren Kommentar eines ehemaligen leitenden Angestellten von *Atari* „gleichbedeutend waren mit institutionellen Schuldscheinen, um einen bevorstehenden Zusammenbruch abzuwenden". Von da an kletterten die Aktienkurse der *Warner Communications* zwei Jahre lang nach oben, bis sie ihren einstigen Höchststand erreicht hatten.

Der Superstar erwies sich als Supernova, die sich schließlich mit einem kosmischen Knall selbst zerstörte. Was hatte *Atari* falsch gemacht? Vielleicht war der Firma ein Fehler bei der Marktdefinition unterlaufen. *Atari* rechnete sich selbst – zusammen mit den Firmen, die Telefone, Video-Cassetten-Recorder, Tonbandgeräte und Computer vermarkten – dem boomenden Unterhaltungselektronikgeschäft zu. Paßten ihre Produkte nicht besser zu dem langsamer wachsenden und äußerst breitgefächerten Spielzeugmarkt, zu Hula-Hoop-Reifen, Skateboards, Barbie-Puppen und Modellflugzeugen? In diesem Fall war sie überhaupt kein Star, sondern ein „Marktlückenfüller." Anstatt nach Wachstum zu streben, hätte sie sich lieber um ihren besonderen Zielmarkt kümmern sollen.

Vielleicht verkannte *Atari* aber die Natur ihres Marktes. Die Wachstum-Anteil-Matrix der *Boston Consulting Group* mit ihrer Menagerie von „Stars", „Cash cows", „Problem children" und sogenannten „Dogs"[2] trifft vor allem auf Produkte zu, die kontinuierlich und in gleichbleibendem Umfang nachgefragt werden, wie

Ein Star, der alle übertrifft

beispielsweise Zahnpasta, Rasierklingen, Dosensuppen, Benzin und Frühstücksflocken. *Ataris* Hauptprodukt war auf die Unterhaltung Jugendlicher gerichtet, einem, wie man weiß, unberechenbaren Kundenstamm. Bedeutete dieses Produkt für *Atari* einen launischen Modetrendmarkt, auf dem sich günstige Gelegenheiten plötzlich auftun, ihren Höhenpunkt erreichen und dann wieder verschwinden? Falls ja, dann war die Anleitung in der Wachstum-Anteil-Matrix zur Wachstumsankurbelung ein Patentrezept für die Katastrophe. *Atari* hätte nicht die Lektionen von *Procter and Gamble*, sondern die von *Fashion Avenue* befolgen sollen: Richtiges Timing ist das A und O. Man muß die schlechten Zeiten überstehen und auf gute hoffen. Derjenige, der auch noch nach dem letzten Dollar greift, fällt auf die Nase.

Vielleicht hatte *Atari* ihre eigene Diversifikationsstrategie mißverstanden. Die Manager von *Atari* glaubten, daß eine Ausweitung auf Telefone und Computer eine – manchmal von Marketingexperten so bezeichnete – konzentrische Diversifikation sei (neue Produkte, die technologisch oder absatzmäßig synergetische Effekte auf bestehende Produktgruppen haben)[3], die jedoch tatsächlich eine bei weitem schwieriger zu handhabende konglomerate Diversifikation darstellte (neue Tätigkeitsbereiche, die in keiner synergetischen Beziehung zu den augenblicklichen Technologien, Produkten oder Märkten des Unternehmens stehen).

Manche sehen darin vielleicht eine Parallele zum Militärischen: Marketing als Kriegführung. *Ataris* Niederlage war ein eindeutiger Fall des zu weiten und zu schnellen Voranschreitens. *Ataris* erfolgsgekröntes, aber überhebliches Management überschritt bei weitem seine gerade noch zumutbaren Kampflinien. Sowohl Napoleon als auch Hitler begingen denselben strategischen Fehler, als sie in Rußland einfielen. Custer machte ihn absichtlich in der Schlacht am Little Big Horn.

Den Spott haben in diesem Fall die Unternehmensstrategen. Nachträgliche Analysen zeigten, daß *Atari* mit Ausnahme des Wachstums überhaupt keine Strategie hatte![4] Ein mit den Verhältnissen in der *Warner Communications* vertrauter Vorstandsvorsitzender bemerkte, daß *Warner* „ein Unternehmen ist, welches nach Lust und

Laune geführt wurde und sonst nichts. Die Spitzenkräfte schienen folgender Auffassung zu sein: Macht, was ihr wollt; Hauptsache ihr fahrt Gewinne ein, wofür ihr auch reichlich belohnt werdet." Ein leitender Angestellter von *Atari*, Steven Ross, sagte:

"(Unser Ziel war es,) der Größte zu sein. (...) Später wurde anstelle des Gewinns dem Umsatz der Vorzug gegeben. (...) Die Zeit war zu sehr mit alltäglichen Dingen ausgefüllt. (Unser Vier-Mann-Präsidentenbüro) hatte keine Zeit, sich oft genug mit mir zu treffen, um über längerfristige strategische Belange nachzudenken. Ich entwickelte (bei Atari) nie das entscheidende Fingerspitzengefühl, das ich für andere Unternehmungen hatte. Ich war nicht gerissen genug, (die Probleme) vorauszusehen."

Richard D. Arroyo, der ehemalige geschäftsführende Werbedirektor bei *Atari International*, wurde in Marketing News zitiert:

"Ataris anfänglicher Erfolg war eindeutig das Ergebnis des zeitlichen Ausnützens einer momentan günstigen Gelegenheit. (...) Als das Geschäft aber exponentiell wuchs, nahmen Abteilungen und Belegschaft genauso zu. Im Januar 83 plante man die Schaffung von fast 1000 zusätzlichen Arbeitsplätzen – viel mehr, als man damals für den Betrieb brauchte. (...) Um zu zeigen, wie weit sich ein Unternehmen vergaloppieren kann, führe ich das Beispiel ‚Ataritel' an, ein von der Firma ausgebrüteter Plan, Telefone zu entwickeln und auf dem Konsumgütermarkt zu verkaufen – ein Bereich, der überhaupt nichts mit dem zu tun hatte, was wir machten. (...) Als in Untersuchungen die ‚Computer-Hardware-Penetration' der USA auf 19-20 Millionen Haushalte geschätzt wurde, nahmen wir dies als Basis für die Berechnung des Softwareabsatzes, wobei wir die Millionen Einheiten übersahen, die in den obersten Schrankregalen verstaubten. Und als eine Handvoll befragter Konsumenten angaben, daß sie 40 Dollar für ein E.T.-Videospiel ausgeben würden, produzierten wir mehr als 20 Millionen, von denen viele auf einer Deponie in New Mexico landeten."[5]

Wachstum – der Tanz ums goldene Kalb

Mit dieser Geschichte von *Ataris* unglückseligem Aufstieg und Untergang bezwecken wir weder eine nachträgliche Kritik an ihrem Management noch eine Fehleranalyse ihrer Unternehmensstrategien. Vielmehr soll diese Geschichte das Paradebeispiel sein für ein Wachstum, das durcheinandergeraten ist. *Ataris* Debakel veranschaulicht eines der wichtigsten (und revolutionärsten) Themen unseres Buches: Wachstum an sich ist kein geeignetes Unternehmensziel.

Atari kam zu Fall, weil ihr Hauptziel blindes Wachstumsstreben war. Sie beseitigte angesichts unendlich erscheinender Wachstumsmöglichkeiten alle Kontrollinstanzen, ohne irgendeine Strategie systematisch anzuwenden, noch Unternehmenszielen – mit Ausnahme des Wachstums – besondere Beachtung zu schenken. Aber wieviele leitende Angestellte und Manager in Amerika können schon mit Fug und Recht *Ataris* Management deswegen kritisieren? *Atari* wurde, als sie einen Augenblick lang im Rampenlicht stand, von der Wirtschaftspresse gefeiert, von Wall Street gehätschelt und von vergleichbaren Unternehmen beneidet. Die Geschichte *Ataris* ist keineswegs die einzige, die in den letzten Jahren publik wurde. *Atari* aber sorgte für Schlagzeilen, weil sie so bekannt und ihr Aufstieg und Fall so spektakulär war.

Wachstum war schon immer ein Eckpfeiler der amerikanischen Weltanschauung. Abgesehen von seinen materiellen Vorteilen paßt es zum amerikanischen Nationalcharakter. Wir Amerikaner wollten schon immer „besser" sein, „vorn" sein und unseren Horizont erweitern. Die Suche nach unbegrenzten Möglichkeiten ließ viele unserer Vorfahren aus anderen Ländern auswandern und verschob die Grenze unseres Landes immer weiter nach Westen. Wachstum war der Zeitgeist, der dem blühenden „Gilded Age" zugrundelag, als die Nation sich nach dem Sezessionskrieg anschickte, das Land zu industrialisieren. Das Selbstbewußtsein der aufstrebenden Kleinstädte war Ausdruck für unsere Suche nach Wachstum. Eisenbahn, Automobil, Elektrifizierung – dies alles weckte unseren Hunger nach Fortschritt und Wohlstand. „Größer und besser" steht auf dem amerikanischen Banner, dem wir uns für immer und ewig verschrieben haben. Gleich von Anfang an waren unsere Straßen mit Gold gepflastert und die Möglichkeiten unbegrenzt. Unsere Unabhängigkeitserklärung proklamiert das unveräußerliche Recht auf das „Streben nach Glück". Von einem unveräußerlichen Recht auf das Streben nach Wirtschaftswachstum war nicht die Rede, vielleicht auch nur deshalb, weil das bereits als ganz selbstverständlich galt.

In den expansiven Jahrzehnten nach dem Zweiten Weltkrieg wurde das Wachstum zum obersten Gebot amerikanischer Unternehmens- und Investitionsstrategien. In den sechziger Jahren gewann dieser Faktor zusätzlich an Schwungkraft. „Wachstumsbesessene" Manager und leitende Angestellte waren heiß umworben und wurden reichlich belohnt. Investoren suchten nach wachstumsbegeisterten Fonds-Managern und Risikokapitalgebern, die das Vermögen mit ihren Zauberkräften vervielfachen würden. Die Unternehmensberatung selbst wurde zu einer bedeutenden Wachstumsbranche. Sowohl traditionelle Firmen als auch Newcomer wurden von einer Welle strategieorientierter Betriebswirte überschwemmt, die unseren Wirtschaftsschulen in immer größer werdenden Zahlen entströmten. Das Management sah sich bald einem lärmenden Markt von Beraterfirmen gegenüber, die mit ihren eigenen Spezialformeln, mit denen man das Wachstum auf Hochtouren bringen und die Zahlen in den Geschäftsberichten hochpushen könnte, hausieren gingen.

Wir haben sicherlich nichts gegen ein gesundes Wirtschaftswachstum einzuwenden. Organisatorisches Wachstum ist in vielfacher Hinsicht von Nutzen. Eine wachsende Firma, Region oder Nation bringt viele Vorteile mit sich, unter anderem auch Arbeitsplatz- und Karrieremöglichkeiten, materiellen Wohlstand, und beeinflußt die Lebensqualität positiv. Die wenigsten werden wohl bestreiten, daß eine Wirtschaftsexpansion erstrebenswerter ist als Stagnation oder eine rückläufige Konjunktur.

Jedoch ist nicht jedes Wachstum gesund. Ungeprüfte, unserem Wirtschafts- und Strategiedenken jedoch zugrundeliegende Wachstumshypothesen kollidierten im späten 20. Jahrhundert mit so manchen tatsächlichen Entwicklungen. Die Folge davon war eine zunehmende Zahl von Wachstumskatastrophen. Denn bei einem zwanghaften Wachstumsstreben ohne Rücksicht auf innere Gegebenheiten oder äußere Umstände können ernsthafte Probleme auftauchen.

Kapitalgesellschaften sind nur insofern Einheiten, als sie juristisch als „Personen" definiert sind. Selbst wenn man ihr Management sowie ihre Eigentümer und Angestellten außer acht läßt, sind in Wirklichkeit viele verschiedene Gruppen am Schicksal einer Gesellschaft beteiligt.

Auf Unternehmensebene ist ein fehlgeplantes Wachstumsstreben fast immer auf die kurzfristigen Ziele einer einzigen Interessengruppe oder einer Koalition solcher Gruppen innerhalb einer Firma zurückzuführen. Gesundes Wachstum kommt im allgemeinen allen Interessengruppen zugute, wenn auch nicht immer in gleichem Maße. Aber die längerfristigen Ziele aller werden möglicherweise ignoriert, wenn bestimmte Gruppen auf ein kurzfristiges Wachstum drängen, das ihren eigenen engstirnigen Plänen nützt.

Die amerikanische Wirtschaft hat im Lauf der Geschichte Höhen und Tiefen erlebt. Meistens werden in unserer Geschichte die Höhepunkte herausgestellt. Wir Amerikaner neigen dazu, Talsohlen als vorübergehende Pausen in der allgemeinen Vorwärts- und Aufwärtseuphorie abzutun, als Rückzugspositionen, in denen sich unsere Wirtschaftskräfte neu formieren und gruppieren. Aber seit Beginn der siebziger Jahre ist in den Vereinigten Staaten eine immer größer werdende Diskrepanz zwischen Wachstumserwartungen und deren Realisierung zu beobachten. Wir glauben, daß es sich dieses Mal nicht um eine temporäre Situation handelt. Unsere Wirtschaftsbosse und Regierungspolitiker wissen keine Antwort auf die heute stattfindende allgemeine Verlangsamung des Wirtschaftswachstums. Die gegenwärtige Verunsicherung resultiert zwangsläufig aus dem Konflikt zwischen statischen Strategiehypothesen und einer sich drastisch ändernden Wirtschaftssituation. Amerikas Management und Investoren sind vom Wachstum so fasziniert gewesen, daß dabei zwei wichtige Punkte übersehen wurden: Was für ein Wachstum? Und wem soll es nützen?

Wir werden beide Punkte einzeln behandeln, und zwar im Zusammenhang mit der Management- und Investitionsstrategie für die Weltwirtschaft in den letzten Jahrzehnten des 20. Jahrhunderts. Wir werden auf die vielen strategischen und begrifflichen Fallen hinweisen, die zu vorhersehbaren Wachstumskatastrophen führen. Wir werden Wege aufzeigen, wie man echte Möglichkeiten für gesundes Wachstum erkennen und finanziell umsetzen kann. Und, was vielleicht am wichtigsten ist: Wir werden angesichts der augenblicklichen Wirtschaftslage, die ein automatisches Wachstum nicht mehr garantieren kann, die Schwierigkeiten der Unternehmensführung und der daraus folgenden Investitionsstrategien analysieren und Problemlösungen vorschlagen.

Ratgeber für Unternehmensführung rücken gerne Erfolgsgeschichten in den Mittelpunkt, und das aus gutem Grund: Jeder will ein Stück vom Kuchen, und ohne Hoffnung gibt es keinen Fortschritt. Aber fast alle neu auf den Markt gebrachten Produkte erweisen sich als Flops, und viele der neuen risikoreichen Unternehmungen schlagen fehl.

In Zeiten ohne Wachstum verblassen oft Taten, die an sich heroisch sind, aufgrund normativer Erfolgsbegriffe. In solchen Zeiten kann das bloße Überleben, aus dem heraus eines Tages neues Wachstum möglich ist, eine ganz besonders große Leistung darstellen. Fehler und Mißerfolge tun weh, aber sie sind wertvolle Lernprozesse, und die Fehler anderer sind bei weitem nicht so schmerzlich wie unsere eigenen. Wir werden deshalb das Wachstum sowohl vom Pluspol (wie man es erreicht) als auch vom Minuspol (wie man Katastrophen vermeidet) her untersuchen.

Dem Sirenengesang des Wachstums kann man kaum widerstehen. Jedoch erlitt schon so manche Karriere Schiffbruch, und so mancher Dollar wurde auf der unbesonnen Wachstumsjagd verschwendet. Wachstum ist mehr als eine ansteigende Trendlinie auf einem Chart, mehr als eine Spalte mit immer größer werdenden Zahlen in einem Geschäftsbericht. Es ist ein komplexer und vielschichtiger Gesellschafts- und Wirtschaftsprozeß. Unseres Erachtens ist Wachstum nicht ein Ziel, sondern das Ergebnis einer erfolgreichen Leistung.

Wachstum – der Tanz ums goldene Kalb

Eine Analogie für das Wachstum in einem Unternehmen oder in der Wirtschaft ist vielleicht die Ansiedlung der Kaninchen in Australien. Das erste Kaninchenkontingent hielt ein Team von diplomierten Unternehmensberatern nicht davon ab, ihnen bei ihrer Zielverwirklichung behilflich zu sein, das heißt ihre Gesamtzahl um 15 Prozent pro Jahr zu steigern. Die Kaninchen fanden ein für sie ideales ökologisches System vor, in welchem sie weder von Raubtieren dezimiert wurden noch konkurrierende Arten ihre Nahrungsquellen einschränkten. Die Kaninchenpopulation explodierte in einem solchen Umfang, daß bald kein Lebensraum mehr für sie da war. Australiens Kaninchen hatten dies erreicht, indem sie ganz einfach das taten, was bei Kaninchen natürlich ist.

Somit stellen wir eine der fundamentalsten Hypothesen, die dem heutigen strategischen Unternehmensdenken zugrundliegen, in Frage, nämlich daß Wachstum das Hauptziel eines Unternehmens ist. Nach dem Zweiten Weltkrieg wurde Wachstum als Unternehmensziel praktisch zum Glaubensbekenntnis der meisten Managementprofis. Gegen Ende der sechziger Jahre bejahte der Volkswirtschaftler John Kenneth Galbraith das Umsatzwachstum als primäres Unternehmensziel.[6] Wachstum ist heutzutage ein allgegenwärtiges Wirtschaftsprinzip, ein Hauptgestalter der Unternehmenskultur und ein wichtiger Grundsatz der Wirtschaftsordnung. Managementgurus und -bücher, Hochschulschriften, gelehrte Abhandlungen und Biographien von Beraterfirmen beschäftigen sich hauptsächlich mit Strategien, die explizit auf Wachstum ausgerichtet sind. Als Unternehmensziel ist es in den meisten Diskussionen um Zielsetzungen und Strategien auf allen Stufen der Unternehmensführung impliziert und eines der Hauptkriterien, nach denen Investitionsentscheidungen beurteilt werden.

Wir greifen hier nicht den Begriff des Wachstums an sich an, sondern schlagen vielmehr eine erneute Prüfung des akzeptierten Dogmas vor. Wirtschaftswachstum kann eine gute Sache sein. Jedoch sind die heutigen Ansichten über seine Rolle bei wirtschaftlichen und strategischen Entscheidungsprozessen viel zu naiv. Schuld daran ist jenes hypnotisierende Vierteljahrhundert nach dem Zweiten Weltkrieg sowie der oft engstirnige, nicht historische Blickwinkel unserer Wirtschaftsschulen. Wie die Kaninchen in Australien fand damals die amerikanische Wirtschaft einfach eine einmalig günstige Umgebung vor, ein Umstand, welcher jenes dynamische Wirtschaftswachstum auslöste, das wir kennen und schätzen gelernt haben und – unglücklicherweise – weiterhin erwarten. Ende der sechziger Jahre erreichte der amerikanische Handel im Vergleich zur Weltwirtschaft sein Rekordhoch und der Dow-Jones-Index seinen Höchststand (gemessen am realen Dollarwert) nach dem Krieg.[7]

Danach wurde es zunehmend schwieriger, Wachstum auf Unternehmensebene und auf nationalem Niveau aufrechtzuerhalten. Regierung, Management sowie die Gemeinde der Investoren unternahmen zunehmend verzweifeltere Schritte, um es zu stützen oder zu stimulieren. Trotz der konzertierten und manchmal geradezu heroischen Anstrengungen zur Wirtschaftsankurbelung kam es gegen Ende der siebziger und Anfang der achtziger Jahre immer häufiger zu Wachstumskatastrophen, wie sie *Atari* erlebt hatte. *Atari* war bei weitem nicht das einzige Unternehmen, das sich in dieser mißlichen Lage befand: *Continental Illinois Bank, Braniff International, Bank of America, Baldwin-United* sowie die ganze Stahl-, Automobil-, Agrar- und Ölindustrie waren weitere Beispiele für solche Katastrophenfälle.

Selbst die gesündesten Aufsteiger bekamen Schwierigkeiten. High-Tech, unsere „große Wachstumshoffnung", war sechs Jahre lang rückläufig und verbuchte 1986 ein internationales Handelsdefizit. Zu Beginn der achtziger Jahre mußten auch die Medien- und Werbebranchen zu ihrem großen Leidwesen Rückschläge hinnehmen. Trotz ihrer führenden Rolle in unserer nachindustriellen Informationsgesellschaft mußten viele dieser Unternehmen erkennen, daß sie weit davon entfernt waren, nach den Sternen zu greifen. Auch in anderen Wirtschaftsbranchen könnten sich jene Risse und Sprünge zeigen, die jederzeit zu einem spektakulären Zusammenbruch führen können.

Jedenfalls muß man in einer langsam wachsenden Wirtschaft oder in einer Wirtschaft ohne Wachstum ganz anders taktieren als inmitten einer steigenden Flut, die alle Boote mit sich anhebt. Wenn die Nachkriegsära des automatischen Wachstums nun hinter uns liegt, ist es vielleicht an der Zeit, den nackten Tatsachen ins Auge zu sehen. Wenn nicht Wachstum, was dann?

Warum uns Wachstum Freude macht

Allein der Gedanke an Wachstum vermittelt einem Geschäftsmann ein wohliges, euphorisches Gefühl. In jedem Menschen mit einem unternehmerischen Gespür ruft es eine emotionsgeladene Reaktion hervor. Und die dabei empfundene „innere Wärme" scheint berechtigt: Ein wachsendes Unternehmen oder auch ein allgemeines Wirtschaftswachstum verspricht lukrative Gewinne für viele.

Zunächst, und das ist der wichtigste Grund, kann Wachstum uns alle reich machen. Man muß sich nur im Erdgeschoß eines Wachstumsunternehmens umhören – die Möglichkeiten persönlichen Zugewinns scheinen unendlich zu sein. Fast jeder kennt jemanden, der jemanden kennt, der zu Beginn zufällig ein paar Aktien von *Xerox, IBM, Polaroid* oder *Schlumberger* besaß und sich jetzt ein schönes Leben mit dem Erlös macht. So mancher wurde aufgrund des ungeheuren Wachstums von Kapitalgesellschaften wie zum Beispiel *Coca-Cola* und *General Motors* zum Millionär. Es geht sogar das Gerücht, daß eine Sekretärin, die einst für *Ray Kroc* arbeitete, nun auf großem Fuß in Palm Beach lebt, und zwar dank der Unternehmensaktien, die sie während der mageren Anlaufjahre anstatt eines Gehaltes akzeptierte, schon lange bevor der Ausdruck „multinationales Unternehmen" in *McDonald's* Geschäftsräumen gebraucht wurde.

Auch wurde so manche Unternehmenskarriere, die die Tür zu persönlichem Reichtum, Macht und Ansehen öffnet, durch eine zeitlich günstige Wachstumsexplosion ins Rollen gebracht. So brüten zum Beispiel Emissionshäuser unzählige neue Wertpapier-„Produkte" aus, obwohl sich die meisten bisher als Flop erwiesen. Ein großer Treffer kann viele Nieten aufwiegen, und laut einem Kommentator „wird sich ein kleines Risiko zu Beginn Ihrer Karriere Ihr ganzes Leben lang bezahlt machen".[8]

Manchmal ist ein Risiko gar nicht notwendig, Anwesenheit allein genügt schon, wie das Beispiel des Senkrechtstarters Robert L. Seelert zeigt. Als er im Jahre 1966 bei *General Foods Corporation* mit seinem nagelneuen Harvard-MBA in der Tasche anfing und ihm alsbald der Spitzname „Trainee-Vorsitzender" gegeben wurde, hatte er das Glück, zu jenem Team zu gehören, das das Produkt „Tang" sofort zu vermarkten begann, nachdem es ins Apolloprogramm der NASA als offizielles Raumfahrtgetränk aufgenommen worden war. *General Foods* war der Sponsor der Fernsehberichterstattungen über Apollo-Missionen, und der Absatz von Tang sowie Seelerts Karriere boomten gleichermaßen. Im Jahr 1983, im Alter von 40 Jahren, war er von dem für den Kaffeesektor Verantwortlichen zum Kandidaten für den Posten des President oder den Vorsitz des Unternehmens geworden.[9]

Wachstum kann auch für einen reibungsloseren Ablauf innerhalb einer Firma sorgen. Der Betriebspsychologe Jeffrey Pfeffer ist jedenfalls dieser Ansicht:

„Einer der Vorteile des betrieblichen Wachstums ist, daß es überschüssige Ressourcen zumindest kurzfristig schaffen kann, und dies vermindert den Kraftaufwand sowie Konfliktsituationen innerhalb des Betriebs."[10]

Weiter wären noch die Folgewirkungen außerhalb der eigentlichen Firma zu nennen. Ein Wachstumsunternehmen stellt mehr Angestellte ein und benötigt immer mehr Lieferungen, Materialien und Dienstleistungen von anderen Unternehmen. Innerhalb seines ganzen Vertriebsnetzes schafft es Produkte, Arbeit und zusätzliches Einkommen. Arbeitsplätze werden auch in den Firmen geschaffen, mit denen das Unternehmen zu tun hat. Alle Angestellten des Wachstumsunternehmens (sowie deren Familien) brauchen Wohnungen, Schulen, Waren und Dienstleistungen, was wiederum Arbeitsplätze und Einkommen für andere schafft und so weiter.

Vom Firmenstandpunkt aus gesehen, hat man ein gutes Gefühl, wenn man Gutes tut. Und man fühlt sich noch besser, wenn diese positiven Folgen des Wachstums Gutes tun, ohne daß es etwas kostet.

Warum uns Wachstum Freude macht

Wenn wir uns mit dem Wachstum beschäftigen, müssen wir seine Ursprünge jedoch anderswo suchen. Wachstum ist in der sogenannten protestantischen Ethik verwurzelt, einem religiösen Denkanstoß, der unter den ersten Puritanern von Massachusetts richtungsweisend für den amerikanischen Handel wurde.[11] Die Puritaner, eine kalvinistische Sekte, glaubten an die Prädestination, das heißt an die Vorstellung, daß das Leben nach dem Tode schon vorherbestimmt sei, und daß keiner in irgendeiner Weise diese Vorherbestimmung ändern kann. Da die Puritaner jedoch feststellten, daß jene Gestalten im Alten Testament, welche sich Gottes Gnade erfreuten, schon auf Erden wohlhabend waren, sahen sie Wohlstand als ein Zeichen des Auserwähltseins (für den Himmel oder die Verbannung an den anderen Ort) an. Für jemanden, der fest an ein Leben nach dem Tode glaubte, in dem immerwährendes Elend und Qualen drohten, war dies ein zwingendes Motiv, erfolgreich zu sein, und zwar sehr erfolgreich. Oder sollte etwa, wie manche meinen, dieser theologische Kunstgriff dazu dienen, materiellen Erfolg für gewinnsüchtige Leute zu rechtfertigen, die sich trotzdem gern als Anhänger der Lehren Christi sahen?

In seinem Buch „Optimismus: Die Biologie der Hoffnung" behauptet der Anthropologe Lionel Tiger, Optimismus sei ein biologischer Charakterzug der menschlichen Rasse. Er glaubt, daß die Menschheit überlebte, weil sie psychologisch davon überzeugt war, sich behaupten zu können, und daß dieser in Fleisch und Blut übergegangene Optimismus unseren Vorfahren während ihrer Evolution half, den Gefahren des Alltagslebens zu trotzen.[12] Dies würde im vorliegenden Fall bedeuten, daß wachstumsorientierte Manager und Investoren als solche geboren und zu solchen gemacht werden. Mehr als die meisten anderen Länder hat Amerika den Ehrgeizigen große Chancen geboten.

Zweifellos tragen unsere allgegenwärtigen Nachrichten- und Unterhaltungsmedien dazu bei, unsere Wachstumssehnsüchte zu schüren. Die Medien sind das Hauptinstrument bei der Stimulierung der Verbrauchernachfrage in unserer Gesellschaft. Sie lullen uns in eine glitzernde Informationswelt ein, die über Sieger, einfach gelöste Probleme, Zufriedenheit und bessere zukünftige Zeiten berichtet. Selbst in jenen bedrückenden Zeiten, in welchen sich die Schlagzeilen über schlechte Konjunktur, hohe Inflation und Arbeitslosigkeit auslassen, können wir auf die Botschaften und Veröffentlichungen zählen, die unseren Hoffnungen und Träumen mit ihren Visionen von einer besseren Zukunft Auftrieb geben.

Schließlich ist das Wachstum tief in die Theorien eingebettet, die unser Wirtschaftsdenken und unsere Entscheidungsprozesse lenken. Wir leben in einem kapitalistischen System, das vom gierigen Hunger des Kapitals nach Selbstvermehrung vorwärtsgetrieben wird. Angehäuftem Geld verlangt danach, noch mehr Geld anzusammeln. Viele Amerikaner denken: Nicht wachsen? Warum denn? Das ist undenkbar und möglicherweise sogar unamerikanisch!

Verwundert es daher, daß die amerikanischen Politiker und „weisen Männer" Loblieder auf das Wachstum singen? In den zwanziger Jahren verbreitete sich der Wohlstand – ein Huhn für jeden Topf und ein Auto in jedem Hof. Während der Wirtschaftskrise in den dreißiger Jahren wartete der Wohlstand schon an der Ekke. Präsident Franklin D. Roosevelt wurde immer wieder gewählt, weil er eine entmutigte Nation mit hoffnungsvollen Reden, einer Flut von Regierungsprogrammen und im Rundfunk übertragenen Kamingesprächen tröstete. „Außer der Furcht selbst haben wir nichts zu befürchten", versicherte er. Jeder Mensch hat ein Recht auf Freiheit von der Armut.

Während der expansiven Jahrzehnte nach dem Zweiten Weltkrieg erwies jeder amtierende US-Präsident dem Wachstum seine Reverenz:[13]

Eisenhower, 1961: „Ein kontinuierliches, gesundes und der Allgemeinheit zugute kommendes Wirtschaftswachstum bleibt weiterhin ein wichtiges nationales Ziel, nach dem wir mit vereinten Kräften auf öffentlicher und privater Ebene streben müssen."

Kennedy, 1963: „Wir müssen auf dem Weg zu einer höheren Wachstumsrate und Vollbeschäftigung weiterschreiten."

Johnson, 1966: „Die ‚Great Society' weist uns drei Wege – Wachstum, Gerechtigkeit und Befreiung. Zuerst kommt das Wachstum –

der Wohlstand der Nation, der das Wohl unseres Volkes fördert und die Werkzeuge für unseren Fortschritt schafft."

Nixon, 1973: „*Auf wirtschaftlichem Gebiet müssen unsere Ziele niedrige Steuern, eine kontinuierliche Inflationskontrolle, die Förderung des Wirtschaftswachstums, Produktivitätssteigerung, die Begünstigung des Außenhandels, ein weiterhin hohes Agrareinkommen, die Unterstützung von Kleinunternehmen und die Verbesserung der Beziehungen zwischen Arbeitgebern und Arbeitnehmern sein.*"

Ford, 1976: „*Mein erstes Ziel ist ein gesundes Wirtschaftswachstum ohne Inflation.*"

Carter, 1978: „*Die Wirtschaft muß weiter expandieren, um neue Arbeitsplätze und ein höheres Einkommen zu schaffen, was unser Volk braucht. Die Früchte des Wachstums müssen allen zugute kommen.*"

Reagan, 1986: „*(Das neue Steuergesetz) fördert Risikobereitschaft, Innovation und jenen alten amerikanischen Unternehmergeist. Dieses Steuergesetzbuch soll uns in eine Zukunft der technologischen Erfindungen und wirtschaftlichen Errungenschaften führen, es wird Amerikas Wettbewerbsfähigkeit und Wachstum bis ins 21. Jahrhundert hinein garantieren.*"

Der Historiker David Potter weist darauf hin, daß unser Wachstumsglaube zur Aufrechterhaltung unseres Systems freier Marktwirtschaft beigetragen hat:

„*Hat nicht auch unsere feindselige Einstellung zum Klassenkampfbegriff etwas mit unserem Unwillen bei dem Gedanken zu tun, daß Amerikas Wohlstand nicht mehr zunimmt, daß wir den Lebensstandard an einer Stelle nicht länger anheben können, ohne ihn an anderer Stelle zu senken?*"[14]

Was könnte amerikanischer sein als der beständige Glaube an das Wachstum und seine vielen Vorteile für alle? Aber wie berechtigt ist dieser Glaube heute, kurz vor Beginn des 21. Jahrhunderts?

Das Ende problemlosen Wachstums

Bis zu Beginn der achtziger Jahre schien alles so einfach und unkompliziert zu sein: Man muß für die Förderung des Wachstums nur die Wirtschaft in den Griff bekommen, und jeder wird glücklich sein. Kapitalgesellschaften werden florieren, Belegschaften zufrieden sein, Verbraucher werden sich eines wachsenden Lebensstandards erfreuen, und der Gesellschaft wird gedient sein. Dies war schließlich (mit Ausnahme von einigen Jahren in den Dreißigern) schon immer so gewesen. Tabelle 1 zeigt die amerikanische Wachstumsgeschichte seit dem Ende des Sezessionskrieges bis zum Jahre 1980, das heißt einen Zeitraum, in dem die Wirtschaft unbeirrbar wuchs. Selbst in den düsteren Jahren der Weltwirtschaftskrise schrumpfte die amerikanische Wirtschaft – insgesamt gesehen – nicht, sondern wuchs nur langsamer (berücksichtigt man die Deflation der Währung).[15]

Am Ende des Zweiten Weltkrieges setzte das Wirtschaftswachstum der USA seinen Vormarsch fort, wenn es auch aufgrund der Inflation manchmal etwas größer erschien, als es in Wirklichkeit war. Für die Wirtschaftsbosse war dies schon eine Selbstverständlichkeit. In den sechziger Jahren standen dann „Wachstumsaktien" auf dem Programm, wobei Kapitalanleger ein derartiges Agio für zukünftige Gewinne zahlten, daß die tatsächliche Eigenkapitalrendite zum ersten Mal in der Geschichte unter die von Anleihen (eine von Natur aus weniger risikoreiche Anlageform) fiel. Die Wirtschaft strebte voran. Natürlich gab es hier und da Ausnahmen: Viele Unternehmen wuchsen, einige auch nicht, und ein paar mußten aufgeben. Bei jenen, die auf dem absteigenden Ast waren, gab man oft einem schlechtem Management die Schuld. Wachstum wurde zum Prüfstein der Unternehmensplanung und -strategie. Der Erfolg von Managerkarrieren hing vom Wachstumsgrad ab, mit dem sie in Verbindung gebracht wurden. Die Gemeinde der Investoren überhäufte jene mit Ruhm (und Vermögen), die es am untrüglichsten verstanden, beginnende Wachstumssituationen aufzuspüren und auszunutzen. „Wachstumsorientierte" Investmentfonds wurden selbst zu einer bedeutenden Wachstumsbranche.

Tabelle 1: Wirtschaftswachstumsraten in den Vereinigten Staaten (Durchschnittliche Wachstumsraten pro Jahr innerhalb einer Periode; BSP = Bruttosozialprodukt)[16]

Zeitraum	BSP zu Marktpreisen	Wachstum des BSP zu konstanten Preisen	BSP pro Kopf zu konstanten Preisen	Bevölkerungswachstum
1980-1985	9,3 %	2,5 %	1,4 %	1,1 %
1970-1980	16,5 %	3,2 %	2,3 %	1,1 %
1960-1970	9,6 %	3,4 %	3,0 %	1,3 %
1950-1960	7,7 %	3,2 %	2,7 %	3,2 %
1940-1950	18,2 %	5,5 %	3,5 %	1,4 %
1929-1940	−0,03 %	1,4 %	0,6 %	0,9 %
1919-1929	3,2 %	4,1 %	2,0 %	1,6 %
1870-1920	20,0 %	14,0 %	4,1 %	3,3 %

Auf dem Weg in die siebziger Jahre schienen die alten Formeln ihre einstige, von uns Amerikanern nie in Frage gestellte Gültigkeit verloren zu haben. Die Schuld wurde einzelnen Dämonen und Schurken in die Schuhe geschoben, die dabei waren, die alte Ordnung umzukehren. Zuerst glaubten wir, daß unsere Probleme nationaler Natur waren. Lyndon B. Johnson versuchte mit seiner „Kanonen-und-Butter"-Politik den Vietnamkrieg zu finanzieren, ohne der amerikanischen Öffentlichkeit ein Opfer abzuverlangen. Einige behaupteten, daß diese Politik die Inflation auslöste, unter welcher die Vereinigten Staaten länger als ein Jahrzehnt litten. Andere befürchteten, daß die Anspruchsgesetzgebung, die als Teil von Johnsons „Great-Society-Programm" verabschiedet worden war, gleichbedeutend sei mit Blankoschecks auf Kosten zukünftiger Generationen.

Dann suchten wir die Teufel außerhalb unserer Grenzen – böse arabische Ölscheichs hoben gleich zweimal in den siebziger Jahren den Preis ihres Rohöls so unverschämt an, daß dadurch sämtliche Aktivitäten zum Erliegen kamen.

Einige behaupteten, daß diese Preissprünge Öl ins Inflationsfeuer gössen, weil sie den Preis für Benzin an den Zapfsäulen, für Heizöl in den Wohnungen und für Rohmaterialien in allen auf Öl basierenden Kunststoffindustrien erhöhten. (Andere meinten, daß die OPEC-Staaten ihre Preise lediglich an den tatsächlichen Wert des aufgeblasenen Dollars anpaßten, mit dem die Amerikaner so verschwenderisch die Bodenschätze jener Staaten aufkauften[17].)

Als nächstes verdächtigten wir die Japaner, die Halb- und Fertigerzeugnisse zu unerhört niedrigen Dumpingpreisen auf den amerikanischen Markt warfen. Und dann diese noch schlechter bezahlten Fabrikarbeiter in Taiwan, Singapur und Südkorea! Wie, so beklagten sich Erzeuger und Gewerkschaften gleichermaßen, können wir gegenüber ausgebeuteten ausländischen Arbeitern und von ausländischen Regierungen subventionierten Unternehmen wettbewerbsfähig bleiben? Eine Gesetzgebung zum Handelsschutz wurde lautstark gefordert.

Auf unserem Weg in die achtziger Jahre tauchte plötzlich ein neuer Sündenbock in den Nachrichtenmedien auf: Schulden. Die milliardenfachen Dollarkredite, die den Entwicklungsländern von unseren Geschäftsbanken in den inflationären siebziger Jahren gewährt worden waren, konnten, als die Inflation des Dollars plötzlich gestoppt wurde, nicht mehr zurückbezahlt werden. Die Schuldenlast bedrohte die politische Stabilität dieser Länder und die Integrität des gesamten Weltfinanzsystems, ganz zu schweigen von der Zahlungsfähigkeit unserer Großbanken. Unsere eigene Regierung nahm Kredite in Milliardenhöhe auf, um das Wirtschaftswachstum anzukurbeln.

Das Ergebnis war, daß sich die Staatsverschuldung rasch auf mehr als zwei Billionen Dollar verdoppelte. Innerhalb eines Zeitraums von drei Jahren (von 1983 bis 1986) nahm unser Außenhandelsdefizit so stark zu, daß die Vereinigten Staaten – einst das führende Gläubigerland der Welt – zum führenden Schuldnerland der Welt wurden. In der Zwischenzeit hatten sich unsere Unternehmen, Verbraucher, Landwirte und Gemeinden beispiellose Kreditaufnahmen geleistet. Diese Schulden kehrten wie kreischende Harpyien zurück, um sowohl die Kreditnehmer als auch die kreditgebenden In-

Das Ende problemlosen Wachstums 35

stitute zu verfolgen, die Darlehen so verschwenderisch gewährt hatten.

Die Symptome des sich verlangsamenden Wachstums wurden allmählich beunruhigend. Es wurde deutlich, daß jedes folgende Quartal mit weniger Wachstum abschloß, als die Wirtschaftswissenschaftler vorausgesagt hatten. Die Stimmung besserte sich, als der Aktienmarkt explodierte. Die abendlichen Nachrichtensendungen bejubelten jeden Sprung des Dow-Jones-Index, der 1986 auf seinem Weg zur 2000er Marke einen Rekord nach dem anderen aufstellte, diese magische Grenze übersprang und in den ersten Monaten des Jahres 1987 die 2400er Marke berührte.

Die hochschnellenden Aktienkurse konnten jedoch nicht jeden beruhigen. Nach der tatsächlichen Kaufkraft zu urteilen, lag der Dow Jones noch weit unter seinem Stand von vor 20 Jahren. Selbst vor dem Börsenkrach im Jahre 1929 war er, nach der Kaufkraft gerechnet, nur unwesentlich niedriger.[18] Der Sturz des Aktienkurses von seinem Höchststand im Jahr 1968 auf seinen Tiefststand 1975 führte zusammen mit der sich beschleunigenden Inflation zu einem größeren Verlust des Realwertes, als der, den die Investoren während der Weltwirtschaftskrise verkraften mußten. Um mit dem Index der Verbraucherpreise seit dem Jahre 1967 Schritt zu halten, hätte der Dow Jones im Jahr 1987 auf 3300 und nicht nur auf 2400 Punkten stehen müssen. International gesehen, war das Bild schockierend. Aufgrund des sich überstürzenden Dollarverfalls im Vergleich zu ausländischen Währungen waren amerikanische Wertpapiere billig zu haben, vorausgesetzt, der Käufer besaß Yen oder DM.

Auch das steigende Bruttosozialprodukt gab Anlaß zur Sorge. Real gesehen kam es nur langsam voran und lag meist noch hinter den Voraussagen der Regierung zurück. Dies war aus zweierlei Gründen entmutigend: Fiskalpolitische Maßnahmen, die auf zu optimistischen Prognosen basierten, führten zu einer noch größeren Verschuldung der Regierung. Dazu kam, daß die langsame Anstiegsrate des Bruttosozialprodukts den nachhinkenden wirtschaftlichen Fortschritt auf allen Ebenen widerspiegelte.

Abgesehen von dieser langsamen Zuwachsrate war das Bruttosozialprodukt auch in anderer Hinsicht äußerst besorgniserregend, nämlich durch die Art seiner Zuwächse. Die amerikanische Wirtschaft wandelte sich zunehmend von einer Fertigungs- zu einer Dienstleistungswirtschaft. Im Jahre 1980 war der Beitrag zum Bruttosozialprodukt seitens des Regierungs- und Dienstleistungssektors größer als der von Landwirtschaft, Bergbau und Fertigung zusammen – zum ersten Mal in einer Wirtschaft zu Friedenszeiten. War denn die Ablösung nichtkommerzieller Freizeitaktivitäten durch Zuschauersportarten, die Ersetzung der verständnisvollen Anteilnahme seitens der Familie, der Freunde oder eines Priesters durch eine professionelle (und kommerzielle) Therapie wirklich gleichbedeutend mit Wirtschaftswachstum? Immer mehr Leute wurden für etwas bezahlt, was man früher umsonst bekam. Kann eine Volkswirtschaft tatsächlich auf der Basis kommerzialisierter Haushaltsführung wachsen? Nach Aussage des Volkswirts Michael Drury verringerte sich der reale Nettowert der amerikanischen Wirtschaft im Jahr 1985 in Wirklichkeit um 0,8 Prozent, vor allem weil die Werte des Mineralöl- und Agrarsektors stärker fielen, als der Aktienmarkt zulegte.[19]

Sowohl Regierungssprecher als auch einige unparteiische Wachstumsfanatiker wiesen begeistert auf die zunehmende Zahl von Amerikanern mit Arbeitsplatz hin (darunter mehr als 50 Prozent Frauen mit Kindern), als ob dies einen Fortschritt bedeutete. Andere waren sich allerdings des seit den fünfziger Jahren zu beobachtenden Rückgangs der Zahl jener Leute bewußt, die überhaupt in den Genuß staatlicher Unterstützung kamen, und auch der Tatsache, daß die Kaufkraft der Haushalte trotz der zunehmenden Zahl der Doppelverdiener seit 1970 überhaupt nicht mehr anstieg. Bei den meisten der zwischen 1979 und 1984 „geschaffenen" Arbeitsplätze verdiente man pro Jahr weniger als 7000 Dollar. Die Zahl der Stellen mit einem Verdienst von mehr als 28 000 Dollar nahm sogar ab.[20]

Yuppies – jene Konsumgläubigen, die ihr Geld mit vollen Händen ausgeben und einen hohen Lebensstandard genießen – lenkten die Aufmerksamkeit von Marktforschern, Komikern und Kolumnisten

Das Ende problemlosen Wachstums 37

auf sich. Aber einem viel größeren Teil der jüngeren Generation stand zum ersten Mal in der Geschichte Amerikas eine Zukunft der Abwärtsbewegung bevor. Viele von ihnen werden nie das sogenannte „Good life" führen können oder auch nur den Lebensstandard beibehalten, den sie als Kinder kannten.

Der „amerikanische Traum", der in den Hoffnungen der Immigranten gehegt und von unserer Geschichte des ständigen Wachstums gepflegt wurde, stand auf dem Spiel. Der Wohlstand der achtziger Jahre floß in jene Haushalte, in denen es akademische Doppelverdiener gab.

In der Zwischenzeit mehrten sich die Reihen der Unterbeschäftigten und der nicht vermittelbaren Arbeitskräfte. Die größte Schicht während des amerikanischen Wachstums nach dem Krieg – Familien des Mittelstands mit einem Einkommen – schnitt jetzt in der Einkommensskala schlechter ab. Laut einer im März 1987 durchgeführten Umfrage waren 65 Prozent der Befragten der Ansicht, es sei für den Mittelstand heute schwieriger geworden, den Lebensstandard beizubehalten, als vor fünf Jahren.[21] Rentner hatten die Inflation in besserer Verfassung überstanden als die meisten anderen Gruppen. Jedoch wurden bankrotte Pensionsfonds auch in wachsender Zahl vom amerikanischen Bundesrentenversicherungssystem, der *Pension Benefit Guaranty Corporation (PBGC)*, aufgefangen. Im Jahr 1987 war dann das Versicherungssystem mit 4 Milliarden Dollar überschuldet und auf dem besten Weg zur Zahlungsunfähigkeit. Die geschäftsführende Direktorin der Anstalt sagte voraus, daß die *PBGC* in diesem Jahr weitere 100 Pensionsfonds übernehmen würde. „Nicht die Leute, die jetzt ihre Schecks bekommen, haben etwas zu befürchten", meinte sie. „Vielmehr sollten jene, die das alles bezahlen müssen, es mit der Angst zu tun bekommen."[22]

Wie sind die Aussichten für zukünftiges Wachstum? Optimisten wie Ben Wattenberg, Julian Simon, Malcolm Forbes und Herman Kahn versichern uns, daß es uns noch nie so gut ging und es überall von Chancen wimmele. Wir müßten nur unsere Fähigkeiten, Ressourcen und Willenskraft für die anstehende Aufgabe mobilisieren. Dagegen warnt E.F. Schumacher in „Small is Beautiful", unsere wachstumssüchtige Wirtschaft befände sich auf dem Weg zur sozialen Auflösung und Erschöpfung der Ressourcen. Studien der Forrester-Gruppe am Massachusetts Institute of Technology und des Club of Rome sagen den ökologischen Zusammenbruch voraus, wenn die Industrienationen ihren augenblicklichen Kurs beibehielten. Der Volkswirt Robert Heilbroner behauptet, daß

„*(...) wir eine historische Epoche hinter uns lassen, in welcher der expansive Trieb des Kapitalismus von einer unendlich reichen und immensen Umwelt aufgefangen werden konnte, und wir nun in eine Epoche eintreten, in welcher dieser Trieb von den immer unüberwindbarer werdenden Kräften der Natur eingeschränkt und schließlich unterdrückt werden muß.*"[23]

Wir wollen hier keine Endzeitstimmung verbreiten, auch wenn zweifellos einige pessimistische Denkanstöße ihren Teil dazu beigetragen haben, die Fragen aufzuwerfen, mit denen wir uns hier beschäftigen. Wir sind der Ansicht, daß frühere, manchmal übers Ziel hinausschießende Versuche zur Wachstumsförderung nun eine solch durchschlagende Wirkung zeitigen, daß wir heute ihrer Dynamik notgedrungen folgen müssen und in den kommenden Jahren die entsprechenden Konsequenzen zu ziehen haben werden.

Das Sozialversicherungssystem wurde während der Wirtschaftskrise in den dreißiger Jahren geschaffen. Seine Zuständigkeit wurde in den unbesonnenen sechziger Jahren der „Great Society" in hohem Maße ausgedehnt. In den achtziger Jahren ließ man Staatsverschuldung und Handelsdefizite drastisch ansteigen, um die aufgepeitschte amerikanische Wirtschaft in Gang zu halten, während die übrigen Industrienationen den amerikanischen Verbrauchermarkt als eine Lokomotive ansahen, die ihren Karren aus der Weltrezession ziehen sollte.

Die Vereinigten Staaten können sich nicht mehr wie zu Beginn ihrer Geschichte auf eine steigende Bevölkerungszahl verlassen, die das Wachstum auch weiterhin vorantreibt. Unsere rückläufige Geburtenrate führt zu einer noch nie dagewesenen großen Zahl älterer Menschen und gleichzeitig zu verhältnismäßig wenig jungen Leuten, die diese unterstützen können.

Das Ende problemlosen Wachstums

Wir unterliegen dem Irrtum, eine hohe Expansionsrate mittels einer immer größer werdenden Wirtschaftsbasis beibehalten zu wollen. Und wir dürften uns den Grenzen des amerikanischen Konsums nähern. Lebensmittelfirmen kämpfen jetzt erbittert um „ihren Platz im Bauch" des amerikanischen Verbrauchers, der ja bereits tapfer versucht, noch mehr in sich hineinzustopfen, als er das schon bisher tat. Freizeitindustrien kämpfen um unsere immer weniger werdende freie Zeit. Für wie viele Autos, Fernsehgeräte und Mikrowellenherde besteht noch Bedarf seitens unserer Haushalte? Dennoch muß ein Wachstum stattfinden, damit alle Schulden vertragsgemäß zurückbezahlt werden können und die Renten, welche einmal unseren wohlverdienten Ruhestand sichern sollen, auch einen realen Wert haben.

Der Drang nach Wirtschaftswachstum auf privater, unternehmerischer, nationaler und sogar globaler Ebene ist zur Zeit im Berufsleben der meisten leitenden Angestellten, Manager, Regierungsbeamten und Investoren stärker ausgeprägt als je zuvor. Langfristige, gesunde Wachstumschancen scheinen immer seltener und schwerer greifbar zu werden. Die Gewinner der kommenden Jahre werden jene sein, die Sein und Schein unterscheiden können. Wichtige Fragen, wie man in Situationen ohne Wachstum vorgehen soll, müssen beantwortet werden. Das wirtschaftliche Überleben mag für viele davon abhängen, ob sie lernen, Fallen zu erkennen und zu meiden, Fallen, die jene ruinieren, die verzweifelt nach einem Wachstum greifen, das es gar nicht geben kann.

Wir sind mit dem Marketingexperten Stanley J. Shapiro einer Meinung; er behauptet, daß „die Wachstumskontroverse (ist eher ein ‚Mehr' oder ein ‚Weniger' erstrebenswert?) das eigentliche zentrale Sozial- und Wirtschaftsthema unserer Zeit ist."[24]

Wir Amerikaner haben uns dem Wachstum ein für allemal verschrieben, ob nun zum Guten oder Bösen. Unser Denken und Planen, unsere Strukturen und unsere Traditionen sind auf Wachstum gebaut. Eine Loslösung kommt möglicherweise nicht in Frage. Vielleicht ist aber ein guter Ratschlag zur rechten Zeit notwendig, wenn wir die Qualität unseres Paktes mit dem Wachstum aufrechterhalten wollen. Dies ist der springende Punkt unseres Buches:

Wachstumstherapie. Wir wollen einige der Probleme und Ängste erforschen, die das heutige Wirtschaftsplanen und Strategiedenken beherrschen, und gleichzeitig dabei helfen, Wege zu besseren Lösungen aufzuzeigen.

Anmerkungen

1. Landro, Laura, How Headiness of 1982 Led to 1983's Doldrums for *Warner* and *Atari, Wall Street Journal*, 25. July 1983.
2. Nach dieser Theorie hängt die Strategie eines Unternehmens vom Marktanteil und von der Wachstumsrate des Marktes ab. „Stars" (Unternehmen, die die größten Anteile an einem schnell wachsenden Markt haben) brauchen Geld, um ihr Wachstum auszubauen. „Cash cows" (Unternehmen mit großem Marktanteil an einem langsam wachsenden Markt) erzielen überproportional hohe Gewinne. „Problem children" sind kleinere Geschäfte auf schnell wachsenden Märkten. „Dogs" sind kleinere Geschäfte in langsam wachsenden Märkten. Für eine Aktiengesellschaft ist der Cash cow-Zustand besonders erstrebenswert. Ehrgeizige Manager sehen sich gerne im Zusammenhang mit „Stars" genannt, da das ihrer Karriere dienlich scheint.
3. Kotler, Philip, Marketing Management, 5th ed., Englewood Cliffs, N.J., Prentice-Hall, 1984, S. 60.
4. Landro, Laura, Headiness of 1982, Landro, Laura/Feeney, Susan, Fierce Competition in Video Games Behind Dive in *Warner* Stock Price, *Wall Street Journal*, 10. December 1982, Gary Hector, The Big Shrink Is On at *Atari, Fortune*, 9. July 1984, S. 23, Rapid Success Began Atari Failure, *Marketing News*, 10. May 1985.
5. Rapid Success Began *Atari* Failure.
6. Galbraith, John Kenneth, The New Industrial State, New York, Signet Books, 1967, S. 181.
7. Vgl. Johnson, Paul, Modern Times, New York, Harper & Row, 1983, S. 693.
8. Monroe, Ann, New-Securities Ideas Are Often Hatched, but Most Are Flops, *Wall Street Journal*, 25. March 1986.
9. Main, Jeremy, Genaral Foods Goes Back to Growing, *Fortune*, 10. January 1983, S. 92.
10. Pfeffer, Jeffrey, Power in Organizations, Marshfield, Mass., Pitman Publishing, Inc., 1981, S. 89.
11. Boorstin, Daniel J., The Americans, The National Experience, New York, The Vintage Press, 1965, S. 35.
12. Tiger, Lionel, Optimism, The Biology of Hope, New York, Simon & Schuster, 1979.
13. Brunner, Ronald D., Forecasting Growth Ideologies, Center for Public Policy Research, University of Colorado at Boulder, 3. June 1983.
14. Potter, David M., People of Plenty, Chicago, University of Chicago Press 1954, S. 121.
15. Selbstverständlich verändert die Auswahl von Zeitperioden das Wachstumsbild erheblich. Von 1929 bis 1933 fiel das Bruttosozialprodukt um fast 50 Prozent.
16. Datenquellen: U.S. Department of Commerce, Bureau of the Census, Statistical Abstract of the United States, 1981, Washington, D.C., U.S. Department of Commerce, Bureau of the Census, Historical Statistics of the United States – Colonial Times to 1970, Washington, D.C., 1975.
17. Vgl. Bartley, Robert L., The Monetary Source of Oil Boom and Bust, *Wall Street Journal*, 29. December 1986.
18. Wir müssen uns damit abfinden, daß die in den Dow Jones-Indices erfaßten

Aktien gelegentlichen ausgetauscht werden, um die tatsächliche Wirtschaftslage genauer widerzuspiegeln. So sind zum Beispiel *Manville Corporations* und *American Brands* (ein Verbrauchsgüter-Unternehmen) in den letzten Jahren durch *American Express* und *McDonald's* (Unternehmen des wachsenden Dienstleistungssektors) ersetzt worden. Ähnlich erging es *Inco* und *Owens-Illinois*, statt derer *Coca-Cola* und *Boeing* in den Index übernommen wurden. Eine genaue Deutung der Trends des Dow Jones-Index ist also gar nicht möglich.

19. Deal Mania, *Business Week,* 24. Nevember 1986, S. 87.
20. Yancey, Matt, Most Jobs Created from '79 to '84 Paid Less Than $ 7000, Study Finds, *Philadelphia Inquirer,* 10. December 1986.
21. Koten, John, Steady Progress Disrupted by Turbulence in Economy, *Wall Street Journal,* 11. March 1987.
22. U.S. Agency Expects to Bail Out 100 Pension Funds in '87, *Philadelphia Inquirer,* 17. February 1987.
23. Heilbroner, Robert L., Business Civilization in Decline, New York, W.W. Norton & Co., 1976, S. 102.
24. Shapiro, Stanley J., Innocence Lost, The Spiritual Malaise of a Middle-aged Prof, *Marketing News,* 23. July 1982, S. 1.

Der Yuppie und der Dschinn

Normalerweise waren für den Arbitrageur Winfield die sonntagnachmittäglichen Pflichtausflüge mit Nicole in die Antiquitätenläden der Umgebung eine langweilige Sache. Nicole huschte immer geschäftig hin und her und kratzte mit der Klinge ihres Schweizer Taschenmessers alte Lackschichten an, um mit Hilfe von Dutzenden von Führern und Katalogen die Echtheit altersschwacher Flickschusterbänke und in Mitleidenschaft gezogener Spinnräder nachzuprüfen. Winfield hielt sich immer im Hintergrund und bot in seiner legeren Freizeitkleidung das Bild des gehorsamen Begleiters. Um sich die Zeit zu vertreiben, ließ er oft die Geschäfte der vergangenen Woche im Geiste Revue passieren und suchte dabei nach Ideen für lukrative Gewinnmargen, die er ausnutzen könnte, wenn das ganze Spiel am Montagmorgen von neuem losging.

An einem Herbstsonntag im Jahr 1986 hatte er sich eine vollgestopfte, verstaubte Nische im rückwärtigen Teil eines Antiquitätengeschäftes als Zufluchts- und Meditationsort ausgesucht. Die letzten Mittwochsabschlüsse war er schon zur Hälfte durchgegangen, als er von einem Gegenstand abgelenkt wurde, den er aus dem Augenwinkel heraus bemerkte. Eingezwängt zwischen einem staubbedeckten Victrola-Handkurbelgrammophon und einem aufpolierten Eisschrank aus Holz stand eine Börsentickermaschine, die man offensichtlich schon lange vergessen hatte. Winfield erkannte sie sofort; er hatte einmal eine solche Maschine in einem Schaukasten gesehen, als ihm seine Sekretärin eine falsche Adresse für eine Verabredung gegeben hatte und er aus Versehen im Gebäude der New Yorker Börse gelandet war.

Da er nur das Aufgebot an Computerbildschirmen in seinem Büro kannte, betrachtete er diesen Apparat als prähistorisches Instrument. Wie konnten Händler mit so einem Ding das Marktgeschehen verfolgen? Wie tätigten sie wohl ihre programmierten Käufe und Verkäufe? Er spähte durch den staubbedeckten, gewölbten Außenteil, um dem seltsamen Mechanismus im Inneren auf die Spur zu kommen.

Er zog sein Seidentaschentuch heraus und begann das Sichtfenster abzuwischen, als sich die Wände mit einem dumpfen Geräusch in Nichts auflösten. Eine Nische in einem vollgestopften Laden hatte sich plötzlich in einen grenzenlosen Raum verwandelt, der von einer furchterregenden Gestalt ausgefüllt wurde. Hatte er noch einen Augenblick zuvor kaum Platz gehabt, um die Arme auszubreiten, so sah er sich nun einem schrecklichem Dschinn gegenüber, der so riesig war, daß sein Scheitel den Himmel berührte. „Großer Gott", keuchte Winfield.

„Ich bin der Dschinn des Börsentickers. Du hast mich befreit", erklärte der turmhohe Riese. „Ich stehe dir zu Diensten, mein Herr und Gebieter! Die Erfüllung dreier Wünsche kann ich dir anbieten – sozusagen als Geschäft im Gegenzug für meine Freilassung."

„Gold?", stotterte Winfield. „Juwelen? Reichtümer? Macht? Motoryachten? Einen mit Kostbarkeiten gefüllten Weinkeller? Einen flotten Sportwagen? Eine Wohnung im vornehmen Osten von Manhattan? Einen Blankoscheck für Paul Stuarts exklusives Herrenbekleidungsgeschäft?"

Er schaute nervös um sich. In weiter Ferne konnte er Nicole erkennen, die von alldem unbekümmert einen wackeligen Windsor-Schaukelstuhl taxierte, der sich vielleicht als prima Schnäppchen herausstellen würde. Warum bemerkt sie denn nichts, dachte er wütend. Das ist typisch Nicole! Immer wenn ich etwas Tolles anstelle, sieht sie nicht hin.

„Wo sollte ich denn das ganze Zeug herbekommen?" fragte der Dschinn leicht vorwurfsvoll. „Glaubst du etwa, daß ich es so mir nichts dir nichts aus der Luft zaubern kann? Außerdem: Ein paar extra Tonnen Gold würden doch die ganze Zahlungsbilanz durcheinanderbringen! Und versuch doch einmal, falsche 1000-Dollar-Scheine an den Mann zu bringen. Aber vielleicht kann ich trotzdem die Wünsche meines Herrn erfüllen. Ich sehe schon, daß dir unendlicher Reichtum zusagen würde, nicht wahr?"

„Nun, ja", meinte Winfield. „Was muß ich mir wünschen, um ihn zu erlangen, wenn Gold, Juwelen und Geld nicht in Frage kommen?"

"Wachstumsaktien", sagte der Dschinn mit der größten Selbstverständlichkeit. "So sicher es ist, daß mein Herr und Gebieter von einer Frau geboren wurde, so sicher führen solide Wachstumsaktien zum Reichtum. Ich schlage eine Streuung vor – alle drei Wünsche auf Wachstumsaktien – ein Wunsch pro Beteiligung."

"Ist das nicht etwas umständlich?", fragte Winfield voller Zweifel. "Ich dachte immer, daß Dschinns die Ware etwas direkter lieferten."

"Aber nicht, wenn das Zentralbanksystem Geldtransaktionen überprüft und die Bundessteuerbehörde in Bankbelegen herumschnüffelt. Bei der Geldsumme, die hier im Spiel ist, braucht mein Herr einen hieb- und stichfesten Wertpapiernachweis, wenn er das Geld behalten will."

Winfield nickte zustimmend. Das verstand er sehr gut. Es war das erste, was sie ihm an der Wharton School beigebracht hatten. "Aber wird das nicht einige Zeit dauern?", fragte er. "Wachstumsaktien ziehen nicht über Nacht an, und etwas Bargeld in der Hand wäre nicht schlecht. Wir sprechen doch nicht etwa von Altersversorgungsplänen, oder?"

"Kein Problem", versicherte ihm der Dschinn. "Wir gehen ein paar Jahre zurück und steigen in die damaligen Wachstumsaktien ein. Schließlich ist die Zukunft noch ein Buch mit sieben Siegeln, während die Vergangenheit aufgeschlagen vor uns liegt. Wir nehmen eine Diversifikation von zeitlich unterschiedlichen Wertpapieremissionen vor, um das Ganze zu streuen. Auf diese Weise bringen wir den Markt nicht durcheinander, wenn wir ein- und aussteigen, und vermeiden darüber hinaus unnötiges Aufsehen bei unseren Aktivitäten. Um ganz korrekt vorzugehen, verwenden wir flüssige Mittel für unsere Käufe. Wir investieren das Kapital von heute in Wachstumsaktien von gestern. Das wird die Börsenaufsichtsbehörde zufriedenstellen. Ein scharfer Weitblick gilt nicht als Insidergeschäft. Darüber gibt es eine Entscheidung dieser Behörde. Mein Herr hat doch liquide Mittel?"

Winfield nickte begeistert. Langsam verstand er. "Ich schlage folgendes vor", sagte der Dschinn: "Wie wäre es denn zunächst mit etwas auf dem High-Tech-Sektor? Ich habe da etwas ganz Feines. Gut gestreut in der Luftfahrt- und Verteidigungsbranche untergebracht und ausbaufähig! 1967 nannte das *Fortune-Magazin* dieses „Baby" eine „Wachstumsmaschine". Als es Platz 204 auf der *Fortune*-Liste der 500 führenden US-Unternehmen erreichte, wuchsen seine Aktien schneller als die aller anderen Unternehmen. Es wird Platz 14 in dieser Top-Liste erreichen. Ich schlage vor, daß wir früh genug einsteigen, bevor der Umsatz die Milliarden-Dollar-Grenze erreicht."

„Klingt ja recht vielversprechend", meinte Winfield.

„Das ist natürlich untertrieben", warf der Dschinn sanft ein.

„Nun zum Finanzbereich – eine interessante Sache! Mir schwebt da ein Unternehmen vor, das die positivsten Seiten eines Investmentfonds und einer Lebensversicherung in sich vereint. Die Prämien der Kunden fließen dem Investmentfonds zu, und der Fonds leiht ihnen Gelder gemäß ihren Anteilen, um die Deckung der Versicherung zu gewährleisten. In einem guten Jahr kann sich der Kunde ohne weiteres umsonst versichern und noch einen Wertpapiergewinn realisieren. In einem schlechten Jahr ist er zumindest gegen zwei der unangenehmen Gewißheiten im Leben abgesichert: Inflation und Tod. Die Gewinne des Unternehmens sind jährlich um fast 50 Prozent gestiegen. Und ich kann dir versichern, daß da noch einiges rauszuholen ist! Ich schlage vor, daß wir schon einsteigen, bevor das *Wall Street Journal* unter der Rubrik „Heard on the Street" darüber berichtet, daß eine Beratergruppe dieses Firmenpapier jenen vier Titeln zurechnet, die durchschnittliche Gewinnsteigerungen von 20 Prozent und mehr in den nächsten drei Jahre verzeichnen dürften. Die Gründe, die sie anführen, sind: straffe Marketing-Organisation, hohe Ausschüttung sowie die Fähigkeit, Finanzprodukte zu verkaufen. Laut ihren Aussagen gehört dieses Unternehmen einer vielversprechenden Branche an und wird von einem aggressiven Management mit großen Ambitionen geleitet."

Phänomenal, dachte Winfield. „Der dritte Wunsch?", fragte er atemlos.

Der Yuppie und der Dschinn

„Mein Herr spricht die Wünsche aus", korrigierte der Dschinn. „Ich gebe nur bescheidene Ratschläge. Wie wär's denn mit einem kleinen Energiespiel? Ich kenne da eine Spitzenfirma, die die wichtigsten Unternehmen beliefert. Zu dem Zeitpunkt, den ich empfehle, expandierte der Markt ein Jahrzehnt lang um mehr als 20 Prozent pro Jahr. In den letzten zehn Jahren stieg bei dieser Firma der Gewinn je Aktie um 1500 Prozent an. Er hat sich vom vorletzten Jahr an fast verdoppelt und im darauffolgenden Jahr 23 Prozent zugelegt.

Mit dieser Mischung haben wir jetzt ein ausgewogenes Portefeuille, das die drei gewinnbringendsten Branchen innerhalb der sich allmählich entwickelnden Weltwirtschaft umfaßt – High Technology, Finanzdienstleistungen und Energie. Natürlich werden die Dividenden reinvestiert, und das Ganze unterliegt den Kapitalgewinnsteuersätzen aus der Zeit vor der Steuerreform. Noch eine letzte Frage", sagte der riesige Dschinn. „Bar oder Einschuß?"

„Einschuß!" flötete Winfield. „Setze die Ranch, den Hund und alles, was ich erbetteln, borgen oder stehlen kann, ein! Mach dich nun an die Arbeit!"

Der Dschinn verbeugte sich tief. „Dein Wunsch sei mir Befehl, oh Herr."

Im nächsten Augenblick befand sich Winfield wieder in der Ladennische; der Kamelhaarblazer, die Hose aus feinster Wolle, der Rollkragenpullover aus Kaschmir und die quastengeschmückten bequemen Straßenschuhe, die er trug, hatten sich plötzlich in die Lumpen eines Bettlers verwandelt.

Er hörte draußen auf der Straße das Kreischen von Bremsen. Begleitet von lautem Sirenengeheul und Blaulicht stürmte eine Truppe Vollzugsbeamter in den Antiquitätenladen. Sie ergriffen ihn und schleiften ihn in den Schuldturm.

Der Dschinn entwich durch ein nahegelegenes Gitter in die Heizungsrohre und von dort aus weiter auf Sohos Straßen; er atmete die frische Herbstluft tief ein und fühlte sich großartig, wieder draußen zu sein. Als er sich von einer leichten Brise zum Finanzbezirk tragen ließ und sich darüber wunderte, wie sehr sich die Skyline verändert hatte, murmelte er vor sich hin: „*Ling-Temco-Vought* auf 169 Dollar im Jahre 1967 ... *Equity Funding* auf 80 Dollar im Jahre 1969 ... *Reading and Bates* auf 59 Dollar im Jahre 1980 ... Ist ja schon mal ein Anfang, aber es wird noch lange dauern, bis ich mit diesen Wall-Street-Kerlen abgerechnet habe, die mich wegen des Börsenkrachs von 1929 in den Ticker eingesperrt haben. War es denn meine Schuld? Wie hätte ich denn wissen sollen, daß der Aktienmarkt Schiffbruch erleiden würde? Jeder sagte, daß noch ein paar hundert Punkte rauszuholen wären. Prognosen gehören nicht zum Aufgabengebiet eines Dschinns. Sie hätten ja einen Hellseher hinzuziehen können. Jetzt will ich meine Ruhe!"

Wie alle Geschichten hat auch diese eine Moral: Nicht alles, was glänzt, ist wirklich Wachstum.

Wachstum, Wachstum, sei's gewesen...

Die *Ling-Temco-Vought-Gesellschaft* hatte bis zum Jahre 1970 einen Umsatz von 3,8 Milliarden Dollar erzielt und sich damit für den 14. Platz der größten amerikanischen Industrieunternehmen qualifiziert. Dies stellte den Höhepunkt eines schwindelerregenden Senkrechtstarts dar. Ihr Gründer, Jimmy Ling, zündete das Triebwerk im Jahre 1946, als er sich an einem Elektroladen mit 3000 Dollar beteiligte. Bis zum Jahre 1966 hatte er dank aggressiver Übernahmen und Fusionen einen Konzern mit einem Umsatz von etwa 500 Millionen Dollar aufgebaut. Dieser versinnbildlichte den Zeitgeist sowie den wirtschaftlichen Elan in seinem Heimatstaat Texas. Jimmy Ling wurde überall als Finanzexperte und Hohepriester des konglomeraten Wachstums gefeiert. Er lenkte das Wachstum von *LTV* mittels Leverage (Hebelwirkung durch Finanzierung mit Fremdmitteln) – also ein auf Schulden basierendes Wachstum – in einer Art und Weise, die fast schon an Zauberei grenzte. Die seiner Unternehmenspolitik zugrunde liegende Theorie lautete, daß das Leverage den Aktienkapitalbesitzern überdurchschnittliche Gewinne und Einflußnahme beschere, was aber nur dann zutrifft, solange der Cash flow für die Schuldentilgung

Der Yuppie und der Dschinn 51

ausreicht. 1970 setzte jedoch ein Abwärtstrend ein. Die Firma hatte sich finanziell übernommen; bei *LTV* gab es nichts mehr zu retten. Fatale Schwächen der Unternehmensstruktur kamen ans Tageslicht. Der Aktienkurs rutschte von seinem Höchststand von 169 Dollar im Jahre 1967 auf einstellige Zahlen ab.[1] Im Jahre 1985 hatte *LTV* ihren Wandlungsprozeß von einem „High-Tech-Renner" zu einem „Schrotthändler" abgeschlossen.

Anfangs galt *LTV* infolge einer Reihe von Übernahmen und Veräußerungen als das zweitgrößte Stahlunternehmen Amerikas. Der Umsatz war auf 8,1 Milliarden Dollar angewachsen, was Platz 43 in der Fortune-Liste bedeutete. Jedoch war *LTV* aufgrund ihres Nettoverlustes von 724 Millionen Dollar zum absoluten Champion bei den Gewinneinbrüchen des Jahres geworden. *LTV* berief sich im Jahre 1986 auf Teil 11 des amerikanischen Konkursrechts, der die Möglichkeit der Sanierung bietet; ihr Aktienkapital wurde bei etwa zwei Dollar pro Aktie gehandelt. Das Unternehmen schloß mit einem Jahresgesamtverlust von 3,25 Milliarden Dollar ab, „dem größten, der je von einem US-Unternehmen verzeichnet wurde."[2]

Die *Equity Funding Corporation of America* scheiterte an einer einfachen, aber fehlerhaften Prämisse: Der professionelle Umgang mit zusammengelegten Investitionen sollte alles bisher Dagewesene in den Schatten stellen und jeden reich machen. Im Jahre 1969 interviewte das *Forbes-Magazin* den Präsidenten der *Equity Funding*, Stanley Goldblum. Unter Verweis auf die Bindung sämtlicher Geschäftsaktivitäten an den Aktienmarkt zeichnete der Interviewer das Schreckgespenst eines flauen Marktes auf und bezweifelte die positive Auswirkung dieser Bindung auf das Wachstum des Unternehmens, auf seine Vertriebsorganisation sowie das Vermögen seiner Kunden. Goldblum erwiderte darauf:

„Natürlich würde ein stagnierender Markt unser Neugeschäft verlangsamen, aber unser Erfolg war ja nicht rein zufällig. Wir planten ihn und haben hart dafür gearbeitet. Wir sind aufgrund der Bedingungen während der letzten fünf Jahre geometrisch gewachsen – weil wir es so geplant haben. Jetzt planen wir für die siebziger Jahre."[3]

Was Goldblum damit meinte, wurde im März 1973 allen klar, als ein ehemaliger Angestellter von *Equity Funding* in einem Gespräch mit Raymond L. Dirks, einem auf Versicherungsaktien spezialisierten Finanzanalysten, auspackte. Seit 1964 hatte *Equity Funding* unter Leitung ihres Topmanagement Versicherungspolicen frisiert und sie an Rückversicherer gegen bar verkauft. Von den 97 000 Policen, die von *Equity Funding* ausgestellt worden waren (geschätzter Wert: 1,75 Milliarden Dollar), waren 64 000 gefälscht. Das Unternehmen berief sich im April 1973 auf Teil 10 des amerikanischen Konkursrechts. 20 ihrer ehemaligen Führungskräfte und Angestellten wurden später strafrechtlich verfolgt. Robert M. Loeffler, der vom Gericht bestellte Treuhänder, bemerkte: „*Equity* war praktisch eine Fiktion, die von ein paar Managementleuten ausgedacht worden war."

Das Unternehmen wurde so schlecht geführt und seine Schuldenlast war so hoch, daß es nie besonders rentabel war.[4] Bei routinemäßigen Buchprüfungen kam nicht der leiseste Verdacht auf, obwohl *Equity Funding* die ganze Zeit über einen der ersten größeren Computerbetrüge beging. Mehrere Wall-Street-Häuser empfahlen Aktien der *Equity Funding* bis zu jenem Tag, als der Schwindel aufflog. (Einige Führungskräfte der Firma verkauften ihre Anteile kurz vor dem Tag X.)

Oberflächlich betrachtet, war das Wachstum von *Equity Funding* drittgradig. Die Firma kurbelte ihr Wachstum unter Ausnutzung des Leverage-Effekts an, das heißt auf der Basis des marktwertmäßigen Wachstums anderer Aktien, und der Kurs dieser Aktien stieg aufgrund von Wachstumserwartungen in den Gesellschaften an, welche diese Aktien emittierten. Genau betrachtet, stand die ganze Sache nicht einmal mehr auf diesem wackeligen Fundament. Als der Skandal ans Licht kam, setzte die Börsenaufsichtsbehörde den Handel von Aktien der *Equity Funding* für dreieinhalb Jahre aus, damit die Finanzen des Unternehmens in Ordnung gebracht werden konnten. Schließlich wurde sein Vermögen in die *Orion Capital Corporation* umstrukturiert. Die Aktienbesitzer gingen dabei fast leer aus. Weitere Beteiligte – Versicherungsnehmer, Rückversicherer und Gläubiger – schnitten nicht viel besser ab.

Der Yuppie und der Dschinn

Reading and Bates, eine internationale Bohrfirma für küstennahe Erdöl- und Gasvorkommen, florierte in den siebziger Jahren: Ihr Umsatz verdoppelte sich zwischen 1970 und 1979, während sich ihr Gewinn verfünffachte. Im Jahre 1979 stieg der Kurs der Aktie aufgrund des zweiten „arabischen Ölschocks" ins Unermeßliche und verzeichnete bis zum Ende des Jahres 1980 einen Zuwachs von 600 Prozent. Während das Finanzvolumen der Mineralölausgaben in den Vereinigten Staaten mit einer Geschwindigkeit von 20 bis 30 Prozent pro Jahr davongaloppierte, nahm das Barrel-Volumen zwischen 1975 und 1979 bei einer jährlichen Rate von 3 Prozent wesentlich langsamer zu. Früher oder später mußten auch die Energiesparmaßnahmen im Land, wie zum Beispiel der Absatz kleinerer Autos und das Achten auf niedriger eingestellte Thermostate, Wirkungen zeigen. Die größte Nachfrage herrschte 1979. Im Jahr 1981 war das Einheitsvolumen schon unter den Stand von 1975 gefallen, ein zweijähriger Rückgang bei einer jeweiligen Jahresrate von 6,6 Prozent. In der Zwischenzeit waren die Ölproduzenten der Welt auf einer fieberhaften Schatzsuche gewesen. Ihr eigener Erfolg ruinierte sie. Sie machten viel neues Öl ausfindig, das nicht den OPEC-Staaten gehörte, und zapften es an. Es war nur noch eine Frage der Zeit, bis es aufgrund einer weltweiten Ölschwemme zum Preisverfall kommen würde. Nicht einmal der immens aufgeblasene Dollar konnte dies verhindern. Leider bedeutete die Ölschwemme für *Reading and Bates*, daß sie nun keine Bohraufträge mehr bekamen. Bis zum Jahr 1986 war der Aktienkurs von seinem früheren Höchststand von fast 60 auf einen Tiefststand von etwa 1 gefallen (nach einen Aktiensplit im Verhältnis zwei zu drei).

Wir wollen uns weder als weise Männer aufspielen, die amüsiert auf eine kopflose Herde von Finanzlemmingen herabschauen, noch Winfield als Idioten abstempeln. Er ging zu weit und sah die geschichtlichen Zusammenhänge nicht im richtigen Verhältnis. Das aber unterscheidet ihn nicht von vielen anderen Betriebswirten.

Jene drei Aktien verzeichneten deshalb derartig hohe Kursgewinne, weil so viele Leute an das Wachstum glaubten, das diese Unternehmen zu versprechen schienen. Alle Fakten sprachen für

Wachstum, und auch wir hätten damals wohl kaum dagegen gewettet.

Ein simples Fazit, das man aus den drei Beispielen ziehen kann, lautet, daß Wachstum in der Vergangenheit kein Garant für weiteres Wachstum in der Zukunft sein kann. Wir werden in einem späteren Kapitel auf diese klassische Wachstumsfalle zurückkommen.

Maßstäbe des Wachstums

Allgemein akzeptierte Maßstäbe des „Wachstums" können leicht in die Irre führen. Wachstum ist ein komplexer, mehrdimensionaler Prozeß. Konzentriert man sich nur auf eine einzige Dimension, wird man scheitern. Von Zeit zu Zeit glauben aber Manager und Investoren in einem einzigen, x-beliebigen Indikator den Stein der Weisen für das Wachstum gefunden zu haben. Doch sind temporäre Praktiken oder Anschauungen nicht von universeller Gültigkeit, sei ihre Anhängerschaft auch noch so groß.

Dies trifft vor allem auf das Wachstum zu. Für Wachstum gibt es kein Bewertungskriterium, das nicht in irgendeiner Weise fragwürdig wäre und das nicht ein ungenauer Indikator dessen ist, was man mißt. Das Bewertungskriterium selbst kann inhärente Fehler aufweisen, oder es läßt sich erst gar nicht auf das Phänomen Wachstum anwenden.

Die Geschichte von *Ling-Temco-Vought* demonstriert die fehlerhafte Anwendung von Wachstumsnormen, nämlich die von Umsatz und Gewinn. Aufgrund von Übernahmen und Leverage verzeichnete *LTV* einen exponentiellen Zuwachs. Der Umsatz von jedem weiteren übernommenen Unternehmen führte zu einem hohen Anstieg des Gesamtumsatzes innerhalb des Konzerns. Der Konzerngewinn je Aktie schnellte ebenso in die Höhe, denn man war auf die Idee gekommen, die Gewinne der übernommenen Firmen mit einer langsamer wachsenden Aktienbasis zusammenzulegen. Allerdings verzeichneten die tatsächlichen Umsätze und Gewinne der einzelnen Tochtergesellschaften doch nicht so bindruckende Zuwächse. Letztendlich brach dieses Finanzgebäude unter seinem eigenen Übergewicht zusammen.

Der Fall von *Equity Funding* verdeutlicht die Schwierigkeiten, auf die man bei der Vorauskalkulation des zukünftigen Unternehmenswachstums stoßen kann, wenn es auf der kurzlebigsten Form von Vermögen basiert, nämlich auf dem Marktwert von Aktien. Die ganze Unternehmensprämisse war fehlerhaft, was vom *Forbes-Magazin* bereits recht früh erkannt worden war. Das eigene Wachstum des Unternehmens hing vom marktwertmäßigen Wachstum der Aktien anderer Unternehmen ab. Der Hausse-Markt in den sechziger Jahren konnte zwar eine Zeitlang die immensen Verwaltungskosten und die hohen Verkaufsprovisionen abdecken, als aber auf dem Markt eine Baisse einsetzte, hatte dies verheerende Folgen für *Equity Funding*. Bei Bekanntwerden des Skandals stürzte der Aktienkurs von seinem Höchststand von 818 im Jahr 1969 auf einen Tiefststand von etwa 15. Das Unternehmen wäre noch früher in Konkurs gegangen, hätte es nicht illegal seine Umsatz- und Gewinnzahlen frisiert.

Das Schicksal von *Reading and Bates* zeigt hingegen die trügerische Natur des Marktwachstums auf. Während der siebziger Jahre explodierte das Umsatzvolumen (in Dollar) von Mineralöl, während das in Einheiten gemessene Volumen weniger sensationell und später sogar rückläufig war. Obwohl von 1979 bis 1981 das Einheitsvolumen des Ölverbrauchs in Amerika um 13 Prozent gefallen war, pushten Preisanstiege und Inflation das Dollarvolumen immer noch um 43 Prozent hoch! War dies nun ein Wachstums- oder ein Schrumpfungsprozeß?

Eine genauere Untersuchung dieser trügerischen und äußerst fragwürdigen Bewertungskriterien ist sicherlich der Mühe wert.

Umsatz

Der Jahresumsatz ist wohl der gebräuchlichste Maßstab für die Größe eines Unternehmens. Je größer der Umsatz, desto größer ist das Unternehmen. Zum Beispiel werden auf der *Fortune*-Liste die

500 führenden Industrieunternehmen nach ihren Jahresumsatzzahlen aufgeführt. Und aufgrund eines außergewöhnlichen Umsatzwachstums kann ein Unternehmen in die Schlagzeilen kommen.

Ein Umsatzwachstum ohne Berücksichtigung der den Inputfaktoren zugrundeliegenden Maßeinheiten ist aber bedeutungslos. Kann man von Wachstum sprechen, wenn der Umsatz zwar ansteigt, jedoch langsamer als die Kosten? Gegen Ende der siebziger und Anfang der achtziger Jahre verzerrte die Inflation das Umsatzbild, als viele Firmen und Markenartikel geldmäßig gesehen emporschnellende „Rekordumsätze" verbuchten, die verkauften Stückzahlen tatsächlich aber keineswegs anstiegen. Wenn, wie im Fall von *Reading and Bates*, das in Einheiten gemessene Volumen abnimmt, die Preise aber noch so weit ansteigen, daß das Umsatzvolumen zunimmt, fällt es uns oft schwer zu sagen, ob der Markt nun wächst oder schrumpft.

Da im Rechnungswesen der „Verkauf" unterschiedlich definiert ist, kann leicht ein falscher Eindruck vom Umsatzwachstum entstehen. Zum Beispiel verbuchen einige Firmen den vollen Verkaufsbetrag bei Vertragsunterzeichnung, obwohl in Wirklichkeit nur eine kleine Anzahlung geleistet wurde, und die Gesamtsumme erst in ein paar Jahren abbezahlt sein wird. Bei dieser Praxis wird den aufgeblähten Umsätzen sofort der Wind aus den Segeln genommen, wenn Neuaufträge ausbleiben. Die Folge hiervon geht dann zu Lasten der Aktionäre. Einige Franchisefirmen sowie risikoreiche Immobilienunternehmen erlitten in der Vergangenheit auf diese Weise Schiffbruch, und einer weiteren Zahl solcher und ähnlich strukturierter Firmen wird es später einmal genauso ergehen.

Auch die Verkaufszahlenstatistik ist oft trügerisch. Um das Verkaufsvolumen weiter voranzutreiben, bietet die Vertriebsorganisation (oder das Management) gerne großzügige Rückgabemöglichkeiten an, was unentschlossene Käufer anlocken soll. Noch fragwürdiger waren die von *Datapoint Corporation* ergriffenen Maßnahmen: Um die Serie von 39 aufeinanderfolgenden Quartalen mit Gewinnanstiegen fortzusetzen, versandte *Datapoint* nicht bestellte Waren an nicht existierende Kunden, damit sie die Verkäufe in ihren Büchern vor Ende des Berichtszeitraums verbuchen konnte.

Einmal ging sie sogar so weit, eine ganze Lastwagenladung von Computern an einen nicht existierenden Joe Blow in ein Hotel in Texas zu senden. *Datapoint* rechnete damit, daß die Ware nicht vor dem nächsten Berichtszeitraum zurückgesandt werden würde und sie mit etwas Glück in der Zwischenzeit einen echten Kunden dafür finden würde.[5]

Ein weiterer Trick, um das Umsatzwachstum anzukurbeln, ist die Gewährung von risikoreichen Krediten. In all diesen Fällen können sich allerdings scheinbar solide Verkaufstrends plötzlich in Nichts auflösen, wenn die Dinge nicht nach Plan laufen, und der Verkäufer dann auf seinen Waren oder Krediten sitzen bleibt. Die Schwindelpolicen der *Equity Funding* gehören zu den extrem „minderwertigen" Verkäufen, aber dieses Unternehmen dürfte kaum das einzige sein, das versuchte, steigende Verkaufszahlen mit Hilfe finanzschwacher Käufer oder schlechter Kredite zu untermauern.

Mitte der achtziger Jahre bestand zwischen den Zinssätzen für Konsumentenkredite und jenen, die die Banken an Einleger zahlten, ein erheblicher Unterschied. Einige Banken packten diese Gewinnmöglichkeit beim Schopf und warfen ihre Kreditkarten jedem x-beliebigen Kunden nach. Die Zahl geplatzter Kreditkarten nahm zu und überstieg dabei die Kreditlinie der Banken um vier Prozent. Einige Banken schrieben ihre uneinbringlichen Forderungen mit Sätzen bis zu 10 Prozent von ihren Kreditkartengebühren ab.[6] Selbst bei scheinbar erfahrenen Kreditgebern kann es aufgrund minderwertiger Kredite zu einem Umsatz- (und Gewinn-)rückgang kommen. Im November 1986 hatte die Verschuldung der Konsumenten aus Abzahlungsgeschäften einen Rekordsatz von 19,4 Prozent des verfügbaren Einkommens erreicht. Wenn das Gesamtvolumen von Kreditlinien sich in einer solchen Größenordnung bewegt, läuft sogar das Bruttosozialprodukt (welches ja selbst ein durch den Verkauf mitbedingter Maßstab ist) Gefahr, daß es aufgrund von Verkäufen, die mit unseriösen Krediten finanziert werden, als Bewertungsfaktor an Qualität verliert.

Marktanteil

Als Wachstumsmaßstab ist der Marktanteil dem Umsatz recht ähnlich. Der Marktanteil ist jener Prozentsatz des Gesamtumsatzes auf einem Markt, den eine bestimmte Firma, ein bestimmter Markenartikel oder ein Geschäftsbereich besitzt. Der Marktanteil ist von besonderer Bedeutung, weil einigen berühmten Strategiemodellen die Theorie zugrundeliegt, daß der größte (absolute) Ertrag des eingesetzten Kapitals auf diesem Markt durch die Erzielung des dominanten Marktanteils gewährleistet wird. Aus diesem Grund beschäftigen sich Unternehmensstrategen so sehr mit dessen Wachstum.

Doch hat auch der Marktanteil als Größen- und Wachstumsmaß seine Schwächen. Problematisch ist hier zum Beispiel die Marktdefinition: Welche Konkurrenzprodukte und -marken machen den Gesamtumsatz aus, von dem der Marktanteil berechnet wird? Zum Beispiel entfiel auf die *Miller Brewing Company* der Löwenanteil des „kalorienarmen Biermarktes" dank ihrer äußerst erfolgreichen Biermarke „Miller Lite". Aber ist dies schon der Markt, den man in Betracht ziehen sollte? Denn untersucht man den gesamten Biermarkt, so hat *Budweiser* den größten Marktanteil, und Miller Lite ist nur ein „Nischenfüller".

Was ist wirklich „Marktanteil", was nur Sache der „Marktdefinition"? Viele Marketingexperten meinen, daß der relative Marktanteil ein wesentlicher Gesichtspunkt bei der Formulierung der Marketingstrategie ist. Als Marktführer hat man viele strategische Vorteile, wohingegen Herausforderer, Mitläufer oder Nischenfüller einer Reihe von Zwängen unterliegen.

Aber fast jede Firma, jedes Produkt oder jeder Markenartikel kann als Marktanteilsführer bezeichnet werden, wenn man den Markt geschickt definiert: „Wir sind nicht die Marktführer bei Seifen. Wie wäre es denn mit ‚deodorisierenden Seifen'? Da auch nicht? Dann sind wir eben die Nummer eins auf dem Markt der ‚naturparfümierten deodorisierenden Seifen der oberen Preisklasse'".

Dieses fiktive Beispiel ist gar nicht so unrealistisch. Tang, ein Getränk, dessen Verkaufsvolumen weit hinter dem von gefrorenen

Orangensaftkonzentraten liegt, beanspruchte für sich die Marktführer-Position in der Kategorie der „pulverisierten und gebrauchsfertigen Frühstücksgetränke".[7] Die *R.G. Barry Corporation* behauptete, daß ihr Schuhsortiment der Marke „Mushrooms" Nummer eins auf dem Markt für „billige und bequeme Frauenschuhe" sei. Ein Konkurrent bezweifelte das zwar, mußte aber schließlich einräumen, daß diese Kategorie schwer zu definieren sei.[8]

Ein weiteres Problem bei der Verwendung des Marktanteils als Wachstumsmaßstab ist die Tatsache, daß er eine fixe Größe ist. Man kann davon nur 100 Prozent unter den Konkurrenten aufteilen. Auf einem expandierenden Markt kann dieser Maßstab das Wachstum untertrieben widerspiegeln. Auf stabilen, gesättigten Märkten, wie zum Beispiel Zigaretten, Limonade, Fast Foods, kann der Preis für eine bedeutende Steigerung des Marktanteils unerschwinglich hoch (und unrentabel) sein.

Schließlich kann sich der auf Produkteinheiten basierende Marktanteil deutlich von jenem unterscheiden, dessen Grundlage der Dollar ist. Auf einigen Märkten (zum Beispiel Deodorants) sind Billigartikel Marktführer, was die Absatzmenge anbelangt. Teurere und lukrativere Marken und Produktformen haben aber den größten Anteil am Umsatz. Es läßt sich schwer sagen, welches Bewertungskriterium nun das richtige ist.

Gewinn und Cash flow

Geschäftsleute wollen letzten Endes einen finanziellen Erfolg sehen. Der Gewinn, die Differenz zwischen Erträgen und Aufwendungen, steht dann im Mittelpunkt des Interesses. Alles andere lassen die Betriebswirte nicht gelten. Für einen typischen Auto- oder Einzelhändler wäre ein Jahresgewinn von 1 Million Dollar wahrscheinlich wie Weihnachten und Ostern zusammen. Andererseits verbuchte das gewinnträchtigste amerikanische Unternehmen des Jahres 1985, *IBM,* einen Reingewinn von etwa 6,5 Milliarden Dollar. Für ein so riesiges Unternehmen wäre ein Jahresgewinn von nur 1 Million Dollar ein Skandal.

Es besteht kein Zweifel darüber, daß ein in absoluten Gewinnzahlen ausgedrücktes Wachstum nicht sonderlich aussagekräftig ist. Gewinn, den man als Outputquotienten ermittelt, zum Beispiel Gewinn pro Umsatz, ist ebenfalls gewissen Beschränkungen unterworfen. Ein Unternehmen, das mit Waren handelt, welche hohe Gewinnspannen aufweisen und langsame Umschlagsgeschwindigkeiten haben, wie dies zum Beispiel bei Automobilherstellern der Fall ist, können hier eher gute Zahlen aufweisen als beispielsweise Einzelhändler, die Waren mit niedrigen Gewinnspannen und schnellen Umschlagsgeschwindigkeiten verkaufen. Nach diesem Bewertungskriterium haben Supermärkte eine hauchdünne Gewinnmarge; bei gutem Umsatz verbleiben bei Geschäftsjahresende nur ein bis zwei Prozent in den Firmentresoren. Der Standard-Supermarkt schlägt aber seine Lagerbestände jedes Jahr vielfach um. Das Anfangskapital erneuert sich ständig. Als Prozentanteil des Eigenkapitals bewegt sich somit der Jahresgewinn erfolgreicher Supermarkt-Ketten zwischen 10 und 15 Prozent.

Daher eignet sich die Rentabilität, deren Bezugsgröße die Maßeinheit des Inputfaktors ist, normalerweise besser für die Bewertung der Firmenleistung. Der Ertrag des investierten Kapitals (Return On Investment, ROI) ist ein zur Zeit beliebtes Kriterium für die Rentabilität. Es kann sich als recht brauchbar erweisen, wenn sich investiertes Kapital und Gewinn genau umlegen lassen, etwa bei einer Firma, die ein einziges Produkt herstellt und Barinvestitionen tätigt. Jedoch umfassen die Investitionen einer großen Aktiengesellschaft sowohl Eigenkapital als auch Fremdkapital. Der Wert des Eigenkapitals fällt und steigt mit den Gezeiten auf dem Aktienmarkt und den unberechenbaren Stimmungsschwankungen von Wall Street. Das erschwert die genaue Bestimmung des ROI.

Eine weitere Schwierigkeit taucht bei Unternehmenssubaggregaten auf, wie zum Beispiel bei einzelnen Geschäftsbereichen, bestimmten Produktgruppen oder Markenartikeln. So hätte *Campbell Soup* Schwierigkeiten, den ROI ihrer Pilzcremesuppe zu errechnen. Die Buchhalter des Unternehmens müßten in dem großen Suppensortiment und in anderen Produktgruppen jenen Teil der Gesamtinvestition ausfindig machen, den man exakt dieser Pilzsuppe zuordnen könnte. Auch müßten die Herstellungs-, Vertriebs- und Verwaltungskosten aufgespalten werden, wenn sie diese Kostenarten genau auf die Pilzcremesuppe umlegen wollten. Einzig und allein die Verkaufserlöse wären bei dieser Rechnung einfach zu bestimmen.

Probleme treten auch auf, wenn das Reinvermögen eines Unternehmens oder eines Subaggregats schneller schrumpft als dessen Gewinne. Zum Beispiel gelang es *B.F. Goodrich*, ein halbes Jahrzehnt lang seinen ROI drastisch zu steigern, indem er jene Geschäftsbereiche seines Reifengeschäfts abstieß, die kaum Gewinne brachten, ohne daß es deshalb zu entsprechenden Umsatzrückgängen gekommen wäre. Kann man das als Wachstum bezeichnen?

Zur Bewertung von Aktien wird oft die Rentabilität als Gewinn je Aktie errechnet, das heißt, der Reingewinn geteilt durch die Aktienanzahl des im Umlauf befindlichen Aktienkapitals. Wie viele andere Maßstäbe kann sich auch dieser als brauchbar erweisen. Aber wie bei allen anderen könnte auch hier mit gezinkten Karten gespielt werden. Der Gewinn je Aktie war der Modemaßstab zur Aktienbewertung in den euphorischen Tagen Ende der sechziger Jahre. Dessen Beliebtheit veranlaßte Jimmy Ling und weitere clevere Marktteilnehmer, eine Unmenge dubioser konglomerater Zusammenschlüsse durchzuführen. Diese Zusammenschlüsse, bei denen man an den Bezugswerten Gewinn, Fremd- und Eigenkapital herummanipuliert hatte, bescherten den Wall-Street-Revolverhelden jenes Spitzenrentabilitätswachstum beim Gewinn je Aktie, welches sie lautstark forderten – aber nur kurzfristig.

Finanzanalysten beschäftigen sich vor allem mit dem Cash flow, der wie der Gewinn eine große Anziehungskraft ausübt. Der Reingewinn ist jener Betrag, der übrigbleibt, nachdem Kosten und Steuern abgezogen worden sind. Die Kosten umfassen Abschreibungen, die die früheren Kosten der langfristigen Investitionen über die Nutzungsdauer dieser Investitionen verteilen. Abschreibungsbeträge werden nicht besteuert, so daß Buchhalter diese zumindest so großzügig veranschlagen, wie es die Steuergesetze zulassen. Das Geld wird reinvestiert, als Dividende ausgeschüttet, für den Ersatz veralteter Maschinen gehortet oder anderweitig verwendet. Ein Unternehmen mag sich daher mit seinen mageren Gewinnen gerade noch so über Wasser halten und ist trotzdem aufgrund seines Cash flow (Gewinne plus Abschreibung) äußerst attraktiv. Jedoch gelten alle Warnungen, die bezüglich der Verwendung des Gewinns als Meßinstrument für das Wachstum ausgesprochen wurden, im gleichen Maße für die Verwendung des Cash flow: Wieviel ist schon viel? Und wie relativiert man im Hinblick auf mögliche weitere Maßstäbe?

Aktiva

Manchmal sind Umsatzmaßstäbe zur Messung der Größe oder des Wachstums nicht besonders gut geeignet. Die Verkäufe, die Banken, Versicherungsgesellschaften, Versorgungsunternehmen und Finanzierungsfirmen tätigen, haben zum Beispiel mit jenen von *General Motors* wenig gemein. Wenn Verkaufszahlen eine geringe Aussagekraft haben, verwendet man oft die Aktiva als Firmengrößenindikatoren sowie die Veränderungen der Aktiva-Posten zur Feststellung des Firmenwachstums. Die Beurteilung des Wachstums auf der Basis von Vermögensänderungen ähnelt der Verwendung des Umsatzes als Bewertungskriterium, hat aber einige überraschende und interessante Besonderheiten.

Zum Beispiel kann die Bestimmung der Aktiva schwieriger sein als die des Umsatzes. Grundstücke, Gebäude, Maschinen, Geldmittel sowie Finanzanlagen, die sich im Besitz der Gesellschaft befinden, zählen sicherlich zu den Aktiva. Wie steht es aber mit einer treuen Stammkundschaft, dank der es auch in der Zukunft Umsätze und Gewinne geben wird? Und was ist mit dem Wert eines wohlbekannten und geschätzten Markennamens? Worunter fallen gesetzliche und vertragliche Rechte? Fluglinien zählen zu ihren Aktiva ihre Ansprüche auf Abfertigungsschalter in Flughäfen, obwohl sie ihnen nicht gehören. Immaterielle Vermögensgegenstände tauchen in amerikanischen Unternehmensbilanzen häufig unter der Bezeichnung „Goodwill" auf. Aber wie kann man dies in Geld ausdrücken?

Und wie errechnet man überhaupt den Wert von Aktivposten? Mit Ausnahme der Geldmittel und deren Äquivalenten beruht der Vermögenswert auf Schätzungen und willkürlichen Kriterien. Welchen „Wert" haben Aktiva wie unerschlossener Grundbesitz oder Erdölreserven? Firmenbuchhalter können ein großes Vermögenswachstum ausweisen, indem sie ganz einfach bestehende Aktivposten neu bewerten. Manchmal, wenn auch seltener, erzielen sie eine beträchtliche Vermögensschrumpfung auf dieselbe Weise.

Auf den ersten Blick sind Finanzanlagen quantitativ wesentlich einfacher zu bestimmen als nichtfinanzielle Anlagen; doch sollte man sich hier nicht täuschen lassen, denn die Qualität der Finanzanlagen spielt eine entscheidende Rolle. Banken machen Kredite als Teil ihrer Aktiva geltend und zählen gerne deren Nominalwerte zusammen (es sei denn, sie werden durch ein besonders wachsames Auge einer Staatsbehörde dazu genötigt, anders zu verfahren). Dasselbe gilt für Versicherungsgesellschaften und andere Kreditinstitute. Zur Zeit machen die größeren amerikanischen Geschäftsbanken in ihren Büchern und Bilanzen große Vermögen für sich geltend. Ein beachtlicher Teil dieser Aktiva besteht aus Krediten an unterentwickelte Länder. Manchmal sind die Summen dieser Kredite größer als das Eigenkapital dieser Institute. Sollten sich die Kredite letztendlich als nicht rückzahlbar herausstellen, dann wären diese Banken zumindest auf dem Papier bankrott.

Insider versichern uns zuversichtlich, daß es so etwas wie ein „letztendlich" in diesem Fall nicht geben kann. Rollover-Kredite, Verlängerungen sowie verschiedene, von der Regierung abgesegnete Erweiterungen halten das Ganze in Gang. Entwicklungsländer, die Kredite in Milliardenhöhe aufgenommen haben, stellen nun fest, daß niedrigere Energiepreise und andere Faktoren ihre Exporteinnahmen erheblich reduzieren. Sie kommen nicht mit den Zinszahlungen nach, ganz zu schweigen von der Schuldentilgung. Was können die Banken dagegen unternehmen? Sie führen eine Umstrukturierung ihrer Kredite durch und leihen den Entwicklungsländern zusätzliches Geld zur Zinsabsicherung, wobei sie natürlich Gebühren für diese Hilfestellung verlangen. Rechnerisch gesehen, handelt es sich weiterhin um laufende Kredite. Unglaublich, aber wahr: Die Banken können aufgrund der berechneten Gebühren sogar Gewinnsteigerungen verbuchen.

Solche Samariterdienste seitens der Banken bringt allmählich die Verschuldung der Drittländer zum Überlaufen. Während diese Ende 1981 729 Milliarden Dollar betrug, belief sie sich Ende 1986 bereits auf 1,035 Billionen Dollar.[9] Der gesunde Menschenverstand sagt uns, daß wir lediglich den Tag der Endabrechnung verschieben. Diese Kredite wird man abschreiben müssen, wenn schließlich alle Entwicklungsländer ihre Schulden nicht mehr bezahlen können (wie dies im Jahre 1987 bei Brasilien der Fall war); die Auswirkungen auf die Gewinne der Banken, von denen dann einigen Zahlungsunfähigkeit droht, werden verheerend sein.

Die *Continental Illinois Bank* in Chicago gab uns bereits eine kleine Kostprobe dessen, was andere noch erwartet. Als während der Energiekatastrophe im Jahre 1984 ihre riesigen Kredite an Besitzer von Erdölfeldern nicht mehr zurückgezahlt werden konnten, brach alles zusammen, und eine Zeitlang drohte den Aktionären der *Continental Illinois* schon eine Abfindung im Wert von lediglich einigen Tausendsteln Cent pro Aktie. Nur eine finanzielle Hilfsaktion der amerikanischen Bundeseinlagenversicherung *FDIC* und eines Bankenkonsortiums rettete ihnen die Haut.

Mitte der achtziger Jahre machten Hunderte von großen und kleinen Banken sowie andere Sparinstitute in wirtschaftlichen Notstandsgebieten bankrott. Aussichtslose Aktiva (deren Wert absichtlich herabgesetzt wird) werden vor der Übernahme abgeschrieben, und wertverminderte Aktivposten werden in den neuen Büchern zu Beträgen verbucht, die dem wahren Marktwert eher entsprechen. Verbindlichkeiten verschwinden wie durch Zauberhand, und anstelle eines bestimmten Verlustes winkt potentieller Gewinn.

Leider beruht, wie bei der Zauberei, auch dieser Schwund auf einer reinen Sinnestäuschung. Objektiv gesehen, verbergen die Verfahrensmechanismen die Probleme. Abschreibungen bei Aktivposten gehen zu Lasten des Kapitals der übernommenen Bank, nämlich des Eigenkapitals, oder sie werden über einen langen Zeitraum hinweg abgeschrieben. Die Einlagenversicherungen kommen für die Verluste der Einleger auf. In der Zwischenzeit verzeichnet die übernehmende Bank möglicherweise zunehmende Erträge bei just denselben Aktiva. Natürlich kann es auch vorkommen, daß die übernehmende Bank einen Kapitalverlust hinnehmen muß (wie dies bei vielen der Fall war), wenn bei Anfangsschätzungen diese Aktiva überbewertet werden.

Schulden verzerren den Wert des Unternehmensvermögens. Wann wird eine Firma mit Zehntausenden von Angestellten, Fertigungsstätten im ganzen Land und einem Jahresumsatz in Milliardenhöhe als „wertlos" bezeichnet? Immer dann, wenn bei Abzug des Geldes, das sie schuldet und nicht vereinbarungsgemäß zurückzahlen kann, von der Gesamtsumme all dieser Aktiva eine negative Zahl herauskommt. Natürlich sind die materiellen Aktiva sowie die Marktpräsenz der Firma immer noch vorhanden. Diese Vermögensposten dürften tatsächlich noch greifbar werden, nämlich in den Bilanzen der Gläubiger. Nicht der Wert der Aktiva an sich ist von Bedeutung, sondern deren Kontrolle und Besitz. Die Aktiva haben immer noch denselben Wert. Nur der einstige rechtliche Anspruch auf sie ist gleich Null geworden.

Die Inflation verwischt das vom Vermögenswachstum aufgezeigte Bild noch mehr. Beim Anlagevermögen, wie zum Beispiel Investitionsgüter oder Lagerbestände, kann es auch aufgrund der Rechnungslegungsgrundsätze zu Verzerrungen kommen. Bewertet man zuerst die Anschaffungskosten oder die Wiederbeschaffungskosten? Verwendet man die Einnahmen-Ausgaben-Rechnung oder die periodengerechte Aufwands- und Ertragsrechnung? Welche Lagerbuchführungsmethode wird benutzt? Beschleunigte oder lineare Abschreibung? In den Büchern kann man Wertgegenstände als wertlos verbuchen, Wertloses wiederum als Wertgegenstände. Es bleibt jedem selbst überlassen, ob zwei und zwei gleich vier, sechs oder drei ist.

Firmenwert

Wieviel ist ein Unternehmen „wert"? Vom rechtlichen Standpunkt aus gesehen, ist es soviel wert, wie der Meistbietende auf dem freien Markt dafür zu zahlen bereit wäre. Natürlich können wir aber auch einen angemessen Wert für ein Unternehmen ermitteln, ohne es gleich versteigern zu müssen.

Ein Maßstab ist der Buchwert einer Firma; allerdings können Rechnungslegungsgrundsätze bei Abschreibung und Lagerbewertung zu einer Werthöhe führen, die sich deutlich von der Angebotssumme der Kaufinteressenten unterscheidet. Die Firma könnte man immer noch als florierendes Unternehmen verkaufen, während der Buchwert eigentlich nur ihren Liquidationswert (und den oft ungenau) widerspiegelt. Konzerne, die mehrere verschiedenartige Tochtergesellschaften umfassen, sind als Ganzes manchmal weniger wert als die Summe ihrer Bestandteile – eine Tatsache, die von verschiedenen Firmenjägern und Übernahmespezialisten in den letzten Jahren entdeckt worden ist. Deren Überfälle auf Unternehmen erinnern in gewisser Weise an „Frisiermethoden" illegaler Werkstätten, die gestohlene Autos auseinandernehmen und die Einzelteile teurer verkaufen als das Auto im ganzen wert ist.

Unterschiedliche Standpunkte von Käufern erfordern auch unterschiedliche Bewertungskriterien. Ein Stück Land ist für einen Interessenten in der Nachbarschaft mehr wert als für einen, der weit entfernt davon wohnt. Tochtergesellschaften haben für den einen Käufer vielleicht einen größeren synergetischen Wert als für einen anderen.

Zum Beispiel zahlte *General Foods* einen Höchstpreis für den Erwerb der Firma *Oscar Mayer*, unter anderem deshalb, weil sie dadurch Zugang zum Fleischverkauf innerhalb des Supermarktgeschäftes bekam, was für *General Foods* weit billiger war als die Entwicklung einer neuen Hotdog- und Wurstkette.[10] Genauso gut kann eine amerikanische Fertigungsstätte für eine ausländische Firma mehr wert sein als für einen inländischen Investor, weil sie für das ausländische Unternehmen den Zugang zum amerikanischen Markt bedeutet.

Viele Wirtschaftswissenschaftler und Management-Theoretiker gehen davon aus, daß das Hauptziel eines Unternehmens die marktwertmäßige Maximierung von an der Börse gehandelten Aktien ist. In der Theorie mag dies gar nicht so falsch sein, aber als Größen- und Wachstumsmaßstab ist der Marktwert öffentlich gehandelter Aktien genauso unsicher wie eine Wetterprognose. Die Gemeinde der Investoren legt unterschiedliche Maßstäbe bei der Beurteilung

Maßstäbe des Wachstums

von Aktien unterschiedlicher Firmentypen an. Unternehmen, deren Umsätze, Gewinne und Dividenden relativ gleichbleibend und vorhersehbar sind (zum Beispiel öffentliche Versorgungsunternehmen), bewertet man gerne nach ihren Dividendenausschüttungen. Der Wert ihrer Aktien basiert auf der augenblicklichen Verzinsung, verglichen mit den Renditen bei Anleihen, Schatzbriefen und Geldmarktpapieren. Firmen mit soliden Wachstumsaussichten (ermittelt mit Hilfe irgendeiner der oben behandelten Maßgrößen) werden anders beurteilt. Anlageentscheidungen spiegeln oft die zukünftigen Gewinnerwartungen wieder, und deshalb werden die Aktien zu höheren Kursgewinnverhältnissen gehandelt, als dies aufgrund der laufenden Gewinne gerechtfertigt wäre. Dem Absinken des Kursgewinnverhältnisses nach zu urteilen, das Ende des Jahres 1986 bei den Aktien der *IBM Corporation* zu beobachten war, ist dieses Unternehmen offensichtlich in den Augen ihrer Anleger gerade dabei, sich vom Wachstumsvehikel in einen Dividendenproduzenten zu verwandeln.

Der Marktwert einer an der Börse zugelassenen Gesellschaft entspricht dem Aktienkurs multipliziert mit der Anzahl ihrer Aktien. Die Marktwertsumme einer Gesellschaft ändert sich laufend, da Kauf- und Verkaufsangebote auf dem Aktienmarkt zu Kursschwankungen führen. Aber wie auch immer die Aktiennotierungen zu einem beliebigen Zeitpunkt lauten mögen, ein Unternehmen ist in Wirklichkeit nie soviel wert.

Der Kurs der *IBM*-Aktien erreichte an einem Tag im Jahre 1986 sein damaliges „All-Time-High" von 161,9 Dollar. Bei mehr als 614 Millionen im Umlauf befindlicher Aktien wurde *IBM Corporation* an jenem Tag mit etwa 100 Milliarden Dollar bewertet. Man stelle sich nur einmal vor, daß alle *IBM*-Aktionäre an jenem Tag beschlossen hätten, ihre Aktien zu verkaufen! 100 Milliarden Dollar ist mehr als die Hälfte des Bargeldumlaufs in den Vereinigten Staaten. Ganz zu schweigen davon, daß 600 Millionen Aktien eine mehr als doppelt so große Menge darstellen wie diejenige, die sich durch den jährlichen Stückumsatz der *IBM*-Aktien ergibt. Aber selbst wenn man einmal diese Einschränkungen außer acht läßt, dann bräuchte man bei einem solchen Umsatz ein Aufgebot an Käufern mit 100 Milliarden Dollar in der Tasche, die bereit wären 161,9 Dollar pro Aktie für *IBM*-Titel zu zahlen. Selbst wenn nur ein Teil der Aktionäre irgendeiner größeren Kapitalgesellschaft ihre Wertpapiere zu Bargeld machen wollten, würde der Aktienkurs sofort einbrechen, und keiner, außer den allerersten Verkäufern, würde in den Genuß des Wertes kommen, den er einst in seinen Händen hielt. Hochbewertete Unternehmen, denen das Publikum seine Gunst entzieht, können innerhalb weniger Minuten einen Marktwertverlust von einigen Hundertmillionen Dollar erleben, wenn nervöse Fondsmanager sich alle gleichzeitig zum Ausstieg entschließen.

Inputfaktoren

Jede Betriebseinheit – ob nun Firma, Geschäftsbereich, Sparte, Abteilung oder auch Behörde – kann nach wirtschaftlichen Inputs bewertet werden. Zu diesen Maßgrößen gehören die Zahl der Beschäftigten, die Länge der Lohn- oder Gehaltsliste sowie die Gesamtausgaben. Sie sind für Betriebseinheiten ohne klare Outputfaktoren von besonderer Wichtigkeit, zum Beispiel für Behörden oder Personalabteilungen in Unternehmen. Kommen keine Outputergebnisse unterm Strich heraus, dann verläßt man sich zur Erfolgsbewertung von solchen Einheiten oft auf Inputfaktoren. Erfolg und Fortschritt werden bezeichnenderweise anhand des Wachstums von Personallisten und Budgets beurteilt. Wirtschaftlich gesehen, leiden all diese Indikatoren unter demselben Problem. Sie messen den Input unabhängig von Outputs oder Leistungen. Trotzdem sind sowohl Staatsbeamte als auch Personalleiter in Privatfirmen der Meinung, daß ein Wachstum dieser Faktoren für sie eine weitere Stufe auf der Karriereleiter bedeutet.

Die Zauberkunststücke des Rechnungswesens

Wachstum ließe sich sicherlich problemloser messen, gäbe es ein paar unumstößliche Regeln. Das Leben wäre viel einfacher, wenn das Rechnungswesen nur über eine allgemein gültige und konkrete Liste von Definitionen, Normen und Verfahren verfügte!

Maßstäbe des Wachstums

Vom Rechnungswesen glaubt man zunächst, daß es sich dabei um die Addition von Tabellenspalten handelt. Tatsächlich setzt es sich aber aus einer Reihe von Regeln zur Kategorisierung und Quantifizierung menschlichen Verhaltens zusammen. Im Mathematikunterricht oder auf Zinstabellen vermitteln uns solide und exakte Zahlen ein beruhigendes Gefühl. Als praxisnahe Maße sind sie jedoch oft ungeeignet. Zahlen lügen nicht? Millionen armer, aber dafür klüger gewordener Investoren und Finanzanalysten könnten uns ein Lied davon singen, wie falsch dieser Spruch ist.

Im Rechnungswesen angewandte Praktiken basieren auf Gesetzen, staatlichen Verordnungen und Gerichtsentscheidungen. Sie setzen die für uns geltenden Spielregeln fest. Eine bestimmte Ertragskategorie wird als realisierte Kapitalgewinne besteuert, eine weitere als normale Erträge und eine dritte überhaupt nicht. Man muß diese Aufwendungen von den Erträgen abziehen und dieselben abschreiben. Tätigt man Ausgaben auf eine bestimmte Weise, kann man sie drei Jahre lang abschreiben, tätigt man sie auf eine andere Art, dann beträgt der Abschreibungszeitraum 15 Jahre.

Sobald eine neue Vorschrift herauskommt oder eine alte abgeändert wird, sucht jeder gewiefte Finanzmann sofort nach Ausweich- und Umgehungsmöglichkeiten: Die „Hexenmeister" von Wall Street, die neue Wertpapierprodukte aus ihren Ärmeln schütteln, Finanzvorstände von Unternehmen, die unter dem Druck stehen, bessere Endergebnisse vorweisen zu müssen, Privatleute, die über ihren Einkommensteuererklärungen schwitzen.

Im Jahre 1986 verabschiedete der US-Kongreß ein überarbeitetes Steuergesetz, das unter anderem die Vielzahl von steuerbegünstigten Kapitalanlagen vermindern sollte, die unter den früheren Steuerreformen entstanden und zur regelrechten Plage geworden war. Frage: Wann ist ein riesiger Buchverlust in Wirklichkeit ein finanzieller Gewinn? Antwort: Wenn eine Kapitalsumme zu echten Erträgen führt, von denen laut Steuergesetzverordnung der auf dem Papier stehende Verlust abgeschrieben werden kann. Der 99. Kongreß tat seine Pflicht und strich derartig verzwickte Rechtsverdrehungen. Aber keine Sorge: Neue Monster, Plagen und Dämonen kriechen schon aus dem dunklen und stickigen Paragraphensumpf hervor, auf dem das neue Gesetz basiert.

Kommt es Ihnen so vor, als stünden einige der Wachstumsmaßstäbe auf etwas wackeligen Beinen? Tut uns leid, aber es ist so. Selbst die besten von ihnen sind auf dem Treibsand von Rechnungslegungspraktiken gebaut. Bestehende Finanzmaßstäbe können genau den Vorschriften und Gesetzen entsprechen (was sie auch besser tun sollten!), jedoch unterliegen diese Vorschriften und Gesetze wiederum Änderungen, Mehrdeutigkeiten, politischen und wirtschaftlichen Zwängen sowie kreativer Interpretation. Schließlich gibt es für clevere Rechnungsführer und Rechtsanwälte zahlreiche Anreize, um bei Rechnungslegungsspielen mitzumachen. Sie wollen Gewinne in die Höhe treiben, um den Aktienkurs hochzupuschen, die Steuerschraube lockern, Vermögen vor potentiellen Gläubigern verstecken, geringere Gewinne ausweisen, damit die Gewerkschaften keine höheren Löhne und Gehälter für die Belegschaft fordern, usw. Die Auslegung und Handhabung von Gesetzen und Rechnungslegungsvorschriften hängt vollständig von den jeweils geltenden Anreizen und Restriktionen ab.

Ein Beispiel soll hier genügen: Einst entdeckten mehrere Firmen für Computersoftware eine einfache Methode zur Ankurbelung der Gewinne. Sie verbuchten die Kosten für die Entwicklung von Computerprogrammen und diesbezüglicher Ausrüstung als Vermögen und nicht als Aufwendungen. Diese Kosten wurden dann von den Erträgen während Zeiträumen von drei bis fünf Jahren abgeschrieben, anstatt daß sie von den Erträgen in jenem Jahr abgezogen wurden, in welchem sie entstanden waren. Die Aufsichtsbehörde setzte dieser Praxis schließlich ein Ende, da niemand mehr in der Lage war, Gewinn- und Verlustrechnungen miteinander zu vergleichen.[11]

Um Ordnung in das Chaos solcher Praktiken zu bringen, setzt der Ausschuß für Finanzbuchhaltungsnormen (FASB) Richtlinien fest. Leider ist seine Aufgabe politischer und nicht wissenschaftlicher Natur. Das Ziel des FASB ist ein einheitlicher Finanzausweis, damit jeder, der sich mit einer Bilanz oder einer Gewinn- und Verlustrechnung befaßt, sehen kann, wie der Hase läuft. Um dieses

Ziel zu erreichen, hat der FASB der Geschäftswelt strenge Vorschriften auferlegt. Woraufhin ein Unternehmensboß behauptete, daß viele gute und vernünftige Geschäftspraktiken vom FASB um der Einheitlichkeit willen geopfert worden wären, was nicht gut sei. Die Antwort des FASB lautete, daß der Ausschuß derartig rigorose Vorschriften nicht hätte einführen müssen, wenn die Unternehmen nicht laufend versucht hätten, an der Rechnungslegung herumzumanipulieren und eine ordnungsgemäße Offenlegung zunichte zu machen.[12]

Alle Rechnungslegungsvorschriften basieren jedoch auf willkürlichen Prämissen, die ihrerseits auf willkürlichen Wirtschaftsmodellen und willkürlichen Gesellschaftszielen beruhen. Die Klassifizierung in Ausgaben und Einnahmen, Gemeinkosten, direkte Kosten sowie die Verfahren zur Bewertung von Lagerbeständen und zur Kalkulation von Abschreibungen werden in den Vorschriften festgelegt. Diese bestimmen, wo die Inflation einzuordnen ist, welche Dinge in welche Besteuerungsklassen gehören usw. Die Vorschriften müssen von Zeit zu Zeit geändert werden, damit sie neuen sozialen und wirtschaftlichen Bedürfnissen und Bedingungen gerecht werden.

Die Rechnungslegungsverfahren für den öffentlichen Haushalt unterscheiden sich von den Verfahren der Privatwirtschaft in einem solchen Maße, daß sie nach Einschätzung des Volkswirts Michael Boskin illegal wären, würden sie von Kapitalgesellschaften angewandt. Zu Beginn des Jahres 1986 betrug das amerikanische Haushaltsdefizit offiziell etwa 2 Billionen Dollar. Laut Aussage des Rechnungsprüfers Morton Egol hätte jedoch zum damaligen Zeitpunkt ein genauerer Ausweis der amerikanischen Staatsverschuldung eine wesentlich höhere Summe ergeben, nämlich ungefähr 3,4 Billionen Dollar, wenn schwebende Verbindlichkeiten sowie Eventualverbindlichkeiten mit einberechnet worden wären. Bei einer vom Finanzministerium durchgeführten Schätzung ergab sich ein noch höherer Betrag: 3,8 Billionen Dollar zum 30. September 1984.[13] Wo steckt dieser FASB, wenn man ihn wirklich braucht?

Geld

Wir kommen nun zur fundamentalsten Finanzeinheit, dem Geld. Selbst das Geld, der Grundbaustein der Handels- und Finanzstruktur, ist als Bewertungskriterium für das Wachstum immer fragwürdiger geworden. Geld ist sowohl ein Tausch- als auch ein Wertaufbewahrungsmittel. In den letzten Jahren hat es sich bei keinem der beiden Verwendungszwecke sonderlich bewährt.

Während der zwei letzten Jahrzehnte war die Auswirkung der Inflation auf den Wert des amerikanischen Dollars unübersehbar. Seit Mitte der sechziger Jahre kletterte der Verbraucherpreisindex immer weiter nach oben. Heute braucht man schon 3,5 Dollar, um die Kaufkraft eines Dollars von 1967 zu erreichen. Ein Unternehmen, ein Investmentfonds, ein Effektenportefeuille oder auch ein Wochenlohn nahmen während dieses Zeitraums um 350 Prozent zu, erlebten jedoch in Wirklichkeit ein Nullwachstum. Von 1970 bis 1984 stieg das durchschnittliche amerikanische Haushaltseinkommen von 9867 Dollar auf 26 433 Dollar an (jeweils das augenblickliche Dollareinkommen). Nimmt man den inflationsbereinigten Dollarbetrag (Stand 1984), so fand während dieses Zeitraums eine Einkommensänderung von 26 394 Dollar auf 26 433 Dollar statt.[14] Der tatsächliche Zuwachs macht also nicht einmal einen Hamburger pro Haushalt in der Woche aus (bei augenblicklichen Preisen).

Auch darf man nicht vergessen, daß der Verbraucherpreisindex selbst ein fragwürdiges Bewertungskriterium ist. Er basiert auf einem Warenkorb, der nicht für alle Konsumenten gleichermaßen repräsentativ sein kann. Und weil dieser außerdem von Zeit zu Zeit variiert, unterscheiden sich die heute darin befindlichen Waren von denen des Jahres 1970.

Ein weiteres Problem des einst so mächtigen Dollars sind die Wechselkurse der internationalen Währungen. Bei einem freien Schwanken der Wechselkurse von Landeswährungen steigt und fällt der Wert jeder Währung in Abhängigkeit von den anderen Währungen, je nachdem, wie sie von den internationalen Finanzmärkten eingestuft werden. Diese Fluktuation führt zu einer unter-

Maßstäbe des Wachstums

schiedlichen Kaufkraft. Wenn der Dollar im Vergleich zu Pfund, Franc, Deutscher Mark und Yen stark ist, dann sind nach Amerika importierte Waren sowie Reisen nach Europa oder Japan billig. Ist der Dollar schwach, so tauschen arabische, deutsche und japanische Kapitalanleger ihre Riyal, Deutsche Mark und Yen zu günstigen Wechselkursen um und nehmen den Amerikanern ihr Land, ihre Firmen und die Staatsverschuldung weg – ein Prozeß, den einige Volkswirte euphemistisch als „Kapitalimport" bezeichnen. Es besteht kein Zweifel, daß ein paar bedeutende „Muschelperlenanalysten" dasselbe Wort am 6. Mai 1626 verwendeten, als der holländische Forscher Peter Minuit den Ureinwohnern die Insel Manhattan für Billigschmuck im Wert von 24 Dollar abkaufte.

Wie kann man bei frei schwankenden Papiergeldwährungen ohne Edelmetalldeckung Wachstum beziehungsweise dessen Wert messen? Japan verbuchte 1986 einen Rekordhandelsüberschuß von 82,7 Milliarden Dollar, was im Vergleich zum Vorjahr eine Steigerung von 79 Prozent bedeutete. In Washington wurden daraufhin erneut Maßnahmen zur Bekämpfung des Handelsungleichgewichts gefordert. Richtig ist aber nur, daß der Handelsüberschuß, in Dollar ausgedrückt, zugenommen hatte. Jedoch war in jenem Jahr der Dollar gegenüber dem Yen stark gefallen. Japans Handelsüberschuß hatte – gemessen am Yen – gegenüber seinem Stand im Jahre 1985 tatsächlich abgenommen, und unter japanischen Wirtschaftswissenschaftlern wurden schon Befürchtungen laut, daß sich ihr Land in einer Rezession befände.[15]

Auch dürfen wir nicht jene Geldsumme vergessen, die auf der Welt in Umlauf ist, sich aber aus Schulden konstituiert. Geld ist ein Zeichen für Wert. Person A akzeptiert x Dollar von Person B für die Lieferung einiger Waren, die gemäß beiderseitiger Vereinbarung x Dollar wert sind. Person A geht dann zu Person C und tauscht jene x Dollar für Waren ein, die laut beiderseitiger Vereinbarung ebenfalls x Dollar wert sind usw. Wenn durch Schulden zusätzliches Geld geschaffen wird, zirkulieren diese Dollar zum gleichen Wert wie die anderen, bereits im Umlauf befindlichen Dollar. Im Grunde genommen basiert jedoch das geborgte Geld nur auf dem Vertrauen, daß es einmal in der Zukunft tatsächlilch denselben Wert haben wird wie „echtes" Geld. Zukünftige Generationen werden jenen Wohlstand schaffen müssen, der notwendig ist, um die Darlehen plus Zinsen mit Geld zurückzuzahlen, das denselben Wert hat wie zu dem Zeitpunkt, als es geliehen wurde.

Geld hat genau soviel Wert, wie ihm von jedermann zugesprochen wird – nicht mehr und nicht weniger. Geliehenes Geld ist soviel wert, wie jedermann glaubt, daß es eines Tages wert sein wird. Im Jahre 1986 näherten sich die amerikanischen Verbraucher- und Hypothekenschulden der 3-Billionen-Dollar-Grenze.[16] Die Verschuldung der amerikanischen Bundesregierung hatte offiziell 2 Billionen Dollar überschritten. Die Schuldnerländer der Dritten Welt standen mit mehr als 1 Billion Dollar in der Kreide, wovon sie mehr als 300 Milliarden Dollar amerikanischen Banken schuldeten.[17] Infolge des internationalen Handelsdefizits wurden die Vereinigten Staaten, die einstige Nummer 1 unter den Gläubigerländern der Welt, in nur drei Jahren das größte Schuldnerland, wobei die Amerikaner Ausländern fast 200 Milliarden Dollar mehr schuldeten als ausländische Kreditnehmer in Amerika an Schulden hatten.[18] Auch dürfen wir nicht die zunehmende Verschuldung der Landwirtschaft, der Unternehmen sowie der Bundesstaaten und Kommunen vergessen.

Glauben wir wirklich, daß all diese Schulden eines Tages mit Geld beglichen werden, das soviel wert ist, wie es ursprünglich einmal wert war? Glauben wir denn an den Weihnachtsmann oder den Klapperstorch? Henry Kaufman, Leiter der volkswirtschaftlichen Abteilung bei *Salomon Brothers* und als Prognoseguru von Zinssatztrends berühmt, drückte seine Besorgnis angesichts der internationalen Schuldenhöhe aus. Er meinte, daß, wenn Staaten Papiergeld ohne Edelmetalldeckung drucken können, die Stabilität der Währungen von selbst auferlegten Restriktionen auf allen Ebenen abhänge. Henry Kaufman vergleicht die augenblickliche globale Wirtschaftssituation mit einem Pokerspiel unter Betrunkenen, von denen jeder geborgte Spielmarken verwendet.[19] Wenn Mr. Kaufman besorgt ist, dann sind wir es auch. Wenn nicht ausreichende Werte geschaffen werden, um all diese Schulden zurückzubezahlen, was passiert dann mit dem Wert von all dem Geld?

Manager im Wunderland

„Merkwürdig...", rief Alice. Kurz nachdem sie im Wunderland angekommen war, kostete sie an einem Fläschchen, auf dem „Trink mich" geschrieben stand, und schrumpfte plötzlich auf wenige Zentimeter zusammen. Dann machte sie sich über einen kleinen Kuchen her, in den die Worte „Iß mich" eingebacken waren, worauf sie sich wie das längste Fernrohr auseinanderschob, das es jemals gegeben hatte.

Nach unserer Durchschau der Methoden zur Wachstumsmessung scheint Alices mißliche Lage wenig erstaunlich zu sein. Vielleicht maß sie (wie einige Spitzenunternehmen auf dem Aktienmarkt) zuerst ihre Größe nach der Rendite für die Aktionäre und dann nach dem Marktwert der Aktien. Vielleicht war sie nach finanziellen Bewertungskritierien winzig, aber nach Marketingnormen riesengroß (vgl. das Schicksal der *Miller Brewing Company* seit den siebziger Jahren).[20] Vielleicht war sie auch nur stark fremdfinanziert. Im Nu kann da aus einem Wicht ein Riese werden und umgekehrt. Viele Pleitefirmen und Spitzenunternehmen kennen dies aus eigener Erfahrung.

Wie mißt man nun Wachstum? Es gibt keinen einzigen Maßstab, mit dem man es wirklich richtig beurteilen könnte. Vielmehr ist Wachstum, wie wir schon früher bemerkten, ein äußerst komplexer Gesellschafts- und Wirtschaftsprozeß. In Wirklichkeit wachsen gesunde, expandierende Unternehmen gleichzeitig in mehrere Richtungen. Der Umsatz nimmt zu, damit werden auch Gewinn und Rentabilität optimiert. Die Zahl der Beschäftigten steigt, ebenso Löhne und Gehälter. Wenn die Firma erfolgreich ist, dann nimmt sie der Konkurrenz einen Teil des Marktes weg.

Wenn ein Unternehmen jedoch nur in einer einzigen Richtung wächst, ist Vorsicht geboten: Der Umsatz steigt an, nicht aber nicht der Gewinn! Die Gewinne sind hoch, aber die Rentabilität ist gering! Das Personal oder die Ausgaben nehmen zu, nicht aber die Outputgrößen!

Das gesunde, mehrdimensionale Unternehmens- oder Wirtschaftswachstum kann man nur schwer nachahmen. Der Spieler, der sich selbst die guten Karten gibt, kann kurzfristig das Wachstum in eine einzige Richtung zwingen, die seinen eigenen Interessen dient. Es läßt sich jedoch kaum vermeiden, daß dieser kurzfristige Gewinn früher oder später den Interessen der anderen Spieler schadet, die mit ihrem Einsatz dabei sind.

Nur eins ist sicher: Wenn jemand, der sich selbst mit der Aura der Allwissenheit umgibt, mit ungebrochener Zuversicht vom zukünftigen Wirtschaftswachstum redet, dann ist eindeutig, daß diese Person nicht die geringste Ahnung von der Sache hat.

Sie fragen sich nun, warum wir uns dessen so sicher sind? Ganz einfach: Da alle Methoden zur Messung des Wirtschaftswachstums problematisch sind, ist es unmöglich, daß überhaupt irgendjemand etwas davon versteht.

Anmerkungen

1. Brown, Stanley H., Jimmy Ling's Wonderful Growth Machine, *Fortune*, January 1967, S. 136 ff; „Can Jimmy Ling and *LTV* Pull Through?" *Newsweek*, 1. June 1970, S. 72–74.
2. Mitchel, Cynthia F., *LTV Corp.* Had $ 453,4 Million 4th Period Loss, *Wall Street Journal*, 2. February 1987.
3. Instant Millionaire, *Forbes*, 1. March 1969, S. 66–67.
4. What's Left at Equity Funding, *Business Week*, 4. May 1974, S. 98–99.
5. Schendler, Brenton R., *Datapoint* Kept Trying to Set Profit Records Until the Bubble Burst, *Wall Street Journal*, 27. May 1982.
6. Credit-Card Wars, Profits Are Taking a Direct Hit, *Business Week*, 17. November 1986, S. 166–67.
7. Guyon, Janet, *General Foods* Says It Has Finally Solved Its Profit Problems, but Doubts Linger On, *Wall Street Journal*, 2. April 1982.
8. Dodosh, Mark N., R. G. Barry Lost a Lot of Soles to Gain a Foothold for Its „Mushrooms" Line, *Wall Street Journal*, 16. October 1980.
9. Rowen, Hobart, Brazil Puts the Focus on Debts, *Philadelphia Inquirer*, 27. February 1987.
10. Guyon, *General Foods*.
11. Hudson, Richard L., SEC Halts Spread of Accounting Method That Increases Profit of Software Firms, *Wall Street Journal*, 15. April 1983.
12. Miller, B.W. Paul/Redding, Rodney, The FASB, The People, the Process, and the Politics, Homewood, Ill., Richard D. Irwin, 1986.
13. Murray, Allan, Government's System of Accounting Comes Under Rising Criticism, *Wall Street Journal*, 3. January 1986.
14. U. S. Department of Commerce, Bureau of the Census, Statistical Abstract of the United States, 1986, Washington, D. C., table 752.
15. Japan's Surplus Hit $ 82,7 Billion; Real Exports Fell, *Philadelphia Inquirer*, 17. January 1987.
16. McCoy, Charles F., Losses on Credit Cards, Other Consumer Debt Are Climbing Rapidly, *Wall Street Journal*, 5. December 1985.
17. Magnusson, Paul, Global Leaders Convene Today in World's Unpaid IOU's, *Philadelphia Inquirer*, 4. December 1986.
18. Malabre jr., Alfred L., U.S. Economy Grows Ever More Vulnerable to Foreign Influences, *Wall Street Journal*, 27. October 1986.
19. Kaufman, Henry, Interest Rates, the Markets, and the New Financial World, New York, Times Books, 1986.
20. Bei Miller sehen wir gleichzeitig eine der brillantesten Leistungen im Marketing als auch einen der traurigsten Fehlschläge. From Trish Hall, S. 235, Miller Seeks to Regain Niche as Envy of Beer Industry, *Wall Street Journal*, 3. December 1986.

3. Kapitel

Konflikte zwischen Interessengruppen

Daß Wachstum an sich ein höchst fragwürdiges Ziel ist, wird am Beispiel zahlreicher Firmengeschichten deutlich: Dem mehr oder weniger steilen Aufstieg folgt oft der jähe Fall. Die Ursache für Wachstumskrisen liegt hauptsächlich in der Unvereinbarkeit der Interessen derer, die beim Wachstumsspiel mitmachen: Eigentümer, Management, Belegschaft, Märkte, Politik, Gesellschaft. Was der eine als positiv empfindet, stört und beschränkt den anderen, Wachstum auf der einen Seite kann ein Schrumpfen auf der anderen Seite bedeuten. Nur selten gelingt es, die unterschiedlichen Interessen zum Ausgleich zu bringen. Meistens verbleibt man im Teufelskreis – und reagiert auf Krisen, die durch einseitiges Wachstum ausgelöst werden, prompt in falscher Weise: Man fordert einfach „noch mehr Wachstum".

Eine große, glückliche Familie

„Zum Teufel mit den Leuten!" – Kurz vor Beginn des 20. Jahrhunderts wurde dieser herrische Ausspruch des William Vanderbilt zur Parole von Beamten des Kartellamts, Reformern in der People's Party sowie von im Schmutz wühlenden Journalisten. Mit diesen barschen Worten hatte der Eisenbahnchef der *New York Central Railroad* den despotischen Geist der raffgierigen und skrupellosen Kapitalisten zum Ausdruck gebracht, welche während des „Gilded Age" im späten 19. Jahrhundert die Herrschaft über Amerika an sich rissen.

Zumindest hat man uns das weisgemacht. Tatsächlich wurde aber – dem Historiker Matthew Josephson zufolge – dieser Zwischenfall – wie viele weitere, in der amerikanischen Geschichte bekannt gewordenen Ereignisse – in Berichterstattungen und öffentlichen Diskussionen ein wenig hochgespielt. Vanderbilt gab diese berühmt geworde Erklärung während eines Interviews mit einem Reporter im Jahre 1879 ab.

In Wirklichkeit hatte Vanderbilt nur erläutert, warum der zuschlagpflichtige Postschnellzug zwischen New York und Chicago abgeschafft worden war. Er lohne sich nicht, versicherte er. Aber für die Leute sei er sowohl nützlich als auch bequem; sollte er dem nicht Rechnung tragen? „Zum Teufel mit den Leuten. Ich arbeite für meine Aktionäre", hatte er die Frage seines Gesprächspartners beantwortet. „Wenn die Leute den Zug wollen, warum zahlen sie dann nicht für ihn?"[1]

Demzufolge hatte der von da an geschmähte Mr. Vanderbilt gar nicht ohnmächtige Bürger mit Füßen getreten. Er formulierte nur einen typischen Interessenkonflikt, wie er in jedem Unternehmen vorkommen kann.

In jeder Firma gibt es eine Reihe von Interessengruppen: Verschiedene Auftraggeber, von denen jeder auf seine eigene Art und Weise Anteil am Betriebsgeschehen hat: die Kunden, die einen umfangreicheren und besseren Service wollen, und in dem angesprochenen Fall die Aktionäre der *New York Central Road* (in erster Linie der Vanderbilt-Clan), die nach größerer Rentabilität strebten. Hier nun konnten die Wünsche aller Gruppen nicht gleichzeitig zu jedermanns Zufriedenheit erfüllt werden.

Ein Maßstab für das gesunde Wachstum in einem Unternehmen ist, inwieweit die Interessen der einzelnen Gruppen ausbalanciert sind. PR-Abteilungen und Topmanager sind häufig darum bemüht, ein rosiges Bild von den harmonischen Beziehungen zwischen all diesen Gruppen zu verbreiten. „Wir bei CleaverCorp sind eine große, glückliche Familie: Investoren, Manager, Arbeiter und Kunden kämpfen fröhlich Seite an Seite für das Gemeinwohl aller."

Firmen, bei denen solche Porträts ein getreues Abbild der Wirklichkeit sind, können sich wahrhaft glücklich schätzen. Leider entspricht das Bild eines Unternehmens als glückliche Familie oft nur einem erträumten Ideal. In der Öffentlichkeitsarbeit der Unternehmen werden gerne Interessenkonflikte zwischen den Beteiligten heruntergespielt. Man fühlt sich an jene heiteren Fernsehfamilienserien erinnert, in welchen die Ängste und Auseinandersetzungen des wirklichen Lebens, mit denen jede normale Familie zu kämpfen hat, reichlich verdreht dargestellt werden.

Sowohl innerhalb eines Unternehmens als auch in einer Familie gibt es gewichtige Argumente für eine Kooperation aller Parteien. Wenn alle zum gegenseitigen Nutzen zusammenarbeiten, wird mehr erreicht, und der Alltag läuft in geordneten Bahnen ab. Dies sagt schon der gesunde Menschenverstand. Aber warum gibt es dann all die Reibereien? Ganz einfach: Einzelne Personen beziehungsweise Gruppen verfolgen oft selbstsüchtig ihre eigenen Interessen – trotz der eindeutigen Vorteile, die eine Zusammenarbeit mit den anderen zur Verwirklichung gemeinsamer Ziele mit sich bringen würde.

Warum beharren die Leute so hartnäckig auf ihren Standpunkten, wo doch jeder Außenstehende deutlich erkennen kann, daß es töricht ist, nicht zusammenzuarbeiten?

Das beharrliche Verfolgen eigener Interessen ist beim Wachstum und dessen Abläufen ein wichtiger Faktor, der einer genaueren Untersuchung wert ist. Soziobiologen haben sich mit den genetischen

Eine große, glückliche Familie

Verhaltensursprüngen verschiedenartiger Lebewesen, angefangen beim Schleimpilz bis hin zum Menschen, beschäftigt. Diese Wissenschaftler gehen davon aus, daß jeder lebende Organismus einen primären Zweck verfolgt, nämlich zu wachsen und sich zu mehren, um dadurch seine Erbanlagen bis in alle Ewigkeit weiterzureichen. Sie versuchen, soziale Verhaltensmuster von Lebewesen mit daraus resultierenden genetischen Vorteilen zu erklären. Ihren Studien zufolge sind die langfristigen Überlebenschancen von Arten, welche nach Frieden und Eintracht streben, gleich Null. Die männlichen Artgenossen gewinnen einen genetischen Vorteil, wenn sie möglichst viele weibliche Artgenossen befruchten, diese hingegen gewinnen einen Vorteil, wenn sie ihr ganzes Leben lang das Interesse und die Aufmerksamkeit eines einzigen Partners auf sich ziehen können; der Nachkommenschaft gelingt es am ehesten, ihre Erbanlagen weiterzureichen, wenn sich die Eltern um keine weitere Brut zu kümmern brauchen, sie selbst also Nahrung und Pflege nicht mit anderen teilen müssen. „Die Folgen dieser Konflikte sind Spannungen und enggezogene Grenzen hinsichtlich des Umfangs von Altruismus und Arbeitsteilung", meint der Soziobiologe Edward O. Wilson.[2] Fast jeder wird zugeben, daß in dieser Aussage ein Funken Wahrheit steckt.

Denn wie können Firmen Harmonie und Kooperation erreichen, wenn schon Zwietracht in unseren eigenen Erbanlagen gesät ist? Aufgrund angeborener genetischer Interessenkonflikte zwischen Familienmitgliedern sieht sich die Familie, welche nach Harmonie strebt, einer Sisyphusarbeit gegenüber.

Genauso geht es den „Unternehmensfamilien". Jede Interessengruppe hat ein primäres Motiv für ihren wirtschaftlichen Eigennutz, dessen Resultat oft den Charakter von Selbstbedienung hat. Gelegentlich werden die divergierenden Einzelinteressen in Einklang gebracht und in ein und dieselbe Richtung gelenkt. Dies stellt eines der wünschenswerten Ergebnisse des gesunden Wachstums dar, ein Zustand, der in einem späteren Kapitel genauer untersucht werden soll. Probleme entstehen aber, wenn das gesunde Wachstum sich verlangsamt, stagniert oder rückläufig wird. Normalerweise ruft ein stockendes Wachstum die inhärenten Konflikte zwischen den Zielen der verschiedenen Interessengruppen wach und gibt ihnen neuen Auftrieb, woraufhin die gegensätzlichen Standpunkte erst richtig an den Tag kommen.

Es gab immer Konflikte zwischen Interessengruppen, und es wird sie immer geben. Auch wird innerhalb des Gefüges nie der Zustand von Harmonie oder Stabilität erreicht werden, in dem die verschiedenen Gruppen eine Kompromißlösung gefunden und ihre unterschiedlichen Interessen unter einen Hut gebracht haben. Denn so wie sich die Zeiten und Situationen ändern, so ändern sich die Spieler und deren Einsätze. Ruhe wird niemals einkehren.

Das Beispiel der Eisenbahnen zeigt die konträren Interessen der Beteiligten deutlich auf. Die enormen Geschäftserweiterungen bei den amerikanischen Eisenbahngesellschaften gegen Ende des 19. Jahrhunderts führten zu Konflikten zwischen drei Interessengruppen. Wie der mit dem Pulitzer-Preis ausgezeichnete Historiker Alfred D. Chandler jr. schreibt, verbündeten sich die Spekulanten und Unternehmensleiter gegen die Kapitalanleger der Eisenbahngesellschaften. Diese wünschten eine Garantie ihrer Dividenden und Renditen und schreckten vor der Erschließung neuer Strecken und Zweiglinien zurück. Für derartige Anlagenerweiterungen wurde Geld benötigt, das man stattdessen für die Dividenausschüttung hätte verwenden können.

Mehr als die Kapitalanleger war die Unternehmensleitung der Eisenbahnen an langfristigem, gesundem Wachstum ihrer Betriebe interessiert. Sie war bereit, die Dividenden vorübergehend zu kürzen, um durch Erweiterungsprogramme langfristige Stabilität zu gewährleisten. Die Spekulanten waren hinter den Gewinnen her, die sie mit Nebengeschäften machen konnten. Sie spekulierten nicht mit dem Vermögen der Eisenbahngesellschaften selbst, sondern machten Geld mit Bau- oder Landgeschäften. Chandler schreibt:

„Normalerweise überzeugten die Spekulanten die Kapitalanleger davon, daß man den Unternehmensleitern ihr Vorhaben (Erweiterungsstrategien) gestatten sollte (...) Für viele Bahnen endeten diese Autarkiebestrebungen im Bankrott. Jedoch mußte kein Unter-

Eine große, glückliche Familie

nehmensleiter – mit Ausnahme von einem oder zweien an der Spitze – draufzahlen. Ihre Betriebe blieben intakt."[3] Unternehmensleitung und Spekulanten schnitten dabei ganz gut ab, aber viele der Kapitalanleger mußten Federn lassen. Die Eisenbahngesellschaften expandierten nicht etwa, um die steigende Nachfrage der Kunden zu befriedigen, sondern vielmehr als Antwort auf den wachsenden Konkurrenzdruck. Die Erweiterungen, dank derer man in den Genuß wichtiger Fracht- und Passagierknotenpunkte kam, stellten eigentlich defensive Manöver dar, mit welchen man die Konkurrenz ausschalten wollte. Man führte sie nicht durch, um die Bedürfnisse auf neuen Märkten zu decken, um Kosten zu reduzieren, Gewinne zu steigern oder um neue Chancen und Vorteile auszunutzen. Unrentable Einrichtungen und Schienenstrecken, die viele Eisenbahngesellschaften direkt in den Sackbahnhof des Bankrotts führten, waren das Ergebnis.

Damit haben wir einen Vorgeschmack von den Konflikten zwischen Interessengruppen bekommen. Nicht jedem, der an einem Unternehmen Anteil hat, liegt dessen Rentabilität am Herzen.

In seinem zukunftsweisenden Buch „Administrative Behavior" untersucht der Nobelpreisträger Herbert A. Simon drei fundamentale Rollen: Unternehmer, Kunde und Mitarbeiter.[4] Unternehmer, die in Simons Augen als eine Art Eigentümer fungieren, sind in erster Linie am Überleben und Gedeihen des Betriebes interessiert. Die Kunden bilden jene Gruppe, deren Ziele in sehr enger und ziemlich direkter Beziehung mit den Zielen des Unternehmens stehen; mit dessen Produkten wollen sie ihren Bedarf decken. Mitarbeiter verfolgen wiederum ihre eigenen Ziele – im Grunde genommen ein gutes Gehalt –, die nicht unbedingt mit denen der beiden anderen Gruppen übereinstimmen.[5]

Seit vor vier Jahrzehnten Simons Buch erschien, haben sich die Probleme, Möglichkeiten und Zwänge der Interessengruppen deutlich gewandelt. Interessengruppen haben sich damals wie heute zusammengeschlossen, getrennt, wieder vereint und neu konstituiert, um den sich ändernden Herausforderungen gewachsen zu sein. Mitte der achtziger Jahre war bei den ständigen Interessenkonflikten eine neue Bewegung zu beobachten: die „Freibeuter" in den Sitzungsälen, wie beispielsweise Carl Icahn, T. Boone Pickens jr. und Sir James Goldsmith, die regelrechte Übernahmejagden auf Firmen wie *TWA, Unocal* und *Goodyear Tire and Rubber* unternahmen, um diese zu beherrschen.

Der „Firmenräuber" verschafft sich dabei klammheimlich einen beherrschenden Anteil am Aktienkapital der „Beutefirma". Zur Sicherstellung seiner Macht schlägt er dann plötzlich mit einem Höchstpreisangebot zu, um in den Besitz genügend weiterer Aktien zu kommen.

Einige der Firmenjäger behaupten dabei, in gemeinnütziger Selbstlosigkeit zu handeln, daß sie um das Wohl des „kleinen Mannes", des Kleinanlegers, besorgt seien. Das Topmanagement, welches die Aktionäre übers Ohr gehauen habe, sei schon viel zu lange ungestraft geblieben. Diese pflichtvergessenen Führungskräfte hätten die betrieblichen Ressourcen nicht voll ausgeschöpft und ihre Unternehmen in unproduktive Erweiterungen, Diversifikationen und andere unüberlegte Investitionen hineingedrängt und damit das Geld, das rechtmäßig den Anlegern gehöre, verschwendet. Und um dem ganzen die Krone aufzusetzen, hätten die Manager bei ihren schlecht geführten Unternehmensgeschäften auf Kosten derselben ausgebeuteten Aktienbesitzer auch noch fürstlich gelebt!

Andere Firmenjäger geben vor, daß sie überflüssigen Ballast über Bord werfen und dadurch die amerikanische Industrie konkurrenzfähiger machen wollten. Hätte man die Schurken erst einmal vor die Tür gesetzt, dann würde sich auch die Firmenleistung verbessern. Sie selbst dagegen seien nichts weiter als Patrioten, die die Invasion der Deutschen, Japaner und weiterer Konkurrenznationen abzuwehren versuchen. Das Junk-Bond-Genie von Drexel Burnham Lambert, Michael Milken, soll „einen fast schon religiösen Eifer" an den Tag gelegt haben, eine „Umstrukturierung der amerikanischen Wirtschaft" zu fördern.[6]

Natürlich gehören die Firmenräuber und Übernahmespezialisten auch zu jener Gruppe, bei der aus den eigenen „Wohltaten" das eigene Wohlergehen resultiert. Es spielt gar keine Rolle, ob die

Übernahme nun erfolgreich ist oder nicht, die Räuber selbst machen immer „fette Beute".

Manchmal gelingt es dem jeweiligen Management, einen solchen Überfall abzuwehren. Es kann den Firmenjäger mit einem schon fast erpreßten Aktienkauf abfinden, das heißt durch ein Höchstpreisangebot für in dessen Besitz befindliche Aktien. Eine weitere Maßnahme ist eine präventive Umstrukturierung. Für die Kosten kommt in beiden Fällen das Anlagevermögen der Firma auf, und der Firmenjäger wird für seine Mühen materiell entschädigt. Zum Beispiel erzielte Sir James Goldsmith bei der „Zwangsumstrukturierung" von *Goodyear* 1986 einen geschätzten Bruttogewinn von 87,5 Millionen Dollar.[7] Für die Emissionshäuser, welche die Überfälle tatkräftig unterstützen, fallen natürlich auch ein paar Brosamen ab.

Nicht jeder Beobachter akzeptiert das Selbstporträt der Firmenjäger als Robin Hood, der gegen die bösen Topmanager kämpft. Für Professor Warren A. Law von der Harvard Business School handelt es sich hierbei nur um einen weiteren Interessenkonflikt:

„Weit stärker als die Aktionäre fürchten die Manager das Risiko eines Übernahmekampfes. Der unmittelbare Kurs der Firmenaktien kümmert das Management wenig. Es ist aber direkt an das Schicksal des Unternehmens gebunden und hat viel in dessen human capital investiert. Dagegen sorgen sich die Aktionäre in zunehmendem Maße nur um die kurzfristigen Auswirkungen der Kursschwankungen auf das investierte Finanzkapital in ihren Portefeuilles."[8]

E Pluribus Unum

Sollten Firmen zum Wohle der Gesellschaft oder zum Wohle der Wirtschaft wachsen? Die Frage läßt sich überhaupt nicht beantworten, weil die Fragestellung selbst schon absurd ist. Weder die Gesellschaft noch die Wirtschaft interessiert das Schicksal einer bestimmten Firma, ja nicht einmal das aller Firmen. Die Gesellschaft und die Wirtschaft sind keine konkreten Dinge, sondern abstrakte

Begriffe, welche für zwei ungenau definierte und schwer verständliche Makrosysteme menschlichen Verhaltens stehen. Auch eine Firma ist nichts weiter als eine abstrakte Bezeichnung – ein Mikrosystem menschlicher Aktivitäten, welches bestimmte wirtschaftliche und soziale Ziele erfüllen soll.

Es sind Menschen, nicht Firmen oder Wirtschafts- und Sozialsysteme, die Motive, Ambitionen, Ängste oder Hoffnungen haben. Menschen setzen Ziele und Normen fest und versuchen, diese zu erfüllen. Deshalb sind die Gründe, warum eine Firma wachsen „sollte", in den Menschen selbst zu suchen. Diese agieren als Einzelpersonen, oft aber werden ihre Verhaltensweisen und Interessen von sozialen Beziehungen und Gruppen geprägt. Die Mitglieder der Interessengruppen haben oft besondere Anliegen, die sie miteinander teilen. Eine Diskussion über die Interessen beteiligter Gruppen ist allerdings nur sinnvoll, solange wir uns vergegenwärtigen, daß wir in Wirklichkeit von den gemeinsamen Interessen ihrer einzelnen Mitglieder sprechen.

Professoren für Unternehmensführung betrachten normalerweise ein Unternehmen vom rein wirtschaftlichen Standpunkt aus. Trotzdem stellt ein Unternehmen ein so komplexes System dar, daß sich die Betriebswirtschaft in unterschiedliche Disziplinen aufgefächert hat, die sich nur mit ganz bestimmten Unternehmensbereichen beschäftigen. Um jedoch den Wachstumsprozeß verstehen zu können, muß man sich der Tatsache bewußt sein, daß moderne Kapitalgesellschaften äußerst komplexe soziale Gefüge sind.

Beginnen wir zunächst mit den Wirtschaftswissenschaftlern. Wirtschaftliche Aktivitäten sowie Unternehmen sind vor allem von Wirtschaftswissenschaftlern verschiedener Schulen untersucht worden. In der Wirtschaftswissenschaft stehen hauptsächlich die Unternehmenstätigkeiten im Mittelpunkt der Betrachtung. In einem Gesellschaftssystem ist Geld nicht als Maßstab für alles geeignet. Wirtschaftswissenschaftler jedoch werden von allem verwirrt, was nicht mit Preisschildern versehen ist.[9] Deshalb nehmen sie oft an, daß es nicht wirtschaftsbezogene Dinge, denen Menschen, Gesellschaftssysteme oder auch Unternehmen nachgehen,

E Pluribus Unum

gar nicht gibt. Sie sehen das Eigentum (Kapital) als eine Interessengruppe an, Arbeit als eine weitere. Für sie haben Gläubiger, Produktmärkte und andere Gruppen nichts mit den weiteren Tätigkeiten einer Firma zu tun.

Adam Smith war der Großvater der modernen kapitalistischen Nationalökonomie. In „The Wealth of Nations" gelang es ihm, wie keinem vor oder nach ihm, den wirtschaftlichen Eigennutz klar und in allen Einzelheiten aufzuzeigen. Seiner Meinung nach wird die „Vorsehung" letzten Endes einen jeden bescheren, wenn man dem Wirtschaftsgeschehen freien Lauf läßt.

Solange wir die Vorurteile der Nationalökonomen nicht aus den Augen verlieren, ermöglichen uns die Wirtschaftswissenschaftler zunächst einmal einen guten Einstieg, um die Interessen der Beteiligten zu verstehen. Aber auch Experten auf vielen anderen Gebieten beschäftigen sich mit wirtschaftlichen Tätigkeiten. Sie betrachten das System und dessen Mitglieder aus vielen unterschiedlichen Blickwinkeln. Betriebspsychologen und -soziologen befassen sich mit den innerbetrieblichen Gruppen: den Führungskräften und ihren Untergebenen. Marketingspezialisten untersuchen die Beziehungen zwischen einer Firma und ihren Lieferanten, Vertragshändlern und Kunden. Finanz- und Wertpapierexperten beschäftigen sich mit den Entscheidungen, welche das Topmanagement, Aktionäre und Gläubiger betreffen, sowie mit den Reaktionen dieser Gruppen auf fiskal-, geld- und kreditpolitische Maßnahmen seitens des Staates. Professoren für Verwaltungsangelegenheiten konzentrieren sich auf Gesetzgeber und Regierungspolitiker und behandeln die Wirtschaft als einen von jenen öffentlichen Bereichen, der dieser Beamtenschaft obliegt.

Jedes dieser Fachgebiete hat seine Vorzüge, Nachteile und Schwachpunkte. Keines allein kann genau erklären, was Wachstum eigentlich ist und wie es abläuft. Nur wenn man sich die besten Ideen all dieser verschiedenen Spezialgebiete zu eigen macht, versteht man das Wachstum vielleicht; erst mit Hilfe eines synergetischen Ansatzes läßt sich der Wachstumsprozeß mit all seinen Begleiterscheinungen und Nuancen richtig einschätzen.

Die Wirtschaftswissenschaftler vermitteln uns die erste und grundlegendste Vorstellung: Die verschiedenen Interessengruppen haben naturgemäß auch unterschiedliche Interessen. Nicht alle sind vom wirtschaftlichen Standpunkt aus gesehen sinnvoll, glücklicherweise kann man aber noch Betriebspsychologen, Marktteilnehmer, Finanzexperten und viele weitere zu Rate ziehen.

Die Spieler des „Wachstumsspiels" lassen sich in sechs Grundkategorien einordnen:

- Eigentümer,
- Management,
- Belegschaft,
- Produktmärkte,
- Politik,
- Gesellschaft.

Angehörige dieser Gruppen sind einander nicht immer freundlich gesinnt. Bisweilen sind sie einträchtig vereint, oft aber verfolgen sie konträre Ziele und versuchen sogar, sich gegenseitig das Wasser abzugraben. Was eine Gruppe für Wachstum hält, mag für eine andere überhaupt nicht von Interesse sein, ja sogar deren eigenen Anliegen im Wege stehen. Nicht einmal alle Spieler innerhalb einer Gruppe sind sich völlig einig, denn jede Kategorie umfaßt Untergruppen, die bis zu einem gewissen Grad divergieren.

Wir werden diese unterschiedlichen, oft miteinander kollidierenden Interessenschwerpunkte einmal unter dem Mikroskop betrachten und unsere fiktive CleaverCorp auf den Objektträger legen, um den Wachstumsablauf und dabei auftretende Probleme besser zu verstehen.

Eigentümer

Wem „gehört" die CleaverCorp? Die Antwort ist schwieriger, als man meinen würde. Die meisten betriebs- und volkswirtschaftlichen Theorien basieren auf der neoklassischen Annahme, daß ein „Eigentümer-Unternehmer" einem Betrieb vorsteht. Dieser Eigentümer ist als solcher am Wohl des Unternehmens interessiert, in

E Pluribus Unum

welchem er de facto das Sagen hat. Allerdings verstehen die meisten unter dem Wort Unternehmer etwas ganz anderes. Es erinnert sie an Firmengründer wie Andrew Carnegie, H. Ross Perot, Nolan Bushnell, Henry Ford oder William Hewlett und David Packard. Was Wirtschaftswissenschaftler wie Herbert Simon wirklich damit meinen, ist der Eigentümer-Manager.

Die Eigentümer-Unternehmer sind vor allem in Kleinbetrieben wie Tante-Emma-Läden oder lokalen Reinigungsketten anzutreffen. Als Adam Smith in Jahre 1776 über seine Stecknadelfabrik schrieb, waren die meisten Betriebe nicht einmal so groß wie diese Fabrik. Aber die neoklassische Spezies Eigentümer-Unternehmer ist in großen, modernen Kapitalgesellschaften fast schon ausgestorben. Mit Ausnahme von ein paar im Privatbesitz befindlichen Unternehmensriesen wie *Bechtel Corporation, M&M/Mars* sowie Gesellschaften, welche in jüngster Zeit aufgrund von Aufkäufen, vor allem mittels Fremdkapital, in Gesellschaften mit beschränkter Haftung umgewandelt wurden (zum Beispiel *Levi Strauss, Safeway Stores* und *ARA Services*), gehören die bedeutenden Unternehmen heutzutage in Wirklichkeit einer Reihe von großen Finanzinstituten, die an deren Aktienkapital beteiligt sind. Diese Eigentümer spielen innerhalb der Geschäftsleitung des Unternehmens keine aktive, sondern eine passive Rolle. Die einzige Initiative, die sie ergreifen können, besteht im Kauf von zusätzlichen Aktien, wenn sie mit dem Unternehmen zufrieden sind, beziehungsweise im Verkauf ihres Aktienpakets, wenn dies nicht der Fall ist.

Der neoklassische Eigentümer-Unternehmer hatte noch mehrere verschiedene Wachstumskriterien: Er konnte sich zum Beispiel über einen Wertanstieg seines Eigenkapitals, die Zunahme der Jahresgewinne oder der Rentabilität (ROI) oder des Martkwertes von Aktien (sofern sie öffentlich gehandelt wurden) freuen. Eine größere Produktivität seitens seiner Arbeiter bedeutete für ihn effektiv mehr Geld. Jeder dieser Anstiege (natürlich auch alle zusammen) vergrößerten seinen eigenen Wohlstand. Ein solcher Eigentümer konnte es sich auch leisten, das langfristige Wachstum der Firma im Auge zu behalten. Zum Beispiel konnte er einige Zeit lang auf Gewinne verzichten, um das Eigenkapital für den späteren Aufbau gewinnbringender Kapazitäten aufzustocken. Und es war möglich, ja sogar wahrscheinlich, daß ihm auch der menschliche Aspekt des Betriebes am Herzen lag, weil er engen Kontakt mit seinen Mitarbeitern und Kunden hatte.

Heutzutage repräsentieren an der Börse gehandelte Unternehmenstitel das Eigentum der meisten großen Gesellschaften. Einige dieser Aktien sind in der Hand von einzelnen Anlegern und Spekulanten, also den „Schutzlosen", für welche Firmenräuber unter dem Deckmantel moderner Robin Hoods kämpfen. Auch diesen Anlegern dürften einige der Wachstumsrichtlinien der Eigentümer-Unternehmer, wie zum Beispiel der Ertrag des investierten Kapitals in der Form von Dividenden oder steigendem Buchwert, zusagen. Da sie keinerlei Input leisten, keine Verantwortung oder Verpflichtung im Hinblick auf den eigentlichen Betriebsprozeß haben, sorgen sie sich mehr um den finanziellen als den menschlichen Aspekt. Normalerweise ziehen einzelne Anleger oder Spekulanten greifbare kurzfristige Erträge der langfristigen Stabilität vor. Sind die unmittelbaren Erträge einer Kapitalanlage gefährdet, dann haben sie die Möglichkeit, die Beteiligung abzustoßen und sich etwas Lukrativeres zu suchen.

Der Großteil der CleaverCorp-Aktien befindet sich jedoch nicht im Besitz von einzelnen Anlegern und Spekulanten. Den institutionellen Anlegern, den „Großen", gehören heute die meisten Unternehmenstitel in Amerika, und auf sie entfallen etwa 70 Prozent des Aktienhandels. Genaugenommen sind es nicht Institutionen wie Banken, Pensionfonds, Investmentfonds, Kapitalgesellschaften oder Versicherungsgesellschaften, sondern vielmehr Einzelpersonen, die diese Investitionen managen. Einem Eigentümer-Unternehmer oder einem einzelnen Aktionär mag das Wohl von CleaverCorp ein großes persönliches Anliegen sein – den Managern von Kapitalsammelstellen, die heutzutage die Entwicklung der Aktien von Kapitalgesellschaften bestimmen, sicherlich nicht. Für diese Spieler ist Erfolg gleichbedeutend mit höheren Gehältern und Prämien sowie beruflichem Aufstieg. Und dieser hängt von der Gesamtleistung und dem Gesamtbild all ihrer Effektenportefeuilles ab und nicht vom Schicksal irgendeines einzelnen Unternehmens.

E Pluribus Unum

Anteile an einem Unternehmen (und Aktien im allgemeinen) stellen nur eines von vielen Mitteln dar, mit welchen sich Gewinne bei Kundeneinlagen erzielen lassen. Diese Fondsmanager machen keinen Unterschied zwischen Kapitalgesellschaften wie *General Electric* und *IBM* mit ihren Hunderttausenden von Mitarbeitern und rein finanziellen Anlagen wie zum Beispiel Goldtermingeschäften und Schweizer Franken.

Die Leistungen von Fondsmanagern werden in kurzen Zeitabständen bewertet, normalerweise quartalsweise. Nicht das Geld der Manager, sondern deren Arbeitsplätze stehen auf dem Spiel. Landen sie einen großen Treffer, dann überhäuft man sie eine Zeitlang mit Ruhm. Wenn sie aber das Marktziel nicht erreichen oder zu oft von den anderen Fonds übertroffen werden, tritt an ihre Stelle ein Konkurrent, der eine geschicktere Hand hat. Infolgedessen stehen diese „Eigentümer" unter dem enormen Druck, mit dem Rest der Wall-Street-Herde Schritt halten zu müssen. Keiner von ihnen kann auch nur einen Bruchteil des investierten Kapitals verlieren, aber jedem von ihnen droht der Verlust des Arbeitsplatzes und möglicherweise das Ende der Karriere.

Um diese beachtlichen Risiken zu mindern, haben Fondsmanager eine Reihe defensiver Taktiken entwickelt. Einige von ihnen stellen Indexportefeuilles zusammen, die das Verhalten auf dem Gesamtmarkt technisch nachahmen. „Zu viele aktive Manager wählen die falschen Aktien aus oder verursachen zu hohe Handelskosten", meint ein Pensionsfondsberater.[10]

Viele Fondsmanager stutzen ihre Portefeuilles am Ende eines jeden Berichtszeitraums zurecht, damit sie nicht dabei erwischt werden, unrentable Wertpapiere zu halten. Einige Fonds sichern ihre Bestände mit Verkaufsoptionen, Kaufoptionen oder Termingeschäften ab und besitzen damit eine Art „Versicherungsschutz" gegen starke Kursausschläge.[11] Dadurch können sie sehr große Aktienpakete zu sehr niedrigen Kosten eine Zeitlang effektiv kontrollieren. Einige Investmentgesellschaften haben Computer, die bestimmen, wann große Aktienpakete verkauft oder gekauft werden sollen. Solche programmierten Käufe und Verkäufe haben überhaupt nichts mit den eigentlichen Leistungen oder Zukunftsaussichten einer Firma zu tun. Vielmehr analysieren die Computer schnell und zielstrebig die Börseninformationen, um gewinnträchtige Spannen zwischen den Tageskursen von Termingeschäften in Aktienindizes und den Aktien der Unternehmen ausfindig zu machen, aus welchen sich diese Indizes zusammensetzen – nichts weiter als ein reines Zahlenspiel.

Zum einen bezweckt man mit all diesen Taktiken die Realisierung einer möglichst hohen Kapitalrendite, zum anderen soll dem Manager bei Mißerfolgen ein Alibi verschafft werden. Hier geht es nicht mehr um kleine Geldbeträge! Gegen Ende des Jahres 1986 standen den institutionellen Anlegern laut Schätzungen bereits 1 Billion Dollar für Wertpapieranlagen zur Verfügung, von denen bereits 400 Milliarden Dollar auf Indexfonds und etwa weitere 50 Milliarden Dollar auf die Portfolio-Versicherung entfielen.[12]

Deshalb entspricht die Denkweise professioneller Fondsmanager eher der von Spekulanten als der von Anlegern. Die langfristige Wertsteigerung bei Aktien wäre gut und schön, aber kann man sich darauf verlassen? Und wer hat schon Zeit, darauf zu warten! Außerdem haben die Fondsmanager eine treuhänderische Verpflichtung gegenüber ihren Einlegern, die sie zwingt, jedes günstige Angebot, das für in ihrem Besitz befindliche Wertpapiere abgegeben wird, anzunehmen. Auch wenn die Definition, was nun in diesem Zusammenhang unter einem „günstigen Angebot" zu verstehen ist, strittig sein mag, konzentrieren sich die Fonds im allgemeinen lieber auf kurzfristige Gewinne und bringen diese schnell in Sicherheit.

Ein Fonds wird ein Spitzenunternehmen oder einen Spitzenkonzern solange favorisieren, wie dieser „wächst" (je nach den angewandten Kriterien), und sich dann für irgendeine andere potentielle Wachstumschance entscheiden, sobald das Wachstum bei ersterem ins Stocken gerät. Schon so manches Unternehmen erlebte einen plötzlichen Kurssturz, wenn es Diskrepanzen zwischen kurzfristigen Wachstumskriterien – zum Beispiel Gewinn je Aktie – und Prognosen oder Erwartungen gab. Dies gilt vor allem für ein Unternehmen, dessen Aktienkurs aufgrund von Gerüchten und eines früheren schnellen Wachstums sehr hoch ist. Nur eine einzige

E Pluribus Unum

schlechte Nachricht, und die nervenschwachen Fondsmanager stürmen alle zur Ausgangstür. Hunderte von Millionen Dollar an Marktwert verschwinden plötzlich, wenn die Aktien auf einen Kurs absacken, der so niedrig ist, daß er schon wieder neue Käufer anzieht. Als *Digital Equipment Corporation* im Oktober 1983 ankündigte, daß ihre Gewinne im ersten Quartal „weit niedriger" ausfallen würden, als Wall Street erwartet hatte, löste dies einen Kurssturz ihrer Aktien um 21 Punkte aus. An einem einzigen Tag machte dies 1,18 Milliarden Dollar zunichte. An jenem Tag litten auch viele weitere High-Tech-Titel unter der allgemeinen Nervosität. Die *IBM*-Aktien fielen um drei Punkte (ein Marktwertverlust von ungefähr 1,8 Milliarden Dollar, der somit größer als der von *Digital Equipment* war!), obwohl das Unternehmen gerade erst Gewinnzunahmen verbucht hatte.[13]

Bei Arbitrageuren brennen die Sicherungen oft noch schneller durch als bei Fondsmanagern. Sie sind überhaupt nicht am Wachstum interessiert, sondern nur an Schwankungen und Differenzen. Einige von ihnen nutzen Spannen von ein paar Prozentpunkten aus, beispielsweise Unterschiede zwischen der Notierung einer Aktie und der Notierung ihrer Option oder zwischen der Notierung einer Aktie an zwei verschiedenen Börsenplätzen. Einige leben von den Unterschieden zwischen dem Kurs einer Aktie und dem Angebot der an einer Übernahme interessierten Manager. Andere nutzen die wertmäßigen Differenzen zwischen den Aktienkursen des Übernahmeanwärters und der übernehmenden Firma aus.

Arbitrageure, deren Anzahl innerhalb eines einzigen Jahrzehnts von zwei Dutzend auf 300 angestiegen ist, gibt es noch nicht lange auf den Märkten.[14] Ihnen ist ein Unternehmen oder dessen Wachstum relativ gleichgültig. Ob nun eine Firma floriert, pleite macht oder gar keine Bewegungen zu verzeichnen sind, Profit können sie immer machen. Sie transferieren riesige Geldbeträge von einer Anlageform zur nächsten, da sie sich ausrechnen, daß die Ausnutzung auch geringster Kursunterschiede im Laufe eines Jahres einen beachtlichen Ertrag abwerfen dürfte.

Wie machen diese Leute das nur? Mit einem leichten Fingerdruck, wie ein Emissionsbankier einem Besucher vorführte. Er fragte die

Datenreihen auf seinem Computerbildschirm ab, lehnte sich zurück und wies seinen Besucher an, einen Knopf am Rande der Tastatur zu drücken. „So, jetzt haben Sie gerade Aktien im Wert von 20 Millionen Dollar gehandelt", sagte er, während schon die Bestätigungen über die Abschlüsse, die das elektronische Datenverarbeitungssystem der New Yorker Börse durchführt, von einem Schnelldrucker ausgespuckt wurden.[15]

Unglaublich, aber wahr! An der Börse zugelassene Kapitalgesellschaften schaffen einen Großteil des Wohlstands und stellen – direkt oder indirekt – die meisten Arbeitsplätze. Und gerade diese Gesellschaften gehören heutzutage größtenteils Leuten, die ihren Einfluß mit einem Unternehmensanteil im Wert von 20 Millionen Dollar geltend machen können. Unternehmenseigentum hat in Wirklichkeit mit dem Begriff der Volkswirtschaftler vom Eigentümer-Unternehmer kaum noch etwas gemein.

Gläubiger leihen einer Firma Geld in der Hoffnung, daß das Kapital plus Zinsen vereinbarungsgemäß zurückgezahlt wird. Wir zählen auch sie zu den Eigentümern, weil sie oft am Eigentum einer Firma beteiligt sind, nämlich insofern, als sie einen Anspruch auf deren Vermögen haben, falls diese ihre Schulden nicht zurückzahlen kann. So mancher Kreditgeber wurde schon aufgrund eines Tauschgeschäfts – Aktien gegen uneinbringliche Forderungen – zum Eigentümer. Manchmal kommt es auch vor, daß Kreditgeber ihre eigenen Vertreter in die Aufsichtsräte der Unternehmen bestellen, wenn keine Aussicht auf Rückzahlung der Darlehen besteht.

Wurde erst einmal ein Kredit gewährt, dann haben die Gläubiger nur insoweit ein Interesse am Firmenwachstum, als dieses die Darlehensrückzahlung gewährleistet. Gläubiger leben von Kreditgeschäften und haben deshalb ein brennendes Interesse an der Vergabe von Krediten für neue Anlagen und Ausrüstungen, Anschaffungen oder sonstige Investitionen zur Förderung des Firmenwachstums. Wenn ausleihbare Geldmittel reichlich vorhanden sind, dann gewähren hungrige Bankiers diese zu günstigen Bedingungen und niedrigen Zinsen, wobei sie von optimistischen Schätzungen ausgehen und nur geringe Sicherheiten fordern. Dies ist vor allem dann der Fall, wenn betriebliche Aufschwünge fast schon die

Obergrenze erreicht haben. Darauf folgen dann Konkurse, begleitet von nervenaufreibenden Zahlungsverzügen, Zwangsversteigerungen, Insolvenzen und Umstrukturierungen.

Diesen Zyklus konnte man während der siebziger Jahre in allen Einzelheiten beobachten. Übereifrige Bankiers gingen mit riesigen Darlehen bei Drittländern, Ölfeldhasardeuren, Landwirten und kommerziellen Immobilienunternehmen hausieren. Auch bei den Junk Bonds, die die Übernahmemanie in der Mitte der achtziger Jahre antrieben, spricht alles dafür, daß obige Beschreibung eines Tages auf sie zutreffen wird. Laut neuesten Schätzungen belastet ein Großteil dieser äußerst risikoreichen Verbindlichkeiten von mehr als 120 Milliarden Dollar einige der am meisten geschätzten Kapitalgesellschaften und Institutionen Amerikas, obwohl die meisten von ihnen dies nicht zugeben wollen.[16]

Wem „gehört" CleaverCorp? Wie viele andere große Kapitalgesellschaften in Amerika gehört CleaverCorp jedem und keinem. Es gibt keine eindeutige und aktive Eigentumsbeteiligung an dieser Firma, und deshalb hat das eigentliche Sagen ihr Management.

Management

„Teamwork im Betrieb" taucht oft in den Reden leitender Angstellter auf, ist aber in der Praxis schwer zu verwirklichen. Unternehmensleitungen sind keine monolithischen Einheiten mit einheitlichen Interessen – dem Handeln der Manager liegt vielmehr eine Vielzahl von Unternehmenszielen, Betriebsstrukturen und persönlichen Schwerpunkten zugrunde. Was für *General Motors Corporation* gut ist, muß noch lange nicht für den Vice-President der Cadillac-Fertigungsabteilung gut sein. Das Management von CleaverCorp läßt sich in eine obere, eine mittlere und eine untere Leitungsebene aufteilen. Es gehört zur Aufgabe des Topmanagements, die Strategie, die Struktur sowie den Stil der Firma festzulegen. Es bestimmt also die marktpolitische Richtung, formuliert die Zielsetzungen und ist für das Betriebsklima verantwortlich. Mittleres und unteres Management stellen die Verbindung zur Belegschaft her, welche die eigentliche Arbeit bei CleaverCorp leistet. Das Middle

Management koordiniert Aufgaben und trifft taktische Entscheidungen, die zur Durchführung der Anweisungen des Topmanagements notwendig sind. Das untere Management überwacht die Routinearbeiten der Belegschaft.

Die Einstellung des Topmanagements gegenüber dem Firmenwachstum läßt sich nicht in ein Schema pressen: Sie hängt von den persönlichen Ambitionen der Führungskraft und der betrieblichen Situation ab. John Kenneth Galbraith stellte die Behauptung auf, daß – wenn erst einmal die Existenz der Firma mittels eines Minimums an Gewinnen gesichert ist – die eigentlichen Prioritäten des Managements im Unternehmenswachstum (gemessen am Umsatz) liegen. (Ein Manager mit solchen Prioritäten schaffe nicht nur neue Stellen, sondern empfehle damit sich und seine Kollegen als besonders geeignete Kanditaten für deren Besetzung.)[17] Dieses Urteil mag gar nicht so falsch sein, aber die Situation ist etwas komplizierter, als daß man sie mit einem einzigen Satz darstellen könnte.

In der Theorie haben das Topmanagement und die Aktionäre, für welche sie arbeiten, dieselben Interessen. Mehr als heute hatte dies in früheren Zeiten Gültigkeit. In den siebziger Jahren des letzten Jahrhunderts leitete William Vanderbilt die *New York Central Railroad*. Ihm gehörten auch 87 Prozent des Grundkapitals. Damit standen seine Prioritäten eindeutig fest. Seine Leistungen als Manager stimmten völlig mit seinen Interessen als Eigentümer überein: Die jährlichen Kapitalrenditen bewegten sich zwischen 16 und 20 Prozent, und in acht Jahren hatte er „das große Vermögen, für dessen Anhäufung sein Vater zehnmal länger gebraucht hatte", verdoppelt.[18]

Damals steckte die moderne Kapitalgesellschaft jedoch noch in den Kinderschuhen. Im darauffolgenden Jahrhundert entwickelten sich neue betriebliche Strukturen aus den wenigen Führungsebenen, die damals notwendig waren, um die komplexen Leitungsaufgaben in einer Eisenbahngesellschaft des 19. Jahrhunderts zu bewältigen, und führten zu den modernen, vertikal verflochtenen multinationalen Unternehmen mit ihren vielen Tausenden von Angestellten an Hunderten von Standorten. Der „Management Boom", wie er von Peter Drucker genannt wird[19], ist ein Phänomen, das ab 1945 zu

E Pluribus Unum

beobachten war, auch wenn es sich schon in den ersten Jahrzehnten des 20. Jahrhunders abzuzeichnen begann.[20] Im gleichen Maße, wie das Eigentum von Kapitalgesellschaften zunehmend in den Streubesitz von Tausenden von passiven Aktionären überging, ging auch die eigentliche Leitung in die Hände von Managementprofis über.

Diesen Managern können große Aktienpakete der Gesellschaft gehören, ihre primäre wirtschaftliche Entlohnung jedoch setzt sich normalerweise aus dem Gehalt, den Prämien sowie Nebenleistungen zusammen. Auch das Erklimmen weiterer Stufen auf der Karriereleiter (indem sie entweder in der eigenen Firma aufsteigen oder anderweitig eine günstige Gelegenheit beim Schopf packen) sind für sie ein Ansporn.

Bestimmt möchte ein Topmanager ein gutes Wachstumsergebnis für die CleaverCorp vorweisen können – aber welcher Art von Wachstum? Der Vorstandsvorsitzende muß in erster Linie die Interessen der Aktionäre wahren – aber welche?

Wir haben bereits gesehen, daß die verschiedenen Eigentümer-Gruppen keine klar umrissenen, gemeinsamen Interessen haben. Für einige sind die Aktien ein anonymes Wertpapier in ihren Indexportefeuilles, manche besitzen sie nur vorübergehend während eines komplizierten Arbitragegeschäfts. Auf direktem Wege kann das Management nichts für sie tun. Viele kaufen Aktien nur wegen der kurzfristigen Gewinne in Form von Dividenden oder steigenden Aktienkursen. Dennoch bedarf es bei diesen beiden kurzfristigen Ertragsformen ganz unterschiedlicher Unternehmensstrategien. Und wie steht es mit dem langfristigen Wachstum? Dieses erfordert Investitionen bei der Rationalisierung von Produktionsstätten, bei der Markterschließung, bei neuen Technologien oder der Grundlagenforschung, welche man möglicherweise mit kurzfristigen Erträgen finanzieren muß. Wenn ehrgeizige, langfristige Programme zu einem unterbewertenden Aktienkurs führen, kann es natürlich vorkommen, daß das Unternehmen schnell zur Zielscheibe von Übernahmejägern wird. Hat sich ein solcher Jäger erst einmal an sein „Opfer" herangepirscht, sind die Positionen der Topmanager in Gefahr.

Falls die eigentlichen Ambitionen der Führungskraft nicht direkt von den Zielen von CleaverCorp abhängen, so ist eine spektakuläre, kurzfristige Zunahme des Umsatzes, der Größe oder des Marktanteils oft die aussichtsreichste Methode, um den Weg zum nächsten großen beruflichen Aufstieg zu ebnen, vor allem wenn diese Leistungen in der Finanzpresse beachtet werden.

Topmanager streben oft nach jener Art von „Wachstum", die ihren eigenen Zielen förderlich ist. Es handelt sich dabei um einen Kompromiß zwischen Unternehmens- und Karrierestrategien. Im Ernstfall sind auch den Topmanagern ihre eigenen Arbeitsplätze wichtiger als die Interessen der Eigentümer. CEOs gehen nicht mit ihren Unternehmen unter wie früher ein Kapitän mit seinem Schiff. Viele haben sich längst ein Rettungsboot organisiert, mit dem sie sich in Sicherheit bringen.

Den mittleren Leitern von CleaverCorp sollten die Interessen der Eigentümer am Herzen liegen. Jedoch haben die meisten Tätigkeiten des Middle Management keine direkte Auswirkung auf die Rentabilität oder den Ertrag des investierten Kapitals. Was auch immer ein typischer Middle Manager unternimmt, es wird sich nicht in der Gewinn- und Verlustrechnung bemerkbar machen. Und darüberhinaus gehören den wenigsten von ihnen genug Aktien ihrer Firmen, um ein wahres Eigentümerinteresse zu entwickeln. Die meisten sind genaugenommen Angestellte, die an Gehältern und Beförderungen interessiert sind. Ihr Ziel ist es, ihre Arbeit zur allgemeinen Zufriedenheit zu erledigen. Ihr Handlungsspielraum ist jedoch von vornherein festgelegt. Ein Verkaufsmanager will ein kräftiges Umsatzwachstum vorweisen können, ein Vertriebsleiter ein Wachstum beim Marktanteil des Produkts, und ein Werbemanager möchte, daß seine Slogans noch größeren Anklang beim Publikum finden (oder zumindest ein gewisses Wachstum im Werbeetat sehen). Ein Herstellungsleiter wünscht sich einen größeren Output, ein Manager in der Qualitätsüberwachung eine prozentuale Zunahme der nichtbeanstandeten Produkte, ein Servicemanager hingegen möchte mehr Kundendienstanrufe pro Werkstatt vorweisen können. Manchmal kommt es zwangsläufig zu einer Kollision der Wachstumsschwerpunkte innerhalb des mittleren Managements. Zum Beispiel wenn der Verkaufsmanager den vierteljährlich stattfindenden Verkaufswettbewerb gewinnen möchte und deshalb ein paar Kunden, die keine erstklassige Bonität haben, Kredite gewähren will. Der Kreditmanager achtet dagegen darauf, daß die Verluste aufgrund uneinbringlicher Forderungen so niedrig wie möglich gehalten werden. Deshalb müssen beide einen Kompromiß schließen.

Die mittleren Manager von CleaverCorp hoffen vor allem auf eine Vergrößerung der Belegschaft, denn dies bedeutet für sie, die Personalverantwortung quantitativ auszuweiten, was ihnen neue Karrieremöglichkeiten eröffnen kann.

Belegschaft

Das Wachstum interessiert weder die Monteure, Lastwagenfahrer, Sekretärinnen und die weiteren Mitarbeiter von CleaverCorp noch den Großteil der unteren Manager, die diese Mitarbeiter beaufsichtigen. Outputfaktoren wie Gewinne, Marktanteil, Aktienwert oder Ertrag des investierten Kapitals sagen ihnen wenig. Sie befürchten, ein Wachstum in diesen Bereichen könnte ihnen schaden, entweder mehr Arbeit, Lohnkürzungen oder beides zusammen bedeuten. Wie sollten größere Gewinne zu erreichen sein, wenn nicht mittels einer Kombination von größerem Output und niedrigeren Kosten?

Die große Masse der Arbeitnehmer sähe lieber ein Wachstum der Inputmaßnahmen. Eine höhere Lohnsumme kann auch für den einzelnen mehr Geld bedeuten. Investitionsausgaben für neuere und bessere Ausrüstungen und Anlagen können die Gefahren an ihrem Arbeitsplatz verringern und ihre Arbeit erleichtern.

Dagegen liegen die Präferenzen der Arbeitslosen oder Unterbeschäftigten eindeutig in einem Wachstum der Arbeitnehmerzahl. Durch eine Zunahme der Arbeitsplätze könnten auch sie eine Stelle finden, und je höher das Gehalt ist, desto besser.

Die Interessen der Belegschaft von CleaverCorp werden von mehreren Gewerkschaften vertreten. Diese haben ihre eigenen Wachstumsschwerpunkte, die genaugenommen weder mit denen von

CleaverCorp noch mit denen der Arbeitnehmer, die sie vertreten, übereinstimmen: Die Führungskräfte der Gewerkschaften haben ihre eigenen, besonderen Interessen. Sie wollen, daß CleaverCorp weitere Mitarbeiter einstellt. Dies führt dann zu einem Anstieg der Mitgliederzahl und damit des Beitragsvolumens, was wiederum für die Gewerkschaftsführer einen Karriereschritt bedeuten kann. Auch sie sind für ein Wachstum bei den Lohnsummen und Gewinnen, aber nicht unbedingt bei der Rentabilität. Höhere Gewinne lassen sich schließlich in Form von besseren Lohnabschlüssen und Zuschlägen auf die Mitglieder verteilen. Eine Optimierung der Arbeitsproduktivät findet bei Gewerkschaften dagegen kaum Anklang, es sei denn, sie läßt sich in höhere Löhne und Gehälter umwandeln, ohne daß Arbeitsplätze dabei verloren gehen.

Produktmärkte

Von all den Bereichen, die mit CleaverCorp zu tun haben, ist der Markt für ihre Produkte (Waren und Dienstleistungen) am wichtigsten. Theodore Levitt erinnert uns daran, daß der Sinn und Zweck eines Unternehmens „das Gewinnen und Halten eines Kunden" ist.[21] John Kenneth Galbraith formuliert dasselbe Prinzip so: „Die Firma ist völlig dem gesellschaftlichen Edikt unterworfen, das vom Konsumenten vorgeschrieben wird".[22] Herbert Simon stellt die Behauptung auf, daß zwischen den Interessen der Kunden und den Zielen des Betriebs der größte direkte Zusammenhang besteht, wenn man von den drei Interessengruppen Unternehmer, Arbeitnehmer und Kunden ausgeht. Die Kunden kaufen das, was das Unternehmen produziert. Tatsächlich, und darüber gibt es gar keinen Zweifel, geht diese Vorstellung auf Adam Smith zurück:

„Konsum ist der alleinige Endzweck jeder Produktion, und den Interessen des Herstellers sollte man nur insofern Beachtung schenken, als es zur Weckung des Verbraucherinteresses notwendig ist."[23]

Dem stimmen wir zu. Als Marketingprofessoren sind wir der Ansicht, daß ein Unternehmen letztendlich dazu da ist, einem Markt zu dienen, denn ohne Kunden läuft gar nichts. Und dennoch hat

E Pluribus Unum 103

diese Schlüsselgruppe unter den Beteiligten praktisch kein Interesse am Wachstum einer Firma. Für die Hausfrauen, die das Waschmittel Tide oder das Toilettenpapier Charmin kaufen, spielt es keine Rolle, wie groß die Gewinne von *Procter and Gamble* sind, und genausowenig interessiert sie die Höhe des Jahresumsatzes oder die Zahl der Mitarbeiter. Viele von ihnen wissen wahrscheinlich nicht einmal, daß es *Procter and Gamble* gibt. Ihr Hauptaugenmerk richtet sich auf den Kauf eines guten Produktes zu einem günstigen Preis.

Das Wachstum macht sich auf bestehenden Märkten indirekt bemerkbar. CleaverCorp könnte eine leistungsfähigere Fabrik errichten, die die Herstellung eines Produkts verbilligt. Sie könnte ihr Vertriebsnetz erweitern, damit das Produkt schneller zu haben ist oder mit dem Verkauf einer umfassenderen oder vollständigeren Produktpalette beginnen. Der Markt vor allem profitiert von einem Produktivitätswachstum. Den Kunden der CleaverCorp ist das Wachstum an sich gleichgültig, über dessen Ergebnisse freuen sie sich jedoch.

Wachstum kann aber auch im Widerspruch zu den Interessen des Marktes stehen. Gehen wir einmal davon aus, daß CleaverCorp eine Tochtergesellschaft erwerben würde und später feststellen müßte, daß die Rentabilität der erworbenen Firma die Investition keineswegs rechtfertigt. Ein Weg zur Lösung des Problems wäre eine Senkung der Kosten, bis die Rentabilität der erworbenen Firma den Unternehmenszielen entspricht. Dies kommt ab und zu vor und endet normalerweise damit, daß Marktanteile an Konkurrenten verloren gehen. Es könnte aber auch sein, daß die erworbene Firma nicht in die Unternehmenslandschaft paßt, wie dies bei *Sears* und ihrer Finanztochter *Dean Witter* der Fall war.[24]

Reibungspunkte dieser Art können das Leistungsergebnis ehemals effizienter Unternehmen zunichte machen. Und wenn die Leistung nachläßt, schwindet auch die Loyalität der Kunden.

Das Wachstum der CleaverCorp ist für ihre Kunden nicht wichtig. Wenn das Unternehmen durch irgendeine Art von Wachstum die Bedürfnisse auf dem Markt besser decken kann, dann wird dieser

Markt das Unternehmen mit einem zusätzlichen Umsatz- und Gewinnwachstum belohnen. Wenn es die Kunden jedoch gerade wegen ihres Wachstums nicht mehr zufriedenstellen kann, dann wird sich die ehemals zufriedene Kundschaft anderweitig umsehen. Das Kundeninteresse gilt zuerst dem Produkt im Regal und seinem Preisschild und weniger den Wachstumsrekorden einer Firma. Sie kaufen immer dort ein, wo sie das Gefühl haben, daß man ihren Wünschen am besten gerecht wird. Für sie ist das Unternehmenswachstum an und für sich also kein Ziel.

Politik

Die Politiker, die die verschiedenen Regionen vertreten, in denen CleaverCorp produziert, sind einmütig für Wachstum. In ihren Reden versuchen sie manchmal geradezu, es heraufzubeschwören.

Politiker auf allen Ebenen haben ein natürliches Interesse am Firmenwachstum. Dennoch stellt sie dieses Interesse nicht unbedingt auf eine Stufe mit Vorstandsvorsitzenden oder Emissionsbankiers. Betrachtet man politische Reden und Maßnahmen genauer, so entdeckt man, daß diese Opportunisten ihre eigenen Vorstellungen vom Wachstum haben, welche wiederum auf ihre speziellen Prioritäten zurückzuführen sind.

Die allererste Priorität ist für sie natürlich, weiter im Amt zu bleiben. Dies bedeutet, daß man Stimmen auf sich vereinen muß. Von wem kommen die meisten Stimmen? Bestimmt nicht von leitenden Unternehmensangestellten oder Pensionsfondsmanagern, sondern von der großen Masse der Arbeitnehmer und ihren Familien. Mehr Arbeitsplätze sind nahezu gleichbedeutend mit einer größeren Anzahl zufriedener Wähler. Gewerkschaften können sich bei Wahlkampagnen als wertvolle Verbündete erweisen. Sie beeinflussen nicht nur die Stimmabgabe ihrer Mitglieder, sondern können auch mit Geld und freiwilligen Helfern „ihren" Kandidaten unterstützen. Als Gegenleistung fordern die Gewerkschaften zusätzliche Arbeitsplätze. Deshalb versprechen die Politiker mehr Arbeitsplätze aus ganz pragmatischen Gründen – Arbeitsplätze im Tausch gegen Stimmen und Unterstützung im Wahlkampf.

E Pluribus Unum

Wenn die Beschäftigung zurückgeht, dann machen Politiker oft die Börse und „unsozial denkende Unternehmer" in ihren Wahlreden dafür verantwortlich. Zumindest war dies bis vor kurzem so. Heute ist alles komplizierter. Für großangelegte Wahlkampagnen ist Geld von entscheidender Wichtigkeit. In den USA unterstützen heute unternehmensorientierte Politische Aktionskomitees (PAC) jene Kanditaten mit großen Summen, die sich den besonderen Interessen- und Unternehmensschwerpunkten widmen. Die PAC-Beiträge verschaffen den Management-Interessen im Kalkül der Politiker ein größeres Gewicht.

Wähler stimmen für Kandidaten, die staatliche Programme und Leistungen versprechen und diese Versprechen halten. Aber wie werden all diese Programme und Leistungen vom Staat finanziert? Letztendlich mittels Steuereinnahmen. Der Staat fordert ein Stück vom „Kuchen" der Gesamtgewinne, Lohnsummen, Gesellschaftsimmobilien und weiteren Vermögensposten und knabbert auch Umsatzerlöse bei bestimmten Waren- und Dienstleistungskategorien an. Je größer der „Steuerkuchen" ist, desto besser.

Für den Wähler spielen Wohlstand und ein hoher Lebensstandard eine wichtige Rolle. Womit wird in einer Gemeinde, einem Bundesland oder einer Nation der gewünschte Wohlstand geschaffen? Mit ausgegebenem Geld! Längere Lohn- und Gehaltslisten und höhere Ausgaben seitens eines Unternehmens bedeuten mehr Arbeitsplätze und Beschäftigung für jeden. Der Lebensstandard der ganzen Region steigt an.

Wenn ein Politiker – oder auch eine politische Partei – in glaubwürdiger Weise versprechen kann, mehr Arbeitsplätze, höhere Steuereinnahmen und größeren Wohlstand für eine Gemeinde oder eine Region zuwege zu bringen, wird sich das am Wahltag auszahlen. Folglich rühmen Politiker das Wachstum aus sehr pragmatischen Gründen. Aber sie ziehen ganz bestimmte Arten des Wachstums vor. Ein effizientes Wachstum ist nicht des Pudels Kern. Die Politiker wollen Ausgaben, nicht ein Engerschnallen der Gürtel sehen. Gewinne sind insoweit interessant, als man sie besteuern kann, aber die Rentabilität ist im großen und ganzen irrelevant.

Wenn ein typischer Politiker die Wahl hätte, dann würde er sich einen Wahlkreis wünschen, in welchem viele große, ineffiziente Unternehmen ansässig sind, die unzählige, hochbezahlte Arbeiter beschäftigen, welche am Ort riesige Warenmengen konsumieren und viele Dienstleistungen in Anspruch nehmen, und in welchem sich außerdem große Geldbeträge an besteuerbaren Gewinnen abkassieren lassen. Natürlich geht diese Hypothese von einem unbestechlichen System aus. Einige Politiker sollen es zu ungeheurem Wohlstand gebracht haben, weil sie den Interessen der Wirtschaft ein offenes Ohr schenkten und die oben beschriebenen Punkte unter den Tisch fallen ließen.

Gesellschaft

Wie oft mußten wir uns schon anhören, daß Wachstum dem Interesse der Gesellschaft oder der Nation dient und deshalb seine Berechtigung hat? Hat die Gesellschaft überhaupt ein Interesse am Wachstum von CleaverCorp? Aus wem setzt sie sich eigentlich zusammen? Nachdem wir die Interessen von Eigentum, Management, Belegschaft, Produktmärkten und Politik aufgeschlüsselt haben, müssen wir nun die übrigen Gruppen ausfindig machen und ihre Interessen untersuchen.

Die Konkurrenz der Firma und deren Mitarbeiter: Wenn CleaverCorp wächst, dann nimmt sie vielleicht den anderen Firmen einen Teil des Marktes weg. Ihr Wachstum schadet womöglich direkt den Interessen anderer.

Menschen, die in der Nähe der Produktionsstätten und Bürogebäude einer Firma leben oder arbeiten: Die Anwohner werden das Wachstum von CleaverCorp auf verschiedenste Art und Weise zu spüren bekommen. Einige sind vielleicht der Ansicht, daß das Wachstum der Firma eine zunehmende Verkehrsbelastung, Wohnungsmangel oder Umweltverschmutzung mit sich bringt. Einige profitieren möglicherweise direkt von der Firma und ihren Mitarbeitern aufgrund zusätzlicher Einkommen und Geschäftsbeziehungen oder auch indirekt infolge steigender Immobilienpreise oder anderer wirtschaftlicher Effekte, welche auf die Firma zurückzuführen sind. Wenn das Unternehmen wächst, dann erhöht es vielleicht seinen Spendenetat für wohltätige Zwecke oder realisiert freiwillige, gemeinnützige Aktivitäten in einem größerem Umfang als bisher. Indirekt mag das Firmenwachstum den Bau neuer Straßen, Kanalisationssysteme und Schulen beschleunigen, Berufsausbildungsprogramme fördern und weitere Annehmlichkeiten für die Gesellschaft bedeuten.

In größerer geographischer Entfernung lebende Menschen können gleichfallsbetroffen sein: Im Liefer- oder Verteilernetz von CleaverCorp arbeiten weltweit viele Menschen. Das Wachstum der Firma schafft Arbeitsplätze und so Wohlstand für diese Menschen. Dagegen schadet CleaverCorp damit vielleicht den Interessen jener Leute, die dieselben Arbeiten für die Konkurrenz verrichten. Womöglich braucht man für das Wachstum der Firma mehr Elektrizität. Die Folge davon kann − konsequent weiterverfolgt − eine größere Umweltverschmutzung an entfernt gelegenen Orten infolge des sauren Regens oder ein verstärkter Tagebau von Kohle in Landschaftsgebieten, die ehemals der Erholung dienten, sein. Ihre Abfallprodukte verschmutzen möglicherweise Bäche und Flüsse, in denen man einst schwimmen und fischen konnte, oder welche als Nahrungsquelle für viele Menschen dienten.

Zukünftige Generationen: Das heutige Wachstum von CleaverCorp wird das Leben von morgen leichter machen. Zum Beispiel können dank der Produkte ihres pharmazeutischen Unternehmensbereichs mehr Leute länger und beschwerdenfreier leben. Mit den Materialien ihrer Baustoffproduktion werden Häuser errichtet, die mehrere Generationen überdauern werden. Jedoch kann ihr Wachstum zum Abbau von Ressourcen führen, unter deren späterer Knappheit einmal unsere Nachkommen leiden werden. Man darf die ökologischen Schäden sowie die nationale Schuldenlast nicht übersehen, zu denen das Firmenwachstum beiträgt und womit wahrscheinlich zukünftige Generationen gestraft sein werden.[25]

Läßt sich generell sagen, daß das Wachstum von CleaverCorp dem Wohl der Gesellschaft dient? Die Antwort lautet: nein! Das Wachstum jeder Firma hat Auswirkungen, die viele Menschen in unterschiedlichster Weise betreffen, und zwar in positivem als

Tabelle 2: Wachstumsschwerpunkte der Interessengruppen in einer Firma

Interessengruppen	Bevorzugte Wachstumsarten											
	Gesamt- gewinne	Gewinn je Aktie	ROI	Netto- wert	Markt- wert	Verkaufte Stück- zahlen	Umsatz	Markt- anteil	Perso- nal	Lohn- summe	Aus- gaben	Produk- tivität
Eigentum	—	+	+	+	+	—	—	—	—	—	—	+
Anleger	—	+	+	?	+	—	—	—	—	—	—	+
Spekulanten	—	?	+	—	+	—	—	—	—	—	—	—
Gläubiger	—	—	—	—	—	—	—	—	—	—	+	?
Oberes Management	—	?	?	—	?	—	?	?	—	—	—	+
Mittleres Management	—	—	—	—	—	?	?	?	+	—	?	?
Belegschaft	—	—	—	—	—	—	—	—	?	+	?	—
Gewerkschaften	+	—	—	—	—	—	—	—	+	+	—	—
Produktmärkte	—	—	—	—	—	—	—	—	+	—	—	—
Politik	+	—	—	+	—	—	?	—	+	+	+	+
"Gesellschaft"	—	—	—	—	—	?	—	—	—	—	—	?

Anmerkung: + = Eindeutiges Interesse an dieser Wachstumsart
? = Mögliches Interesse an dieser Wachstumsart
— = Kein eigentliches Interesse an dieser Wachstumsart

E Pluribus Unum

auch negativem Sinne. Will man den eigennützigen Schwerpunkten der direkten Interessengruppen einer Firma einmal Rechnung tragen, dann sieht man sich einem Durcheinander ungeheuer verworrener und unvereinbarer Folgen gegenüber, die aus dem Firmenwachstum resultieren.

Dasselbe gilt für das Wachstum aller Firmen, Unternehmen und Branchen insgesamt. Es gibt unwiderlegbare Beweise dafür, daß das Wirtschaftswachstum in den vergangenen vier Jahrhunderten Vorteile mit sich brachte. Wir partizipieren an einem großen materiellen Wohlstand und genießen einen hohen Lebensstandard, der sich, verglichen mit früheren Zeiten, merklich verbessert hat. Das Wirtschaftswachstum hat vielen Milliarden Menschen ein längeres und angenehmeres Leben beschert. Aber die negativen Aspekte des Wirtschaftswachstums lassen sich nicht leugnen. Die Medien gehen oft nur auf seine positiven Seiten ein, während die negativen häufig geradezu totgeschwiegen werden. Viele armselige Fabrikarbeiter im England des 19. Jahrhunderts, Schwerstarbeiter in Ausbeutungsbetrieben der Stadt New York zur Jahrhundertwende und glücklose Nachfahren ehemaliger Eingeborenenkulturen auf der ganzen Welt gehören zu jenen, denen das Wirtschaftswachstum eher geschadet hat.

Schweiß und Tränen

Die verschiedenen Interessengruppen von CleaverCorp haben ganz unterschiedliche Vorstellungen darüber, welche Art von Wachstum erstrebenswert ist. Tabelle 2 zeigt, wie schwierig es selbst bei idealen Voraussetzungen ist, all diese kollidierenden Schwerpunkte unter einen Hut zu bringen. Aufgrund der augenblicklichen Weltwirtschaftslage ist dies fast unmöglich. Zwei Probleme treten vor allem in den Vordergrund:

Erstens das Problem der Kurzsichtigkeit. Der Zeitgeist zwingt sowohl Manager als auch Anleger und Politiker dazu, sich auf Kosten der langfristigen Ziele ausschließlich auf die kurzfristigen zu konzentrieren. „Investitionen, denen echte, langfristige Erwartungen zugrundeliegen, sind heutzutage so schwierig, daß sie praktisch nicht durchführbar sind." Diese Aussage trifft ins Schwarze. Sie wurde aber bereits vor einem halben Jahrhundert von dem Nationalökonomen John Maynard Keynes formuliert. Die Lage ist vielleicht nicht schlimmer als damals, aber sie hat sich sicherlich nicht verbessert. Wenn sich langfristige Interessen nicht vereinbaren lassen, dann herrscht kurzfristiges Denken vor.

Das zweite, weltweit zu beobachtende Problem ist ein stotternder Wirtschaftsmotor. Real hat sich das Wirtschaftswachstum in den Vereinigten Staaten und in vielen anderen Ländern der Welt verlangsamt. Wegen der Bevölkerungsexplosion in vielen Ländern stehen Topmanager und Spitzenpolitiker mehr denn je unter dem Druck, das Wirtschaftswachstum ankurbeln zu müssen. Dennoch geht es mit dem Wachstum, das seit 1945 für uns etwas ganz Selbstverständliches gewesen ist, allmählich zu Ende, daher wird ihre Aufgabe zunehmend schwieriger.

Da sie nur noch kurzfristige Ziele ins Auge fassen können und aufgrund stark eingeschränkter Wachstumsmöglichkeiten in größeren Schwierigkeiten stecken, gehen die Interessengruppen jetzt aufs Ganze. In vielen Unternehmen steht der einst glücklichen Familie die endgültige Trennung bevor. Unternehmensleitungen, die verzweifelt nach einer Chance suchen, um die Unternehmensgewinne zu steigern, haben Arbeitsplätze in Fertigung und Montage massenweise ins Ausland exportiert, wo die Arbeitskosten niedriger sind. Dieser Arbeitsplatzexport bedeutet für viele einen niedrigeren Lebensstandard. Lohnempfängern blieb nur noch die Wahl, entweder frühzeitig in Rente zu gehen oder schlechter bezahlte Arbeiten in Dienstleistungsbranchen anzunehmen; oft mußten andere Familienmitglieder mit dazu verdienen.

Der Arbeitsplatzexport (zusammen mit der staatlichen Deregulierung in bestimmten Branchen) hat auch die Macht der Gewerkschaften geschwächt. Einige möchten hier wahrscheinlich entgegenhalten, daß es gar nicht besser hätte kommen können und daß die Gewerkschaften an ihrer Misere selbst schuld seien. Die allzu eifrige Verfolgung ihrer kurzfristigen Interessen in guten Zeiten seien ursächlich für die heutigen Probleme der Gewerkschaften.

E Pluribus Unum

Welche harmonischen Beziehungen andererseits zwischen Management und Kapitalanlegern auch immer bestanden haben mögen, sie wurden jedenfalls in den letzten Jahren durch die Flut von Übernahmeversuchen und Gegenmaßnahmen seitens der Unternehmensleitungen zunichte gemacht. Unternehmensjäger wie T. Boone Pickens jr., Carl Icahn und Sir James Goldsmith behaupten, sie handelten nur im Interesse der Aktionäre: Egoistische und selbstgefällige Unternehmensleiter finanzierten ihren aufwendigen Lebensstil mit dem Geld anderer Leute.

Aber wie auch immer die Übernahmeversuche ausgehen mögen, das Ergebnis ist fast immer das gleiche: Das Eigenkapital des Unternehmens hat sich in Schulden verwandelt. Die Firmenjäger behaupten, daß diese Umwandlung nur von Nutzen sein kann. Laut Pickens, einem großem Verfechter der Umstrukturierung amerikanischer Firmen, wird dabei Geld für die Aktienbesitzer frei, und die neue Unternehmensleitung, welche von nun an einen ausreichenden Cash Flow für die Schuldentilgung sicherstellen muß, wird sogleich an die Kandare genommen.[26]

Natürlich bleibt es den Fondsmanagern, Firmenjägern und Arbitrageuren überlassen, ihre Gewinne mitzunehmen und die nächste Übernahmemöglichkeit auszunutzen. Unternehmensleitungen, Arbeitnehmer und Inhaber der kaum gesicherten Junk Bonds, welche die Firmenjäger zur Finanzierung verwenden, werden sich dann in der schönen neuen Welt möglicherweise ohne die tatkräftige Unterstützung dieser „Profitgeier" zurechtfinden müssen.

Das finanzielle Volumen dieser Transaktionen macht sich zunehmend bemerkbar. Der Anlegerservice von *Moody* berichtete, daß er im Jahre 1986 in einem noch nie dagewesenen Umfang die Bonität von Unternehmen zurückstufen mußte; dazu zählten 30 Milliarden Dollar aufgrund von Fusionen, Aufkäufen mittels Fremdkapital und „weiteren Maßnahmen der Unternehmensleitung, welche im allgemeinen mit den eigentlichen Firmenaktivitäten nichts zu tun haben".[27]

Einigen Unternehmensleitungen gelang es, Übernahmen zu vereiteln, indem sie freiwillig ihre Unternehmen in Schulden stürzten,

Betriebe veräußerten und Personal entließen. Es gibt zwei Gründe, warum sich potentielle Firmenräuber mit diesen Maßnahmen schon zufrieden geben: Von der Umstrukturierung der Unternehmen profitieren die Aktienbesitzer, und die Taschen der Firmenjäger füllen sich dank der materiellen Entschädigung für ihre Mühen.

Goodyear Tire and Rubber entschied sich freiwillig für eine Umstrukturierung, um ein Übernahmeangebot seitens Sir James Goldsmith zu verhindern. In einem Brief an seine Mitarbeiter schrieb der Vorsitzende von *Goodyear*, Robert E. Mercer: „Es steht außer Frage, daß wir Personalkürzungen als Teil (unseres) Programms vornehmen müssen. Wir machen den ersten Schritt, weil wir dadurch hoffen, einen größeren Teil des Unternehmens retten zu können; andernfalls legten wir unser Schicksal in die Hände einer Gruppe, welche höchstwahrscheinlich *Goodyear* mit rücksichtsloser Hemmungslosigkeit zerstückeln würde." Die Unternehmensleitung von *Goodyear* kaufte daraufhin den Anteil von Sir James zurück und bot die Rücknahme der Hälfte aller im Umlauf befindlichen Aktien an – beides zu Höchstpreisen -, was die die Firma 2,26 Milliarden Dollar kostete. Analytiker meinten, daß der Verkauf von drei Unternehmensbereichen etwa 2 Milliarden dieser Ausgaben abdecken dürfte. Die restlichen Schulden in Höhe von 260 Milliarden Dollar und das Schrumpfen der Gesellschaft infolge ihrer Veräußerungen würden für *Goodyear* Schulden in Höhe von 60 Prozent ihres Eigenkapitals bedeuten – laut einem Analysten kein großes Risiko, solange es zu keinem drastischen Wirtschaftsabschwung komme. In einem späteren Brief schrieb Robert E. Mercer: „Uns ist doch allen klar, daß *Goodyear* heute viel besser dastehen würde, wenn die Goldsmith-Gruppe nicht versucht hätte, einen Überfall auf uns zu starten. Aber es gelang uns, unabhängig zu bleiben".[28] Wen er mit dem „uns" meinte, bleibt allerdings ein Rätsel.

Das Fazit in einem Fachbericht, welcher sich dem Übernahmephänomen widmete, lautete, daß die Übernahmen alles in allem gesehen von Vorteil sind.[29] Aktienbesitzer der anvisierten Firma profitieren davon, und Aktionäre der Firma, welche das Angebot unterbreitet, verlieren nichts dabei. Darüber hinaus, so die Schlußausführungen der Autoren, hat sich diese Methode als brauchbares Instrument zur „Hinauskomplimentierung" inkompetenter oder lascher Managerteams bewährt.

Aber waren die Unternehmensleitungen von Gesellschaften wie *Goodyear, Gillette, Gulf Oil, CBS* und *Disney* wirklich so inkompetent oder lasch? Auf der Übernahmeliste standen auch die Namen von ein paar sehr erfolgreichen Unternehmen. Von den aufgeführten Firmen, die in Schwierigkeiten steckten, waren viele ein Opfer der allgemeinen Wirtschaftslage, gegen die weder die Firmenmanager noch Führungkräfte anderer Unternehmen etwas ausrichten konnten. Und was ist mit den weiteren Interessengruppen, die nicht zu den Aktienbesitzern gehören? Warren Law bemerkte, daß Übernahmebefürworter oft das Argument benutzen, ein gewisser Grad an Arbeitslosigkeit sei der Preis, den unsere Gesellschaft für eine größere Effizienz zahlen müsse. Und in einer bissigen Nebenbemerkung gestand er, daß ihn die Sorglosigkeit ziemlich befremde, mit der beruflich abgesicherte Akademiker über die Arbeitslosigkeit diskutierten.[30]

Um die Folgen der Überfälle und Übernahmeversuche Mitte der achtziger Jahre richtig beurteilen zu können, bedarf es einer umfassenden Untersuchung. Bei einer genauen Beurteilung müssen auch die Konsequenzen dieser Übernahmeaktivitäten im Hinblick auf die Interessen aller beteiligten Gruppen berücksichtigt werden.

Unser Fazit: Das akademische Genie im Elfenbeinturm kann alles Mögliche beweisen, wenn es einer Wirtschaftsstudie rein theoretische Modelle zugrundelegt, dabei nur ein paar ausgesuchte Standpunkte gelten läßt und eine streng begrenzte Auswahl unter den vorhandenen Bewertungskriterien trifft. Vielleicht kamen sowohl die Eigentümer der übernehmenden als auch die der anvisierten Firmen ungeschoren davon, aber sie sind bei weitem nicht die einzigen Personen, die von den Übernahmen betroffen waren. Viele wurden bis aufs Hemd ausgeplündert. Zu jenen gehörte ein nicht unbeachtlicher Teil von Arbeitnehmern, die allen Grund zu der Annahme hatten, daß sie ihre ganze Arbeitskraft investiert hatten, um damit treu ihren Beitrag zum Firmenwachstum zu leisten.

Das amerikanische Reformgesetz zur Ruhestandsregelung aus dem Jahre 1974 hat für die Arbeitnehmer in Amerika eine bedenkliche Situation geschaffen, die einer gewissen Ironie nicht entbehrt. Das Gesetz verlangt, daß Kapitalgesellschaften genügend Rücklagen schaffen, damit sie ihre Ruhegeldversprechen einmal einlösen können. Eine direkte Folge davon war eine massive Zunahme des Geldflusses an Pensionsfonds mit auswechselbaren Portefeuilles, was die Fondsmanager unter Druck setzte.[31] Jene, die gute Ergebnisse vorweisen konnten, wurden mit einem sechsstelligen Einkommen belohnt; die anderen verloren ihren Arbeitsplatz. Fondsmanager, welche miteinander um höhere Kapitalrenditen wetteiferten, legten riesige Summen von Pensionsgeldern in Stammaktien an. Ruhegelder, welche umsichtig und langfristig angelegt werden sollten, sind zu kurzfristigen und zunehmend spekulativen Anlageinstrumenten geworden.[32]

Pensionsfonds zählen heute zu den Großaktionären in amerikanischen Kapitalgesellschaften. Somit sind nun die Arbeitnehmer indirekt, das heißt über ihre Pensionsfonds, die eigentlichen Eigentümer von amerikanischen Kapitalgesellschaften, eine Situation, die Peter Drucker als „Pensionsfonds-Sozialismus" bezeichnet.[33] Dieses Eigentum der Arbeitnehmer ist natürlich so verschwindend gering, daß eine einzelne Person keinen effektiven Einfluß auf irgendeine der Kapitalgesellschaften hat, die ihr teilweise gehört. Dennoch haben all diese Arbeitnehmer Anteil am Leistungsergebnis dieser Gesellschaften, mag es nun positiv oder negativ ausfallen.

Das Fazit davon ist, daß allen US-Bürgern ein schizophrener Interessenkonflikt zu schaffen macht. Die meisten von ihnen sind sowohl Arbeitnehmer als auch Konsumenten, aber aufgrund der unterschiedlichen Interessen sind diese beiden Rollen schwerlich miteinander vereinbar. Ihre Ruhegelder werden nicht etwa wegen der Dividendenerträge in Stammaktien angelegt, sondern wegen des Vermögenszuwaches. Deshalb müssen amerikanische Unternehmen, wollen sie die Erwartungen der Anleger erfüllen, marktmäßig wachsen. Was läßt Aktienkurse ansteigen? Eine Erhöhung der Rentabilität, das heißt ein höherer Gewinn je Aktie.

E Pluribus Unum

Gewinne steigen, wenn man auf irgendeine Art und Weise den Umsatz erhöht und gleichzeitig die Kosten reduziert. Der Arbeitnehmer/Konsument steht vor einem Dilemma: Um einmal mit einer angemessenen Rente in den Ruhestand gehen zu können, müssen die Bürger von heute bei niedrigeren Löhnen mehr arbeiten und Geld für Konsumgüter ausgeben, die von inländischen Unternehmen hergestellt werden. Ansonsten kommt es nicht zu einem Gewinnanstieg, sondern zu einem Kursverfall der Aktien. Eine ganz reale und gefährliche Möglichkeit klammern wir lieber aus: Der nächste große wirtschaftliche Abschwung wird sicherlich zu einer Kürzung jener Gelder führen, die an die Pensionsfonds fließen. Dann könnte ans Tageslicht kommen, daß der Hausse-Markt der letzten Jahre nichts weiter als das Ergebnis eines Plans war, demzufolge zunehmende Beträge an hereinkommenden Pensionsgeldern die Aktienkurse sukzessiv immer weiter in die Höhe trieben.

Bei dieser neuen und letzten Spielart werden die Interessenkonflikte nicht nur zunehmend verworrener, sondern geradezu surrealistisch. All diese Gruppen mit ihren verschiedenen Schwerpunkten drehen sich unaufhörlich im Kreis. Nur eine Formel kann all die kollidierenden Interessen in Einklang bringen, nur eine kann alle Widersprüche ausräumen und alle glücklich machen. Diese Zauberformel heißt: Wachstum.

Anmerkungen

1. Josephson, Matthew, The Robber Barons, New York, Harcourt, Brace & World, 1934, S. 187.
2. Wilson, Edward O., Sex and Society, chap. 15, in: Sociobiology, The New Synthesis, Cambridge, Mass., The Belknap Press, 1975.
3. Chandler, jr., Alfred D., The Visible Hand, Cambridge, Mass., The Belknap Press, 1977, S. 148, 170.
4. Simon, Herbert A., Administrative Behavior, 3d ed., New York, The Free Press, 1976, S. 18.
5. Daran ist nichts Neues. Der Wirtschaftshistoriker Douglass C. North bemerkte, daß bisher überall in der Geschichte die Interessen von Steuer- und Pachteintreibern mit denen der jeweiligen Herrscher niemals genau übereingestimmt haben. Das war so im alten Ägypten, Persien, Griechenland und Rom, genauso wie es heute in Amerika ist. Structure and Change in Economic History, New York, W.W. Norton & Co., 1981, S. 119.
6. Serwer, Andrew Evan, Mystery Man of Mergers, *Fortune*, 5. January 1987, S. 50.
7. Stricharchuk, Gregory/Steward, James B., *Goodyear Tire* to Buy Interest from Sir James, *Wall Street Journal*, 21. November 1986.
8. Law, Warren A., A Corporation Is More Than Its Stock, *Harvard Business Review*, May/June 1986, S. 80–83.
9. Vgl. Stabler, Charles N., What Is Culture's Role in Economic Policy, *Wall Street Journal*, 22. December 1986.
10. Anders, George, Using Rote and Math, Wells Fargo Succeeds as a Money Manager, *Wall Street Journal*, 23. March 1987.
11. Puts sind Optionen für den Verkauf von Aktienpaketen zu einem bestimmten Preis und zu einem bestimmten Zeitpunkt. Calls sind Optionen, die zum Kauf von Aktien berechtigen. Futures sind Finanztermingeschäfte.
12. McMurray, Scott/Garcia, Beatrice E., Regulators Brace for Wild Stock Swings, *Wall Street Journal*, 5. December 1986.
13. Peltz, James, Dow Loses 17, 89; Computer Stocks Lead the Retreat, *Philadelphia Inquirer*, 19. October 1983.
14. Garcia, Beatrice E./Anders, George, In Arbitrage, Risks Are Burgeoning Along with Profits, *Wall Street Journal*, 23. December 1986.
15. McMurray/Garcia, Regulators Brace.
16. Rasky, Susan F., Tracking Junk Bond Owners, *New York Times*, 7. December 1986.
17. Galbraith, John Kenneth, The New Industrial State, New York, Signet Books, 1967, S. 181.
18. Josephson, Robber Barons, S. 185.
19. Drucker, Peter F., Innovation and Entrepreneurship, New York, Harper & Row, 1985.
20. Galbraith, The New Industrial State, S. 88 ff.
21. Levitt, Theodore, The Marketing Imagination, New York, The Free Press, 1983.
22. Galbraith, The New Industrial State, S. 177.
23. Smith, Adam, An Inquiry into the Nature and Causes of the Wealth of Nations, New York, The Modern Library, 1937, S. 625.

Anmerkungen

24. Hilder, David B./Weiner, Steve, Big Brokerage Houses Are Problem Children for Their New Parents, *Wall Street Journal*, 13. September 1985.
25. Barry Commoner liefert einen sehr guten Beitrag über die negativen Folgen des Wachstums in der Zukunft, in: The Closing Circle, New York, Bantam Books, 1971, S. 270 ff.
26. Melloan, George, New Debate over Corporate Governance, *Wall Street Journal*, 11. November 1986.
27. Record Number of Ratings Lowered by Moody's in '86, *Wall Street Journal*, 8. January 1987.
28. Stricharchuk, Gregory/Stewart, James B., *Goodyear Tire* to Buy Interest.
29. Jensen, Michael C./Ruback, Richard S., The Market for Corporate Control, The Scientific Evidence, *Journal of Financial Economics*, 11/1983, S. 586–631.
30. Law, Corporation More Than Its Stock, S. 82.
31. Smith, Randall, Money Managers Ride Wave of Pension Cash, But Crest May Be Near, *Wall Street Journal*, 27. February 1984.
32. Um gerecht zu sein, müssen wir bemerken, daß schwankende Zinssätze und Wechselkurse heute jede Investition zu einer Spekulation machen.
33. Drucker, Peter F., The Invisible Revolution, How Pension Fund Socialism Came to America, New York, Harper & Row, 1976.

4. Kapitel

Gesundes Wachstum

Für den unbeteiligten Beobachter sind Berichte von einzelnen stark expandierenden Spitzenunternehmen im Grunde nichts weiter als wichtigtuerisches Geschwätz. Firmenwachstum sollte der normale Lauf der Dinge sein, weltweiter Normalzustand sozusagen. Wenn ein Unternehmen nicht wächst, dann kann das nur die Schuld seines Managements sein! Nichts ist aber so falsch wie der Glaube, daß gesundes Unternehmenswachstum ein natürlicher und normaler Zustand ist. Wie das Wunschbild von der glücklichen Ehe, so ist auch gesundes Firmenwachstum ein Ideal, nach dem sich alle sehnen. Außenstehende mögen glauben, es lasse sich ohne größere Anstrengungen und auf Dauer verwirklichen. Wer es schon einmal versucht hat, sieht das anders. Kontinuierliches Wachstum war im Verlauf der Geschichte noch nie die Regel, selbst in Amerika nicht.

Beeindruckende Wachstumsbeispiele

Wachstum findet nur statt, wenn die Voraussetzungen dazu erfüllt sind. Dies erfordert große, dauerhafte Anstrengungen, unermüdlichen Fleiß und ein gutes Urteilsvermögen in schwierigen Zeiten. Selbst wenn all diese Faktoren zusammenspielen, ist in der Hälfte aller Fälle das Glück ausschlaggebend. Vor allem ist das Wachstum nicht ein Zustand, sondern ein Prozeß. Wie bei einer glücklichen Ehe ist das gesunde Wachstum weder der Zweck noch das Mittel, sondern das Ergebnis.

Das Wachstum beschenkt alle reichlich, wenn es innerhalb eines gesunden Wirtschaftsprozesses stattfindet. Im allgemeinen ist die Wirtschaft jener Bereich in einem Gesellschaftssystem, der mit der Herstellung und Verteilung von Gütern, Wohlstand, Eigentum und Arbeit zu tun hat. Adam Smith selbst meinte, daß der Sinn und Zweck eines gesunden Wirtschaftsprozesses das allgemeine Wohl der Gesellschaft sei. Keine Gesellschaftsschicht werde unangemessen reich und mächtig, keine leide unter unverhältnismäßiger Armut oder Ohnmacht. In fast jeder Gesellschaft genössen ein paar Leute einen größeren Wohlstand und Status als andere. Aber innerhalb gewisser Grenzen – und solange sich jeder an die Spielregeln hält – seien die Menschen in den betreffenden Gesellschaftssystemen mit dieser Ungleichheit einverstanden.

Bei einem gesunden Wirtschaftsprozeß wird keine Gruppe oder Schicht ihre eigenen Interessen in unlauterer Weise und auf Kosten der anderen, welche ebenfalls Mitglieder dieses Systems sind, durchsetzen wollen. Kulturen, Nationen und Unternehmen erlebten oft dann ihren Untergang, wenn irgendeine Gruppe die Dinge zu ihren Gunsten zu weit trieb; mit anderen Worten: wenn eine Interessengruppe ihre eigenen Zielvorstellungen zum Nachteil der anderen Gruppen forcierte.

Das gesunde Wachstum, so wie es unseren wirtschaftlichen Idealvorstellungen entspricht, bringt die Interessen der verschiedenen beteiligten Gruppen in Einklang. Mögen diese Schwerpunkte auch noch so unterschiedlich sein, bei einem gesunden Wachstum ist

Platz für alle da. Wenn ein Unternehmen ein gesundes Wachstum vorweisen kann, dann steigt auch sein Umsatz. Aus einem höheren Umsatz resultiert ein höherer Ertrag des investierten Kapitals. Wenn Umsatz und Rentabilität ansteigen, dann nimmt auch die Zahl der Beschäftigten zu, die Beförderungsliste wird länger, die Gehälter steigen. Arbeitsmoral und Produktivität sind hoch. Der Wert der Aktien (sofern sie öffentlich gehandelt werden) steigt an, und Bankkredite werden ordnungsgemäß zurückgezahlt. Die Firmenmitarbeiter kaufen Häuser, Autos und Geräte, sie essen in Restaurants und geben Geld für Waren, Dienstleistungen und Unterhaltung aus. Infolgedessen partizipieren alle davon: Eigentümer, Anleger, Gläubiger, Manager, Mitarbeiter, Lieferanten und Händler.

Sind auch die Kunden glücklich? Die Frage dürfte sich erübrigen, denn ein Unternehmen kann ein gesundes Wachstum nur dann verzeichnen, wenn es den Wünschen der Kunden gerecht wird. Aus der Zufriedenheit der Kundschaft resultiert zwangsläufig ein gesundes Wachstum (natürlich unter der Voraussetzung, daß das Management die Kosten entsprechend überwacht und für ein gutes Betriebsklima sorgt).

Das gesunde Wachstum ist wie der Heilige Gral. Zu Betriebswirten gesalbte Ritter haben sich auf den Weg gemacht, um ihn zu finden. Es ist ein geheimnisvoller Heilsspender, der in unserer Vorstellung rein und makellos ist. Wenn Politiker, Nationalökonmen oder Unternehmensführer vom Wachstum sprechen, dann meinen sie dieses vollkommene, gesunde Wachstum. Wie sieht es aus? Nach heutigen Anschauungen verkörpern beispielsweise folgende Unternehmen gesundes Wachstum.

Langfristiges Wachstum:
E.I. Du Pont De Nemours And Company

Nur wenige Firmen in den Vereinigten Staaten gibt es schon so lange wie *Du Pont*.[1] Im Jahre 1802 gründete E.I. du Pont, der vor der Französischen Revolution geflüchtet war, eine Schießpulver-

Beeindruckende Wachstumsbeispiele

Fabrik in Hagley am Ufer des Brandywine River. Dank seiner Bekanntschaft mit dem berühmten französischen Chemiker Lavoisier wußte du Pont, wie wichtig Sorgfalt und Qualität bei chemischen Zusammensetzungen sind. Deshalb war sein Schießpulver, dem ein ganz bestimmtes Mischungsverhältnis von Holzkohle, Schwefel und Salpeter zugrundelag, stets zuverlässiger und von größerer Durchschlagskraft als das seiner Konkurrenten. Im Krieg von 1812 stieg die Nachfrage sprunghaft an. Gegen Ende des 19. Jahrhunderts war *Du Pont* zum führenden Schießpulver-Hersteller im ganzen Land geworden, nachdem das Unternehmen in den Depressionsjahren nach 1870 Mehrheitsbeteiligungen an ein paar weiteren Firmen erworben hatte. Um im Ersten Weltkrieg die Nachfrage der Alliierten decken zu können, baute *Du Pont* seine Produktionskapazitäten beträchtlich aus. Nach Kriegsende entschloß sich die Firma zu einer Diversifikation in Industriechemikalien und damit verbundene Produkte, um die Werke nicht schließen zu müssen. Unter anderem entwickelte *Du Pont* die erste synthetische Faser, Nylon, mit welcher das Unternehmen wahrscheinlich seinen erfolgreichsten Produkttest erlebte. Im Oktober 1939 bot man in einem Warenhaus von Wilmington, Delaware, 4000 Paar Nylonstrümpfe zum Verkauf an. Innerhalb weniger Minuten waren sie weggegangen wie warme Semmeln. *Du Pont*, das von Anfang an führend in seiner Branche gewesen war, entwickelte sich während eines Zeitraums von 183 Jahren zum größten Chemieunternehmen der Welt, welches zum Beispiel im Jahre 1985 einen Umsatz von 29,4 Milliarden Dollar ausweisen konnte.

„Monster-Wachstum": *International Business Machines (IBM)*

IBM entstand aus der *National Cash Register Company*. Thomas J. Watson sr. und einige seiner ehemaligen Kollegen bei *NCR* gründeten *IBM* vor dem Ersten Weltkrieg, als sie sich die Patente für die Lochkarte und dann für eine Stechuhr sicherten. Der Markt von *IBM* war also gleich von Anfang an die Datenverarbeitung im kaufmännischen Bereich. Allerdings war bis nach dem Zweiten

Weltkrieg die Firma weder auffallend groß noch erfolgreich gewesen, und selbst im Jahre 1950 hatte sie nur einen bescheidenen Jahresumsatz von 100 Millionen Dollar erreicht.

Der erste elektronische Digitalrechner, ENIAC, wurde im Jahre 1946 von Forschern an der University of Pennsylvania aus der Taufe gehoben. Wenn auch Watson kein sonderlich großes technisches Verständnis hatte, so war ihm doch als Marktanbieter sofort klar, daß die Hauptabnehmer von Computern Firmen sein würden. Darüber hinaus erkannte er, daß diese nicht an technischem Schnickschnack interessiert waren, sondern vor allem daran, was der Computer für sie tun könnte. Im Laufe der fünfziger Jahre übernahm *IBM* vor allem deshalb die Führung in der Computerbranche, weil sie den Firmen demonstrierte, wie der Computer Probleme lösen konnte, und zudem Kundendienst und -beratung in den Mittelpunkt ihrer Geschäftsstrategie stellte.[2]

Sie ließ die Konkurrenz (*Burroughs, Univac, NCR, Control Data, Honeywell*) weit hinter sich. Im Hinblick auf den Jahresumsatz (50 Milliarden Dollar)[3] war *IBM* innerhalb von 30 Jahren zum fünftgrößten Unternehmen in den USA geworden sowie zum größten Unternehmen auf der ganzen Welt, was den gesamten Marktwert anbelangt (88 Milliarden Dollar, das heißt mehr als der doppelte Marktwert der Nummer 2).[4]

Harmonisches Wachstum:
American Telephone And Telegraph (AT&T)

Wenn man ihr Vermögen sowie die Zahl ihrer Mitarbeiter betrachtet, dann war *AT&T* 1983 die größte Kapitalgesellschaft der Welt. Rückblickend darf man wohl sagen, daß Firmengründer Ma Bell es gleich von Anfang an richtig gemacht hatte. Schließlich hatte man *AT&T* das Monopol auf eine Ware gewährt, die, wie sich später herausstellen sollte, zu den heißbegehrtesten aller Zeiten gehörte: das Telefon.

Das oberste Gebot der Unternehmensleitung war die Zufriedenstellung der Kunden. Schon zur Jahrhundertwende formulierte Theodore Vail das Motto, dem sich das Unternehmen verschrieben hatte: „Universeller Kundendienst". Die Bell System bemühte sich einerseits um eine steigende und verbesserte Qualität ihrer Leistungen, auf die man sich voll verlassen konnte, und andererseits um eine Reduzierung der Preise. Sie erreichte dies mit Hilfe von Automatisierung und Technologie und dank eines engagierten und kompetenten Managements.

Theodore Vail wußte, daß für ein Fernsprechnetz nur eine monopolistische Unternehmensform in Frage käme. Im Gegensatz zu anderen Trusts der damaligen Zeit war sein Netz „benutzerfreund-lich". Anstatt gegen die staatliche Regulierung anzukämpfen, unterstützte er diese und half bei deren Planung. Er arbeitete mit Konkurrenten zusammen und verlangte von ihnen eine Gebühr für den Anschluß an seine Leitungen. Aufgrund der einmaligen Leistungen und Preise von *AT&T* kehrten abtrünnige Kunden meist wieder zu Ma Bell zurück. Theodore Vail versuchte, mit hohen Dividenden und einem ansprechenden Service die Aktionäre bei Laune zu halten, und er wollte die Aktien von *AT&T* unter möglichst viele Leute streuen. Eitel Freude herrschte bei Kunden, Aktionären und Politikern. Wäre das Wachstum von *AT&T* nicht so umsichtig gelenkt und darauf abgestimmt worden, alle Interessengruppen der Firma zufriedenzustellen, dann hätte sie ihr Monopol schon vor vielen Jahrzehnten verloren.[5]

Akribisches Wachstum: *Procter and Gamble*

In Marketing-Lehrbüchern wird *Procter and Gamble* als Paradebeispiel für ein kundenorientiertes Unternehmen dargestellt.[6] Ehrgeizige, frischgebackene Betriebswirte strömen in die „Procter-Universität", um ihren „Doktor in angewandtem Marketing" zu machen. Absatzstarke Gesellschaften prahlen damit, daß sich zahlreiche ehemalige *P&G*-Manager und -Führungskräfte unter ihrem Personal befänden.

Kaum jemand wird bestreiten wollen, daß *Procter and Gamble* der führende Anbieter von Haushaltsprodukten ist, die für den Endverbraucher bestimmt sind; ja die Firma hat gleichsam das Verbraucher-Marketing erfunden. Es entbehrt allerdings nicht einer gewissen Ironie, daß die Gesellschaft ihren großen Erfolg einem Mißgeschick verdankt: Im Jahre 1879 vergaß ein Fabrikarbeiter die Seifenmischmaschine abzustellen, als er in die Mittagspause ging. Bei seiner Rückkehr fand er ein schäumendes Chaos vor. Das Unternehmen beschloß trotz allem, das Zeug zu verarbeiten und zu verkaufen. Bald gingen massenhaft Aufträge für die „schwimmende Seife" ein. Viele Bewohner von Cincinnati badeten damals im nahegelegenen Ohio, und eine versehentlich fallengelassene Seife, die schwimmen konnte, ließ sich eben leicht wieder aus dem Wasser fischen. So entstand ein Produkt, das bei *P&G* zu einem der größten Verkaufsschlager aller Zeiten werden sollte: Die Ivory-Seife.[7]

Schon sehr früh fand *P&G* heraus, daß man sich auf den Verbraucher orientieren müsse. Aufgrund dieser Erkenntnis hat es das Unternehmen sehr weit gebracht. Ein Hauptelement in seinem Marketingprogramm, welches für seine Effektivität und Effizienz berühmt ist, bildet heute die sorgfältige und umfassende Verbraucherforschung. *Procter and Gamble* verdankt ihren Erfolg immer wieder den relativ wenigen, dafür aber umso gelungeneren Markteinführungen von Neuprodukten. *P&G* geht dabei wie folgt vor:

1. Entwicklung eines Produkts, das zumindest in einem wichtigen Punkt den Konkurrenzprodukten eindeutig überlegen ist. (Die Faustregel lautet, daß es im Test von mindestens 55 Prozent der Kunden dem Produkt der schärfsten Konkurrenz vorgezogen werden muß.)

2. Sorgfältige Einführung des Produkts auf einem Testmarkt, gekoppelt mit einer gründlichen Analyse aller Aspekte.

3. Verbreitung des Produkts in einer bis ins Detail geplanten Großoffensive mittels Werbung, Gutscheinen und Proben.[8]

4. Trends, Präferenzen und Verhaltensweisen der Konsumenten werden weiterhin untersucht und überprüft; durch ständige Produktverbesserung wird mit Verbraucherbedürfnissen Schritt gehalten.

Beeindruckende Wachstumsbeispiele 127

Auf diese Art und Weise wurde in vielen Produktgruppen eine Spitzenstellung erreicht, wie zum Beispiel mit der Wegwerfwindel Pampers. Dank solcher Methoden kam *Procter and Gamble* nicht zuletzt in Wall Street in den Ruf einer absolut sicheren Geldanlage mit großen Wachstumschancen.

Internationales Wachstum: Japanische Autohersteller

Der Kleinwagen wurde ganz bestimmt nicht in Japan erfunden. Winzige Autos wie der Crosley, die Isetta oder der Kabinenroller tauchten kurz nach dem Zweiten Weltkrieg auf unseren Straßen auf. Zu Beginn der fünfziger Jahre eroberte der Käfer einen nicht unbeachtlichen Teil des amerikanischen Automobilmarkts, denn er sprach jene Leute an, die ein billiges, zuverlässiges Transportmittel ohne übertriebene Ausstattung wollten. In den sechziger Jahren verkauften dann japanische Autohersteller ihre Wagen in Amerika, deren Qualität wurde aber als zweitklassig eingestuft. Infolge des arabischen Ölembargos im Jahre 1973 kamen die Japaner dann doch noch zum Zug. Die Benzinpreise zogen plötzlich an, ein paar Jahre später folgte ein weiterer Preisanstieg.

In demselben Zeitraum verbesserten die Autohersteller *Toyota*, *Nissan* und *Honda* die Qualität ihrer Fahrzeuge (allein schon deshalb, weil sie die großen Händlerorganisationen, welche man für Service und Wartung brauchte, nicht finanzieren konnten). Dadurch, daß sie in einer einfachen Produktlinie rationell produzieren konnten, hatten sie außerdem einen deutlichen Kostenvorteil gegenüber ihren Konkurrenten in Detroit und Europa. Die japanischen Autos, die eine attraktive Alternative zu den amerikanischen Benzinschluckern darstellten, waren auf einmal sehr gefragt, ja die Nachfrage war so groß, daß die Vereinigten Staaten die Japaner zur Einführung einer „freiwilligen" Quote zwangen, um ihre eigene Autoindustrie zu schützen.

Auch bei dieser Handelsrestriktion machten die Japaner aus der Not eine Tugend. Sie begannen, Luxusmodelle, an denen sie noch mehr profitierten, zu exportieren, und errichteten Montagewerke in Amerika, um die Kontingentbeschränkungen zu unterlaufen. Wenn man bedenkt, daß die japanische Industrie am Ende des Zweiten Weltkriegs fast völlig zerstört war, dann ist ihr Wachstum mehr als beachtlich. 40 Jahre später waren in Amerika 20 Prozent der verkauften Autos japanische Wagen (in Kalifornien sogar fast 50 Prozent), und Toyota rangierte auf der *Wall-Street-Journal*-Liste der 100 größten öffentlichen Kapitalgesellschaften vor dem Autoriesen *General Motors*.[9]

Verordnetes Wachstum: Tagamet von *SmithKline*

Was könnte wohl noch schneller zum Reichtum führen, als ein Produkt, das nur ein einziger Hersteller verkauft und das Millionen von Menschen unbedingt brauchen? *SmithKline Corporation* brachte im Jahre 1976 ein solches Erzeugnis auf den Markt: Tagamet, ein Medikament gegen Krebs. Innerhalb von drei Jahren war das Arzneimittel bei 15 Millionen Krebspatienten in 110 Ländern angewendet worden, und der Umsatz belief sich auf 480 Millionen Dollar. Obwohl Tagamet im Jahre 1982 starke Konkurrenz bekam, wurde es 1986 zum ersten verschreibungspflichtigen Medikament, dessen Jahresumsatz die Milliardengrenze überstieg.[10]

Organisiertes Wachstum: *De Beers Consolidated Mines*

De Beers Consolidated Mines wurden im Jahre 1888 gegründet, nachdem man im Jahre 1870 riesige Diamantenvorkommen in Südafrika entdeckt hatte.[11] Ein bis dahin winziger Markt wurde plötzlich von Diamanten überschwemmt, was *De Beers* schließlich mit zwei gleichzeitig zu lösenden Problemen konfrontierte. Zur Stützung des Diamantenpreises mußten sie ihr weltweites Angebotsmonopol beibehalten. Dies gelang *De Beers* mittels der Organisation eines internationalen Diamantenkartells, das heute 80 Prozent des Rohdiamantenmarkts beherrscht. Um aus dem Diamantengeschäft auch zu profitieren, mußte zusätzlich die Nachfrage angefacht werden. Diese zweite Aufgabe erfüllten *De Beers* laut den Worten eines Londoner Händlers, indem sie zu „einer aggressiven, rücksichtslosen und effizienten Verkaufsorganisation"[12] wurden.

Die Diamantenpreise waren während der Depression in den dreißiger Jahren weltweit gestürzt. Da der Brauch, einen Diamantring zur Verlobung zu schenken, in Europa nicht verbreitet war, kamen nur die Vereinigten Staaten als Absatzmarkt für Diamanten in Frage. Aber damals kauften Amerikaner lieber kleine, minderwertige Diamanten. Im Jahre 1938 taten sich *De Beers* und eine amerikanische Werbeagentur, *N.W. Ayer*, zusammen. Das Ergebnis war einer der umfassendsten und bestorganisierten Werbefeldzüge und PR-Kampagnen der Geschichte. Anzeigen wurden entworfen, durch deren Slogan „A Diamond Is Forever" der Diamant zum Symbol ewiger Treue werden sollte. Man machte Reklame mit den Diamantengeschenken prominenter Leute, und Zeitungen und Magazine wurden mit reißerisch aufgemachten Stories „versorgt", welche den Zusammenhang zwischen Diamanten und Liebestreue deutlich machen sollten. Die Diamantenhändler veranstalteten Vorträge in High Schools, um den Schülerinnen diese subtile Botschaft zu vermitteln, mit welcher gleichzeitig die Einstellung der gesamten Gesellschaft zum Diamanten umgeprägt werden sollte.

Innerhalb von drei Jahren konnte der Diamantenabsatz in Amerika um 55 Prozent gesteigert werden. Heute, zwei Generationen später, gibt es nur noch wenige amerikanische Mädchen, die nicht der Überzeugung sind, zu einem Heiratsantrag gehöre unbedingt ein Diamant. Mit ähnlichen Methoden beeinflußte man auch in Japan die Einstellung gegenüber dem Edelstein. Da die *De-Beers*-Minen das einzige Vertriebsunternehmen für Rohdiamanten der Welt sind, hatten sie nicht unter dem erbitterten Streit zu leiden, der normalerweise anderen Kartellen zu schaffen macht. Die Minengesellschaft hat noch nie an den Preisen ihrer Rohdiamanten herumgeschliffen, auch nicht, als die Preise bearbeiteter Edelsteine im Jahre 1981 ins Bodenlose stürzten.[13]

Anhaltendes Wachstum: *McDonald's*

Trotz der manchmal schon heroischen Anstrengungen, noch mehr Lebensmittel abzusetzen, hat sich im letzten Vierteljahrhundert der amerikanische Nahrungsmittelkonsum kaum verändert. Zwischen

1960 und 1963 verschlangen die Amerikaner pro Kopf und Jahr 626 Kilogramm an Lebensmitteln. Von 1980 bis 1983 hat der jährliche Verbrauch um magere 9 Kilogramm zugenommen und betrug somit 635 Kilogramm pro Person.

Auch die Eßgewohnheiten haben sich kaum geändert. Im erstgenannten Zeitraum hatte Fleisch am Lebensmittelverbrauch einen Anteil von 26 Prozent. Dieser stieg in den folgenden 20 Jahren nur auf 26,5 Prozent an.[14] Außerdem wuchs die Bevölkerung innerhalb dieses Zeitraums lediglich um 25 Prozent. Trotz dieser im Hinblick auf die Größe seines Absatzmarktes geringen Steigerung entwickelte sich *McDonald's* aus einem einzigen Betrieb im Jahre 1955 zu einem multinationalen Unternehmen mit über 9000 Restaurants und jährlichen Einnahmen von mehr als 4 Milliarden Dollar. Mitte des Jahres 1986 konnte die Firma auf 84 Quartale zurückblicken, in denen sie ohne Unterbrechung einen Umsatz- und Gewinnrekord nach dem anderen aufgestellt hatte. Trotzdem suchte sie stets nach weiteren Wachstumsmöglichkeiten.[15] Dank einer Kombination von billigen, in der Kalkulation einfach zu handhabenden Mahlzeiten, Standorten in günstigen Verkehrslagen, peinlich genauer Beachtung von Qualität und Service, extensiver Werbung und klugem Finanzmanagement wurde *McDonald's* in 30 Jahren zur größten Restaurantkette der Welt (die übrigens als einzige im Dow-Jones-Aktienindex der 30 Industriewerte aufgeführt wird).

Mythos und Wahrheit

Um einer realistischen Perspektive willen ist es nur recht und billig, ein paar Fakten zu unseren Beispielen für gesundes Wachstum zu nennen. Zuerst sollte darauf hingewiesen werden, daß ihnen allen eine ex post-Analyse zugrundeliegt. Da bei unserer Rückschau sämtliche Daten verfügbar waren, wählten wir jene Gesellschaften aus, die ihre Konkurrenz deutlich überflügelten. Doch was machten im Jahre 1802 all die anderen Schießpulver-Fabriken, die übrigen Seifengesellschaften im Jahre 1879 und die Computerfirmen zu Beginn der fünfziger Jahre? Unsere Porträts geben keinerlei Anhaltspunkte, mit denen man die Gewinner schon mit Gewißheit

Beeindruckende Wachstumsbeispiele 131

hätte ausmachen können, als sich die Wettbewerber noch an der Startlinie aufreihten.

Außerdem stellen unsere Porträts nur zeitlich begrenzte Ausschnitte dar. Wir beobachteten das Wachstum der genannten Firmen lediglich bis zu einem bestimmten Zeitpunkt. Um die Wahrheit zu sagen: Die Berichte über einige unserer Beispielfirmen waren in der letzten Zeit gar nicht so beeindruckend. In den vergangenen Jahren wurde bei *Du Pont* die Zahl der Mitarbeiter im Zuge von Rationalisierungsmaßnahmen von 175 000 auf 141 000 gesenkt, um dadurch einer nachlassenden Rentabilität wieder auf die Sprünge zu helfen.[16] Tagamet von *SmithKline* wird von einem Konkurrenten schwer zugesetzt. Zantac, das Produkt der englischen Firma *Glaxo*, wird Tagamet umsatzmäßig wohl noch vor 1990 übertroffen haben.[17] Der anhaltende Erfolg von *De Beers* wird durch die politischen Unruhen in Südafrika sowie die rasche Expansion der weltweiten Diamantenproduktion gefährdet. Auch *IBM, Procter and Gamble* und *AT&T* haben ihre Probleme. Gesundes Wachstum scheint also nur über eine begrenzte Dauer möglich zu sein. (Diese Einschränkung werden wir im 5. Kapitel genauer untersuchen.)

Vor allem hat sich das Wachstum bei diesen und allen anderen Firmen, welche es zu einer respektablen Größe gebracht haben, nicht automatisch und auch nicht ohne größere Schwierigkeiten eingestellt. *IBM* hätte den Anschluß an die übrige Computerbranche beinahe verpaßt, die laut Peter Drucker ohnehin schon mehr als 30 Jahre gebraucht hat, um – insgesamt gesehen – aus den roten Zahlen zu kommen.[18] *McDonald's* stand schon einmal kurz vor dem Bankrott.

In seiner Besprechung des Buches „Breakthroughs", in welchem John Ketteringham und Ranganath Nayak von bedeutenden Produktinnovationen der vergangenen 25 Jahre berichten, zieht Jack Falvey folgendes Fazit: „Bei alledem ist es doch erstaunlich, daß es immer noch genügend Erfolge gab, um darüber ein Buch zu schreiben, wenn man sich einmal die Schwierigkeiten vergegenwärtigt, die von den Unternehmen überwunden werden mußten."[19] Peter Drucker behauptet, daß das Wachstum in einem Unternehmen „genauso viel Streß und Spannungen hervorruft wie das

Wachstum in einem biologischen Organismus. Es handelt sich (...) um einen Einschnitt (, der) normalerweise von jener Art Identitätskrise (begleitet wird, welche auch) beim Übergang vom Jugendlichen zum Erwachsenen (beobachtet werden kann). Wie bei den Menschen scheinen die Fähigsten, Klügsten und Motiviertesten unter den größten Identitätskrisen zu leiden."[20]

Alle Beispiele dieses Kapitels haben eins gemeinsam: Jede Firma konnte nur deshalb wachsen, weil Bedingungen herrschten, die ein Expandieren ermöglichten. Diese allein garantieren noch lange kein Wachstum. Fehlen allerdings die Voraussetzungen, wird sich Wachstum erst recht nicht einstellen.

Günstige Voraussetzungen für das Wachstum

Zwei Schlußfolgerungen lassen sich aus unserer Untersuchung des gesunden Wachstums ziehen:

1. Wachstum an sich ist nicht das Ziel. Es ist vielmehr das Ergebnis einer erfolgreichen Leistung; dies bedeutet im Fall eines Unternehmens, daß es den Bedarf eines Marktes deckt.

2. Wachstum läßt sich nicht erzwingen. Ein wachstumsorientiertes Management kann es nicht einfach aus dem Ärmel schütteln. Gesundes Wachstum ist das Ergebnis einer richtigen Reaktion seitens des Managements auf bestimmte Bedingungen, wobei Glück durchaus eine große Rolle spielt.

Das ungesunde Wachstum ist kein echtes Wachstum, es ist lediglich eine kurzfristige Verzerrung der Realität, die früher oder später zum Nachteil der meisten Beteiligten korrigiert werden muß. Es resultiert aus dem Versuch, Wachstum unter Bedingungen erzwingen zu wollen, die diesem kaum förderlich sind. Das ungesunde Wachstum ergibt sich, wenn einige Interessengruppen ihre eigenen Ziele vorantreiben und sich dabei über die Interessen der anderen Beteiligten hinwegsetzen.

Wir werden das ungesunde Wachstum im 6. Kapitel noch genauer untersuchen. Vorläufig konzentrieren wir uns jedoch auf die Voraussetzungen und Handlungsweisen, die für das gesunde Wachstum förderlich sind. Manchmal spielen dabei bedeutende Personen oder außergewöhnliche Entdeckungen eine Rolle. Dies sind jedoch nicht die entscheidenden Faktoren. Jene, aus denen gesundes Wachstum resultiert, sind:

- Vorhandensein einer Wachstumschance,
- Erkennen dieser Chance,
- Fähigkeit, aus dieser Chance etwas zu machen.

Der erste Faktor – eine gegebene Chance – ist der wichtigste von allen. Ohne ihn sind die beiden anderen bedeutungslos. Zu den Wachstumsmöglichkeiten zählen externe Bedingungen, das heißt solche, die außerhalb der Firma herrschen. Wir haben sechs Kategorien von Möglichkeiten bestimmt. Zumindest eine von ihnen muß vorhanden sein, bevor ein Unternehmen seine Ziele festsetzen kann. Fehlen diese Voraussetzungen, dann kann sich das Management noch so sehr anstrengen, es wird kein gesundes Wachstum erreichen können. Diese Bedingungen hängen zusammen mit Trends und Präferenzen des Marktes, mit der Intensität des Wettbewerbs, technologischen Innovationen, Verlagerungen innerhalb der Rechts- und Wirtschaftsordnung sowie mit dem Allgemeinzustand der Wirtschaft. Ein Nationalökonom würde sie als exogene Umstände bezeichnen. Ein Experimentalwissenschaftler würde die Meinung vertreten, daß zumindest eine dieser Voraussetzungen „notwendig, aber nicht hinreichend" für das gesunde Wachstum sei.

Entdeckung brachliegender Märkte

Neue Märkte tun sich ständig auf, alte verschwinden oft im Laufe der Zeit. So mancher potentielle Markt verhält sich ebenso ruhig wie ein Filmsternchen in Hollywood, das in Schwab's Drugstore an seinem Mineralwasser nippt und sehnsüchtig darauf wartet, von dem wachsamen Auge eines Talentsuchers entdeckt zu werden. Ein anderes wird über Nacht berühmt und löst ein wildes Handgemenge unter Möchtegern-Agenten aus. Erfolgreiche Unternehmer haben die Gabe, neue Märkte auszumachen oder zu entwickeln.

Manchmal entstehen neue Bedürfnisse, die ganz neue Chancen eröffnen. King Gillette erfand im Jahre 1895 den Klingen-Rasierapparat – in einer Zeit, als Bärte gerade „in" waren. Die *Gillette Razor Company* expandierte, als im Ersten Weltkrieg Bedarf an eng anliegenden Gasmasken herrschte, und die Soldaten die Bärte abnehmen mußten. Womit hätte man sie leichter abnehmen können als mit einem Klingenrasierer? Als zu Beginn der achtziger Jahre der Verkauf von Personalcomputern rapide anstieg, wurden durch den damit einher gehenden Bedarf an Software, Lehrbüchern und Trainingsprogrammen lukrative Wachstumsmöglichkeiten eröffnet. Da zunehmend höhere Anforderungen an schulische Leistungen gestellt werden und Zulassungstests an amerikanischen Universitäten mittlerweile üblich sind, ist auf einmal eine größere Branche entstanden, die Trainingsprogramme für staatliche Anwaltsprüfungen sowie für verschiedene Eingangsprüfungen und Eignungstests anbietet.

Jedoch entsprechen die menschlichen Grundbedürfnisse im großen und ganzen einem Standardmuster und ändern sich kaum. Scharfblick und Ideenreichtum sind vonnöten, um neue potentielle Märkte zu entdecken. Sie kommen nicht einfach auf einen zu und „zwicken dich in den Po", wie der Schauspieler John Housemann einmal in einer Fernsehwerbung für eine Maklerfirma witzelte.

Ein neuer Markt kann zum Beispiel eine Region sein, in der ein brachliegendes Marktpotential vorhanden ist. Amerikanische Getränkefirmen wie *PepsiCo* und *Coca-Cola* verzeichneten einen beachtlichen Zuwachs, als sie ihre Produkte im Ausland verkauften. Kohlensäurehaltige Getränke sind auf jedem Kontinent beliebt, und die großen amerikanischen Gebtränkefirmen sind gut ausgerüstet, um den Bedarf zu decken.

Viele Firmen dürften ihrerseits feststellen, daß ihnen Amerika eine große Wachstumschance bietet. Viele Exportländer hoffen, auf dem amerikanischen Verbrauchermarkt jenes Wachstum zu erzielen, das sie aus ihrer wirtschaftlichen Misere befreien kann.

Unternehmen florieren manchmal, wenn sie einen neuen, durch demographische Veränderungen entstandenen Markt entdecken und entwickeln. Als die Babyboom-Generation in den sechziger Jahren flügge wurde, entdeckten amerikanische Unternehmer den Markt für Jugendliche; sie kreierten Moden sowie Modezubehör und schufen Unterhaltungsbereiche, die speziell auf diese neue Generation abzielten. Als die Babyboom-Generation älter wurde und die Zahl der Kinder in den Vereinigten Staaten schrumpfte, suchte man nach einem Ausgleich. *Walt Disney Corporation* eröffnete einen neuen Vergnügungspark in Tokio – dort waren die demographischen Bedingungen günstiger – und produzierte Filme für ältere Zuschauer.

Der beachtliche Anstieg der Zahl berufstätiger Frauen in den siebziger und achtziger Jahren schuf unzählige Wachstumsmöglichkeiten für den Dienstleistungssektor, für Fertiggerichte und arbeitserleichternde Haushaltsgeräte. Peter Drucker führt das beachtliche Wachstum beim *Club Mediterranée* auf dessen geschickte Ausnutzung demographischer Veränderungen zurück. Viele Angehörige der Babyboom-Generation wurden wohlhabend, zeigten jedoch als Touristen keinerlei Eigeninitiative. Infolgedessen zog sie der *Club Med* an, in dem man einen halbpauschalen, „exotischen" Urlaub verbringen und die guten alten Teenager-Zeiten wieder aufleben lassen konnte.[21]

Gesundes Wachstum kann sich auch einstellen, wenn ein neuer Markt psychographisch erkannt wird, das heißt, wenn neue Einstellungen bei den Verbrauchern ausgemacht werden können. Alfred P. Sloan jr. entdeckte in den zwanziger Jahren einen solchen Markt bei den Autokäufern. Mit seinem zweckdienlichen „Modell T" hatte Henry Ford der Nation zu einem fahrbaren Untersatz verholfen. Dies gelang ihm durch eine Massenproduktion von Millionen schlichter, identischer Automobile, die „in jeder Farbe lieferbar waren, solange sie schwarz war". In den zwanziger Jahren ging es den Amerikanern schon so gut, daß vielen das Auto als bloßes Transportmittel nicht mehr genügte. Sie verlangten daneben ein Statussymbol, eine persönliche Note sowie ein Objekt, das ihrer Eitelkeit schmeichelte.

Alfred P. Sloan verstand es, mit Hilfe seiner *General-Motors*-Serie aus diesem neu entstandenen Bedürfnis Kapital zu schlagen. Seine

Autos zeichneten sich durch Styling aus und unterschieden sich farblich voneinander. Daneben stellte er (unabsichtlich) eine neuartige Statusleiter auf: „Kaufen Sie sich einen Chevrolet zu Beginn Ihrer Karriere, und arbeiten Sie sich bis zum Cadillac hoch". Henry Ford erstickte fast an dem Staub, den die Autos von *GM* aufwirbelten. Sein Unternehmen hat seit dieser Zeit nie mehr seine einstige Position als Amerikas größter Autohersteller erreicht. (Legt man die uns bereits bekannten fragwürdigen Bewertungskriterien zugrunde, so schlug Ford schließlich im Jahre 1986, nach 61 Jahren, das viel größere *GM*-Unternehmen in bezug auf den Gewinn.)

BMW gelang in den achtziger Jahren ein ähnlicher Durchbruch, als die Firma eine Autoserie herausbrachte und dazu ein Image aufbaute, welches den statussüchtigen Yuppies jenes Prestige verlieh, das sie sich wünschten.

Die Mode- und Unterhaltungsbranchen liefern zahlreiche Beispiele dafür, daß Veränderungen im Geschmack der Verbraucher Wachstum begünstigen können. In den sechziger und siebziger Jahren verzeichnete *Levi Strauss* ein rapides Wachstum, als weltweit Freizeitmode und Blue Jeans stärker nachgefragt wurden. Jede neue Teenagergeneration bietet den Musikern finanzielle Chancen, welche jenen „Sound" treffen, der sich am besten als musikalischer Hintergrund für ihre Auflehnung gegen die Welt der Erwachsenen eignet.

Schließlich tun sich auch einige neue Märkte auf, bei denen das Wachstum von alleine erfolgt. Ein Krieg kann ein solcher Auslöser für ein Wirtschaftswachstum sein. Werden Soldaten in den Krieg geschickt, dann entsteht plötzlich ein riesiger Bedarf an Lebensmitteln, Kleidung, Transport und Kriegsmaterial – laut dem Historiker Paul Johnson „ein Konsumfaß ohne Boden". So manche kleine Firma ist durch einen militärischen Konflikt groß geworden. So beispielsweise die Firma *Simplot* in Idaho, die Kartoffeln verarbeitete, oder die deutschen Schuhfabrikanten, die sich später *Adidas* nannten. Überdies wurden viele große Unternehmen noch größer. Zu Beginn des Ersten Weltkrieges stellte *Du Pont* fast ausschließlich Munition und Sprengstoffe her; damals belief sich sein Kapital auf 84 Millionen Dollar, die Belegschaft umfaßte 5300 Mitarbeiter.

Günstige Voraussetzungen für das Wachstum

Nach Kriegsende hatte *Du Pont* 85 000 Mitarbeiter, Kapital im Wert von 309 Millionen Dollar, bedeutende Kapazitäten bei einer Reihe von Industriechemikalien und eine Beteiligung von 27,6 Prozent an *General Motors Corporation*.[22] Die Nachfrage im Zweiten Weltkrieg veranlaßte *General Electric*, seine Schiffsturbinenproduktion allein im Jahre 1942 von 1 Million Dollar auf 300 Millionen Dollar zu steigern. Ebenso war es der Krieg, der den *Henry-Kaiser-Konzern* dazu antrieb, die größte Zementfabrik der Welt sowie das erste Stahlverbundwerk zu bauen.[23] Branchen wie Schiffsbau, Flugverkehr, Weltraumtechnik und Elektronik wären noch lange nicht auf ihrem heutigen Stand, hätte es keine militärischen Zwänge gegeben.

Wachsen eines bestehenden Marktes

Wenn mehr Menschen in ein Absatzgebiet strömen oder in einen Marktbereich eindringen, dann dürften sich aller Wahrscheinlichkeit nach auch Wachstumsmöglichkeiten ergeben. Wenn sich die Bevölkerung in einem Gebiet verdoppelt, wie dies zum Beispiel zwischen 1950 und 1960 im Verwaltungsbezirk Santa Clara, Kalifornien, der Fall war, dann werden doppelt soviele Wohnungen, Haushaltsgeräte, Lebensmittelgeschäfte, Autoreifen, Restaurants und Friseure benötigt. Wenn die Geburtenrate drastisch zunimmt, wie zum Beispiel nach dem Zweiten Weltkrieg (Babyboom) und wieder in den achtziger Jahren (Mini-Babyboom), dann steigt plötzlich die Nachfrage nach Windeln, Babynahrung und Spielzeug.

Holiday Inn wurde zur größten Hotelkette auf der Welt, weil sie den wachsenden Reiseverkehr auszunutzen verstand, der auf die rapide ansteigende Bevölkerung in Amerika sowie auf die zunehmende Mobilität zurückzuführen war, die das zwischenstaatliche Autobahnnetz ermöglichte. Motels waren nichts Neues, aber der Gründer von *Holiday Inn*, Kemmons Wilson, nutzte wie kein anderer den expandierenden Reisemarkt mit Hilfe seines innovativen Motel-Franchising. Das Unternehmen, das einst aus vier „Herbergen" bestanden hatte, entwickelte sich zu einer internationalen

Kette mit über 1600 Hotels sowie Beteiligungen an einer Vielzahl weiterer Unternehmen einschließlich einer Busgesellschaft, eines Ozeanfrachters, einer Lieferfirma für Speisen und Getränke, einer Campingplatzkette und einer Fleischverarbeitungsfirma.[24]

Zunehmende Kaufkraft eines bestehenden Marktes

Viele Wachstumsmöglichkeiten sind das Resultat des steigenden Wohlstandes. Innerhalb der Vereinigten Staaten war dies auf breiter Ebene in den zwanziger und dann wieder in den fünfziger Jahren zu beobachten. In diesen beiden Jahrzehnten weckte die im Krieg gedrückte Kaufkraft zusammen mit den ausgeweiteten Industriekapazitäten bei den Verbrauchern einen riesigen Nachholbedarf und schuf unendliche Wachstumsmöglichkeiten für die Hersteller.

Durch die Inflation während der siebziger und zu Beginn der achtziger Jahre kamen in den USA viele ältere Menschen in den Genuß eines unverhältnismäßig hohen verfügbaren Einkommens, weil die Lebenshaltungskosten von der Sozialversicherung neu berechnet worden waren, Immobilienpreise in die Höhe schossen und die Kinder bereits aus dem Haus waren. Der „Greisenmarkt", Leute ab 55 Jahren, zog plötzlich die Aufmerksamkeit von Anbietern auf sich, als man feststellte, daß diese doch nicht ganz so gebrechlichen Senioren viel Geld für Luxusartikel und Freizeitbeschäftigungen ausgaben, wie etwa für Urlaub, Restaurantbesuche und Wagen der gehobenen Preisklasse.

Produktinnovationen

Einige neue Produkte entwickeln ihre eigenen Märkte. Als im Jahre 1876 das Telefon erfunden wurde, konnte sich kein Amerikaner vorstellen, daß es außerhalb von Unternehmen und Verwaltung viel Verwendung finden würde. Die Engländer taten es sogar im firmeninternen Bereich als überflüssig ab, weil sie genügend Laufburschen hatten.[25] 20 Unternehmen (darunter *RCA*, *Eastman Kodak* und *IBM*) wiesen Chester F. Carlson, den Erfinder des Xerographieverfahrens ab, weil sie keinen Markt für seine Ideen sahen. Als die erste digitale Rechenmaschine, ENIAC, aus der Taufe gehoben wurde, schätzten Experten, daß man auf der ganzen Welt nicht mehr als 100 solcher Geräte benötigen würde. In einem bescheideneren Rahmen erlangten auch die Haft-Notizzettel der Firma *3M Corporation* Berühmtheit, als Büroangestellte diese ausprobierten und plötzlich feststellten, wie unerläßlich sie waren. Das Katzenstreu Kitty Litter war dem bisher für Katzentoiletten verwendeten gewöhnlichen Sand derartig überlegen, daß es trotz der anfänglich spöttischen Bemerkungen einen Jahresumsatz von 250 Millionen Dollar erreichte.[26] Jedes dieser Produkte schuf sich rasch einen eigenen Markt, weil es sich als nützlich erwies oder Bedürfnisse deckte, die es selbst erst weckte.

Verfahrensinnovationen

Die Entwicklung neuer Herstellungs- oder Vertriebsmethoden für ein Erzeugnis kann aufgrund der Kostensenkung und Produktverbesserung zum Wachstum beitragen, denn dann können sich auch breitere Marktschichten mit niedrigeren Einkommen die Ware leisten, und mehr Verbraucher ziehen möglicherweise dieses Produkt dem der Konkurrenz vor.

Gustavus Swift erfand nicht das Fleisch, aber er stellte im Jahre 1881 eine Verfahrensinnovation vor, die aus Amerika eine Nation von Fleischessern und aus der Stadt Chicago den Schlachthof der Welt machte. Swift kam auf die Idee, Eisenbahnkühlwagen zu verwenden, um Tierrümpfe anstelle lebender Rinder oder Schweine von den Mastweiden im Mittleren Westen zu den lukrativen Märkten im Osten zu transportieren. Aufgrund dieser Innovation waren *Swift and Company* viele Jahre lang eine der wohlhabendsten und mächtigsten Gesellschaften in Amerika.[27] *Swift and Company* wurden jedoch später selbst Opfer einer solchen Verfahrensinnovation: In den sechziger Jahren führten die *Iowa Beef Processors* eine Fleischverarbeitungsmethode ein, bei der die Rümpfe in modernen Portionierungsanlagen in Einzelteile zerlegt wurden und das Fleisch in Behältern zu den Märkten gelangte. Bei diesem Verfahren verringerte sich das mitverfrachtete Abfallgewicht, während des Transports ging weniger Fleisch verloren, und am Bestimmungsort selbst waren Metzgerarbeiten kaum noch erforderlich. Das neue Unternehmen verhandelte direkt mit den Viehzüchtern und errichtete seine Anlagen fernab von Städten mit den dort bezahlten hohen Löhnen, wodurch die Kosten weiter reduziert wurden.[28] Die *Iowa Beef Processors* wuchsen schnell, und mit dem Erfolg von Swift ging es zu Ende.

Henry Ford erfand weder das Auto noch lagen seiner Firmengründung wesentliche technische Neuerungen zugrunde.[29] Automobile mit Benzinmotoren gab es bereits seit über zehn Jahren, als Ford das erste Modell T produzierte, und etwa 200 Firmen stellten schon solche Autos her. Ford machte sich jedoch eine Idee der Fleischverarbeitungsindustrie zu eigen und ließ als erster Autos am Fließband fertigen. Dadurch reduzierten sich die Herstellungskosten in einem solchen Maße, daß der Besitz eines Wagens nicht mehr nur den Reichen vorbehalten war, sondern bald zur Grundausstattung des Durchschnittsbürgers gehörte. Innerhalb weniger Jahre stellten die *Henry-Ford-Werke* pro Jahr Millionen von Fahrzeugen her. Sie wurden sogar für die Ford-Arbeiter erschwinglich.

Der Chemiker John Dorrance fand eine Methode, der Suppe das Wasser zu entziehen. Dies im Verbund mit einer weiteren Verfahrensinnovation, nämlich der Schnellverpackung in Blechdosen, war für *Campbell Soup* die Basis für einen erfolgreichen Start ins 20. Jahrhundert (dadurch war es Dorrance im Jahre 1930 möglich, ein Vermögen von 130 Millionen Dollar zu hinterlassen).[30]

Patzer der Konkurrenz

Wachsamen Unternehmensleitungen werden manchmal von ihren Konkurrenten Wachstumschancen geradezu auf einem silbernen Tablett serviert. Aufgrund von Führungskontroversen bei *Schlitz* und einem damit zusammenhängenden heftigen Streik konnte *Anheuser-Bush* zu seinem Sprung auf Platz eins der amerikanischen Bierbrauer ansetzen. Er landete dort mit seinem Budweiser-Bier und füllte die Lücke, die durch die Schwierigkeiten bei *Schlitz* entstanden war. Schlaue Marketingmethoden sorgten dafür, daß das Wachstum bei Budweiser weiter auf vollen Touren lief.

United Parcel Service (UPS) nutzte den Gebührenplan der amerikanischen Post, um bei der inländischen Paketzustellung abzusahnen. Die von der Post festgesetzten Gebühren waren für alle Kunden gleich. *UPS* schlug daraus nun Kapital, indem es Firmen günstigere Tarife und bessere Dienstleistungen anbot. *UPS* hatte im Jahre 1975 ein größeres Paketvolumen als die amerikanische Post und war schließlich im Jahre 1980 nach *Trans World Corporation* und *United Airlines* die drittgrößte amerikanische Transportfirma, wenn man die Erträge als Berechnungsgrundlage heranzieht.[31]

Amerikanische Automobilhersteller waren nicht in der Lage, die benzinsparenden Autos zu produzieren, die plötzlich infolge der vermeintlichen Ölkrisen in den siebziger Jahren gefragt waren. Dadurch traten sie praktisch ein Viertel des inländischen Automobilmarktes an die Japaner ab, die diesen Autotyp bereits herstellten.

Wachstum läßt sich nicht erzwingen

Wir haben sechs Kategorien von wachstumsfördernden Bedingungen aufgelistet. Allerdings passen bestimmte Wachstumsbeispiele nicht immer genau in die eine oder andere Kategorie. Man kann sie nicht so einfach klassifizieren und katalogisieren. Wuchsen die Fast-Food-Ketten aufgrund einer Produktinnovation (eine kalkulierbare Offerte von Markenartikeln), aufgrund einer Verfahrensinnovation (gleichbleibende, streng kontrollierte Essenszubereitungsverfahren) oder aufgrund einer verbesserten administrativen Koordination (Franchising-Konzept)? War das explosive Wachstum der Filmindustrie in den zwanziger Jahren das Ergebnis technischer Neuerungen (Filmkameras und -projektoren) oder das Ergebnis einer revolutionären Marketingneuerung (Vertrieb von identischen Unterhaltungsfilmen, die sich ein breites Publikum an vielen verschiedenen Orten und für wenig Geld anschauen konnte)? War *Xerox* wegen der von ihr angebotenen neuen Möglichkeiten erfolgreich oder, wie Peter Drucker meint[32], weil die Firma eigentlich vielmehr die Kopien als die Kopierer verkaufte? Augenblicklich vielmehr die Kopien als die Kopierer verkaufte? Augenblicklich soll das für unsere Betrachtung noch keine Rolle spielen. Was hier zum Ausdruck kommen soll, ist, daß sich Wachstum nicht erzwingen läßt. Aber unter der Voraussetzung bestimmter Kategorien von Bedingungen können aufmerksame und tüchtige Manager oder Politiker das Wachstum unterstützen.

Das Erkennen, Entdecken oder Schaffen wachstumsfördender Konditionen sowie die entsprechende Reaktion darauf stellen die eigentliche Herausforderung dar. Wir haben uns hier mit den wachstumsunterstützenden Bedingungen beschäftigt, um den allerwichtigsten Unterschied zwischen einem gesunden und einem ungesunden Wachstum aufzuzeigen. Von ersterem profitieren alle Interessengruppen; letzeres wird, wie wir bald sehen werden, mit Mißerfolgen oder Katastrophen enden.

Wachstum und Schicksal

Sieht man sich an, welche Bedingungen zum Wachstum führen können, versteht man ohne weiteres, warum das Wachstum in der amerikanischen Geschichte eine so dominante Rolle gespielt hat. Viele dieser wachstumsfördernden Bedingungen waren während der gesamten Entwicklungsgeschichte der USA existent. Vom 17. Jahrhundert bis in die zwanziger Jahre dieses Jahrhunderts wuchs die Bevölkerung stetig und rasch. Die Neue Welt bot wirtschaftliche Möglichkeiten. Viele Einwanderer nutzten sie und wurden dabei wohlhabend.

Das Bevölkerungswachstum im 19. Jahrhundert fiel mit einer Flut technischer Innovationen zusammen, die zu den revolutionärsten aller Zeiten gehören. Diejenigen zum Ende des 19. Jahrhunderts, wie zum Beispiel Eisenbahn, Elektrizität, Auto, Massenmedien und moderne Verpackungsmethoden, führten zu einer Verbesserung der Lebensqualität: Eine Konsumgesellschaft entstand. Gleichzeitig entwickelte sich in Amerika der industrielle Managementkapitalismus, der frei von den Traditionen und Klassenstrukturen war, die damals eine Ausweitung der europäischen Industrie hemmten.

Günstige Voraussetzungen für das Wachstum

Nach dem Ersten Weltkrieg ging ein Teil der Vorherrschaft, welche England bis dahin als Welthandelsmacht innehatte, an Amerika über. Dem Zweiten Weltkrieg verdankten die USA zwei Nachkriegsjahrzehnte, in denen es keiner anderen Nation gelang, den internationalen Handel und die wirtschaftliche Entwicklung in so entscheidender Weise zu beeinflussen, wie dies Amerika tat. In beiden Nachkriegsperioden begünstigten der Nachholbedarf, die stark erweiterten Industriekapazitäten sowie die riesigen staatlichen Investitionen während des Krieges das US-Wirtschaftswachstum in spektakulärer Weise.

Amerikas Wachstum in der Vergangenheit ist keineswegs erstaunlich. Schon Adam Smith prophezeite es im Jahre 1776 in „The Wealth of Nations"[33].

„*Die Kolonie einer zivilisierten Nation, die ein unbewohntes Land in Besitz nimmt, oder ein Land, das so dünn besiedelt ist, daß die Eingeborenen den neuen Siedlern ohne weiteres Platz machen, gelangt schneller zu Wohlstand und Ansehen als irgendeine andere menschliche Gemeinschaft: Die Siedler haben aus ihrer alten Heimat einen ausreichenden Wissensschatz sowie eine ordentliche Staatsform mitgebracht. Land ist reichlich vorhanden und billig. Die Löhne sind hoch. Die Kinder werden umsorgt und bilden ein Potential künftigen Wohlergehens. Hohe Bevölkerungszahlen und Verbesserungen, welche gleichbedeutend mit Wohlstand und Macht sind, werden bejaht.*"

Bedenkt man all die Vorteile, die die Amerikaner hatten, dann wäre es noch erstaunlicher gewesen, wenn die Wirtschaft Amerikas nicht in dem Maße gewachsen wäre, wie dies tatsächlich der Fall war.

Die Rolle des Wachstums bei der Unternehmensstrategie

„Von der Regel, daß das Wachstumsunternehmen von heute das Sorgenkind von morgen ist, gibt es nur wenige Ausnahmen."
So schreibt Peter Drucker in seinem Klassiker „Management".[34] Wachstum läßt er als alleiniges Unternehmensziel nicht gelten. Druckers Theorien sind weit verbreitet und stark beachtet. Seine Ansicht zu diesem besonderen (und entscheidenen) Punkt wird jedoch fast immer mißachtet.

Legionen von Nationalökonomen, Führungskräften, Unternehmensberatern und Betriebswirtschaftsprofessoren rühren die Werbetrommel für das Wachstum. In dem Bestseller unter den Marketing-Lehrbüchern an amerikanischen Wirtschaftshochschulen, Philip Kotlers „Marketing Management", heißt es, daß zu den verbreitetsten Unternehmenszielen Rentabilität, Umsatzwachstum, Verbesserung des Marktanteils, Risikostreuung und Innovation gehören. An diese Behauptung schließt sich sodann eine ausführliche Diskussion der Wachstumsstrategien an.[35]

David J. Reibstein von der Wharton School schreibt, daß „die meisten Firmen das Wachstum zu einem ihrer erklärten Ziele machen und Pläne entwickeln, um es zu erreichen". Die folgenden Seiten widmet der Autor dann ebenfalls den einzelnen Wachstumsstrategien.[36] In „Marketing Mistakes" untersucht Robert F. Hartley eine Reihe klassischer Marketing-Fehler und zieht den Schluß, daß sich ein Unternehmen, will es Erfolg haben, unbedingt am Wachstum orientieren muß.[37] Fast ein Jahrzehnt lang hatte die Methode der *Boston Consulting Group* mit ihrer Wachstum-Anteil-Matrix einen großen Einfluß auf die amerikanische Unternehmensstrategie.

Peter Drucker ist jedoch nicht der einzige, der die Wachstumsmanie für falsch erklärt. Unterstützt wird er von dem Management-Experten Russell Ackoff, der die Ansicht vertritt, daß nicht das Wachstum, sondern die Entwicklung der springende Punkt ist:

Die Rolle des Wachstums bei der Unternehmensstrategie

„Ein Müllhaufen kann wachsen, aber er entwickelt sich nicht."[38] Willy Brandt, der Nobelpreisträger und ehemalige Bundeskanzler, pflichtet ihm bei:

„*Eine Entwicklung ohne Wachstum ist kaum vorstellbar. Aber nicht jede Art von Wachstum führt zur Entwicklung, ganz zu schweigen zum Fortschritt.*"[39]

Welche Bedeutung soll nun dem Wachstum bei der Unternehmensstrategie einer Firma oder innerhalb eines Gemeinwesens zukommen? Wir kehren hier wieder zu einem unserer Kernpunkte zurück: Das Wachstum kann nicht Ziel eines Unternehmens sein. Mehrere Gründe lassen sich für diese These anführen:

- Das Wirtschaftswachstum ist ein mehrdimensionaler Prozeß. Es gibt viele Variationen des Wachstums und viele Methoden, um es zu messen.
- Da die verschiedenen Wachstumsdefinitionen und -maßstäbe von Natur aus ungenau sind, können sie nicht als gültige Indikatoren für die Realisierung des Wachstums verwendet werden.
- Die verschiedenen Interessengruppen einer Firma haben ihre eigenen Präferenzen, nach denen bestimmte Wachstumsdimensionen bevorzugt werden.
- Willkürlich festgelegte Wachstumsziele und -raten dienen vielleicht eine Zeitlang den Interessen von einigen Kunden, langfristig gesehen schaden sie aber den weiteren Beteiligten.

Was können wir aus den Verfahrensmethoden der „bedeutenden Wachstumsunternehmen" lernen? Die von sehr großen und erfolgreichen Unternehmen genannten Maßnahmen stellen Wachstums-Strategen vor ein interessantes Paradoxon.

Peters und Waterman berichten, daß *Johnson and Johnson*, das größte Pharmaunternehmen der Welt, für seine Unternehmenspolitik in Anspruch nimmt, daß als erstes die Kunden kämen, dann die Mitarbeiter, danach die Öffentlichkeit und erst am Schluß die Aktionäre.[40]

Auch General Robert E. Wood, der für *Sears, Roebuck and Company* den Weg für deren heutige Spitzenposition als weltgrößte Einzelhandelsfirma ebnete, erkannte diese Prioritäten an.[41]

Führungskräfte bei *McDonald's* sagen von sich selbst, daß sie niemanden führen, sondern nur „dem Kunden folgen".[42] Nichts anderes behauptet ein Sprecher der japanischen Außenhandelsorganisation (*Japan External Trade Organization*) von seiner Gesellschaft und fügt hinzu: „In den Vereinigten Staaten ist es genau umgekehrt, und deshalb haben wir auch so sehr mit Ressentiments von allen Seiten zu kämpfen."[43]

Überall finden wir den Kunden auf Platz eins der Prioritätenliste; hier taucht wieder dieses interessante Paradoxon auf: Von allen genannten Gruppen haben die Kunden das geringste Interesse an irgendeiner Wachstumsform. Die Mitarbeiter sowie die Öffentlichkeit profitieren vom Wachstum höchstens indirekt. Die Aktionäre, jene verzweifelte Masse, die das Management mit ihren Forderungen nach Wachstum, sprich höherem Gewinn je Aktie, größerem Ertrag des investierten Kapitals und hochschnellenden Aktienkursen, verfolgen – sollten sie wirklich am Ende der Liste stehen?

Und doch geht es ihnen prächtig. Es ist fast wie in der Bibel: Die letzten werden die ersten sein. Wer sich erniedrigt, wird erhöht werden. Zumindest nach dem Evangelium expandierender Unternehmen.

Die bemerkenswerte Geschichte vom Silicon Valley

Kein Bericht über das Wachstum wäre vollständig, wenn sie nicht das tollste aller Beispiele der achtziger Jahre erwähnen würde: die Spitzentechnologie.[44] High Technology ist nahezu gleichbedeutend mit Silicon Valley, einem kleinen Gebiet innerhalb des Verwaltungsbezirks von Santa Clara, Kalifornien.

Die Ursprünge dieser Geschichte liegen viel weiter zurück, als dies meistens vermutet wird. In einem kleinen Haus in Palo Alto benutzte im Jahre 1912 Lee De Forest zusammen mit zwei Forscherkollegen von *Federal Telegraph Company* seine neu erfundene Vakuumröhre zunächst einmal dazu, um Geräusche, wie zum Beispiel das einer über Papier kriechenden Stubenfliege, zu verstärken. Damals hatte er Kontakt mit der recht jungen Universität Stanford.

Die Rolle des Wachstums bei der Unternehmensstrategie 147

Ein paar Jahre später machte sich Frederick Terman, ein junger Elektrotechniker und ehemaliger Stanford-Student, in den Osten auf, um am *MIT (Massachusetts Institute of Technology)* unter Anleitung von Vannevar Bush seinen Doktor zu machen. Aus gesundheitlichen Gründen nahm er im Jahre 1924 eine Stelle an der Stanforder Fakultät für Ingenieurswissenschaften an. Später wurde er Provost der Universität. Da er an der Stanford University die Landerschließungspläne sowie den universitären Unternehmergeist maßgeblich mitgestaltete, könnte man ihn als den Schöpfer des Silicon Valley bezeichnen.

Eine seiner frühesten und direktesten Hilfestellungen bei der Entstehung von Silicon Valley war seine Mitwirkung bei der Gründung von *Hewlett-Packard*. Er unterstützte Bill Hewlett und David Packard, zwei junge Stanford-Absolventen, welche gemeinsam eine Firma gründen wollten, um Hewletts Diplomarbeit kommerziell auszuwerten. Terman lieh ihnen 538 Dollar und beschaffte einen Bankkredit von 1000 Dollar. Hewlett und Packard waren jene zwei legendären „Jungs in einer Garage". Tatsächlich gründeten sie ihre Firma in einer Garage hinter ihren Mietswohnungen in der Addison Avenue; wenn sie an Aufträgen arbeiteten, mußte Packard seinen Wagen woanders parken.

So richtig wuchs Silicon Valley jedoch erst nach dem Zweiten Weltkrieg. Die Vermögensverwalter von Stanford suchten Mittel und Wege, um aus dem riesigen Universitätsgelände Kapital zu schlagen, mit welchem sie die Universität attraktiver machen und erstklassige Professoren engagieren wollten. Daraus ging der Stanford Industriepark, ein Gelände, von dem Grundstücke an Technologiefirmen verpachtet wurden, hervor. Den Anfang machte *Varian Associates*, ebenfalls ein Stanford-Ableger. *Hewlett-Packard* wurde der zweite Pächter im Jahre 1954. Die Idee, einen Industriepark in der Nähe einer Universität zu errichten, war damals etwas völlig Neues, und deren Verwirklichung war in diesem Fall nur möglich, weil es Frederick Terman gab.

William Shockley erhielt im Jahre 1956 den Nobelpreis für Physik aufgrund seiner Verdienste bei der Entwicklung des Transistors in den *Bell Laboratories*. Er war aus dem Westen gekommmen, um in

Stanford mitzuarbeiten. Er warb acht brillante junge Forscher aus dem Osten an, die bei seiner neu gegründeten Firma, *Shockley Semiconductor Laboratory*, anfangen sollten. Im Jahre 1957 wechselten zwei von ihnen, Robert Noyce und Gordon Moore, zu *Fairchild Semiconductor* über; dies war ein schwerer Schlag für Shockleys Firma, von dem sie sich nie mehr erholen sollte.

In der Zwischenzeit vollzog sich ein paar Kilometer südlich von Stanford, in der verträumten Landgemeinde Sunnyvale, ein dramatischer Wandel. 1956 zogen *Lockheed Missiles and Space* und andere Rüstungsfirmen in diese Gegend. Für Fairchild und eine weitere neue Firma, *National Semiconductor*, stellten sie einen großen und zu ihren Produkten passenden Absatzmarkt dar. Ihre Ankunft markierte auch den Beginn eines raschen, einmaligen Wachstums in dieser Gegend. Noch 1950 wurde Santa Clara County als „die Pflaumenmetropole der Welt" bezeichnet. Damals hatte die Gemeinde etwa 10 000 Einwohner, und Obstplantagen nahmen den größten Teil des Gebietes ein. Als sich die Rüstungsfirmen niederließen, erlebte Sunnyvale eine Bevölkerungszunahme auf 100 000 Einwohner, während die Obstplantagen dahinschrumpften.

Der Name „Silicon Valley" wurde ursprünglich von einem Branchenblatt-Herausgeber, Don C. Hoeffler, im Jahre 1971 geprägt. Silizium (englisch „silicon") wird als Grundmaterial bei der Herstellung von elektronischen Halbleiterteilen verwendet. Konsumartikel wie Digitaluhren, Taschenrechner, Videospiele und Personalcomputer gab es im Jahre 1971 noch nicht. Die High-Tech-Firmen verkauften den größten Teil ihrer Produkte immer noch an die Industrie. Der Spitzname blieb, war aber noch nicht in aller Munde. Die Erfindung des Mikroprozessors, jener Einheit, welche das neueste Entwicklungsstadium im Silicon Valley prägte, wurde alsbald im ganzen Land gefeiert und in den Massenmedien euphorisch bejubelt. Der erste funktionierende Mikroprozessor wurde bei *Intel* im Jahre 1971 entwickelt[45], und es dauerte nur kurze Zeit (bis 1976), bis die fremdartigen Produkte von *Atari* und *Apple* in Kneipen, Computerläden und Spielwarengeschäften auftauchten.

Zwischen 1950 und 1960 verzeichnete der Bezirk von Santa Clara seine höchste Wachstumsrate. Die Bevölkerung explodierte von

Die Rolle des Wachstums bei der Unternehmensstrategie 149

290 000 auf 642 000 Einwohner und stieg somit um 121 Prozent an. Bis 1980 hatte sie sich schon wieder verdoppelt, nämlich auf 1 295 000 Einwohner. Heute sind in diesem Bezirk etwa 3000 Elektronikfirmen ansässig – mehr als in jedem amerikanischen Bundesstaat (natürlich mit Ausnahme von Kalifornien). Ein idyllisches ländliches Tal hatte sich fast über Nacht in das neuntgrößte amerikanische Fertigungszentrum verwandelt, dessen Jahresumsatz sich auf über 40 Milliarden Dollar belief. Es war zur wichtigsten Quelle moderner elektronischer Neuerungen geworden, welche die ganze Welt überfluten sollten. Es befindet sich dort die reichste und am schnellsten wachsende Wirtschaftstruktur der USA mit einem durchschnittlichen Haushaltseinkommen von jährlich über 30 000 Dollar. William Hewlett und David Packard sollen jeweils über eine Milliarde Dollar schwer gewesen sein, und das Tal konnte sich einer Zahl von etwa 15 000 Spitzentechnologie-Millionären rühmen (100 von ihnen wurden dies allein durch die Börseneinführung der Apple-Aktie).

Wie läßt sich das sprunghaft ansteigende Wachstum Silicon Valleys erklären? Hier die Meinung der Autoren Rogers und Larsen:

„Zu den unerläßichen Startbedingungen für das Wachstum im Silicon Valley gehörten die Stanford University, die Halbleiteraufträge für die Rüstung und der Sonnenschein. Mitte der sechziger Jahre verloren Stanford und die Rüstung an relativer Bedeutung, doch waren nun die Konzentration vieler Firmen auf kleinem Raum und der gut funktionierende Informationsaustausch bestimmend. Könnte Silicon Valley an einem anderen Ort, zu einer anderen Zeit wieder entstehen? Mag sein, aber wir bezweifeln es. Jedes ‚Silicon Valley' erfordert eine technische Neuerung (wie zum Beispiel Halbleitertechnik), für welche die Zeit reif ist. Deshalb hatte am Steigen des Sterns von Silicon Valley auch schieres Glück seinen Anteil."[46]

Wir beenden die Betrachtung dieses Aufstiegs mit Beginn der achtziger Jahre. Die Kurse der Spitzentechnologie-Titel rasen mit kometenhafter Geschwindigkeit nach oben. Man erwartet, daß die Elektronik bis zum Ende dieses Jahrzehnts die viertgrößte Branche auf der ganzen Welt sein wird – nur noch von der Stahl-, Auto-

und Chemieindustrie übertroffen. Viele junge Ingenieure rechnen damit, daß sie sich noch vor ihrem vierzigsten Lebensjahr als Millionäre aus dem Geschäft zurückziehen können.

Aber kann Silicon Valley ewig weiterwachsen? Gibt es keine Grenze? Was passiert, wenn das Wachstum aufhört?

Anmerkungen

1. Die folgende Aufzählung basiert teilweise auf Alfred D. Chandler, jr., Strategy and Structure, Cambridge, Mass., MIT Press, 1962, chap. 2.
2. Drucker, Peter F., Management, New York, Harper & Row, 1974, S. 765 ff.
3. 1985 figures, *Fortune*, 28. April 1986.
4. Wie am 30. June 1986, Ranking the Leaders, *Wall Street Journal*, 29. September 1986.
5. Clark, jr., Lindley H., Where Was Theodore Vail When We, and *AT&T* Needed Him? *Wall Street Journal*, 31. January 1984.
6. Vanderwicken, Peter, *P & G's* Secret Ingredient, *Fortune*, July 1974, S. 75 ff.
7. Prestbo, John A., At *Procter & Gamble*, Success Is Largely Due to Heeding Consumer, *Wall Street Journal*, 29. April 1980.
8. Koten, John, For *P & G's* Rivals, the New Game Is to Beat the Leader, Not Copy It, *Wall Street Journal*, 1. May 1985.
9. Siehe Anmerkung 4.
10. Wolf, Ron, Challenge to Tagamet Could Give SmithKline Ulcers, *Philadelphia Inquirer*, 27. October 1986.
11. Epstein, Edward Jay, Have You Ever Tried to Sell a Diamond?, *Atlantic Monthly*, February 1982, S. 23 ff.
12. Behrmann, Neil, *De Beers* Diamond Syndicate Flourishes as Other Commodity Cartels Flounder, *Wall Street Journal*, 6. March 1987.
13. Behrmann, *De Beers* Diamonds Syndicate.
14. Hall, Trish, What Americans Eat Hasn't Changed Much Despite Healthy Image, *Wall Street Journal*, 12. September 1985.
15. Greenhouse, Steven, Big Mac Gets Bigger, *Maine Sunday Tele*gram, 15. June 1986.
16. Hays, Laurie, *Du Pont* Expects Improved Profitability After Years of Slimming, Streamlining, *Wall Street Journal*, 12. March 1987.
17. Wolf, Challenge to Tagamet.
18. Drucker, Peter F., Innovation and Entrepreneurship, New York, Harper & Row, 1985, S. 125.
19. Falvey, Jack, Breakthroughs, *Wall Street Journal*, 12. January 1987.
20. Drucker, Management, S. 765.
21. Drucker, Peter F., Innovation and Entrepreneurship, New York, Harper & Row, 1985, S. 95.
22. Chandler, Strategy and Structure, S. 84.
23. Johnson, Paul, Modern Times, New York, Harper & Row, 1983, S. 402.
24. Halyar, John, The Holiday Inns Trip, A Breeze for Decades, Bumpy Ride in the '80s, *Wall Street Journal*, 11. February 1987.
25. Clarke, Arthur C., Comsat at 15, Communications Satellite Corporation, 3. January 1978.
26. Cox, Meg, When Kitty Needs to Go Freshen Up, Technology Is Ready, *Wall Street Journal*, 15. February 1984.
27. Boorstin, Daniel J., The Americans: The Democratic Experience, New York, Vintage Books, 1974, S. 377 ff.
28. Stock, Craig, New Empire Rules the Meat Counter, *Philadelphia Inquirer*, 5. September 1982.

29. Boorstin, The Americans: The Democratic Experience, S. 61.
30. Sexton, Sharon, The Battles of the Aisles, *Philadelphia Inquirer,* 6. July 1986.
31. Williams, John D., *UPS* Delivers Profits by Expanding Its Area, Battling Postal Rates, *Wall Street Journal,* 25. August 1980.
32. Drucker, Innovation and Entrepreneurship, S. 247.
33. Smith, Adam, The Wealth of Nations, S. 531.
34. Drucker, Management, S. 771.
35. Kotler, Philip, Marketing Management, 5th ed., Englewood Cliffs, N.J., Prentice-Hall, 1984, S. 49–60.
36. Reibstein, David J., Marketing, Englewood Cliffs, N.J., Prentice-Hall, 1985, S. 547–559.
37. Hartley, Robert F., Marketing Mistakes, 2d ed., Columbus, Ohio, Grid Publishing, Inc., 1981, S. 221.
38. Ackoff, Russel L., Management in Small Doses, New York, John Wiley & Sons, 1986, S. 24.
39. Brandt, Willy, Arms and Hunger, New York, Pantheon Books, 1986, S. 93.
40. Peters, Thomas J./Waterman, jr., R. H., In Search of Excellence, New York, Harper & Row, 1983.
41. Worthy, James C., Shaping an American Institution, Robert E. Wood and Sears, Roebuck, Urbana, Ill., University of Illinois Press, 1984.
42. Greenhouse, Steven, Big Mac Gets Bigger, *Maine Sunday Telegram,* 15. June 1986.
43. Japanese Investments Growing, Bring New Strains, *Philadelphia Inquirer,* 16. January 1987.
44. Rogers, Everett M./Larsen, Judith K, Silicon Valley Fever, New York, Basic Books, 1986.
45. *Intel* wurde gegründet von Robert Noyce und Jordan Moore, zuvor *Fairchild Semiconducters.*
46. Rogers, Everett, M./Larsen, Judith K; Silicon Valley Fever, S. 39.

5. Kapitel

Wenn das Wachstum aufhört

Früher oder später kommt jedes Wachstum zum Stillstand. Die eigenen Potentiale sind ausgeschöpft, der Markt gibt nichts mehr her, wir sind nicht mehr gefragt. Tagtäglich beobachten wir das im Spitzensport, im Showbusiness, ja sogar in unseren privaten Beziehungen. Nur im Bereich der Wirtschaft soll dies nicht gelten. Das Wachstumsfieber läßt uns mit Scheuklappen durch das Leben gehen. Doch wirtschaftliches Wachstum ist zu komplex, als daß Optimismus und Fortschrittsglaube ausreichen könnten, um es dauerhaft zu sichern. Das Glück meint es mit jenen gut, die sich präpariert haben. Und nur jene, die auf dem neuesten Wissensstand sind, können damit rechnen, auch weiterhin gewappnet zu sein. Wir können eine Menge lernen, wenn wir uns einmal mit der Situation befassen, in der es kein Wachstum gibt.

Die Piraten greifen an, die Leichenfledderer tauchen auf, der Dschungel fordert sein Recht

Zweifelsohne gibt es noch verlassenere Orte als Bodie in Kalifornien, aber man muß sie schon mit der Lupe suchen. Bodie, das nur auf einer gewundenen, unbefestigten Straße nach einer endlosen, einsamen Fahrt erreichbar ist, besteht aus einer Ansammlung von mehreren Dutzenden verfallener Häuser, die ein paar unbefestigte, gitterartig angelegte Straßen säumen und sich in einem flachen, suppenschüsselförmigen Tal befinden, welches von niedrigen, beifußbewachsenen Sandhügeln umgeben ist. Öde Wüstengebiete erstrecken sich viele Hunderte von Kilometern in alle Richtungen. Nur im Westen, 30 Kilometer von Bodie entfernt, bildet die hoch emporragende, zerklüftete Ostwand eines Gebirges, der Sierra Nevada, eine klare Grenze zur Zivilisation. Leider bietet nicht einmal die Sierra Nevada einen tröstlichen Anblick, denn nirgendwo von Bodie aus kann man ihre atemberaubende Schönheit bewundern.

Bodie steht heute unter Denkmalschutz. Sein weiterer Verfall konnte gestoppt werden, nachdem es zur nationalhistorischen Stätte erklärt und in den Nationalpark des Bundesstaates Kalifornien eingegliedert wurde. Ohne staatlichen Schutz wäre Bodie schon längst das Opfer von Souvenirjägern, Vandalen und Bauunternehmern geworden, welche den latenten Gewinn in den von der Witterung ausgebleichten Brettern und soliden Balken ahnen, aus denen die meisten der erhaltenen Häuser gebaut sind. Besucher, die bereit sind, die Strapazen der Anfahrt auf sich zu nehmen, können durch eine echte, verlassene Geisterstadt wandern. Ein paar Häuser sowie das Stadthotel, der Spielsaloon, die Schule, das Gefängnis und das Büro des Leichenbestatters stehen noch. Neugierige können durch schmutzige Fenster spähen und einen Blick auf verstaubte Geldschränke und Postablagefächer werfen, auf Schlafstätten mit zerschlissenen Tagesdecken, die auf abfallübersäte Fußböden herabhängen, sowie auf die immer noch funktionstüchtigen Turngeräte des Sportvereins, welcher sich einst im Erdgeschoß der Odd Fellows Hall befand.

So sieht Bodie heute aus. 1879 war es eine Goldgräberstadt mit etwa 10 000 Einwohnern, die ganz plötzlich entstanden war und eine rapide Aufwärtsentwicklung erlebte. Der Historiker George Williams beschreibt diese „Boom-Stadt" wie folgt:

„*Häuser, Kneipen, Hotels und Ställe standen in dem engen Tal und auf den Hügeln dicht beeinander. Es gab Hunderte von bärtigen Bergwerksarbeitern in roten Hemden und hohen schwarzen Stiefeln, die, ihre Brotzeittaschen schwingend, auf dem Weg zu den Gruben waren oder von dort kamen. Es gab herausgeputzte Spieler, die auffällige schwarze Anzüge trugen und immer auf der Suche nach einem guten Pokerspiel waren; leichtsinnige Vagabunden, die nie arbeiteten und in Kneipen herumlungerten, in welchen sie tranken, an leicht verdientes Geld heranzukommen suchten oder manchmal auch nur einen Streit vom Zaune brechen wollten (...) Es gab reiche Kapitalanleger, die nach Bodie kamen, Schmiede, Ärzte, Zimmerleute, Anwälte, Kneipenwirte, Barkeeper, Kartengeber, Kesselmacher, Fuhrmänner und Animiermädchen. 1879 trafen sie dort alle in Scharen ein, um an dem Boom teilzuhaben, darauf hoffend, daß etwas von dem Gold, das aus Bodies Minen kam, auch für sie abfallen würde.*"[1]

Die außergewöhnlich reichen Adern (ein Tonne Erz enthielt Gold im Wert von 1000 Dollar) erschöpften sich bald, und mit Bodie ging es bergab. In den neunziger Jahren des letzten Jahrhunderts schrumpfte die Bevölkerung auf weniger als 1000 unerschrockene Seelen zusammen. Innovative Bergbau- und Erzaufbereitungsverfahren sowie ein paar zusätzliche Goldfunde sorgten dafür, daß Bodie während der darauffolgenden 60 Jahre bewohnt blieb. Im Jahre 1932 zerstörte ein Brand 70 Prozent der Häuser. Der letzte Bewohner verließ Bodie in den fünfziger Jahren.

Während seiner dreijährigen Blütezeit förderte Bodie Gold und Silber im Wert von 21 Millionen Dollar (gemeint sind natürlich Dollars des Jahres 1880). Damals betrug der offizielle Einlösungswert einer Unze Gold 20,67 Dollar.[2] Heute ist der Verkaufswert eines Goldbarrens 20 Mal höher. Folglich überstieg Bodies Fördermenge den heutigen Gegenwert von 400 Millionen Dollar (bei diesem Vergleich sind nicht einmal die Steuern berücksichtigt, die vor 100

Der Dschungel fordert sein Recht

Jahren praktisch vernachlässigt werden konnten). 10 000 Leute, drei Jahre, 400 Millionen Dollar. Auf den Dollar von heute umgerechnet wäre dies ein Vermögen von 13 333 Dollar, das jährlich pro Kopf geschaffen wurde; dies genügt, um das Silicon Valley unserer Zeit um ein paar Längen zu schlagen. Der Betrag, zu dem im Jahre 1980 alle Hersteller im Bezirk Santa Clara ihr Schärflein beitrugen, soll sich auf 6,2 Milliarden Dollar belaufen haben[3], das heißt 4788 Dollar pro Kopf (und vor Steuerabzug), wenn man die Gesamtsumme durch 1 295 000 Einwohner teilt.

War die kometenhaft aufsteigende Stadt Bodie deshalb eine finanzielle Goldgrube? In gewisser Weise läßt sich die Frage mit Ja beantworten, denn schließlich entsprach der von den Eigentümern und weiteren Anteilseignern einbezahlte Betrag fast den Dividenden, welche die Minen zahlten. George Williams ist allerdings der Ansicht, „daß die Goldgräberkolonie vor allem ein finanzieller Erfolg war, weil das gewonnene Gold und Silber in den Handelsverkehr gelangte und einen äußerst stimulierenden und positiven Einfluß auf die ganze Pazifische Küste hatte". Auch war Bodie nicht bar von Interessenskonflikten. G. Williams fährt fort:

„Bodies Unglück war der Aktienmarkt, den Börsenspekulanten in San Francisco manipulierten, um in ihre eigenen Taschen zu wirtschaften; dabei trugen sie weder den Leistungsergebnissen der Bergwerke Rechnung noch verschwendeten sie einen einzigen Gedanken an die Tausende, die das ruchlose Spiel zugrunderichtete."[4]

Die Ruinen von Bodie stehen nun einsam und verlassen da; die Stille wird nur von ein paar Parkangestellten und 100 000 Besuchern im Jahr gestört. In der ewigen Wüste machten die guten Zeiten nur einen Augenblick aus. Bodies Schicksalsgenossen – dem Untergang geweihte Boom-Städte des 19. Jahrhunderts – sind über ganz Amerika verstreut. Einige sind völlig vom Erdboden verschwunden. Ein paar sind übriggeblieben und können uns ihre Lebensgeschichten erzählen.

Abenteurern ist der Name des Ortes Jim Thorpe (ehemals Mauch Chunk) in Pennsylvania als Endziel von Floßfahrten auf dem stromschnellenreichen Lehigh River recht geläufig. Eingebettet in ein enges, von steilen, bewaldeten Hügeln umgebenes Tal ist Jim Thorpe heute eine friedliche, malerische Gemeinde von 6000 Einwohnern, die gerne eine Touristenattraktion werden möchte, obwohl sich eingefleischte „Chunkies" dagegen wehren und auf ein Scheitern solcher Pläne hoffen. Heute, wo die Industrialisierung so rasch voranschreitet, kann man sich kaum vorstellen, daß dieser Ort für mehrere Jahrzehnte der Mittelpunkt des industriellen Fortschritts in den USA gewesen sein soll, auch wenn es eindeutige Beweise dafür gibt. Mauch Chunks Stern begann in den dreißiger Jahren des letzten Jahrhunderts zu leuchten, als die *Lehigh Coal and Navigation Company* industrielle Anwendungsmöglichkeiten für die großen Anthrazitvorkommen entdeckte. Anfangs wurde die Kohle in Schleppkähnen auf verschiedenen Kanalwegen zu Bestimmungsorten befördert, die so weit entfernt lagen wie zum Beispiel die Stadt New York. Die reichen Kohlelager von Mauch Chunk verhalfen den Eisenbahngesellschaften zu ihrem Durchbruch: Zwischen Chicago und New York tuckerten bald Züge auf fünf Bahnlinien den Fluß entlang durch das Tal. Die berühmtesten Architekten des Landes fanden sich ein, um den Begüterten der Stadt ihre Aufwartung zu machen, die 13 Millionäre unter 20 000 Einwohnern vorweisen konnte. Asa Packer, der später Senator der USA und Gründer der Lehigh University wurde, hatte bei seinem Tod im Jahre 1879 ein Vermögen von 200 Millionen Dollar angehäuft, was heute mehreren Milliarden Dollar entsprechen würde. Bei Führungen durch Packers Herrensitz bekommen Besucher einen Eindruck vom Leben der Reichen im 19. Jahrhundert.

Städte wie Bodie und Mauch Chunk verdankten ihren wirtschaftlichen Aufschwung dem Abbau begrenzter Naturreichtümer (wie Mineralien, Öl, Urwälder). Aber solche Schätze erschöpfen sich irgendwann einmal. Schwindet die wirtschaftliche Existenzgrundlage, dann sind die ruhmreichen Tage solcher Städte gezählt. In Ermangelung neuer Erwerbsquellen setzte in diesen Orten eine immer rasanter werdene Talfahrt ein. Je nach ihren Standorten, Ressourcen und Infrastrukturen gelang es einigen, sich mit Anstand und Würde zurückzuziehen, andere waren verraten und verkauft.

Der Dschungel fordert sein Recht

Auch mit dem Wachstum, das nicht auf natürlichen Ressourcen, sondern anderen Faktoren beruht, geht es einmal zu Ende, im allgemeinen aber etwas langsamer. Der Untergang des Römischen Reiches begann im Jahre 180 n. Chr., dennoch geriet Rom erst im Jahre 476 unter die Herrschaft der Germanen. Infolge technischer, bevölkerungsstruktureller und geopolitischer Veränderungen ging innerhalb eines Zeitraums von vier Jahrhunderten die weltweite Handelsvorherrschaft von den Holländern auf die Engländer und dann auf die Vereinigten Staaten über. Philadelphia, die führende Stadt zur Zeit des Amerikanischen Freiheitskrieges, war im Jahre 1776 die zweitgrößte englischsprachige Stadt auf der Welt. Ihr Niedergang als Handelszentrum setzte im Jahre 1825 ein, als die Stadt New York nach der Fertigstellung des Erie-Kanals wirtschaftlichen Zugang zu den rasch expandierenden Agrarmärkten des Mittleren Westens bekam. Philadelphia wurde aber erst gegen Ende des vorigen Jahrhunderts überrundet und ist noch lange keine wirtschaftlich tote Stadt.

Das Wachstum verläuft in Wellenformen, Auf- und Abschwünge kennzeichen die lokale Wirtschaft. Könnte diese Gesetzmäßigkeit etwa auch auf die Spitzentechnologie zutreffen? In gewisser Weise hatten wir ja schon einmal einen solchen Fall. Eine Fahrt durch einige Ortsteile von Nord-Philadelphia verdeutlicht die schlimmen Folgen für eine vom Fortschritt vergessene Spitzentechnologie: Unbewohnte, abfallübersäte Grundstücke, unkrautüberwucherte, rostige Stichbahnlinien, leere Schaufenster, verfallende Fabriken mit eingeschlagenen Fensterscheiben, völlig ausgebrannte Reihenhäuser, Grafittigeschmier an jeder Ecke, Schulabbrecher, die auf den Straßen herumlungern. Optimisten und Lebenstüchtige kehren dieser trostlosen Umgebung den Rücken, um ihr Glück woanders zu versuchen.

Was soll denn das für eine Spitzentechnologie gewesen sein? Wie schnell wir doch alle vergessen! Die Dampfmaschine war wohl die revolutionärste Erfindung aller Zeiten, zumindest was ihre Auswirkungen auf den heutigen Lebensstil betrifft. In den siebziger Jahren des letzten Jahrhunderts hatte sie schon ein ziemlich ausgereiftes Entwicklungsstadium erreicht. Dank der Dampfkraft wurde Philadelphia zur ersten High-Tech-Stadt der Welt. Philadelphias Investoren machten aus der Stadt ein riesiges Fertigungszentrum, das so unterschiedliche Dinge wie Textilwaren, Eisen und Stahl, Lokomotiven, Schiffe, Glasprodukte, Farben, Papier, ja fast alle Erzeugnisse des frühen Industriezeitalters herstellte. Laut dem Historiker Russel F. Weigley (Temple University) gab es schon vorher Fabrikorte, aber noch nie zuvor eine so große Stadt, deren wirtschaftliche Grundlage in erster Linie die Massenfertigung war.[5] Im Jahre 1876 veranstaltete Philadelphia die erste Weltausstellung in Amerika, deren Erfolg zu jener Zeit einmalig war. Richtungsweisend unter den Exponaten waren dampfbetriebene Maschinen, welche zur Spitzentechnologie jenes Zeitalters gehörten und überhaupt die bei weitem bedeutendste Spitzentechnologie repräsentierten, welche die Menschheit bis dahin hervorgebracht hatte.

Bis in die zwanziger Jahre hinein war die Stadt bei Textilien, Lokomotiven, Stahlschiffen, Straßenbahnen, Lederwaren, Batterien, Zigarren, Dentalgeräten, Grammophonen, Teppichen, Hornknöpfen, Strumpfwaren, Sägen und Filzhüten innerhalb der USA führend. Sie belegte den zweiten Platz bei Wirkwaren, Zucker und Sirup, Düngemitteln, Gußwaren, Mineralölerzeugnissen, Chemikalien, Pharmazeutika und maschinell hergestellten Produkten.[6] Zu Philadelphias Leidwesen ersetzten allmählich in den zwanziger Jahren die Elektrizität sowie das für Verbrennungskraftmaschinen verwendete Erdöl den mit Kohle erzeugten Dampf als Amerikas wichtigste Energiequelle für die Industrie.

Heute ist Philadelphia trotz allem eine interessante, lebendige und hübsche Stadt, auch wenn die Bevölkerungszahl seit den zwanziger Jahren zurückgegangen ist. In der Innenstadt ist eine rege Wirtschaftstätigkeit zu beobachten, die Vororte verzeichnen einen rapiden Aufschwung.

Wie steht es um die Gegenwart?

Rufen wir etwa Schreckgespenster einer Vergangenheit wach, die für uns eigentlich ohne Bedeutung ist? Diese Frage muß mit einem eindeutigen Nein beantwortet werden. Der typische Sonntagsausflügler neigt dazu, Bodie oder Jim Thorpe als kuriosen Park anzusehen, der nur zu seinem Vergnügen eingerichtet wurde. Fast keiner von uns, der diese und ähnliche Orte sah, hat sich schon einmal Gedanken darüber gemacht, welche Relevanz sie für unser Leben heute, etwa in bezug auf die Entwicklung unserer Städte haben.

Denn wir hegen doch keine anderen Hoffnungen und Befürchtungen als die früheren Bewohner dieser verschwundenen Orte. Wir wünschen uns Wohlstand für uns und unsere Kinder. Wir wollen Chancen und Wachstum sehen. Und wenn wir merken, daß es mit dem Wachstum zu Ende geht, wenn uns klar wird, daß jene bessere Zukunft doch nicht so rosig sein wird, dann haben wir dasselbe flaue Gefühl im Magen, das die Bergarbeiter und Erdölbohrer beschlichen haben muß, als sie zum ersten Mal wahrnahmen, daß es mit ihren Erwerbsquellen bald aus und vorbei sein würde.

Viele Anleger, Eigentümer und Manager sowie die große Masse der Arbeitnehmer sind sich nur allzu deutlich der schmerzlichen Tatsache bewußt, daß sich das Wachstum in einer Reihe von amerikanischen Branchen und Regionen verlangsamt hat oder sogar im Schrumpfen begriffen ist. Wo auch immer dieser Prozeß stattgefunden hat, das Ergebnis ist jedes Mal dasselbe, ja oft nicht nur im übertragenen, sondern im wahrsten Sinne des Wortes: Die Piraten greifen an, die Leichenfledderer tauchen auf, der Dschungel fordert sein Recht. Die Ruinen von ehemals glanzvollen Reichen, die heute von Kletterpflanzen überwuchert und von den mißtönenden Geräuschen schnatternder Affen erfüllt sind, bestätigen diese Wahrheit auf vielleicht imposantere, aber deshalb keineswegs treffendere Weise als die verlassenen Straßen von Bodie.

Inwiefern ist Bodie, eine ehemalige, sich rapide entwickelnde Wüstenstadt in Kalifornien, für unser heutiges Leben, das heißt 100 Jahre später, relevant? An dieser Stelle sollten auch noch die Ölfeldregion, der Farmengürtel und das Schrottrevier genannt werden. Im folgenden werden wir anhand einiger Beispiele (welche leider ausnahmslos aus jüngster Zeit stammen) aufzeigen, was passiert, wenn das Wachstum über Nacht aufhört.

Die Ölfeldregion

„Houston – Bedeutendes Wachstumsgebiet für die Erschließung von Bodenschätzen in den achtziger Jahren. Führend bei der Mineralölraffinierung, bei Chemikalien und Petrochemikalien. Rege Märkte im Unterwasser-, Offshore- und Ozeanographiebereich. Auf Platz fünf der amerikanischen Maschinenherstellung, sechster Platz bei Metallwaren. Drittgrößter Umschlaghafen für US-Exporte von Erdölausrüstungsteilen und -maschinen (darin führend auf der Welt) sowie von chemischen und landwirtschaftlichen Produkten. Wichtiges US-Zentrum für Wissenschaft und Medizin. Attraktiv für viele Unternehmenszentralen."[7]

Nach dem zweiten OPEC-Schock im Jahre 1979 war nichts so sicher wie der Aufwärtstrend der Erdölpreise. Voraussagen, laut denen der Benzinpreis an den Zapfsäulen bis Mitte der achtziger Jahre 3 Dollar pro Gallone betragen würde, erschienen keineswegs übertrieben. Bald aber bewahrheitete sich das Gesetz von Angebot und Nachfrage, und das OPEC-Kartell bröckelte auseinander. Der Ölpreis fiel, und mit ihm schwand der Reichtum der Ölfeldstaaten Texas, Oklahoma und Louisiana. Der Bankenkrach bei der *Penn Square Bank* gefährdete auch die *Seattle First National Bank* und bedeutete fast das Ende für die mächtige *Continental Illinois*, als sich auf einmal die Milliardenkredite an Erdöl- und Erdgashasardeure als uneinbringlich herausstellten. Weniger Schlagzeilen machten in den Finanzblättern die gleichzeitig stattfindenden Konkurse einer großen Anzahl von kleineren Kreditinstituten sowie die immer länger werdende Liste von „Problembanken" bei der Bundeseinlagenversicherung *FDIC*.[8]

Das Ölgeschäft ging zwar weiter, aber die Industriegiganten wurden auf einmal kostenbewußt, als viele von ihnen stark rückläufige Gewinne verzeichneten oder sogar rote Zahlen schrieben.[9] Der zu-

Wie steht es um die Gegenwart? 163

sammenbrechende Ölpreis zwang *Exxon* zum Abbau seiner Raffineriekapazitäten um 1,5 Millionen Barrel pro Tag sowie zu weltweiten Personalkürzungen von vormals 182 000 Mitarbeitern auf 102 000.[10] Auch bei *Chevron, Philips, Amoco, Sun* und *Mobil* wurden ähnliche Kürzungen durchgeführt.[11] Infolge von Budgetstreichungen saßen plötzlich die Petroleumforschungszentren auf dem Trockenen.[12] Frischgebackene Chemie- und Petroleumingenieure, die einst hofiert und fürstlich bewirtet worden waren, mußten auf einmal um Arbeitsplätze kämpfen. Viele Arbeitsuchende gingen dabei leer aus.

Die Folgen für Bohr- und Explorationsfirmen waren noch dramatischer. Die Aktienkurse der an der New Yorker Börse aufgeführten Firmen wie *Reading and Bates, Hughes Tool* und *Halliburton* fielen wie mißlungene Soufflés in sich zusammen. Im vierten Quartal 1986 mußte das gestrandete Flaggschiff *Schlumberger* 1,7 Milliarden Dollar abschreiben.[13] Den einst milliardenschweren Hunt-Brüdern, die schon an ihrem gescheiterten Versuch im Jahre 1980 schwer zu knabbern hatten – damals beabsichtigten sie den Aufkauf des Silbermarktes -, schwammen die Felle noch weiter davon, als sich ihre stark fremdfinanzierten Ölbeteiligungen als finanzielles Fiasko erwiesen.[14]

Die Texaner verloren etwas von ihrer fast schon angeborenen Großspurigkeit. Houstons unerwartete Bruchlandung ist ein Negativbeispiel dafür, wie sich das Wachstum in einer Region selbst vorantreiben kann. In den Nachkriegsjahren war die Wachstumsrate der Houstoner Bevölkerung mit der von Silicon Valley vergleichbar, und die Einwohnerzahl stieg in den siebziger Jahren noch schneller an, als die Ölpreise den Menschen Angst und Schrecken einjagten. Der Immobilienmarkt sowie der Handel erlebten einen kometenhaften Aufschwung, der sich allerdings wie der Traum von den endlos zunehmenden Öleinnahmen als Schaum erwies.

Sämtliche Aktivitäten kamen plötzlich zum Erliegen, als die Ölpreise purzelten. Ende 1986 hatte Houston etwa 70 000 Arbeitsplätze im Energiesektor verloren. In diesem Jahr gab es insgesamt 1618 Konkurse, dreimal so viel wie im Jahre 1982, davon entfielen allein 75 Prozent auf Immobilienunternehmen und Einzelhandelsgeschäfte.[15] Fast 100 000 Wohnungen standen leer und mehr als 40 000 Häuser wurden zum Verkauf angeboten. Laut Schätzungen sollte bis zum Ende des Jahres 1987 die Gesamtzahl der Zwangsversteigerungen, die für einen Dreijahreszeitraum berechnet worden waren, die Grenze von 70 000 übersteigen.[16] Ehemals schmukke Vorortbezirke wurden über Nacht zu Slums, die von Dieben und Vandalen geplündert wurden. In der Innenstadt standen so viele Geschäftsgebäude leer, daß die Büroräume des zweitürmigen World Trade Center der Stadt New York fünfmal in sie hineingepaßt hätten oder alle Büroräume von ganz Phoenix, Arizona, und noch einige mehr.[17]

So ungefähr das einzige Immobiliengeschäft, das in Houston noch lief, war der Hypothekenbetrug.[18] Ein Kommentar im *Wall Street Journal*:

„Das Debakel stellt den kostspieligsten Zusammenbruch im Wohnungssektor seit der Weltwirtschaftskrise dar (...). Der Verwaltungsbezirk Harris bekam den Preisverfall im Wohnungsbereich deutlich zu spüren, denn auf seinen Steuerlisten standen auf einmal 8 Milliarden Dollar weniger."[19]

Houston war zur viertgrößten Stadt in den USA geworden und hatte damit zu Beginn der achtziger Jahre Philadelphia den Rang abgelaufen. (Laut den Voraussagen von Demographen wird Philadelphia bei der nächsten Volkszählung seinen einstigen Platz wieder einnehmen.)

Oben, im nördlich gelegenen J.R.-Land, litt auch Dallas unter der Misere, in der sich ganz Texas befand. Obwohl Dallas genaugenommen keine Ölstadt, sondern vielmehr ein Handelszentrum ist (Immobilien, Bankgewerbe, Bauwirtschaft, Einzelhandel), machte die unerwartete Rezession auch hier zu schaffen. So viele *Rolex*-Uhren wurden verpfändet, um Rechnungen begleichen zu können, daß die Juweliere den Preis für neue Uhren herabsetzen mußten. Exklusive Clubs, in denen die aktiven Mitglieder auf einmal weniger wurden und deren Wartelisten sich über Nacht auflösten, waren gezwungen, ihre Mindestanforderungen herabzuschrauben und ihre

Wie steht es um die Gegenwart?

Aufnahmegebühren von 650 Dollar auf 50 Dollar zu senken. Anstatt bei Bourbon und Steaks neue Machenschaften auszuhecken, bejammerten nun bei Hamburgern und Bier die einstigen Industriemagnaten den Verlust ihrer Reichtümer. Viele Parties und Wohltätigkeitsveranstaltungen mußten abgesagt werden. Die Zeiten, in denen Gastgeberinnen in Dallas noch 500 000 Dollar ausgeben konnten, um eine Million Dollar zu sammeln, waren erst einmal vorbei.[20]

Zu ihrem Leidwesen mußten Ölfeldländer, die an den nie versiegenden Strom hoher Staatseinnahmen geglaubt hatten, aufgrund der riesigen Defizite Korrekturen in ihrem Etat vornehmen. Zum Beispiel rechnete die Bundesregierung von Oklahoma für das Haushaltsjahr 1986/87 mit einem Budgetloch von 467 Millionen Dollar. Alle möglichen Dienstleistungsbereiche mußten den Gürtel enger schnallen. Hart betroffen waren vor allem Bildungseinrichtungen, von denen viele mit Ölgeldern gefördert worden waren.[21]

Unter dem plötzlichen Ölpreissturz litt die ganze Welt, auch wenn die Geldbeutel der Konsumenten von den billigen Mineralölerzeugnissen profitierten. Arabische Ölscheichtümer, die ihr Geld mit vollen Händen ausgegeben und einst lukrative Märkte für ausländische Baufirmen, Investitionsgüter und Arbeitskräfte dargestellt hatten, zogen bei ihren Entwicklungsprogrammen die Bremse an. Bis zum Jahre 1987 hatte Saudi-Arabien bereits die Hälfte seiner Finanzierungsreserven in Höhe von 120 Milliarden Dollar aufgebraucht, welche es vor dem Auseinanderdriften der OPEC-Länder geschaffen hatte.[22] Die Banken im Westen hatten allen Grund zur Sorge, denn auf der Grundlage dieser Einlagen hatten sie bereitwillig Kredite an Entwicklungsländer gewährt. Die Schuldenlast der erdölexportierenden Länder Lateinamerikas brachte dort sämtliche Wirtschaftsaktivitäten zum Erliegen, weil die Schulden nicht mehr, wie man erwartet hatte, mit Hilfe immer weiter ansteigender Öleinnahmen getilgt werden konnten. Im baseballbegeisterten Venezuela wurden selbst Abstriche beim Nationalsport gemacht. Da sie nicht mehr in der Lage waren, amerikanische Stars mit riesigen Petrodollarsummen für den Winterbaseball einzukaufen, und auch die Inflation ihren Tribut forderte, mußten die Sportfunktionäre ihre Eintrittspreise für zweitrangige Spiele erhöhen, woraufhin die Fans alsbald ausblieben.[23]

Die Ölprobleme machten nicht einmal vor Adnan Khashoggi halt, der internationale Geschäfte mit Öl, Waffen und allem Möglichen macht und angeblich der reichste Mann der Welt ist. Seine Erschließungsfirma, *Triad America*, meldete Konkurs an, als der Ölpreisverfall den Geldhahn für seine Bauprojekte in Salt Lake City zudrehte. Die Schuldenrückstände beliefen sich auf mindestens 150 Millionen Dollar. Khashoggi meinte: „Es ist nicht unsere Schuld, daß das Geschäft scheiterte. Wir taten unser Bestes für die Erschließung der Stadt (...) Für eure Rezession (...) können wir schließlich nichts."[24]

Das Schrottrevier

Jedem Zeitungsleser dürfte heutzutage die verzweifelte und stagnierende Situation im Industriezentrum Amerikas soweit bekannt sein, daß sich eine weitergehende Abhandlung des Themas erübrigt. Jedoch sind die Ausbringungsmengen der Industrie ein so integraler Bestandteil der industriellen Substanz und Stärke von Amerika, daß die Schwierigkeiten der Hersteller kurz erwähnt werden sollten.

Zu Beginn der siebziger Jahre erlebte die amerikanische Stahlproduktion ihren Höhepunkt. Im gleichen Jahrzehnt wurde sie dann aber weltweit eingeholt. Überall entdeckten die Käufer (auch die amerikanischen Hersteller und Bauunternehmer), daß sie mit den modernen Stahlwerken in Niedriglohnländern wie Japan und Südkorea vorteilhaftere Geschäfte abschließen konnten. Andere Nationen wie zum Beispiel Brasilien steigerten ihre einheimischen Stahlerzeugungskapazitäten. Bis zum Jahre 1985 war die amerikanische Gesamtproduktion auf den Stand vor 1950 gesunken. Die Branche war an ihrem eigenen Wohlstand erstickt: Als die Zeiten gut waren, schnellten die Löhne sowie die direkten und indirekten Kosten in die Höhe, während die Anlageninvestitionen so weit zurückgingen, daß der amerikanische Stahl auf den Weltmärkten nicht mehr wettbewerbsfähig war.

Wie steht es um die Gegenwart? 167

Ab 1980 war es mit den guten Zeiten in der Stahlindustrie vorbei, und fast jeder, der an dieser Party teilgenommen hatte, mußte den Spaß mit einem furchtbaren Kater büßen. Zwischen 1982 und 1986 verzeichnete die Branche einen Verlust von insgesamt 7 Milliarden Dollar. Auf allen Ebenen waren die Auswirkungen zu verspüren. Sowohl regionale Wirtschaftsstrukturen als auch private Träume wurden zerstört. Die Mitgliederzahl in der amerikanischen Gewerkschaft United Steelworkers Union ging um mehr als 50 Prozent zurück, da man Arbeitsplätze abbaute, ehemals strenge Arbeitsvorschriften lockerte und Lohnkürzungen unumgänglich wurden.[25] Im Jahre 1986 wurde ein sechs Monate anhaltender Streik, der sich gegen *USX* (einst *U.S. Steel*) richtete, in den Nachrichtensendungen des Landes kaum erwähnt. Dagegen hatte ein ähnlicher Streik im Jahr 1959 das Schreckgespenst einer nationalen Rezession aufleben lassen und wurde nach vier Monaten durch die Intervention des Obersten US-Gerichtshofes beendet.[26]

Ende des Jahres 1986 hatte die Gesellschaft *USX*, die lange Zeit ein wichtiger Motor der amerikanischen Wirtschaft gewesen war, 91 Werke und weitere Stahlanlagen geschlossen. Ihre Belegschaft schrumpfte um zwei Drittel, und 110 000 Arbeitsplätze verschwanden, welche einst von Arbeitern und Angestellten für absolut sicher gehalten wurden. Auf allen Stufen kam es zu drastischen Kürzungen. Selbst die Zahl der Vizepräsidenten schrumpfte von 78 auf 23 zusammen. *USX* war, umsatzmäßig gesehen, immer noch unter den ersten 15 der 500 führenden Unternehmen auf der *Fortune*-Liste, aber mehr als die Hälfte ihrer Umsatzerlöse stammten aus Unternehmensbereichen, die nichts mit der Stahlbranche zu tun hatten.[27] Legt man andere Maßstäbe zugrunde, dann waren die Einbußen gravierender. Beim Gewinn als Prozentsatz des Umsatzes war *USX* auf Platz 329, beim Gewinn als Prozentsatz des Eigenkapitals auf Platz 345, und bei der Gesamtrendite für Anleger im Zeitraum zwischen 1975 und 1985 belegte sie Platz 420 (durchschnittlicher Jahresverlust: 1,48 Prozent).[28]

Zumindest überlebte *USX*. Im August 1986 beantragte die *LTV Corporation*, das zweitgrößte Stahlunternehmen der USA, die Konkurseröffnung gemäß Teil 11 des amerikanischen Konkursrechts. Dieser Schritt führte zu Zugeständnissen auf der Arbeitnehmerseite, zum Erlaß von Schulden, zur Entbindung aus lästigen Verträgen sowie zur Befreiung von Pensionsverpflichtungen. Diese Erste-Hilfe-Maßnahmen waren von massiven Abschreibungen sowie einer Auftragszunahme wegen des Streiks bei *USX* begleitet. All dies trug dazu bei, daß *LTV* aus den roten Zahlen herauskam und wieder rentabel wirtschaften konnte.[29]

Jedoch stellten wegen des scharfen Preiswettbewerbs die niedrigeren Kosten, die *LTV* dank des gerichtlichen Konkursschutzes eingeräumt worden waren, eine Gefahr für die noch überlebenden Stahlunternehmen wie zum Beispiel *Bethlehem* dar. *Wheeling-Pittsburgh Steel* hatte schon vorher die Konkurseröffnung beantragt, und auf diese Firma sowie auf *LTV* entfielen zusammen fast 20 Prozent der inländischen Stahlerzeugung.[30] Die *Kaiser Steel Corporation*, welche einmal das neuntgrößte Unternehmen in dieser Branche gewesen war, schloß sich dem Schutzantrag der beiden Firmen zu Beginn des Jahres 1987 an, womit das letzte Kapitel in der Geschichte von Henry J. Kaisers Industrieimperium an der Westküste abgeschlossen war.[31]

Der Stahl war nur teilweise für die Schwierigkeiten des Schrottreviers verantwortlich. Infolge einer rückläufigen Nachfrage sowie des ausländischen Wettbewerbs fand bei *Caterpillar and International Harvester* sowie bei vielen weiteren Unternehmen, die einst im Schwermaschinenbereich weltführend gewesen waren, ein Schrumpfungsprozeß statt. Nach der Umstrukturierung war aus *Harvester Navistar* geworden, die in erster Linie eine Lastwagenfirma ist. Die *Mesta Machine* mußte mit ansehen, wie ihre weltweite Vorrangstellung bei industriellen Werkzeugmaschinen schwand. Die amerikanische Automobilindustrie schloß Werke im ganzen Land und nahm Personalkürzungen vor, wobei Arbeiter möglichst durch Roboter oder Computer ersetzt wurden.

Innerhalb eines kurzen Zeitraums von nur zehn Jahren waren Millionen gut bezahlter Arbeitsplätze im Fertigungsbereich für immer veschwunden, und die zunehmende Beschäftigung in den schlechter bezahlten Dienstleistungsbereichen kann nur ein schwacher Trost für diesen Verlust sein. Ohne eine 15-jährige Investitionstä-

Wie steht es um die Gegenwart? 169

tigkeit in der Größenordung von 20 Milliarden Dollar pro Jahr läuft laut einer Studie von *SRI International* der Industriegürtel der Großen Seen Gefahr, eine „zweitklassige Lieferregion" zu werden.[32] Dieser Befund dürfte viele Beobachter überraschen, die der Meinung sind, daß dem Schrottrevier im Hinblick auf die weltweite Konkurrenz bereits ein zweitrangiger Status jetzt schon zukommt.

Die Nahrungsmittelindustrie

Gleich von Beginn an waren die USA dank des Zusammentreffens von amerikanischem Unternehmungsgeist, fruchtbarem Boden und gemäßigtem Klima eines der landwirtschaftlich produktivsten Länder der Welt. Während der vergangenen 150 Jahre war die amerikanische Landwirtschaft ein klassisches Beispiel dafür, wie man mittels des Ersatzes von ungelernten Arbeitskräften und Grundwerkzeugen durch gelernte Arbeitskräfte und technisch ausgereifte Gerätschaften die Produktion ausweiten und die Produktivität steigern kann. Nach dem Stand von 1980 sind nur etwa 3 Prozent der Erwerbsbevölkerung in Land-, Forst- und Fischwirtschaft beschäftigt – einer der weltweit niedrigsten Prozentsätze in dieser Berufssparte. Und trotzdem geht es bei unseren agrarpolitischen Problemen hauptsächlich darum, wie man die Produktion niedrig halten und Überschußernten loswerden kann!

In den Jahren nach dem Zweiten Weltkrieg erlebte die amerikanische Landwirtschaft einen großen Aufschwung, weil die Bevölkerung im Inland zunahm, auf fast allen anderen Kontinenten geradezu explodierte und sich die Welt von den Kriegswirren erholt hatte. Die Produktivität pro Acre verdreifachte sich.[33] Die Nachfrage förderte diesen Wachstumskurs, und staatliche Maßnahmen unterstützten die Bepflanzung eines jeden bestellbaren Acres. Als in den siebziger Jahren die Bodenpreise stark anzogen, konnte allein der Besitz einer Farm einem Landwirt Millionen einbringen. Die Banken waren darauf erpicht, Geld für Geräte und Anbau auszuleihen. Falls ein Landwirt in einem Jahr mit seiner Ernte keinen Gewinn erzielte, so deckte die Wertsteigerung der Anbaufläche den Betriebsverlust voll ab und wurde darüberhinaus noch als Sicherungsgegenstand für den Kredit im darauffolgenden Jahr verwendet. Viele Farmer lernten die Multiplikatorwirkung der Fremdfinanzierung bei Bodenspekulationen kennen. Sie kauften so viel Land auf, wie sie nur konnten, und belasteten dieses voll mit Hypotheken. Bei einer Wertsteigerung von 10 bis 20 Prozent im Jahr macht der Gewinn bei ein paar Tausend Acres sofort eine stattliche Summe aus.

In den achtziger Jahren wurde dann der zweite Teil der Lektion über die Fremdfinanzierung abgehandelt; diese kann sowohl einen negativen als auch positiven Effekt haben. Die Inflation wurde gebremst, und gleichzeitig sank die Nachfrage nach amerikanischen Agrarerzeugnissen, da sich der inländische Nahrungsmittelkonsum einpendelte und die Grüne Revolution zunehmend mehr Länder in die Lage versetzte, eine autarke Lebensmittelproduktion zu betreiben.[34] Die Europäische Gemeinschaft hatte so hohe Agrarüberschüsse, daß der westdeutsche Landwirtschaftsminister im Jahre 1987 seinen Bauern riet, vorzeitig in Rente zu gehen und ihre Höfe für sportliche Aktivitäten wie Wandern, Reiten und Golf zur Verfügung zu stellen.[35]

Die Vereinigten Staaten verhängten ein Weizenembargo über die Sowjetunion, um ihren Unmut über den Einmarsch in Afghanistan zum Ausdruck zu bringen, und demonstrierten damit gleichzeitig, daß sie als Handelspartner unzuverlässig waren. Unser internationaler Status als „erstklassiger Handelspartner" sank um ein paar Grade. Länder wie Argentinien und Brasilien, welche durch die erdrückenden Schulden bei amerikanischen Banken gezwungenermaßen zu kostengünstigeren Nahrungsmittelexporteuren geworden waren, gewannen für den globalen Agrarhandel zunehmend an Bedeutung. Mitte der achtziger Jahre importierten auch die Vereinigten Staaten riesige Orangensaftmengen aus Brasilien, Naturerzeugnisse aus Mexiko und Rindfleisch aus Zentralamerika. Der amerikanische Außenhandelsüberschuß im Landwirtschaftssektor, der im Jahre 1981 mit 26,6 Milliarden Dollar seinen Höchststand erreicht hatte, bewegte sich abwärts, bis dann im Jahre 1986 ein Defizit entstanden war.[36]

Die Folgen dieser Ereignisse dürften jedem bekannt sein. In den achtziger Jahren fielen die Getreidepreise kontinuierlich, und zu Beginn des Jahres 1987 waren sie wieder auf dem Stand von 1979. Nachdem sich die Bodenpreise innerhalb eines Zeitraums von 30 Jahren verzwölffacht hatten, stürzten sie nun um 50 Prozent und mehr. Hochverschuldete Farmer verloren ihr Land und ihren Lebensunterhalt; ihr Lebensstandard sank. Im ganzen Land machte eine große Anzahl von Agrarbanken bankrott, und mehr als 600 wurden von der amerikanischen Bundeseinlagenversicherung *FDIC* bis zum Ende des Jahres 1986 als Problembanken aufgeführt. Das amerikanische Bundesagrarkreditsystem (Federal Farm Credit System) hatte uneinbringliche Forderungen in Höhe von mehr als elf Milliarden Dollar (15 Prozent seines Gesamtportefeuilles) und suchte schon 1985 nach Geldern für seine finanzielle Rettung.[37] Zur Stützung seiner Solvenz kam das Kreditsystem in den Genuß einiger der größten Rechnungslegungsvorteile, die jemals einem amerikanischen Kreditinstitut gewährt worden sind. Aber trotz dieser Zahlenspiele machte die rasante Abwärtsentwicklung, die bei diesem System bis zum Jahre 1987 zu beobachten war, bundesstaatliche Finanzspritzen unumgänglich. Der Endverlust für den Staat wurde auf etwa zwei bis 15 Milliarden Dollar geschätzt.[38]

Nationalökonomen rechneten aus, daß von den 200 Milliarden Dollar, auf die sich die amerikanische Agrarverschuldung belief, mindestens 40 Milliarden Dollar getilgt werden müßten, um wieder eine einigermaßen solide Grundlage zu schaffen.[39] Die Prognosen waren nach wie vor düster. Einige Nationalökonomen behaupteten Ende des Jahres 1986, daß dem Farmengürtel eine radikale Schrumpfung von mindestens drei oder vier Jahren bevorstehe.[40] Die Krise beschränkte sich nicht auf den Mittleren Westen: Farmer in Kalifornien, dem führenden amerikanischen Bundesstaat bei einer Reihe von Feldfrüchten, ging es ebenso schlecht, und zwar aus genau denselben Gründen.[41]

Der Preis, den die Menschen zu zahlen hatten, war hoch. Hoffnungen, Träume und traditionelle Lebensstrukturen wurden zunichte gemacht. Die althergebrachte, von einer Familie betriebene Farm, so wie man sie aus der amerikanischen Geschichte kennt, dürfte es wohl bald nicht mehr geben. Zwischen 1983 und 1986 mußten etwa 170 000 Bauern ihre Landwirtschaft aufgeben, und viele entschieden sich für die Pacht und damit gegen den Kauf des von ihnen bearbeiteten Landes.[42] In diesem Jahrzehnt war die Arbeitslosigkeit in den amerikanischen Agrarstaaten hoch. Große wie kleine Unternehmen in ländlichen Gemeinden machten pleite, und viele, die davonkamen, schlugen sich mehr schlecht als recht durch. Aufgrund der weltweit rückläufigen Nachfrage litten die Hersteller von landwirtschaftlichen Geräten unter einer starken wirtschaftlichen Flaute. Mitte des Jahres 1986 waren die Etats der amerikanischen Argrarstaaten zusammengeschrumpft, und die staatlichen Leistungen wurden stark beschnitten.[43]

Auch wenn die Konkurse der Farmen die Öffentlichkeit oft traurig stimmten, so waren doch die Probleme der Nahrungsmittelfirmen und Fast-Food-Ketten genauso ernst (wenn sie auch weniger sentimental gesehen wurden). Die Menge an Nahrungsmitteln, die wir in uns hineinstopfen können, ist genauso begrenzt, wie die Zahl der Leute, die zur Verfügung steht, um auf Restaurantstühlen Platz zu nehmen. Da das Unternehmenswachstum beschränkt ist, sind die ewigen Kämpfe um den „Magenanteil" sowie den „Sitzfleischanteil" zunehmend erbitterter geworden. Gesellschaften wie *General Foods, Stouffer, Pillsbury, Quaker Oats, General Mills* und *Campbell* steigerten die Lancierungsraten neuer Produkte in der Hoffnung, daß sie mit ihrem überwältigenden, mannigfaltigen Angebot den Geschmack des Publikums treffen würden. Im Jahre 1984 wurden pro Tag sieben neue Produkte auf den Markt gebracht – im Vergleich zu nur drei Artikeln pro Tag im Jahre 1980. Supermarkt-Regalplätze, die schon immer heiß begehrt waren, wurden unerschwinglich teuer, ihre Verteidigung zunehmend schwieriger.[44]

Auch das Wachstum bei den Fast-Food-Restaurants hat sich eingependelt. Zu Beginn der achtziger Jahre gab es in den USA Franchise-Betriebe auf beinahe jedem dafür geeignetem Stück Land. Die Errichtung neuer Filialen war – wachstumsmäßig gesehen – wenig erfolgversprechend. Außerdem tauchten neue Konkurrenten auf; auch Tankstellen und Tante-Emma-Läden boten jetzt Schnellimbiss an. Unter Zeitdruck stehende Konsumenten, die früher auswärts gegessen hatten, konnten sich ihre Mahlzeiten nun zu Hause in Mikrowellenherden zubereiten, welche sich zunehmender Beliebtheit erfreuten.[45]

Die Franchisegeber setzten ihre größte Hoffnung auf die Umsatzsteigerung in jedem einzelnen Betrieb. Zusammen mit großzügigen Sonderofferten und Sparangeboten, Verbundwerbungen mit lokalen Supermärkten oder gleichgearteten Unternehmen starteten sie massive Werbekampagnen bei ihren „Hamburger-Kriegen" und experimentierten in großem Stil mit Speisen, Stunden und Dienstleistungen. Bedenkt man jedoch die Kosten dieser ausgeklügelten Lockangebote, dann waren die Steigerungen beim Marktanteil nicht immer gleichbedeutend mit einer größeren Rentabilität.

Fernsehen und Werbung

In den USA, einem medienorientierten Land, das noch seinesgleichen sucht, waren die Massenmedien schon immer ein einträgliches Geschäft. Als Alexis de Tocqueville in den dreißiger Jahren des letzten Jahrhunderts durch die USA reiste, fiel ihm auf, daß sich die Amerikaner gerne ablenken ließen, sensationslüstern waren und das Niveau von öffentlichen Diskussionen und gesellschaftlicher Unterhaltung nur zweitklassig war. Die Zeitungen bestanden seiner Meinung nach zu drei Vierteln aus Werbung, und der Rest war Klatsch und bangloses Zeug. Eineinhalb Jahrhunderte später trifft diese Beschreibung immer noch zu. Zeitungsmagnaten wie Curtis, Hearst, Annenberg und Newhouse häuften riesige Vermögen an. Ebenso sind Rundfunk- und Fernsehstationen heiß begehrt, weil man sich von ihnen eine sprudelnde Geldquelle erhofft.

Im Grunde besteht das eigentliche Geschäft unserer Nachrichten- und Unterhaltungsmedien aus dem Verkauf ihrer Zuhörer, das heißt von uns, an die Auftraggeber der Werbung. Letztere gaben im Jahre 1985 fast 100 Milliarden Dollar nur dafür aus, daß sie ihre Botschaften durch die Medien an uns weiterleiten durften. Das Fernsehen allein war ein 20-Milliarden-Dollar-Geschäft.

Gegen Ende der siebziger Jahre änderte die explosionsartige Entwicklung im Elektronikbereich die Situation drastisch. Mit dem Chip tauchten alsbald billige Tonbandgeräte, Videogeräte (sowie die allgegenwärtigen Videotheken), Kabelfernsehen und Computerspiele auf. Da all diese alternativen Unterhaltungsquellen zur Verfügung standen, zersplitterte das Medienpublikum rasch. Vorangegangene Beispiele in diesem Kapitel beschäftigen sich mit einem Wachstum, das zurückging, als die Ressourcen schwanden oder die Technik veraltete. Beim Fernsehen und der Werbung wanderte dagegen der Markt, also die Zuschauer, ab. Die Zahlen von Nielsen zeigen, daß im Veranstaltungszeitraum 1982 die drei großen Fernsehgesellschaften 3,6 Prozent ihres Zuschaueranteils verloren, was nur die weitere Fortsetzung eines zehnjährigen Abwärtstrends war.

Trotzdem stiegen die Tarife für die Fernsehwerbung ständig an. 1982/83 kostete ein 30 Sekunden langer Werbespot zur Haupteinschaltzeit etwa 120 000 Dollar, und die Fernsehgesellschaften beabsichtigten für das kommende Jahr eine Erhöhung von 15 bis 20 Prozent. Ein *CBS*-Beauftragter empfahl, daß die Fernsehgesellschaften, wenn sie ihr Publikum halten wollten, ihre Programme nicht nach dem Geschmack ihrer Stammzuschauer gestalten dürften, sondern nach dem Geschmack der sporadischen Zuschauer, die nun zum Kabelfernsehen überliefen.[46]

Ende des Jahres 1986 war der Rückgang noch stärker als bisher. Die euphorischen Prognosen, die man im vorangegangen Jahr gemacht hatte, lagen weit daneben.[47] Nicht nur das Fernsehen, sondern auch andere Medien waren davon betroffen. Verleger wie *Knight-Ridder* oder *Time* verbuchten stagnierende oder sinkende Einnahmen. Fernsehgesellschaften zeigten sich nun eher bereit, mit ihren Werbeauftraggebern über ihre Werbetarife zu verhandeln, aber selbst dieser Schritt konnte den Abwärtstrend nicht aufhalten. Stattdessen war im Werbeetat der Auftraggeber mehr Geld für Wurfsendungen, Gutscheine, neue PR-Maschen und Verkaufsaktivitäten vorgesehen, welche auf eng umgrenzte Marktschichten abzielten. Im Grunde genommen schrumpften die Werbeausgaben gar nicht, die Medien hatten nur viel zu hochgeschraubte Erwar-

Wie steht es um die Gegenwart? 175

tungen. Nachdem die Einnahmen viele Jahre lang um 10 bis 15 Prozent gestiegen waren, wurden diese Erwartungen bitter enttäuscht, als in den Jahren 1985 und 1986 die Zunahme nur 7,9 bzw. 7,6 Prozent betrug.[48] Was unternahm man nun dagegen? Zum einen kam es zu Entlassungen. In der ersten Hälfte des Jahres 1986 strich das *CBS*-Fernsehen 500 bis 600 Arbeitsplätze, darunter 225 beim Nachrichtensender *CBS News*.[49] Laurence A. Tisch, dessen Auftrag es war, aus *CBS* ein geschäftstüchtiges Unternehmen zu machen, übernahm als Intendant die Leitung. Aktennotizen zirkulierten im Hause, laut denen die Inanspruchnahme von Kurierdiensten, geleasten Schreibmaschinen, Flugreisen erster Klasse sowie von Leihwagen einzuschränken war. Unternehmensberater wurden damit beauftragt, die Finanz- und Betriebssysteme sowie das Geschäftsgebaren innerhalb von *CBS* zu überprüfen.[50] Eine Budgetkürzung von 30 Millionen Dollar hatte unter anderem zur Folge, daß im März 1987 weitere 215 Mitarbeiter bei *CBS News* blaue Briefe erhielten. In der Zwischenzeit nahmen *ABC* und *NBC* in ihren Nachrichtensendern genauso rigorose Personalkürzungen vor wie *CBS*; allerdings machten sie kein so großes Trara um diese Maßnahmen.[51]

Laurence A. Tisch meinte 1986 in einem Interview: *„Die Fernsehsender haben ein paar harte Jahre vor sich. Als die Sender aus dem Gröbsten heraus waren, versäumten sie es, ihre Kosten zu überwachen, so daß diese ins Unermeßliche stiegen (...) Sie waren einfach keine geschäftstüchtigen Unternehmen."*

Ein Übernahmeangebot von Ted Turner machte die Trendwende bei *CBS* zu einer noch schwierigeren Angelegenheit. Durch die Kreditaufnahme von fast 1 Milliarde Dollar für den Aufkauf ihrer eigenen Aktien konnte die Gesellschaft die Übernahmeabsicht vereiteln, jedoch hatte sie nun riesige Schulden, für die Zinsen zu zahlen waren und die einmal getilgt werden mußten.[52]

Der Kampf um Unternehmenszusammenschlüsse und -übernahmen, den die Werbeagenturen untereinander ausfochten, war eine weitere Folge der schlechten Lage. Damit die Werbeeinnahmen nicht weiter zurückgingen, kauften sich die Agenturen in einnahmenstarke Unternehmen ein, wie beispielsweise Absatzförderungsgeschäfte, PR-Firmen und Betriebe, die Wurfsendungen verteilten.[53]

Da sie von der theoretischen Annahme ausgingen, daß der nächste Wettbewerbsvorteil in weltweiten Vermarktungsmöglichkeiten bestünde, leiteten die Agenturen Großfusionen in die Wege. *Ommnicom*, welche als größte Agentur auf der Welt angesehen wurde, entstand aus *BBDO International*, *Needham Harper Worldwide* und der *Doyle Dane Bernbach Group*. Aber schon bald darauf gab die britische Agentur *Saatchi and Saatchi PLC* ihren Aufkauf von *Ted Bates Worldwide* bekannt und machte damit *Omnicoms* Anspruch innerhalb kurzer Zeit zunichte.

Über die endgültigen Auswirkungen dieser Zusammenschlüsse auf die Gesamtgewinne sowie die Gesamtrentabilität der Agenturen gibt es noch keine genaue Daten, und optimistischen Schätzungen liegen zweifelsohne hohe Erwartungen zugrunde, denen kreative Buchführungsmethoden Auftrieb geben. Die Reaktionen einiger wichtiger Agenturkunden waren dafür aber völlig eindeutig. Einige von ihnen lösten die Geschäftsverbindung mit neu zusammengeschlossenen Agenturen auf und suchte sich andere Werbefirmen, bei denen es intern als auch extern weniger turbulent zuging. Andere wiesen auf einen möglichen Vertrauensbruch hin, weil Konkurrenten von anderen Betrieben unter demselben Dach der Großagentur bedient wurden. Wieder andere meinten, daß ihnen nicht mehr dieselbe Aufmerksamkeit zukäme, die sie normalerweise von einer kleinen Agentur gewohnt waren und erwarteten.

Der Werbe- und Medienindustrie machten schließlich finanzielle Sorgen zu schaffen, als die amerikanischen Kunden (und damit die Werbung) von *Life, Look, Colliers* und *The Saturday Evening Post* zum Fernsehen überliefen. Zu Beginn des Jahres 1987 hatten mehrere unabhängige Sender die Konkurseröffnung beantragt (darunter befand sich auch einer, in welchen der Junk-Bond-Guru Michael Milken bei *Drexel Burnham Lambert* etwas Geld investiert hatte).[54] Dutzende von Fachzeitschriften für den Personalcomputerbereich gingen ein, weil Computerfirmen (und ihre Werbeetats) sich als Pleitegeschäft erwiesen und für immer verschwanden. Das

Wie steht es um die Gegenwart? 177

Time-Magazin gab seine Pläne auf, eine neue Zeitschrift herauszubringen, nachdem es schon 15 Millionen Dollar für die Durchführung eines Markttests ausgegeben hatte.[55] Die Fernsehgesellschaften gaben einen Teil ihrer undankbaren Arbeit an regionale Verbundunternehmen ab und reduzierten dadurch die Kosten für die Übertragung ihrer Sendungen seitens lokaler Fernsehstationen.[56] Für Sportstars, deren Aufgabe (vom wirtschaftlichen Standpunkt aus gesehen) darin bestand, die Pausen zwischen den Werbesendungen mit publikumswirksamer Unterhaltung zu füllen, wurde es zunehmend schwieriger, Mannschaftssponsoren Multimillionen-Dollar-Verträge zu entlocken. Fernsehgesellschaften erwogen die Absetzung zweitrangiger Stadionspiele, da die Übertragung infolge der rückläufigen Zuschauerzahl nicht mehr rentabel war. Fernsehgesellschaften und Agenturen stritten sich wegen der tatsächlichen Zuschauergröße, einem wichtigen Verhandlungspunkt bei der Honorarberechnung. Da jeder Einschaltquotenpunkt für 9,8 Millionen Fernsehzuschauer stand, waren bei den Einnahmen pro Werbung die Zehntausende von Dollars, welche ein dreiprozentiger Quotenunterschied ausmachte, schon einen Kampf wert.[57]

Laut Prognosen dürfte es im Jahre 1987 kaum besser ausgesehen haben. Von den drei Fernsehgesellschaften rechneten *ABC* und *CBS* in diesem Jahr mit Verlusten (bei *CBS* sollen es gar 20 Millionen Dollar sein), und nur bei *NBC* wurde ein Gewinn erwartet.[58]

Die Massenmedien sind augenfällige und geographisch verstreute Unternehmen und haben im Vergleich zur Automobil-, Stahl- oder Mineralölindustrie relativ wenig Mitarbeiter. Bis jetzt verlangsamte sich nur das Wachstum in der Gesamtbranche, ein Zusammenbruch fand nicht statt. Deshalb hatte auch der Wachstumsrückgang in der Werbebranche keinerlei verheerende Auswirkungen für irgendeine bestimmte Kommune. Selbst die Stadt New York, die sich damit rühmt, daß hier die meisten Sender, Verlagshäuser und Werbefirmen von ganz Amerika angesiedelt sind, leidet nicht in dem Maße wie zum Beispiel die Stadt Houston, deren Wirtschaft praktisch von einem einzigen Industriezweig abhängt. Obwohl auf die Agenturen in New York etwa 40 Prozent der nationalen Werbeeinnahmen entfallen, beschäftigen die größeren Werbeagenturen (von denen tatsächlich nur drei in der Madison Avenue, dem Werbe- und PR-Zentrum der USA, angesiedelt sind) nicht mehr als etwa 25 000 Leute, und die drei Fernsehgesellschaften haben noch weniger Mitarbeiter. Die Personalkürzungen in der Medien- und Werbebranche bewegen sich noch im unteren vierstelligen Zahlenbereich und haben damit noch keinen merklichen Einfluß auf die Immobilienpreise in der Stadt oder die wirtschaftliche Situation von Manhattan Island.

Stolze Giganten vergangener Tage

Trotz der Ankurbelungsmaßnahmen, die man wegen der massiven Bundesdefizite und eines unerhört hohen Verschuldungsgrades des privaten als auch unternehmerischen Sektors ergriff, war das Wachstum der achtziger Jahre, falls ein solches überhaupt stattfand, recht langsam. Gemessen am realen Wert des Dollars wuchs weder die amerikanische Wirtschaft noch irgendeine ihrer größeren Industriebranchen mit Ausnahme des Elektronikbereichs in sonderlich beeindruckender Weise. Folglich machten sich in den letzten Jahren selbst solide Unternehmen, denen nicht der unmittelbare Untergang drohte, Sorgen um das Wachstum, was ihnen vorher nicht im Traum eingefallen wäre.

IBM ist vielleicht das Unternehmen unter den ehemals stolzen Giganten, welches am überraschendsten von seinem hohen Roß herabsteigen mußte. Im letzten Quartal 1986 verbuchte die „Big Blue", wie *IBM* wegen ihrer blauen Initialien häufig genannt wird, einen Gewinnrückgang von 48,2 Prozent sowie eine Ertragsminderung von 1,2 Prozent. Der Aktienmarkt reagierte darauf heftig. Der Kurs der *IBM*-Titel stürzte im Januar 1987 von seinem Vorjahreshöchststand von 161,9 Punkten auf weniger als 120 Punkte, und damit verringerte sich der Marktwert der Firma um 24 Milliarden Dollar.

Genauso schmerzlich war der gleichzeitige Verlust ihres Prestiges. Wie das *Fortune*-Magazin bei seiner Meinungsbefragung von leitenden Angestellten und Managementexperten herausfand, fiel die Firma 1987 auf Platz sieben zurück, nachdem sie jahrelang die am meisten bewunderte Gesellschaft Amerikas gewesen war.[59] *IBM* ergriff aggressive Gegenmaßnahmen. Nachdem sie von allzu optimistischen Wachstumserwartungen ausgegangen war, reduzierte sie im Jahre 1986 die Investitionsausgaben um 1,4 Milliarden Dollar, die Kosten um 700 Millionen Dollar und die Lagerbestände um 13 Prozent, sie kaufte Millionen ihrer eigenen Aktien zurück und entließ 10 000 ihrer Mitarbeiter „in den Ruhestand". Allerdings glaubten einige Analysten, daß 1987 keine Trendwende stattfinden werde.[60] In der Zwischenzeit verschaffte sich *Digital Equipment* gegenüber *IBM* einen Wettbewerbsvorteil, indem sie ein breites Sortiment kompatibler Computer auf den Markt brachte.

Befürchtungen angesichts der ersten Entlassungen lösten jene Art von Arbeitsunruhen aus, welche die Gesellschaft während ihrer ganzen Geschichte abzuwenden verstanden hatte. Diskussionen am Arbeitsplatz drehten sich um das Thema der gewerkschaftlichen Organisation.[61]

Einzelhandelsanalysten reden recht zynisch über einen weiteren Giganten, nämlich *Sears, Roebuck and Company*. Einige unter ihnen sind sogar der Ansicht, daß Michael Bozic, der neue Vorsitzende und Generaldirektor, den besten Liegestuhl auf dem Sonnendeck der Titanic bekommen hat. Demographische Studien fallen für die weltgrößte Einzelhandelsfirma ungünstig aus. Ihr traditioneller Stammkunde, die amerikanische Mittelschicht, wird von Händlern abgeworben, die sowohl auf die obere als auch untere Einkommensskala abzielen. Diskontwarenhäuser und Fabrikverkaufsstellen locken die Sparsamen an und Boutiquen die Modebewußten. 1986 wuchs *Sears'* Umsatz um zwei Prozent im Vergleich zu einem durchschnittlichen Anstieg von 5 Prozent in der gesamten Einzelhandelsbranche. Darüber hinaus waren deren Diversifikationsversuche mit Finanzdienstleistungen, Immobilien und weltweiten Geschäften nicht von Erfolg gekrönt. Um wieder an Boden zu gewinnen, experimentierte *Sears* mit aggressiveren Verkaufsförderungsmaßnahmen, Filmkopplungsgeschäften, Kinderbekleidungssortimenten unter Lizenzvergabe und Einkaufsmöglichkeiten per Kabelfernsehen. „Wir müssen jeder sich bietenden Gelegenheit nachgehen," bemerkte ein Firmensprecher.[62]

AT&T, einst die größte Gesellschaft auf der Welt, wurde 1983 in sieben regionale Firmen aufgeteilt sowie in eine „neue AT&T", zu welcher die Bereiche Ferngespräche, Herstellung und Forschung der ehemaligen *Bell System* gehörten. Die Telekommunikation ist eine rasch wachsende Industriebranche. Von ihr profitierten vor allem die Gerätehersteller und nicht so sehr die Dienstleistungsfirmen. Zum Leidwesen von *AT&T* entfiel ein großer Teil dieses Wachstums auf die unzähligen Konkurrenten, die in jene Geschäftsbereiche eindrangen, die vor der Deregulation das alleinige Monopol von *Ma Bell* gewesen waren. Die regionalen Firmen ergriffen Diversifikations- und Akquisitionsmaßnahmen, weil man laut den Worten eines Firmensprechers „einen Motor braucht, der das Wachstum des Unternehmens vorantreibt. Ohne Wachstum droht der Ruin."[63] Die neue *AT&T* muß nun ihre Produkte und Dienstleistungen unter Wettbewerbsbedingungen vermarkten – eine unumgängliche Situation, mit der die Mitarbeiter, welche an die einstigen Geschäftspraktiken gewöhnt waren, fast keine Erfahrung haben. Bis jetzt erzielte *AT&T* keine sonderlich guten Ergebnisse.

Während ihres Veräußerungsprozesses schrieb *AT&T* veraltete Anlagen im Wert von 10 Milliarden Dollar ab, die größte Abschreibung eines Unternehmens in der Wirtschaftsgeschichte. Drei Jahre später führte sie die zweitgrößte Abschreibung in der Geschichte durch, nämlich weitere 3,2 Milliarden Dollar.

Wie *IBM* galt auch *Ma Bell* lange Zeit als einer der sichersten Arbeitgeber. Aber die Maßnahmen, die diese Sicherheit gewährleisteten, wurden ebenso ein Opfer der Veräußerungspolitik. Zwischen 1984 und 1986 schrumpfte die Belegschaft um mehr als 40 000 Mitarbeiter. Kurz vor Weihnachten 1986 kündigte die Gesellschaft einen weiteren Abbau von 27 400 Arbeitsplätzen an. Der Vorsitzende einer Konkurrenzfirma bemerkte: *„Was bei AT&T vonstatten geht, ist nicht so sehr das Resultat einer neuen Geschäftsphilosophie, sondern vielmehr ein Zuschneiden der Firma auf die tatsächliche Unternehmensgröße"*, womit gleichzeitig zum Ausdruck gebracht wird, daß die Wachstumsaussichten nicht gerade rosig sind.[64]

Wie steht es um die Gegenwart? 181

Auch Unternehmensgiganten auf dem internationalen Schauplatz haben ihre Probleme. Das weltweite Wachstumsphänomen Japan befindet sich in einer Phase der Verlangsamung. Dollarmäßig gesehen nahmen die Exporte im Jahre 1986 rapide zu, während sie in Wirklichkeit leicht rückläufig waren, wenn man den Yen, dessen Kaufkraft einen Anstieg von 33 Prozent verzeichnete, als Bewertungsgrundlage nimmt. Die Folge davon war ein Arbeitsplatzexport in Niedriglohnländer, geringere Unternehmensgewinne sowie eine wachsende Konkursrate. Die Arbeitslosigkeit hatte ihren Höchststand innerhalb von 30 Jahren erreicht, nämlich 2,8 Prozent, und laut Schätzungen würden 600 000 zusätzliche Arbeitsplätze verloren gehen, wenn die Hersteller weiter ihre Betriebsstätten ins Ausland verlegten.[65] Während sich die Vereinigten Staaten den Kopf über ihr Handelsdefizit mit Japan zerbrachen, suchten japanische Politiker immer verzweifelter nach Mitteln und Wegen, um die Rezession abzuwenden.

Das vergangene Jahrzehnt war selbst für die größten und leistungsstärksten Unternehmen nicht einfach. Als man die Inflation endlich in den Griff bekam, wurde offensichtlich, daß diese die sehr niedrigen Raten des realen Unternehmenswachstums kaschiert hatte. Viele Firmen verbargen ihre schwachen Leistungen hinter dem überbewerteten Dollar. Aus den spannenden Wachstumsstorys waren Geschichten zum Einschlafen geworden. Selbst so traditionelle Spitzenunternehmen wie *General Electric, Xerox, Polaroid, Eastman Kodak* und *Procter and Gamble* suchten besorgt nach Mitteln und Wegen, um den Motor wieder in Gang zu bringen.

Großbritannien ist vielleicht das berühmteste Beispiel für einen ehemals stolzen und nun gedemütigten Giganten. Britannia beherrschte im 19. Jahrhundert die Meere, und im Reich von Königin Victoria, welches den ganzen Globus umspannte, ging die Sonne nie unter. Noch im Jahre 1920 war England das zweitreichste Land auf der Welt. Heutzutage erreicht es gerade noch den 20. Platz. Und Großbritannien dürfte bald Gesellschaft bekommen. In den letzten zwei Jahrzehnten war Großbritannien das einzige Industrieland, dessen Wachstumsrate noch niedriger war als die der Vereinigten Staaten.[66]

Lektionen für den Ernstfall

Die große Wachstumssehnsucht läßt viele mit Scheuklappen durch das Leben gehen. Wir begeistern uns für Geschichten, die vom Riesenerfolg handeln. Auch wir wollen unbedingt zu den Gewinnern gehören. Gebannt lauschen wir den inspirierenden, anfeuernden Worten und Berichten jener, die es geschafft haben. Wir verschlingen Bücher und Zeitschriftenartikel und eilen zu Seminarvorträgen, um am besten in einer Minute oder noch weniger herauszufinden, wie wir es selbst anstellen müssen. Dabei übersehen wir aber ein paar wichtige Dinge. Wir wollen nicht wahrhaben, daß in allen Ligen, in allen populären Sportarten, jede Saison mit einem Gewinner und einem ganzen Haufen von Verlierern (das heißt „Nichtgewinnern") endet. Wir ignorieren die wohlbekannte Tatsache, daß jemand 10 Millionen Dollar in einem staatlichen Lotteriespiel nur gewinnen kann, weil Scharen weiterer Menschen sich zusammengefunden haben, um 20 Millionen Dollar zu verlieren. Wir vergessen, daß die Mehrzahl der Aktien-, Waren- und Immobilienspekulanten am Ende zu den Verlierern gehören. Da wir von Haus aus Optimisten sind, befassen wir uns lieber mit den vielversprechenden Möglichkeiten und weigern uns, die düsteren Wahrscheinlichkeiten zu bedenken. (Natürlich wird unseren rosigen Zukunftsaussichten noch vom Werbefernsehen Auftrieb gegeben, das eine heitere und hoffnungsvolle Welt aufzeigt, in der scheinbar benachteiligte Helden und Heldinnen immer alle Schwierigkeiten meistern und lebenslange Verlierer erst gar nicht auf der Bildfläche erscheinen dürfen.)

Frisch gewagt ist halb gewonnen. Wer nichts wagt, gewinnt nichts. Nur wenn man Gefahren auf sich nimmt, kann es Fortschritt und Wachstum geben. Diese überlieferten Lebenswesenheiten haben auch heute ihre Berechtigung, sind aber mit Vorsicht zu genießen. Sie gelten sicherlich nicht für jene, die nicht um die Gefahren wissen, die sie auf sich nehmen. Das Wachstum ist ein zu komplexer Bereich, als daß wir einfach all unsere Hoffnungen und Träume auf einen allzu großen Optimismus und wahllose Schüsse ins Blaue gründen könnten. Das Glück meint es mit jenen gut, die sich

Lektionen für den Ernstfall 183

präpariert haben, und nur jene, die immer auf dem neuesten Wissensstand sind, können damit rechnen, auch weiterhin gewappnet zu sein. Wir können eine Menge lernen, wenn wir uns einmal mit der Situation befassen, in der es kein Wachstum gibt.

Lektion 1: Das Wachstum dauert nicht ewig

Jedes Wachstum muß früher oder später einmal enden. Hätte man im Amerika des Jahres 1687 ein Geschäft mit einem Reinvermögen von 1 Dollar eröffnet und wäre dieses mit einer bescheidenen Jahresrate von 10 Prozent gewachsen, dann würde sich heute sein Reinvermögen auf über eine Billion Dollar belaufen, was im Jahre 1980 in etwa dem Vermögen aller 500 in der *Fortune*-Liste aufgeführten Unternehmen zusammen entsprochen hätte. Nehmen wir einmal ein etwas weniger ausgefallenes Beispiel: Wenn das größte amerikanische Industrieunternehmen des Jahres 1917 (*U.S. Steel*) eine jährliche Gesamtwachstumsrate von 10 Prozent verzeichnet hätte, dann wäre es jetzt über 1 Billion Dollar wert, was aber offensichtlich nicht der Fall ist. Angesichts der gängigen Erwartungen, welche an das Gesamtwachstum gestellt werden, war der Kauf von Manhattan Island für 24 Dollar im Jahre 1626 eigentlich keine so tolle Investition. Diese Insel müßte heute Billionen wert sein. Irgendwann im Laufe der Zeit kam das Wachstum ins Stocken.

In den letzten Jahren gab es Phasen der Wachstumsverlangsamung, deren Zeitabstände immer kürzer wurden. Viele Firmen, die noch im Jahre 1982 von den Autoren des Buches „In Search of Excellence" in den Himmel gelobt wurden, befanden sich kurze Zeit später in Schwierigkeiten. Die Prognosen von Megatrends für das Wachstum der Hochtechnologie im „Sonnengürtel" Amerikas erwiesen sich innerhalb weniger Jahre als falsch. In einem Führer aus dem Jahre 1981, dem „Association of MBA Executives Guide", wurden 15 amerikanische Großstädte beschrieben, die für Arbeitsuchende am erfolgversprechendsten zu sein schienen; 1987 waren vier von ihnen regelrechte Katastrophengebiete, und nur ein paar kann man noch mit Recht zu den schnell wachsenden Städten zählen.

Wenn ein Unternehmen, eine Industrie oder eine Nation rapide wächst, dann weiß man nur, daß dies nicht ewig der Fall sein wird. Der einzige unsichere Faktor ist dabei der Zeitpunkt.

Lektion 2: Wachstum ade, Scheiden tut weh

Wenn das Wachstum aufhört, dann kommen jene, welche ihre Zukunft darauf gebaut haben, nicht mehr mit einem blauen Auge davon. Anleger und Spekulanten sind ruiniert. Arbeitnehmer verlieren ihren Job, und mit der Karriere ist es aus und vorbei. Hauseigentümer müssen mit ansehen, wie sich ihre mit großen Mühen aufgebaute Eigenkapitalanlage in Nichts auflöst. Kommunen, Regionen oder Nationen schreiten mit Riesenschritten rückwärts. Bei diesen Aussichten werden jene, die eine Phase der Wachstumsabschwächung erleben, erbittert um die Fortdauer des Wachstums kämpfen, in etwa so, wie ein Seemann auf einem Schiff, welches gerade von Piraten angegriffen wird. Die ganze Situation ist einem zuwider, aber was bleibt einem schon anderes übrig, als sich voll ins Kampfgetümmel zu stürzen. Es gibt ja keine Alternative. Folglich kann man dabei auch nichts verlieren. Gibt man auf, so droht der sichere Untergang.

Lektion 3: Wachstum, das zum Stillstand kommt, hat weitreichende Folgen

Die Auswirkungen eines stockenden Wachstums sind mannigfaltig und machen sich in vielen Ländern bemerkbar. Die direkten Konsequenzen für das primäre Wachstumsvehikel, ob dies nun Öl, Gold, Holz, Fertigung oder Handel ist, sind nicht zu übersehen. Wenn sich das Wachstum verlangsamt oder aufhört, schwinden die Gewinne, die Aktienkurse fallen ins Bodenlose, und Arbeitsplätze werden vernichtet. Lieferanten und Händler, welche der primären Wachstumsindustrie ihre Dienste anbieten, machen kein Geschäft mehr. Es werden weniger Transportmittel für die Waren und das Personal benötigt. Die Nachfrage nach Haushaltsgeräten und Möbeln, nach Straßen, öffentlichen Versorgungseinrichtungen und Kanalisationssystemen geht zurück. Zwangsläufig fallen auch die

Lektionen für den Ernstfall

Immobilienwerte und Mieten. In Zeiten des Wachstums wird der Neubau gefördert, weil man von einer erhöhten Nachfrage in der Zukunft ausgeht. Hört das Wachstum auf, dann stehen viele neue Gebäude leer.

Damit soll keineswegs zum Ausdruck gebracht werden, daß sich zu Zeiten und an Orten, in denen das Wachstum ins Stocken gerät, kein Geld mehr machen ließe. Irgendwelche Wachstumschancen gibt es immer. Abbruchfirmen, Schrottplätze, Verkaufsoptionen und Konkursverfahren können, wie jedes andere Geschäft, ausgezeichnete Wachstumsvehikel sein.

Lektion 4: Ein ausbleibendes Wachstum macht verwundbar

Wachstum bedeutet Triebkraft und Vorwärtsbewegung und verschafft jenen Vorteile, welche das Ruder in der Hand haben. Die Lenkung des Wachstums ist mit der Steuerung eines Kanus auf einem wilden Fluß vergleichbar. Ist man schneller als die Strömung, dann kann man den Kurs selbst bestimmen. Hört das Wachstum auf, fangen die Schwierigkeiten an. Das Kanu gerät außer Kontrolle. Gierige Konkurrenten drängen sich auf den Markt. Lieferanten sind nicht mehr so dienstbeflissen. Finanzielle Mittel sind schwieriger aufzutreiben und kosten mehr, wenn man sie bekommt. Die Aktienkurse fallen und locken Übernahmejäger an. Innerhalb des Betriebs läßt die Arbeitsmoral nach, weil es kaum noch Aufstiegsmöglichkeiten gibt und die Belegschaft schrumpft. Hat der Abwärtstrend erst einmal eingesetzt, dann läßt er sich kaum noch umkehren. Bittere Erfahrungen bestätigen die alte Lebensweisheit: „Wachse oder stirb!"

Lektion 5: Das Wachstum selbst macht verwundbar

Gute Zeiten sind verlockend. Wenn die Wirtschaft floriert und Gewinne hereinrollen, glauben wir alsbald, daß wir die Zukunft schon in der Tasche haben. Die Beibehaltung von Vorteilen und Privilegien kann zur obersten Priorität werden. Wenn wir unser Augenmerk verstärkt auf kostspielige Vergünstigungen, Nebenleistungen für leitende Angestellte, Arbeitsentgeltpakete sowie den Arbeitsplatzkomfort richten, dann läßt unsere Wachsamkeit nach. Anstatt Vorkehrungen für die schlechten Tage zu treffen, welche sich zwangsläufig einstellen werden, geben wir uns dem allgemeinen Trend hin, die Dinge locker anzugehen und weniger eifrig zu arbeiten. Wir verlieren jene prägnante Schärfe, die das Wachstum überhaupt erst ausgelöst hat. Ohne diese Schärfe vergeben wir Chancen an Konkurrenten und beschleunigen unseren eigenen Untergang. Bittere Erfahrungen bestätigen die etwas neuere Lebensweisheit: „Wachse und stirb!"

Lektion 6: Wenn das Wachstum aufhört, ist es auch mit der Karriere vorbei

Schließlich nimmt auch die Aufwärtsfahrt im Wachstumslift einmal ein Ende, und jeder muß aussteigen. Dies wird jenen nur selten bewußt, die, vom explosiven Wachstum berauscht, hoch hinauswollen. Ihr unbesonnenes Streben nach höheren, verantwortungsvolleren und besser bezahlten Posten scheint gerechtfertigt und das logische Ergebnis ihrer eigenen harten Arbeit und hervorragenden Leistung zu sein. Wenn aber der Höhenflug auf einem Gebiet, innerhalb einer Firma oder in einem Land abflacht oder gar zum Tiefflug wird, dann wirkt sich dies auch auf die Karriere aus. Beförderungen und Gehaltserhöhungen werden zunehmend spärlicher, und bei dem Bemühen, wieder einen Wettbewerbsvorteil zu erlangen, wird überflüssiger Ballast von Bord geworfen.

Auch die wachstumsorientierten Topmanager, welche die glorreichen Tage einleiteten, kommen nicht unbedingt mit heiler Haut davon. Bei einem langsamen oder negativen Wachstum gibt es mehr Hasardeure als Chancen. Diejenigen, deren großartige Wachstumspläne sich als kompletter Reinfall erwiesen, müssen oft mit Bestürzung feststellen, daß der Zug ohne sie abgefahren ist.

Das Fast-Food-Genie Donald N. Smith ist ein typisches Beispiel dafür. Smith begann seine Karriere in der Küche von „*Big Boy*", das seinem Vater gehörte. Als er gerade 40 Jahre alt war, hatte er

„sein Können bei *McDonald's* Corporation unter Beweis gestellt, Pillsburys *Burger King* zu einem bedeutendem Konkurrenten aufgebaut und *Pizza Hut* von *PepsiCo* vor dem langsamen Tod bewahrt".[67] Seine Vergütungen hielten mit dem Wachstum Schritt, welches er förderte: Sein Gehalt bei *Pizza Hut* soll sich auf etwa 350 000 Dollar im Jahr belaufen haben, ein Mehr von mindestens einem Drittel im Vergleich zu dem, was ihm von *Burger King* gezahlt worden war.[68]

Da er an ein noch nicht ausgeschöpftes Pizzapotential glaubte, gab er im Jahre 1983 seinen Job als ranghöherer Vizepräsident bei *PepsiCo* auf, um Präsident und Vorstandsvorsitzender von *Diversifoods* zu werden. Dies führte zu einer Verdopplung seines Gehalts. Seine erste bedeutende Maßnahme war der Erwerb der zweitgrößten Pizzakette, der *Godfather's Pizza*.[69] Leider waren zum damaligen Zeitpunkt auch dem Wachstum der Fast-Food-Ketten Grenzen gesetzt. Im Jahre 1984 verkündete Donald N. Smith vor einer Versammlung von Vermögensverwaltern, daß man die Gewinne des Jahres 1984 vergessen könne. „Ich bin sichtlich enttäuscht", erklärte er ihnen. „Noch nie mußte ich in den 25 Jahren, seit denen ich im Restaurantgeschäft bin, derartige Ergebnisse vorweisen."[70]

Bald darauf startete Donald N. Smith den Versuch, *Diversifoods* mit Fremdkapital aufzukaufen. Dieses Vorhaben scheiterte, weil er nicht die erforderlichen Finanzmittel in Höhe von 525 Millionen Dollar aufbringen konnte. Die Aktien von *Diversifoods* waren auf weniger als die Hälfte des Kurses gefallen, auf welchem sie zu Beginn des Jahres gestanden hatten; schuld daran war vor allem das Ergebnis der erworbenen *Godfather's Pizza*. Dem Aufsichtsrat von *Diversifoods* gefiel dies überhaupt nicht.[71] Smith wurde alsbald aufgefordert, seine nächste Wachstumschance beim Schopf zu packen. Er nahm ein Angebot für den Ausbau einer neuen Kette chinesischer Restaurants „zum Spaß" (das heißt ohne jegliche Vergütung) an, weil „eine riesige Lücke auf dem Markt für eine leistungsstarke nationale Chinarestaurantkette besteht".[72]

Wir wünschen Donald Smith bei seinem neuen Unterfangen alles Gute. Als talentierte Führungskraft hat er große Beiträge auf dem von ihm gewählten Gebiet geleistet. Wir wollen seine Errungenschaften keineswegs herabwürdigen oder seinen Mißerfolg als unwichtig abtun. Anhand seines gründlich dokumentierten Lebenslaufs möchten wir nur aufzeigen, daß ein sich verlangsamendes Wachstum nachteilige Auswirkungen für die Karriere wachstumsorientierter Manager haben kann. Selbst die besten unter ihnen können Fehler machen (und gut geführte sowie günstig gelegene Chinarestaurants dürften eigentlich eine ganz vielversprechende Idee sein).

Das erzwungene Wachstum läßt oft den Karrierezug entgleisen und versperrt Möglichkeiten, es muß aber noch nicht den endgültigen Ruin bedeuten. Der Fairneß halber sollten wir darauf hinweisen, daß es manchmal trotz schlechter Chancen Gewinner gibt. Nachdem die *Warner Communications* das letzte *Atari*-Kapitel abgeschlossen hatte und einen Verlust von 586 Millionen Dollar verzeichnete, setzte bei ihr eine erstaunliche Trendwende ein. Ihre Bilanz erholt sich, und Analysten empfehlen den Kauf ihrer Atien. *Warner* zieht noch einmal Akquisitionen und Expansionsmaßnahmen in Betracht, die dieses Mal jedoch mit den erprobten Stärken des Unternehmens in größerem Einklang stehen. Steven J. Ross hat das *Atari*-Debakel überstanden. Er ist immer noch Vorstandsvorsitzender der *Warner Communications*, und die Analysten sind im Hinblick auf die Zukunft des Unternehmens recht optimistisch.[73] Der Stoff für ein gutes Drehbuch ist vorhanden: große Hoffnungen, die von einer drohenden, ruinösen Katastrophe zerschlagen werden, und zum Schluß dann doch ein herzerfrischendes Happy End. Ab und zu kommt dies auch im wirklichen Leben vor.

Silicon Valley – Fortsetzung der Saga

Wie jedermann weiß, kann der Schein trügen. Zu Beginn der achtziger Jahre sah es so aus, als ob die Spitzentechnologie die Rettung der amerikanischen Wirtschaft sei. Zweifellos war dies die attraktivste Möglichkeit. In jenen düsteren Jahren sehnte sich das Land nach Wachstum, und Mikrochips, Personalcomputer und Videospiele hatten eine unwiderstehliche Anziehungskraft.

Silicon Valley – Fortsetzung der Saga

Die Firma *Atari* brach im Jahre 1982 zusammen, und *Osborne*, *Apple* sowie andere ehemalige Wunderkinder hatten mit allgemein bekannten Schwierigkeiten zu kämpfen. Viele Unternehmen hielten durch, und einige florierten weiterhin, aber spektakuläre Erfolgsstories wurden nicht mehr so häufig geschrieben. Ein häufiger Arbeitsplatzwechsel gehörte in jenen wilden Tagen mit zum Spiel. Ein alter Hase drückte es so aus: „Wenn jemand seinen Job wechseln will, dann muß er hier nur am Morgen dieselbe Straße wie immer entlangfahren und in eine andere Einfahrt einbiegen."[74]

Jedoch wurde es für Ingenieure, Chip-Konstrukteure und Computergenies zunehmend schwieriger, einen neuen Arbeitsplatz zu finden. Die Forscherin Judith Larsen fand heraus, daß entlassene Spitzentechnologen mit der Wende nur schwer fertig wurden. Obwohl viele von ihnen innerhalb von drei Monaten wieder Arbeit hatten, waren Streß, Scheidungen und Minderwertigkeitsgefühle weit verbreitet. Geld war nicht das Hauptproblem (auch wenn Abstriche am hohen Lebensstandard gemacht werden mußten). Es waren Arbeitssüchtige, denen man ohne ihre Einwilligung die Droge weggenommen hatte und die nun unter den Entzugserscheinungen der schmerzlich geraubten Selbstachtung litten. Judith Larsen meint: „Ich glaube nicht, daß wir jemals wieder eine so glückliche Zeit erleben dürfen. (...) Die Leute sind verwirrt. Sie wissen, daß es nicht mehr so wie früher ist. (...) Sie verstehen nicht, was da passiert. (...) Sie wollen nicht glauben, daß auch sie davon betroffen sein könnten."[75] Ein paar Unternehmer hegen zwar die Hoffnung, daß wieder bessere Tage kommen werden, aber viele Leute fragen sich, wie lange es noch dauern wird, bis der Wert ihrer Häuser gleich Null sein wird.[76]

Die Stimmung im Silicon Valley zu Beginn des Jahres 1987 war verständlicherweise gedrückt. Die amerikanische Halbleiterindustrie verzeichnete 1986 einen Verlust von mehr als einer Milliarde Dollar, und das Handelsdefizit des Elektroniksektors nahm um 49 Prozent zu und überstieg somit 13 Milliarden Dollar. Etwa 18 000 Arbeitsplätze verschwanden innerhalb eines Zeitraums von zwei Jahren.[77] Der Anteil der USA am weltweiten Halbleitermarkt war von 52 Prozent im Jahre 1980 auf 50 Prozent im Jahre 1985 gefallen. Der Anteil am riesigen Speicherchip-Markt, der einst völlig von den Amerikanern beherrscht wurde, schrumpfte auf weniger als 10 Prozent zusammen.[78]

Die von Unternehmen des Silicon Valley veranstalteten Weihnachtsfeiern, die wegen ihres geradezu verschwenderischen Umgangs mit Geld berühmt waren, gehören heute längst der Vergangenheit an. Die deutliche Trendwende, mit der man rechnet, wird immer wieder um ein weiteres Jahr in die Zukunft verschoben: Eine Belebung könnte bis zum vierten Quartal stattfinden, aber es gibt ein paar große „Wenns". Bei *Intel* sprechen Anzeichen für einen Aufschwung, trotzdem ist deren Präsident Andrew S. Grove für staatliche Interventionen. „Heutzutage kommt die Branche nicht mehr ohne fremde Hilfe aus", erklärte er einem Reporter des *Wall Street Journal*. Der wichtigste Handelskonzern der Branche empfiehlt sogar eine 1-Milliarden-Dollar-Hilfe, um die Leistungsfähigkeit Amerikas auf dem Elektronik- und Verteidigungssektor zu gewährleisten.[79] Zur Aufrechterhaltung der Handelsbeziehungen ordnete das japanische Ministerium für internationalen Handel und Wirtschaft zu Beginn des Jahres 1987 an, daß Japans Speicherchip-Produzenten drei Jahre lang ihre Produktionsmenge um 10 Prozent reduzieren sollten, obwohl auch die japanische Halbleiterindustrie unter dem Rezessionsdruck leidet.[80] Trotz der guten Absichten dieses Ministeriums schreckte Präsident Reagan nicht davor zurück, die Auferlegung eines Einfuhrzolls von 100 Prozent bei einer breiten Palette japanischer Elektronikerzeugnisse anzukündigen; wahrscheinlich wollte er damit Japan bestrafen, dessen Regierung in den Augen von Washington ihre Halbleitervereinbarung mit den USA nicht einhält.[81]

National Semiconductor ist währenddessen damit beschäftigt, einige Unternehmenstätigkeiten einzustellen, um einen weiteren Aderlaß zu verhindern. Die Firma *Schlumberger* versucht, ihre in den roten Zahlen steckende *Fairchild Semiconductors* zu veräußern. Die Japaner wollen bei diesen Maßnahmen ein paar gute Schnäppchen machen.[82] Die *San Jose Mercury News* feiert Jerry Sanders von *Advanced Micro Devices* als lokalen Helden, weil er sein Versprechen, daß er keine Mitarbeiter entlassen werde, eingehalten

Silicon Valley – Fortsetzung der Saga

hat, obwohl der Umsatz von *AMD* im Jahre 1984 um 40 Prozent fiel. (Am Ende ließ er aber doch 500 Leute gehen, zögerte dies aber solange hinaus, bis die Firma fast vor dem Ruin stand.)[83] Ferraris verkaufen sich kaum noch. Das Geschäft in den Kneipen dieser Gegend belebt sich nur an den „Schwarzen Mittwochstagen", dann nämlich, wenn die Entlassungen offiziell werden.

In der Arques Avenue von Sunnyvale, einer der Geschäftsstraßen des Silicon Valley, ist die Flaute sichtbar. Viele Häuserblocks lang wird die Straße von architektonisch aufgelockerten, futuristischen Geschäftsgebäuden gesäumt, die mit glänzenden Namen aus dem Weltraumzeitalter protzen: *Ramtek, Nanometrics, Avantek, Tandem, Xynetics, Smartek, Collision Technology* (eine Karosseriewerkstatt). Aber viel häufiger als jedes andere Firmenemblem sieht man an der Vorderfront die Aufschrift „Zu Verkaufen".

Warum war es mit all dem Wachstum zu Ende? Everett Rogers hat mehrere Erklärungen dafür. Seiner Meinung nach liegt der Hauptwettbewerbsvorteil des Silicon Valley in der Innovation. Allerdings haben die einst revolutionären Technologien, die den Aufschwung des Tals ermöglichten, einen Zustand des stabilen Wachstums erreicht. Die hektischen Märkte für Mikrocomputer und ähnliche elektronische Geräte haben sich beruhigt und werden zunehmend von ausländischen Herstellern übernommen. Die Investitionstätigkeit ist schwach, wodurch die Nachfrage nach elektronischer Ausstattung weiter gedämpft wird. Preis und Volumen, welche noch nie die starken Seiten des Silicon Valley waren, werden immer mehr zu den Wettbewerbsparametern der Elektronikbranche.[84]

In einer Studie von *SRI International* wird dieser Punkt hervorgehoben. Auf nationaler Ebene hat die Beschäftigung im High-Tech-Bereich seit 1980 zugenommen, wenngleich die Wachstumsrate von 1 Prozent pro Jahr herzlich bescheiden ausfiel. Laut *SRI* verlor aber speziell der Bundesstaat Kalifornien 1985 5600 Arbeitsplätze im Computer- und Mikroelektroniksektor. Erstklassige Forschungs- und Entwicklungslabors blieben, die Elektronikherstellung wurde aber in Gebiete mit niedrigeren Kosten verlagert.[85]

Vielleicht wandert als nächstes der Faktor Innovation ab. Everett Rogers glaubt, daß das Silicon Valley 1981 einen Wendepunkt erlebte. In jenem Jahr kletterten die Preise für Wohnungen derart in die Höhe, daß diese mit den in dieser Region gezahlten Gehältern nicht mehr erschwinglich waren. Die Firmen waren für Spitzenkräfte von außerhalb nicht mehr attraktiv. Die Gehaltserhöhungen, die man ihnen bot, konnten die aufgeblasenen Wohnungskosten im Gebiet um die San Francisco Bay nicht länger decken.

Wird Silicon Valley einmal auf den Status von Bodie herabsinken, jenem verlassenen Ort in Kalifornien, der vom Wind umpeitscht wird, der erbarmungslosen Witterung ausgesetzt ist und heute einen jämmerlichen Anblick bietet? Wahrscheinlich nicht, denn ohne das Gold hätten sich die Menschen nie in Bodie niedergelassen. Selbst in der Blütezeit von Bodie soll ein kleines Mädchen geschrieben haben: „Leb wohl, lieber Gott, wir gehen nach Bodie". Dagegen verfügt Santa Clara Valley über einen ausgezeichneten Standort, ein einmaliges Klima sowie einen fruchtbaren Boden.

Aber günstige Bedingungen gab es auch anderswo. Wird auch Silicon Valley eines Tages ein weiteres heruntergekommenes Überbleibsel einer vergangenen Hochtechnologie sein? Zieht man die Geschichte zu Rate, so ist dies wirklich nur eine Frage der Zeit.

Anmerkungen

1. Williams III, George, The Guide to Bodie, Riverside, Calif., Tree By The River Publishing, 1984, S. 3.
2. Dictionary of American History, vol. 3, New York, Charles Scribner, 1976, S. 192–193.
3. U.S. Department of Commerce, County and City Data Book, 1984.
4. Williams, Guide to Bodie, S. 19–20.
5. Weigley, Russell F., Philadelphians Are Not so Big on History, *Philadelphia Inquirer*, 13. May 1983.
6. Philadelphia, The Philadelphia Chamber of Commerce, 1924.
7. Aus: City Facts for the Graduating Student, An Association of M.B.A. Executives Guide Sponsored by the *American Express Card*, 1981.
8. Smith, Donna, More Banks on Problem List, *Philadelphia Inquirer*, 22. January 1987.
9. Mobil, Shell, Sun Profits Fell Sharply, Chevron Reports a Loss for 4th Quarter, *Wall Street Journal*, 28. January 1987.
10. Tanner, James, Lean *Exxon* Tiger, Still a Giant, Has a Smaller Appetite, *Wall Street Journal*, 17. March 1987.
11. Sullivan, Allanna, *Exxon*'s World-Wide Job Cuts Hit Home, *Wall Street Journal*, 9. July 1986; Bennett, Amanda, Chevron Corp. Has Big Challenge Coping with Worker Cutback, *Wall Street Journal*, 4. November 1986.
12. Frazier, Steve, Many Oil Firms Scrap Long-Range Research Because of Price Drop, *Wall Street Journal*, 20. June 1986.
13. Wenger, Scott, Schlumberger Slates Charge of $ 1,7 Billion, *Wall Street Journal*, 12. December 1986.
14. McCoy, Charles F., Four Major U.S. Banks Face Losses from the Hunts' Financial Trouble, *Wall Street Journal*, 22. February 1985; Finn, jr., Edwin A./Sullivan, Allanna, Hunts Sold Most of Silver Hoard, Taking Estimated $ 1 Billion Loss, *Wall Street Journal*, 3. October 1985.
15. Slump in Oil Region Takes Toll of Non-Energy Firms, *Wall Street Journal*, 26. February 1987.
16. Frazier, Steve, Housing-Market Bust in Houston Is Creating Rash of Instant Slums, *Wall Street Journal*, 5. February 1987.
17. In Houston, a Real Estate Crises Has Followed the Oil-price Crash, *Philadelphia Inquirer*, 10. August 1986; Vrazo, Fawn, Its Economy Ailing, Houston Turns into a Renters' Paradise, *Philadelphia Inquirer*, 12. October 1986.
18. Lublin, Joann S./Guenther, Robert, New Mortgage Fraud Hurts Home Sellers with VA, FHA Loans, *Wall Street Journal*, 21. January 1986.
19. Frazier, Housing-Market Bust in Houston.
20. Apcar, Leonard M., The Texas Bust Has Dallasites Wondering Whether 'Big D' Is Short for 'Depression', *Wall Street Journal*, 31. October 1986.
21. Mitgang, Lee, As the Price of Crude Tumbles, Oklahoma Schools Hit Bottom, *Philadelphia Inquirer*, 21. June 1986.
22. Tyler, Patrick E., With Oil Cheap, Saudi Arabia Runs on Financial Reserves, *Philadelphia Inquirer*, 22. February 1987.
23. de Corduba, José, Baseball in Venezuela Turns Bush League as Economy Staggers, *Wall Street Journal*, 28. January 1987.

24. Isikoff, Michael/Mathews, Jay, Saudi Arms Broker's Company Files for Bankruptcy, *Philadelphia Inquirer*, 30. January 1987.
25. Beazley, J. Ernest/Russell, Mark, Steel Union Is Balking at Further Givebacks, Terming Them Futile, *Wall Street Journal*, 29. July 1986.
26. Beazley, J. Ernest/Hymowitz, Carol, Strike at USX Shows How Far Steelmaker Has Fallen from Glory, *Wall Street Journal*, 7. August 1986.
27. Beazley/Hymowitz, Strike at USX.
28. *Fortune*, 28. April 1986, S. 182–183 f.
29. Mitchell, Cynthia F., *LTV Corp.* Had 453,4 Million Dollar 4th-Period Loss, *Wall Street Journal*, 2. February 1987.
30. Beazley, J. Ernest/Russel, Mark, TV Chapter 22 Filing Will Change the Way Steel Mills Compete, *Wall Street Journal*, 18. August 1986.
31. Kaiser Files for Bankruptcy as Steel's Woes Persist, *Philadelphia Inquirer*, 13. February 1987.
32. Carlson, Eugene, Economists See Difficult Days Ahead for West and Midwest, *Wall Street Journal*, 30. September 1986.
33. Myers, Henry F., Why the Farm Crisis Is Likely to Worsen, *Wall Street Journal*, 26. August 1985.
34. McGregor, James, Exports of Grain Decline, *Philadelphia Inquirer*, 1. September 1985.
35. W. German Farmers Told to Plant Golf Courses, *Philadelphia Inquirer*, 4. February 1987.
36. Wall, Wendy L., Report of Farm-Trade Deficit Indicates Revival of Exports Will Be Difficult Task, *Wall Street Journal*, 30. June 1986.
37. McCoy, Charles F., Farm Credit System, Buried in Bad Loans, Seeks Big U.S. Bailout, *Wall Street Journal*, 4. September 1985.
38. McCoy, Charles F., Farm Credit System May Need Funding from U.S. Much Sooner Than Expected, *Wall Street Journal*, 5. February 1987.
39. McCoy, Charles F., Loan Troubles of Farm Banks Grew in 1st Half, *Wall Street Journal*, 19. November 1986.
40. Wall, Wendy L., U.S. Agriculture Faces Still More Shrinkage, Many Economists Say, *Wall Street Journal*, 24. December 1986.
41. Bellew, Patricia A., After Long Prosperity, Farmers in California Suffer Heavy Losses, *Wall Street Journal*, 21. September 1984.
42. Charlier, Marj, More Young Farmers Rent Land They Till, Often to Avoid Debt, *Wall Street Journal*, 3. February 1987.
43. Shribman, David, Economic Conditions in States Vary Dramatically as a Study Shows 31 Are Experiencing Recessions, *Wall Street Journal*, 26. August 1986; Charlier, Marj, Rural Counties Struggle to Maintain Services as Economies Falter and Revenue-Sharing Ends, *Wall Street Journal*, 10. November 1986.
44. Morris, Betsy, Food Items Proliferate, Making Grocery Aisles a Corporate Battlefield, *Wall Street Journal*, 17. August 1984.
45. Smith, Randall, Fast-Food Restaurant Chains May Be Facing Threat as Microwave Ovens Keep Multiplying, *Wall Street Journal*, 22. December 1986.
46. Boyer, Peter J., Viewers Continue to Flee the Big 3, *Philadelphia Inquirer*, 21. April 1983.
47. Lipman, Joanne, Advertising Slump Now Expected to Last Until Late '87, *Wall Street Journal*, 22. October 1986.

Anmerkungen 195

48. Lipman, Joanne, As Network TV Fades, Many Advertisers Try Age-Old Promotions, *Wall Street Journal*, 26. August 1986.
49. Barnes, Peter W., *CBS Inc.* Is Said to Be Planning More Dismissals, *Wall Street Journal*, 26. September 1986.
50. Barnes, Peter W., Tisch Wins Praise for Fast Action at *CBS*, *Wall Street Journal*, 3. October 1986.
51. Lapham, Lewis H., Network News, A Toaster Going out of Style, *Philadelphia Inquirer*, 26. March 1987.
52. Cohen, Richard, Wall Street Can't Escape the Scandal, *Philadelphia Inquirer*, 22. February 1987.
53. Lipman, As Network TV Fades.
54. Barnes, Peter W., Bankruptcy-Law Filings Submitted for 2 TV Stations, *Wall Street Journal*, 8. January 1987.
55. Landro, Laura, *Time* Inc. Won't Launch Picture Week After More Than Year of Market Tests, *Wall Street Journal*, 7. November 1986.
56. Richter, Paul, Networks Send Upsetting Signal to Local Stations, *Los Angeles Times*, 28. December 1986.
57. Barnes, Peter W./Lipman, Joanne, Networks and Ad Agencies Battle over Estimates of TV Viewership, *Wall Street Journal*, 7. January 1987.
58. Barnes, Peter W., *CBS Inc.*'s TV Network May Have Loss of as Much as S 20 Million This Year, *Wall Street Journal*, 20. January 1987.
59. Baig, Edward C., America's Most Admired Corporations, *Fortune*, 19. January 1987, S. 18 ff.
60. Kneale, Dennis, *IBM*'s Problems Are Going to Worsen in '87, According to a Growing Minority of Analysts, *Wall Street Journal*, 13. January 1987; *IBM* Cut Spending 22 %, Inventories 13 % in 1986, *Wall Street Journal*, 11. February 1987.
61. Cilman, Hank, *IBM* Dissidents Hope for Increased Support as Work Force Is Cut, *Wall Street Journal*, 13. January 1987.
62. Weiner, Steve/Kilman, Scott, *Sears's* Retailing Lines Have Grim Long-Run Prospects, *Wall Street Journal*, 18. November 1986.
63. Roberts, Johnnie L., Baby Bells Diversify into Non-Phone Areas, Spark Much Criticism, *Wall Street Journal*, 10. December 1986.
64. Guyon, Janet, As Profit Lags, *AT&T* Eases Computer Push, Plans Further Job Cuts, *Wall Street Journal*, 11. November 1986.
65. Simons, Lewis M., Strong Yen Hurts Japan's Economy as Profits and Employment Decline, *Philadelphia Inquirer*, 18. January 1987.
66. Nasar, Sylvia, Worries from the Dismal Science, *Fortune*, 22. December 1986, S. 58 ff.
67. Charlier, Marj, *Diversifoods* Will Assess Whether Smith Has Met *Godfather's Pizza* Unit Challenge, *Wall Street Journal*, 17, December 1984.
68. Miller, Gay Sands, *Pizza Hut's* New Sales Strategy, Faster Service, Expanded Menus, *Wall Street Journal*, 20. November 1980.
69. Richards, Bill/Guyon, Janet, *Pizza Hut* Sees Big Challenge from Ex-Chief, *Wall Street Journal*, 23. September 1983.
70. *Diversifoods* Attracts Long-Term Interest as Restructuring Efforts Begin to Take Shape, *Wall Street Journal*, 19. September 1984.
71. Charlier, *Diversifoods* Will Assess.
72. Zaslow, Jeffrey, Fast-Food Whiz Donald Smith Is Hired to Make Chicago

Firm National Chain, *Wall Street Journal*, 7. March 1985.
73. Landro, Laura, *Warner Communications* to Post Surges in Profit from Lines for 4th Period, '86, *Wall Street Journal*, 6. February 1987.
74. Rogers, Everett, M./Larsen, Judith K., Silicon Valley Fever, New York, Basic Books, 1986.
75. Aus einem persönlichen Gespräch mit Judith K. Larsen.
76. Carey, Pete/Eig, Jonathan, The Thrill Is Gone, Valley Adapts to High-Tech Slump, *San Jose Mercury News*, 14. September 1986.
77. Schlender, Brenton R./Yoder, Stephen Kreider, Semiconductor Accord with Japan Fails to Aid U.S. Firms as Intended, *Wall Street Journal*, 12. February 1987; Electronics Trade Deficit for U.S. Grew 49 % in '86, *Wall Street Journal*, 19. February 1987.
78. Waldman, Peter/Schlender, Brenton R., Is a Big Federal Role the Way to Revitalize Semiconductor Firms? *Wall Street Journal*, 17. February 1987.
79. Waldman/Schlender, Is Big Federal Role the Way?
80. Waldman, Peter, Japanese Chip Firms Told to Cut Output 10 % as U.S. Deadline on Accord Nears, *Wall Street Journal*, 19. February 1987.
81. Farnsworth, Clyde H., U.S. Is Retaliating Against Japanese in Trade Dispute, *New York Times*, 28. March 1987.
82. Brandt, Richard, Japan Buys a Big Piece of Silicon Valley, *Business Week*, 10. November 1986, S. 45.
83. West Local Heroes, *San Jose Mercury News*, 4. January 1987. (Eine Umfrage unter AMD-Aktionären, deren Aktien um mehr als die Hälfte gefallen waren, dürfte ein anderes Ergebnis gehabt haben.)
84. Aus einem Gespräch mit Everett M. Rogers, 1986.
85. Carlson, Economists See Difficult Days.

6. Kapitel

Die Gefahren des forcierten Wachstums

„Wachstumstragödien" haftet die Tragik klassischer Dramen an: Die Helden mögen noch so edel gesinnt und tüchtig sein, die Götter haben deren Untergang längst beschlossen, das Ende ist vorprogrammiert. Anders verhält es sich mit den „Wachstumskatastrophen". Sie haben mehr mit Slapstickkomödien gemein als mit der Tragödie. Ihre Themen handeln nicht von den Lebensbedingungen des Menschen, sondern von allzu ehrgeizigen Zielen. Die handelnden Figuren wollen unbedingt hoch hinaus – viel höher, als es die Götter zulassen können. In der letzten Szene landet eine Sahnetorte mitten im Gesicht des hochnäsigen Bankiers, des tyrannischen Chefs oder des bösen Schurken. Die Blamage ruft Gelächter, nicht Mitleid hervor. Blinde Hybris ist der ärgste Feind gesunden Wachstums.

Wachstumsspiele im Silicon Valley

Computer, Mikrochips und andere Erzeugnisse des Silicon Valley in Kalifornien bilden zweifellos einen großen und wichtigen Teil einer riesigen und wachsenden Weltbranche. Nach den von uns verwendeten Maßstäben ist die Elektronik ein ausgezeichnetes Beispiel für gesundes Wachstum, an dem viele Firmen im Silicon Valley Anteil haben. Für viele weitere High-Tech-Unternehmen aber schnappt die Wachstumsfalle zu. Das Ergebnis sind wahre Wachstumskatastrophen. Diese Situation unterscheidet sich deutlich von jener, in welcher das Wachstum nur zum Stillstand gekommen ist. Everett M. Rogers hat das Grundschema der Wachstumskatastrophen im Silicon Valley untersucht und analysiert.[1]

Die Gründung von ein paar High-Tech-Firmen im Silicon Valley, wie zum Beispiel *Hewlett-Packard*, *Cromemco* und *TeleVideo*, erforderte keine größere fremde Hilfe in Form von Risikokapital. Allerdings ist die heutige High-Tech-Produktion im allgemeinen kapitalintensiv. Die Anlaufkosten können astronomische Summen erreichen, insbesondere wegen der Geschwindigkeit, mit der die Entwicklung von Hochtechnologieprodukten vorangetrieben werden muß, wenn das Management seine Marktchancen nicht verpassen will. Aus diesem Grund ist das Silicon Valley ein lukrativer „Jagdgrund" für Risikokapitalgeber. Nach Meinung von Rogers gab es nur wenige Situationen, die auf die Bedürfnisse der Risikofinanziers so zugeschnitten waren wie jene in der Blütezeit des Silicon Valley.

Was die Risikokapitalgeber im Silicon Valley erreichen wollen, ist eine Menge schnell verdienten Geldes. Standardziel ist die zehnfache Summme des investierten Kapitals innerhalb von fünf Jahren – ein Glücksspiel mit ungewissem Ausgang. Bei jeder kleinen High-Tech-Firma geht man ein Wagnis ein, und deshalb streuen die Kapitalgeber ihr Risiko, indem sie auf mehrere Firmen gleichzeitig setzen. Sie rechnen damit, daß von zehn Jungunternehmen im Durchschnitt zwei bis drei frühzeitig aufgeben müssen. Drei bis vier weitere enden als „tote" Unternehmen, die zwar irgendwie weiterexistieren, aber keinerlei Fortschritte machen. Zwei oder drei erreichen das angestrebte Ziel und werfen in fünf Jahren einen zehnfachen Ertrag ab. Wenn es Fortuna mit den Risikofinanziers wirklich gut meint, dann wird aus einem ihrer Schützlinge ein weiterer *Apple, Intel* oder *Tandem*, der für jeden hingeblätterten Dollar 100 oder sogar mehr einbringt.

Von den etwa 3000 High-Tech-Unternehmen beschäftigen ungefähr 60 große Firmen die Hälfte des ortsansässigen Personals. Fast alle anderen Firmen sind kleine Ein-Produkt-Unternehmen mit zehn oder weniger Mitarbeitern. Normalerweise steht an der Firmenspitze ein technisch vorgebildeter Unternehmer, das heißt ein Ingenieur oder Wissenschaftler mit einer tollen Idee und großartigen Plänen. Ohne eine riesige Finanzhilfe sind diese Pläne allerdings nicht zu verwirklichen. Der Unternehmer setzt sich daher mit den Risikokapitalgebern an einen Tisch. Das zur Finanzierung verwendete Venture capital hat seinen Preis, nämlich die Mehrheitsbeteiligung an der Firma. Für den technischen Unternehmer sowie das Entwicklungsteam fallen natürlich auch ein paar stattliche Geschäftsanteile ab. Daneben übernimmt die Finanzierungsgesellschaft die kaufmännische Leitung der Firma. Der Unternehmer kann sich voll um die technischen Belange kümmern, das Produkt entwickeln und dessen Produktion in die Wege leiten.

Nach diesen ersten Schritten setzt dann aber der Wachstumsdruck ein. Um den oben genannten Ertrag des investierten Kapitals erzielen zu können, müssen die Risikofinanziers das Unternehmen erfolgreich an der Börse einführen. Anleger auf der ganzen Welt kaufen sich ein Stück des High-Tech-Wachstums, woraufhin der Wert der in den Händen der Risikofinanziers befindlichen Anteile in die Höhe schnellt. Damit die öffentliche Auflegung auch von Erfolg gekrönt ist, muß das Unternehmen blitzschnell ein großes und weithin sichtbares Wachstum vorweisen können. Normalerweise handelt es sich hier um ein Wachstum, das man am Umsatz, selten am Gewinn oder an der Rendite der Kapitalanleger mißt. Die Wunderdinge des High-Tech-Zeitalters wie Mikrochips, Videos und Großrechner sind auch gar nicht das eigentliche Produkt, sondern vielmehr jene süßen Träume vom astronomischen Wachstum, die man an das Anlegerpublikum verkauft.

Wachstumsspiele im Silicon Valley

Wenn ein Jungunternehmen der Hochtechnologiebranche an die Börse geht und dort Erfolg hat, werden über Nacht alle Beteiligten reich – in diesem Fall sowohl Insider wie Risikokapitalgeber, Unternehmer und ein paar leitende Angestellte. Solange die Firma überlebt, dürfte dieser Zustand andauern. Angesichts der im Besitz der genannten Personen befindlichen Anteilspakete müßte der Aktienkurs fast völlig zusammenbrechen, bevor sie ihre Millionärsabzeichen einbüßen würden. Ist die Firma erst einmal an der Börse eingeführt, dann haben die Risikofinanziers auch das große Geld gemacht. Einige ziehen sich zurück, andere machen sich mit ihren Erlösen auf die Jagd nach dem nächsten, vielversprechenden Risikounternehmen. Verständlicherweise verlieren sie dabei das Interesse an der kaufmännischen Leitung der Firma, denn sie haben ja den Gewinn erzielt, den sie angestrebt hatten. Die Zukunft der Firma ist nun das Problem anderer.

An diesem Punkt wird der Wachstumsdruck noch einmal spürbar. In der Regel ist laut Everett Rogers der Markt für das erfolgreiche Erstprodukt innerhalb weniger Jahre gesättigt. Das Wachstum verliert an Schwung, und die Konkurrenz unterminiert den anfänglichen Vorteil des Unternehmens. Dieses versucht daraufhin, seinen Motor mit einem zweiten Produkt wieder in Gang zu bringen, welches sich in solchen Situationen aber oft als untauglich erweist. Wenn es der Firma jedoch hinlänglich gelingt, den *Anschein* eines bevorstehenden Erfolgs und baldigen Wachstums zu erwecken, dann kann sie berechtigterweise darauf hoffen, daß man ihr vor ihrem Abgang ein Übernahme- oder Aufkaufangebot unterbreitet. Das übernehmende Unternehmen zahlt einen kräftigen Aufpreis für seinen beherrschenden Anteil. Dadurch verhindert man eine drastische Deflation des Reinvermögens der Unternehmer und weiterer Insider. Gleichzeitig werden diese den Klotz an ihrem Bein los, mit dem sich nun die neuen Besitzer herumschlagen können. Laut *Wall Street Journal* wurden zwischen 1979 und 1984 mehr als 500 High-Tech-Unternehmen von größeren Gesellschaften geschluckt. Sehr viele dieser Verbindungen führten ins Unglück.[2]

Aufgrund dieses Ablaufs schneiden neu gegründete High-Tech-Unternehmen im Silicon Valley oft besser ab als andere Firmen –

allerdings auch nur über einen gewissen Zeitraum hinweg. Im Durchschnitt erleidet ein hoher Prozentsatz von Jungunternehmen innerhalb von ein oder zwei Jahren Schiffbruch, im Silicon Valley hingegen sind etwa vier von fünf neu gegründeten Firmen nach zwei, drei, ja sogar vier Jahren immer noch unabhängig. Etwa dann ist jedoch der Risikokapitalzyklus abgeschlossen. Ungefähr nach dem fünften Jahr der Neugründung fällt die Überlebensrate der Firmen im Silicon Valley in etwa auf die der anderen Jungunternehmen ab: In beiden Fällen sind nach fünf Jahren nur etwa 20 Prozent immer noch unabhängig und existenzfähig.

Wer ist nun der Gewinner bei diesem Wachstumsspiel? Der Unternehmer und sein Team können, wenn sie Glück haben, sehr reich werden. Selbst wenn das Unterfangen scheitert, finden sie ohne weiteres einen neuen Job. Damit sie überhaupt eine Firma gründen konnten, mußten sie ja schon zur Spitze auf ihrem Fachgebiet gehört haben, und niemand dreht ihnen aus ihrem wagemutigen, wenn auch fehlgeschlagenen Versuch einen Strick.[3] Wenn sie auf das richtige Pferd gesetzt haben, streichen die Risikokapitalgeber einen Haufen Geld ein. Was ist mit den Anlegern, die bei der Aktienemission mit beiden Händen zugriffen, weil sie sich eine unbeschwerte Reise ins Land der Reichtümer versprachen? Nun ja, wenn sie eine *Hewlett-Packard* oder *Intel* erwischt haben, dann steht es gar nicht so schlecht um sie. Aber wie oft kommt das schon vor?

Der Fall „*Apple Computer*" ist hierbei sehr lehrreich. Als die Firma am 12. Dezember 1980 an die Börse ging, bekamen die Risikofinanziers für jeden investierten Dollar 243 Dollar zurück. Die Mitbegründer wurden zu Multimillionären – 165 Millionen Dollar für Steven Jobs und 88 Millionen Dollar für Stephen Wozniak. Insgesamt wurden dank des Publikums, welches den Emissionskurs von 22 Dollar pro Aktie zahlte, etwa 100 Personen über Nacht zu Millionären. Was ist nun aus dem Anlegerpublikum geworden? In den fünf darauffolgenden Jahren war ihre Kapitalanlage etwa ein Drittel der Zeit im Minus. Die optimale Strategie eines Emissionszeichners wäre ein Verkauf zum Höchstkurs von 63 Dollar pro Aktie im Juni 1983 gewesen. Bei einem richtigen Timing hätte eine

Kapitalanlage im Wert von 536 000 Dollar einen Reingewinn von 1 000 000 Dollar abgeworfen. Am Ende des fünfjährigen Zeitraums stand der Kurs der Aktie wieder bei etwa 22 Dollar. Dabei sollte man bedenken, daß es sich hier um einen der sogenannten großen Erfolge handelte. Niemand macht viel Aufhebens um diejenigen, die mit einem Verlust abschließen.

Dieses besondere Wachstumsspiel erinnert an den legendären Stein der Weisen. Die Alchimisten des Mittelalters suchten vergeblich nach jenem Wunderding, das unedles Metall in reines Gold zu verwandeln vermochte. Die modernen Finanzgenies schaffen Reichtümer aus dem Nichts, aus bloßen Wunschvorstellungen. Von den etwa 60 Millionen ausgegeben Wertpapieren, die zum Aktienkapital von *Apple Computer* gehörten, wurden bei der öffentlichen Auflegung 4,6 Millionen Aktien zum Stückpreis von 22 Dollar verkauft. Firmenexterne Anleger zahlten insgesamt 101 Millionen Dollar, um an der Entwicklung des *Apple*-Papiers teilzuhaben. Aufgrund dieser Investition erzielten die anderen Aktien, von denen es etwa 55 Millionen gab, automatisch denselben Wert von 22 Dollar pro Stück. Wie durch Zauberhand war aus 101 Millionen Dollar ein neuer Reichtum von mehr als 1,2 *Milliarden* entstanden.

Wachstum ist der Lockvogel der wundersamen Geldvermehrung. Aus einem Dollar werden zehn, wenn die Emissionsbank ihren Zauberstab schwingt. Es überrascht daher nicht, daß das Wachstum im Silicon Valley so aufgepusht und marktschreierisch angepriesen wurde. Ebensowenig erstaunt es, daß die Immobilienpreise im Bezirk Clara County derartig in die Höhe schossen.

Zumindest waren dies die Spielregeln, als das Silicon Valley im Aufschwung begriffen war. Wenn das Spiel einen stagnativen Charakter zu beginnen zeigt, dann ziehen die Risikofinanziers die entsprechenden Konsequenzen. Ab 1984 konnte man mit der Hochtechnologie im Silicon Valley nicht mehr das große und schnell verdiente Geld machen. Zu Beginn des Jahres 1987 bekundeten die Risikokapitalgeber ein lebhaftes Interesse an Discount-Geschäften, Pizza-Restaurants, Sportbekleidungskonzernen und fremdfinanzierten Aufkäufen von bereits etablierten Firmen. Befürchtungen, daß das nachlassende Interesse an der Spitzentechnologie den

Wirtschafts- und Sicherheitsinteressen Amerikas schaden könnte, wurden in den Wind geschlagen. „Dem Land könnte es abträglich sein, Tatsache bleibt aber, daß die Technologie nicht so einträglich ist wie andere Formen der Kapitalanlage", bemerkte ein Partner einer Risikokapitalfirma in Connecticut.[4] Das Spiel geht weiter, wird aber dem jeweiligen Spielverlauf angepaßt. Die Gesellschaft *Tiffany and Company*, die wegen ihres berühmten Juwelierladens in der Fifth Avenue auf der ganzen Welt bekannt ist, gab ihre Börsenzulassung im Jahre 1984 auf, als 30 leitende Angestellte die Firmenaktien im Wert von 1,5 Millionen von dem früheren Besitzer *Avon Products* für 64 Cent pro Aktie in einem fremdfinanzierten Aufkauf erwarben. 1987 ging *Tiffany* wieder an die Börse; eine Aktie war nun mehr als 21 Dollar wert. Innerhalb eines kurzen Zeitraums von drei Jahren erzielten besagte Angestellte bei ihrem ursprünglich investierten Kapital eine Ertragsquote von 44 zu 1.[5] Bei diesem Spiel ist es völlig gleichgültig, ob man nun Mikrochips oder Diamanten einsetzt.

Außerdem sollte man den speziellen Charakters des Reichtums im Silicon Valley nicht vergessen. Das große Geld kann genauso schnell verschwinden, wie es enstanden ist, wenn keiner mehr an das magische Wachstum glaubt. Der Wert von Stammaktien und Immobilien fällt dann ins Nichts.

Das forcierte Wachstum

Das gesunde Wachstum stellt einen Prozeß dar, in dem dank der richtigen Reaktion auf externe Bedürfnisse ein Unternehmen in viele Richtungen gleichzeitig wachsen kann. Bei einem gesundem Wachstum gehen zumeist die Wünsche aller Interessengruppen einer Firma in Erfüllung. Manager machen Karriere, Anleger erzielen satte Renditen, die Arbeitsplätze der Belegschaft sind sicher, die Kommune ist wohlhabend, das Finanzamt bekommt seinen Anteil, und die Politiker bleiben im Amt.

Leider kommt nicht jede Firma in den Genuß eines gesunden Wachstums, und wenn sich trotz allem eines einstellt, dann hält es

Das forcierte Wachstum

nicht ewig. Wenn das Wachstum zu Ende geht, dann sitzen Unternehmensleitung, Investmentfondsmanager, Politiker und andere „Macher" in der Klemme. Aufgrund unserer wachstumsbesessenen Sicht der Dinge erwartet man von ihnen, daß sie *das Wachstum zustande bringen*. Ihre hohen Posten und Vergütungen basieren sehr wahrscheinlich auf dem Versprechen, daß ihnen dies gelingen wird.

So mancher geschäftstüchtige Mensch hat einen Blick für versteckte Wachstumsmöglichkeiten und versteht es, diese auszunutzen. Aber keiner ist in der Lage, das Wachstum zu „machen". Bei von außen gegebenen Wachstumsmöglichkeiten können begabte und fähige Menschen das Wachstum *unterstützen*. Der Versuch, das Wachstum angesichts nichtvorhandener Möglichkeiten erzwingen zu wollen, ist zum Scheitern verurteilt, und wenn man dabei noch genügend Druckmittel einsetzt, kann man einen sensationellen Reinfall erleben.

Manchmal ist die Forcierung des Wachstums nichts weiter als ein harmloses, kleines Spiel in Sitzungssälen, auf Tagungen oder Pressekonferenzen. Die leitenden Angestellten haben hochgesteckte Ziele: „Das Unternehmen beabsichtigt für das kommende Jahr eine Ertragssteigerung von 18 Prozent sowie einen Gewinnzuwachs von 20 Prozent. Irgendwelche Fragen?" Manager versprechen spektakuläre Ergebnisse: „Die Zeit für einen Turnaround ist gekommen. Bis zum Jahresende rechne ich mit einer 25prozentigen Zunahme bei den Neuabschlüssen und einem 20prozentigen Anstieg bei den Aufträgen seitens vorhandener Kunden." Politiker versprechen Zeiten des Wohlstands: „Wir werden im Laufe des kommenden Jahres in diesem Ort 300 neue Arbeitsplätze schaffen." Das Jahr geht zu Ende, Umsatz, Gewinn und Arbeitslosigkeit sind unverändert, und ein jeder gibt wieder dieselben kühnen Erklärungen ab. Was macht das schon, ihren Worten schenkt man sowieso keine Beachtung.

Gefährlich wird es erst, wenn jemand, der genügend Macht und Einfluß besitzt, ein übertriebenes Wachstumsziel ernst nimmt und ein Wachstum erzwingen will, das man im Grunde genommen gar nicht wollte. Kurzfristig läßt sich das Wachstum in bestimmte

Richtungen von Interessengruppen forcieren, hierbei handelt es sich aber nicht um ein gesundes Wachstum.

Nehmen wir den Fall eines Verkaufsmanagers, der den Umsatz um 20 Prozent steigern soll und andernfalls seinen Hut nehmen kann. Für ihn das reinste Kinderspiel: Geschäfte werden mit kreditunwürdigen Kunden abgeschlossen. Käufern kann man Sonderrabatte oder Schmiergelder anbieten, Verkäufern „Motiva-tionsprämien". Die Lager von Händlern werden aufgefüllt, auch wenn diese die Ware nicht gleich loswerden. Zur Not kann man kurz vor Ende des Berichtszeitraums riesige Warenmengen versenden, obwohl es dafür keine Bestellungen gibt und allen klar ist, daß sie nach Ablauf des entscheidenden Stichtages zurückgesandt werden.

Für die Firma *Tandem Computers* war es ein schwarzer Tag, als sie ihre Erträge berichtigen mußte. Revisoren stellten fest, daß die Gewinne des Jahres 1982 gleich um 20 Prozent niedriger ausfielen, als man sie vorher ausgewiesen hatte. Angestellte der Verkaufsabteilung hatten die Buchhaltung zur Eintragung von Verkäufen gezwungen, die man bis zum Ende des vierten Quartals noch gar nicht abgeschlossen hatte, um so ihr Soll zu erfüllen und dicke Prämien einstreichen zu können. Wall Street brachte ihren Unmut über diese Enthüllung zum Ausdruck, indem sie den Aktienkurs durch Leerverkäufe nach unten drückte.[6]

Oder nehmen wir den Fall des Vorstandsvorsitzenden, von dem die Finanzwelt einen höheren Gewinn je Aktie verlangt. Eine mögliche Strategie wäre die Aufnahme riesiger Kredite zum Rückkauf großer Aktienpakete. Dadurch wird nicht nur die Aktienbasis geschmälert, sondern auch der Aktienkurs in die Höhe getrieben. Eine weitere Möglichkeit wäre die drastische Streichung von Geldern für Forschung und Entwicklung, Marketing und Produktqualität oder weiterer Kostenfaktoren, die sich langfristig bezahlt machen sollen, auf kurze Sicht aber keine merklichen Auswirkungen auf das Geschäftsvolumen haben. Dies führt zu einer Reduzierung der Kosten, was wiederum höhere Gewinne – zumindest im laufenden Jahr – bedeutet. Revisoren waren ziemlich erstaunt, als sie 1981 die Bücher von *Data Access Systems*, einem Großhändler von Computerterminals, überprüften. Die Firma hatte ihren Reinge-

Das forcierte Wachstum

winn hochgeschraubt, indem sie Leasingverträge als Verkäufe verbuchte. Nach ein paar Neuberechnungen verwandelte sich plötzlich ein Gewinn von 11,7 Millionen Dollar während eines Vierjahreszeitraums in einen Verlust von fast 10 Millionen Dollar.[7] Was ist mit dem Politiker, der zu Amt und Würden kam, weil er Wachstum und Wohlstand versprach? Um sein Ziel zu erreichen, muß ein Politiker nur seinen Wahlbezirk für Unternehmen attraktiv machen. Unter letzteren gibt es sicherlich ein paar, welche von den angebotenen mietfreien Standorten, Entwicklungszuschüssen, unentgeltlichen staatlichen Vergünstigungen und Leistungen oder auch Steuerbefreiungen angelockt werden, die man ihnen für einen bestimmten Zeitaum gewähren will, der wiederum so lang ist, daß die Öffentlichkeit darüber vergißt, wer überhaupt für die ganze Misere verantwortlich ist, in der sie plötzlich steckt. Der Krieg um Handel und Industrie, der zwischen den Bundesstaaten und den Kommunen mit Angeboten geführt wurde, eskalierte Ende der siebziger Jahre, und die Resultate machen sich heute bemerkbar.

Es ist das alte Lied: Illusionäre Gewinne, die man sich mit einem realen Verlust erkauft. In einer Studie fand man heraus, daß die Bundesstaaten im Durchschnitt einen Dollar für jeden halben Dollar hinlegen müssen, den die Unternehmen dank der staatlichen Anreize zusätzlich erwirtschaften. Direkte Zuschüsse wären billiger gekommen. Doch fallen die Wähler nicht immer darauf herein. In Flat Rock, Michigan, mußte der Bürgermeister seinen Hut nehmen, nachdem er der *Mazda Motor Corporation* eine 14jährige Steuerbefreiung im Gegenzug für den Bau einer Betriebsstätte angeboten hatte. Die Wählerschaft hegte Befürchtungen, daß ein so großzügiger „Deal" die Kassen der Stadt völlig leeren würde.[8]

Von Gewerkschaften weiß man, daß sie mit Hilfe strenger Arbeitsvorschriften und Produktionsquoten die von ihnen angestrebte Wachstumsart fördern möchten, nämlich einen zunehmenden Beschäftigungsgrad.[9] Selbst die kleinste Hilfskraft kann ein bescheidenes Wachstum hervorzaubern. Man muß nur das Arbeitspensum so weit aufblähen, daß alsbald ein Gehilfe für die Hilfskraft notwendig wird. Dies kann der erste, entscheidende Schritt zur Karriere als Abteilungsleiter sein.

Megakatastrophen des Wachstums

Glücklicherweise gab es in der amerikanischen Geschichte insgesamt wesentlich mehr Erfolgsstories bezüglich des Wachstums als Katastrophenberichte.

Die Geschichte ist allerdings voll von gigantischen Wachstumskatastrophen, die mit dem Turmbau zu Babel eingeleitet wurden. An dieser Stelle sei an die Tulpenspekulation erinnert, an die Südsee-Seifenblase von John Law, die Mississippi-Pleite, die Eisenbahnerweiterungen nach dem amerikanischen Bürgerkrieg, an den „Schwarzen Freitag", an welchem Jim Fisk und Jay Gould eine Goldpanik auslösten, an das Versorgungsunternehmen-Debakel von Samuel Insull, das Streichholzimperium von Ivar Krueger, die Florida-Immobilien in den zwanziger Jahren dieses Jahrhunderts, den Börsenkrach des Jahres 1929 sowie den I.O.S.-Investmentfonds von Bernard Cornfeld.

Wir sollten uns einmal ein paar Wachstumskatastrophen der jüngeren Zeit genauer ansehen, um mit den daraus gewonnenen Erkenntnissen zukünftige zu vermeiden.

Nutri/System oder wie aus einem gesundem Wachstum ein ungesundes wird

Harold Katz machte schnell Karriere: Vom Besitzer eines Tante-Emma-Ladens zum Vertreter bei *Fuller Brush* und schließlich zum Multimillionär.[10] Er erkannte eine fixe Idee der Verbraucher: der Kampf gegen überflüssige Pfunde. Er entwickelte eine effektive Methode, um aus dieser Zwangsvorstellung Kapital zu schlagen und machte sich an die Arbeit. Das Ergebnis war *Nutri/System*, Gewichtsabnahmezentren auf Franchising-Basis, die kalorienreduzierte Nahrungsmittel anboten und für die Änderung der Eßgewohnheiten Ratschläge gaben. Die Firma verdiente ihr Geld mit einer neunprozentigen Franchisegebühr, welche sie von den Bruttoumsätzen eines jeden Zentrums verlangte, und mit den Nahrungsmitteln, die von ihr an die Zentren verkauft wurden.

Umsatz und Gewinn verdoppelten sich von Jahr zu Jahr. Für das am 31. Juli 1982 endende Geschäftsjahr wurde ein Gewinn von 18,1 Millionen Dollar (gegenüber 3,8 Millionen im Jahre 1980) bei einem Umsatz von 124,6 Millionen Dollar (gegenüber 23,2 Millionen im Jahre 1980) ausgewiesen. „Es sind aggressive, hungrige Verkäufer und Marktanbieter", kommentierte ein Wertpapieranalyst. Wall Street gefiel das, und an der New Yorker Börse schnellte der Kurs auf über 48 Dollar pro Aktie. Katz verlagerte seine Firma in luxuriöse Bürogebäude in den Vororten von Philadelphia und reiste nun im Learjet oder einer weißen Luxuslimousine.

Es stellt sich jedoch die Frage, wie das Wachstum in Gang zu halten wäre. „Wir verfügten über ungeheure Barmittel, und als Aktiengesellschaft saßen wir natürlich auf dem Präsentierteller", erinnert sich H. Katz. „Wenn man das Geld liegen läßt und nur die Zinsen einstreicht, stellt sich kein Wachstum ein. Und wir wollten natürlich expandieren und wachsen."

Nutri/System expandierte durch Akquisitionen. Das Unternehmen erwarb *Fox-Morris Associates*, eine Stellenvermittlungsfirma für Führungskräfte (H. Katz rechnete beide Firmen derselben Branche zu. Der einzige Unterschied bestand darin, daß *Nutri/System* bei Gewichtsproblemen half, während sich *Fox-Morris* um Beschäftigungsprobleme kümmerte). *Nutri/System* kaufte die *Gloria-Marshall-Fitnessstudios* und verlagerte den Firmensitz von Los Angeles nach Philadelphia.

Die Trendwende begann, als *Nutri/System* seine eigenen Marketingformeln den erworbenen Firmen aufdrängte. Der Umsatz bei *Gloria Marshall* ging zurück, als die neuen Besitzer die Verkaufswettbewerbe einstellten, welche einst die Angestellten von *Gloria Marshall* motiviert hatten. Ehemalige Topmanager von *Gloria Marshall* stellten fest, daß ihnen Philadelphia nicht gefalle und gaben ihren Job auf, um nach Los Angeles zurückzukehren. In der Zwischenzeit nahmen Spitzenleute bei *Fox-Morris* ihre Erlöse aus der Übernahme mit und zogen sich zurück.

Etwa zur gleichen Zeit meuterten die Franchisenehmer von *Nutri/System*. Die Gesellschaft baute das Geschäftsvolumen mit Hilfe von Preisnachlaßprogrammen aus. Dies war zwar für die Gesellschaft von Vorteil, denn ihre Franchisegebühren basierten auf dem Absatzvolumen. Diese Preisnachlaßpolitik führte jeoch zu einer ebenso starken Beschneidung der Franchisenehmer-Gewinne. Das Unternehmen legte den Schwerpunkt auf den Verkauf von Nahrungsmitteln. Die Franchisenehmer behaupteten aber, daß *Nutri/System* dafür viel höhere Preise verlange als andere Lieferanten. Etwa ein Viertel der 528 Franchisenehmer verklagten die Firma, um ihren Argumenten Nachdruck zu verleihen.[11]

Mit dem Wachstum war es in jenem Jahr zu Ende. Im ersten Quartal 1984 belegte *Nutri/System* den achtletzten Platz an der New Yorker Börse. Der Aktienkurs rutschte bis zur Jahresmitte in einem sanften Bogen auf einen Tiefststand von 48 ab. Zu diesem Zeitpunkt gab eine Anlegergruppe ein Firmenübernahmeangebot von 87,5 Millionen Dollar ab. H. Katz wurde zum Abdanken aufgefordert, was er schließlich auch mit 39,5 Millionen Dollar in der Tasche tat.[12] Ihm, der schon immer ein begeisterter Baseballfan gewesen war, gehört noch heute die Mannschaft „Philadelphia 76". Nicht schlecht für jemanden, der ganz klein anfing, Pech für die übrigen Aktionäre von *Nutri/System*.

Nebenbei bemerkt: Infolge eines fremdfinanzierten Aufkaufs verlor *Nutri/System* im Jahre 1986 seine Börsenzulassung, wobei man den Aktionären 6,13 Dollar pro Aktie auszahlte sowie Junk Bonds im Wert von 1,03 Dollar pro Anteil. Heute ist das Unternehmen im 3. Stock eines unauffälligen Geschäftsgebäudes untergebracht. *Gloria Marshall* wurde geschlossen, der Learjet und die weiße Luxuslimousine verkauft. Das Firmenkonzept ist nach wie vor richtig, und der Markt wächst weiter. Nach zwölf aufeinanderfolgenden Quartalen, in welchen die Gewinne entweder zurückgingen oder Totalverluste verzeichnet wurden, schreibt *Nutri/System* wieder schwarze Zahlen.[13]

People Express: Flüge für die breite Masse

People Express, nach dem Fallenlassen der Beschränkungen im amerikanischen Inland-Flugverkehr entstanden, lag eine revolutionäre Idee zugrunde. Die Fluggesellschaft kombinierte ihre sehr niedrigen Preise mit einem regelmäßigen und zuverlässigen Flugverkehr und strich sämtliche Extras. Flüge wurden für jedermann erschwinglich, auch für Studenten oder Rentner. Als die Flugtarife immer niedriger wurden, wuchs zusehends der Markt und damit die *People Express*.[14]

Einige Zeit lang funktionierte dieses Patentrezept, bis dann die anderen Fluggesellschaften geschäftstüchtiger wurden. Mit Hilfe ihrer Computer konnten sie vorhersagen, welche Flüge nicht ausgebucht sein würden, und boten nun gezielte und erhebliche Preisnachlässe für jene Plätze an, die sie ansonsten nicht verkauft hätten. Als die *People Express* ihren Hauptwettbewerbsvorteil verlor, nämlich ihre niedrigen Tarife, versuchte sie es mit einem schnellen Wachstum. Sie erwarb drei weitere kleinere Flugfirmen und wurde die fünftgrößte Fluggesellschaft in den USA, wenn man als Maßstab die Zahl der beförderten Passagiere heranzieht. Sie war nun nicht mehr eine regionale Luftverkehrsfirma, die nur ein paar Routen anbot, sondern eine richtige große Fluggesellschaft, die 145 Städte in den USA sowie zwei europäische Ziele anflog.[15]

Das rasche Wachstum überstieg ihre Kapazitäten, wie die hohe Rate verspäteter Abflüge (130 bei 1000 Abflügen) in ihrer Newarker Betriebszentrale deutlich zeigte. Überbuchungen waren gang und gäbe. Sie verlor 14 000 Gepäckstücke pro Monat, obwohl sie schon die Passagiere von einer Gepäckaufgabe abzuschrecken versuchte, indem sie diesen Service extra berechnete. Ihr firmeninternes Programm, das die Beschäftigung von College-Studenten vorsah, senkte zwar die Kosten, aber der Aufgabe, die unzähligen wegen der Überbuchungen verärgerten Passagiere zu beruhigen, waren die berufsunerfahrenen Achtzehnjährigen kaum gewachsen. Da sich die Fluggesellschaft voll auf Fremdunternehmen verließ, verlor sie auch jeglichen Überblick. „Die Einstellung und Ausbildung von genügend Arbeitskräften für diesen Job überforderte jedermann", bermerkte ein leitender Angestellter. Die ungewöhnliche Betriebsmethode, laut der jeder Angestellte mehrere unterschiedliche Jobs zu verrichten hatte, verschlimmerte die Situation. Von Januar bis Ende März 1986 hatte von den größeren Fluggesellschaften die meisten Beschwerden von Passagieren die *People Express* erhalten, mehr als doppelt so viele wie der schärfste Konkurrent.[16] Die Verluste in der ersten Jahreshälfte 1986 bewegten sich in der Größenordnung von 132,5 Millionen Dollar. Ihr Vorhaben, die erst vor kurzem erworbene *Frontier Airlines* an die *United Airlines* zu verkaufen, scheiterte, und *People Express* mußte für die *Frontier* den Konkursantrag gemäß Teil 11 des amerikanischen Konkursrechts stellen. Das bittere Ende kam im September 1986. Die *Texas Air* stimmte einer Übernahme der *People Express* für 298 Millionen zu, welche sich größtenteils aus Wertpapieren zusammensetzten. Dieser Neuerwerb machte *Texas Air* zur größten Fluggesellschaft des Westens.[17] Damit übernahm *Texas Air* möglicherweise Schuld- und Leasingverpflichtungen von mehr als 4,5 Milliarden Dollar, also mehr als der zwölffache Betrag des konsolidierten Eigenkapitals der Firma inklusive ihrer geplanten Fusionen.[18] Größe allein muß in der Luftfahrtbranche nicht unbedingt ein Vorteil sein.[19] Das letzte Kapitel über diese spezielle Wachstumskatastrophe steht möglicherweise noch aus.

Staatspapiere – eine todsichere Sache:
Chase Manhattan/Drysdale

Mit diesem Beispiel soll verdeutlicht werden, was ein paar tüchtige Leute bewerkstelligen können, wenn man sie nur läßt. Von den etwa 35 000 Angestellten brauchte man nur neun Leute, aus denen die Wertpapiergesellschaft *Integrated Securities Services* bestand, damit die *Chase Manhattan Bank* 135 Millionen Dollar verlor.[20] Diese Gruppe war als Teil einer Maßnahme entstanden, mit der man die Unternehmensleitung durch die Schaffung kleiner Profitzentren dezentralisieren wollte. Diese Art von Führungsstruktur, die bei engstirnigen Bankiers den Unternehmergeist wecken sollte, kann Initiative und Flexibilität fördern. Sie kann aber auch eine Gefahr darstellen, da sie fast alle Personalebenen unter Gewinndruck setzt. Hinzu kam, daß in dem Leistungsanreizplan der Firmengruppe *Integrated Securities Services* die Prämien mit den Vergütungen an die Vertriebsorganisation gekoppelt waren. Infolgedessen war ein riesengroßes Geschäftsvolumen eine scheinbar gute Idee.

In etwas mehr als zwei Jahren entwickelte sich die Firmengruppe praktisch aus dem Nichts zu einem Unternehmensbereich mit sage und schreibe 4 Milliarden Dollar. Über die *Drysdale Government Securities* stieg sie in das Staatspapiergeschäft ein, eine relativ unbekannte Firma, deren Angebote von anderen Banken abgelehnt worden waren – aus gutem Grund, wie sich später herausstellen sollte. Die *Drysdale* kam ihren Zahlungsverpflichtungen nicht nach, welche sich auf Hunderte von Millionen Dollar beliefen, woraufhin die *Chase* eine Vollabschreibung nach Steuern vornehmen mußte.

Das Problem bestand darin, daß diese Firmengruppe von der Vertriebsorganisation und nicht von erfahrenen Handels- oder Bankfachleuten geleitet wurde. „Hier war gar nichts Linkes im Spiel", erklärte ein ehemaliger leitender Angestellter. „Sie hatten nur keine Ahnung von dem, was sie taten." Sollte es hier eine Moral von der Geschichte geben, so lautet sie: Laß Marketingleute nie aus den Augen und vor allem nicht in die Nähe der Registrierkasse.

Datapoint: 39 mal erfolgreich, aber dann ...

Durch einen beachtlichen Wachstumsrekord wurde das Unternehmen *Datapoint Corporation*, ein Lieferant von Computern und Telekommunikationsgeräten, von 1977 bis 1981 zu einem der Lieblinge von Wall Street.[21] In 39 aufeinanderfolgenden Quartalen fuhr sie einen Rekordgewinn nach dem anderen ein. Aber gegen Ende der Erfolgsserie wurde es für sie zunehmend schwieriger, diese Rekorde zu halten. Zum Beispiel gab es da jene verräterischen Saucen- und Bierflecken auf einigen Verpackungskartons, was bedeutete, daß die Hafenarbeiter Überstunden gemacht hatten, um die Sendungen noch vor Ende des Quartals zu verschiffen und ihre Arbeit nur unterbrochen hatten, um die von der Firma gelieferten, aus Taco und Bier bestehenden Mahlzeiten hinunterzuschlingen. Marketingmitarbeiter bezahlten Lagergebühren aus ihren eigenen Taschen, damit die Vertragshändler Warensendungen entgegennehmen konnten, für die sie keinen Platz hatten. Ein gewisser Herr Joe Blow auf der South-Padre-Insel erhielt eine Sendung, die zur sofortigen Rücksendung bestimmt war, sobald der Stichtag für den Umsatz in diesem Quartal ablief. Das Verkaufspersonal rief die Kunden an, wenn diese nicht bestellte Warensendungen erhielten, um die überraschten Empfänger zur Annahme zu überreden.

All diese Symptome waren eine Reaktion auf den Druck, den eine zum Anhänger der Wachstumsreligion gewordene Unternehmensleitung ausübte. „Entweder man verkaufte oder man wurde gefeuert", sagte später ein Gebietsvertriebsleiter. Und deshalb drückten die Manager zunehmend dubioser werdende Aufträge durch, bis das ganze Kartenhaus schließlich zusammenstürzte. Sendungen aus vorangegangenen Quartalen kamen schneller zurück, als man sie wieder hinausbefördern konnte. Die Erfolgsserie rieß 1982 ab, als die Gewinne im Vergleich zum Vorjahr um 95 Prozent auf 12 Cent pro Aktie fielen.

Der magische Zauber war gebrochen. Wall Street ließ die Firma wie eine heiße Kartoffel fallen, und die Aktionäre gingen vor Gericht. Die Vertragshändler, die sich über *Datapoint* keine Illusionen mehr machten, zogen ganz einfach Leine. *Datapoint* war wegen ihrer Arroganz berühmt. Kurz nach dem Debakel gestand der neue Präsident: „Als Firma sind wir jetzt ein weniger bescheidener als früher."[22] Eine der Situation sehr angemessene, neue Haltung. Der Aktienkurs war von 60 Dollar auf etwa 11 Dollar abgerutscht. 1985 verbuchte *Datapoint* einen Verlust von 2,61 Dollar pro Aktie, und der Kurs, der sich bis auf 30 erholt hatte, fiel wieder auf 4,5 Dollar. Der Verlust verringerte sich 1986 auf 88 Cent je Aktie, und *Value Line* rechnete für das Jahr 1987 mit einem Gewinn von 50 Cent je Aktie. Nach einer drastischen Umstrukturierung war die Firma nicht mehr im Telekommunikationsgerätebereich tätig. Die Prognose von *Value Line* lautete: „*Datapoint*'s Gewinnstruktur dürfte sich nun leichter einschätzen lassen."[23]

Penn Square und Continental Illinois:
Ein Doppelschlag ins Wasser

Schon eine einzige wachstumsbegierige Firma kann für Aufregung sorgen. Zwei solche Unternehmen schaffen die Voraussetzungen für eine Katastrophe ersten Ranges.[24]

Die *Penn Square Bank* hatte zunächst ihren Geschäftssitz in ein paar bescheidenen Büroräumen eines Einkaufszentrums in Oklahoma City. Ihr Portefeuille setzte sich größtenteils aus mittelständischen Unternehmen, Immobilien und Konsumentenkrediten zusammen. Bei einem Gesamtkapital von nur 4 Millionen Dollar durfte sie laut den US-Bestimmungen für das Bankwesen höchstens 400 000 Dollar je Kunde ausleihen. Bill „Beep" Jennings übernahm 1975 die Leitung und verkündete, daß das Vermögen der Bank innerhalb von zehn Jahren von 35 Millionen Dollar auf 100 Millionen Dollar anwachsen würde. Seine Prognose lag jedoch sehr weit daneben. Innerhalb von drei Jahren überschritt *Penn Square* die 100-Millionen-Dollar-Grenze, bereits nach fünf Jahren belief sich ihr Vermögen auf beinahe eine halbe Milliarde Dollar. Bill Jennings hatte eine Zweigstelle für Öl- und Gasgeschäfte gegründet und William Patterson mit der Leitung beauftragt. Das *Wall Street Journal* bemerkte dazu, daß die Leute um Oklahoma City „einer Meinung waren, daß die Welt schöner wäre, wenn es nur Bankiers wie den jungen William G. Patterson gäbe".[25]

In der Zwischenzeit verkündete im weiter nördlich gelegenem Chicago Roger E. Anderson, der Vorsitzende der *Continental Illinois National Bank and Trust*, daß die *Continental* gerade eine größere Umstrukturierung durchführe, dank der die *Continental* innerhalb von fünf Jahren zu einer der drei amerikanischen Spitzenbanken für Firmenkunden zählen werde. Damals, im Jahre 1976, lag die *Continental* weit hinter den führenden Firmenkreditbanken, der *BankAmerica*, der *Citibank* und der *Chase Manhattan*. Ein leitender Angestellter einer Konkurrenzbank erinnert sich: „Ich glaubte, daß es ungeheuer verwegen war, die Geschäftsstrategie so offen auszubreiten." Wie Bill Jennings war auch Anderson viel zu bescheiden. Nach fünf Jahren hatte die *Continental* das größte gewerbliche und industrielle Darlehenportfeuille im ganzen Land, eine Gesamtsumme von 13,5 Milliarden Dollar, die man einheimischen Unternehmen geliehen hatte.[26] Für Oklahoma waren die späten siebziger Jahre eine phantastische Zeit. Jedermann glaubte, daß die Mineralölpreise immer weiter ansteigen würden und die tiefen Erdschichten, über denen man lebte, unermeßliche Reichtümer bargen. Die Banken im ganzen Land hatten ausleihbare Gelder in Hülle und Fülle, und die Gas- und Ölbohrbranche gierte danach. Unabhängige Bohrer lebten davon, daß sie von einem Bohrloch zum nächsten zogen und Darlehen für die Aufnahme weiterer Darlehen verwendeten, wobei jeder Fund die Summe des nächsten Kredites erhöhte. Infolgedessen wurde jedes Darlehen mit geborgtem Geld zurückgezahlt, ein Prinzip, das man als „den nie versiegenden Revolving-Kredit" bezeichnete.

Die *Penn Square* fand alsbald heraus, daß der Schlüssel zu einem möglicherweise grenzenlosen Wachstumsprozeß in *Beteiligungen* lag. Man verkaufte dabei den ganzen Kredit bis auf einen Restbetrag an eine „vorgeordnete" Bank, die vom ursprünglichen Kredit eine Stufe weiter entfernt war. Bei aggressiven Verkaufsantrengungen konnte eine Bank, die 50 Millionen Dollar in ihren Büchern hatte, Darlehen im Wert von 250 Millionen Dollar schaffen. Dies zog auch mehr Einlagen an, was wiederum höhere Gewinne und auch größere Darlehen bedeutete, ganz zu schweigen von den Gebühren und Prozenten, welche man für die Unterbringung der Kredite verlangte. Je stärker das Wachstum war, desto mehr Wachstum kam hinzu.

Penn Squares Deutung des Wortes „Aggressivität" offenbarte sich in Kreditgeschäften, die auf „persönlicher Basis" per Handschlag abgeschlossen wurden, sowie in der Nichtbeachtung pragmatischer Faustregeln für das Bankwesen (gemäß denen zum Beispiel ein Unternehmer einen Maximalkredit in Höhe der Hälfte seiner *nachgewiesenen Reserven* aufnehmen kann). Die *Penn Square* gewährte jedoch Multimillionen-Dollar-Kredite ohne jegliche Sicherheit. Unternehmer, die in den Genuß solcher Darlehen kamen, fingen im wahrsten Sinne des Wortes bei Null an. Viele, die sich ganz rational ausrechneten, daß sie schlimmstenfalls ein Plus-Minus-

Megakatastrophen des Wachstums 217

Geschäft machen konnten, gaben jeden Pfennig des geliehenen Kapitals aus. Ein Beobachter bemerkte, daß es in der Vergangenheit sowohl verantwortungslose Kreditgeber als auch verantwortungslose Kreditnehmer gegeben hätte, daß aber beim *Penn-Square*-Debakel zum ersten Mal unverantwortliche Kreditgeber und unverantwortliche Kreditnehmer zusammengekommen seien.[27]

Offenbar war nichts von alledem dem Topmanagement der *Continental Illinois* zu Ohren gekommen. Sie war die vorgeordnete Bank für *Penn-Square*-Beteiligungen in Höhe von 1 Milliarde Dollar. „Es war kein Geheimnis, daß die *Continental* sich anschickte, Unternehmen aufzukaufen und Geschäfte abzuschließen, die andere regionale Banken vor Ort für zu risikoreich gehalten und abgelehnt hatten", bemerkte ein Analyst. „Die *Continental* gewährte nicht nur diese risikoreichen Darlehen, sondern räumte auch noch sehr günstige Kreditzinssätze ein."[28]

Die Mineralölnachfrage ging zurück, eine Ölschwemme aus Nicht-OPEC-Ländern führte zu einer Preissenkung, und die Zinssätze kletterten unverwandt nach oben. 1982 platzte die Seifenblase. Die *Penn Square* wurde schließlich aufgelöst, die Last von Gerichtsverfahren, strafrechtlichen Prozessen und einer für immer uneinbringlich gewordenen Darlehenssumme von 1 Milliarde Dollar erdrückte sie. *Continental Illinois*, jene Geschäftsbank, auf die der größte Teil der *Penn-Square*-Beteiligungen entfiel, mußte mit ansehen, wie ihr Vermögen um 17 Milliarden Dollar schrumpfte, weil sich verunsicherte Einleger etwas Bodenständigeres suchten.

Diese Summe reichte aus, um die Grundfeste des amerikanischen Bankensystems ins Wanken zu bringen. Ginge die *Continental* in den Konkurs, würde möglicherweise 800 weitere Banken dasselbe Schicksal ereilen. Die größte Rettungsaktion der amerikanischen Bundeseinlagenversicherung *FDIC* in der Geschichte, die diese 4,5 Milliarden Dollar kostete, bewahrte die *Continental* vor dem Untergang. Im Dezember 1986 rechnete die *FDIC* damit, daß sich ihr eigener Gesamtverlust bei dieser Aktion auf etwa eine Milliarde Dollar belaufen würde. Anstrengungen, ihren eigenen Anteil an der *Continental Illinois* an Privatanleger zu verkaufen, waren nicht so erfolgreich, wie man gehofft hatte. Die Bank verbuchte 1984 einen

Verlust von 26,99 Dollar pro Aktie, und die Gewinne in den kommenden Jahren müssen erst einmal wieder 50 Cent je Aktie erreichen. In den Jahren 1985 und 1986 wurden die Aktien für weniger als die Hälfte ihres ausgewiesenen Buchwerts gehandelt und dürften damit vielleicht die nackten Tatsachen der heutigen Rechnungslegung im Bankgewerbe wiedergespiegelt haben.

Auch andere vorgeordnete Banken litten unter dem Zusammenbruch. Die Überreste der *Seattle First National Bank*, deren Reinvermögen einst zu zwei Dritteln an *Penn-Square*-Partizipationen gebunden gewesen war, wurden der *BankAmerica* einverleibt.

Ebenso waren die *Michigan National*, die *Chase Manhattan* und mehrere weitere vorgeordnete Banken in beträchtlichem Umfang davon betroffen. Mehr als 150 Firmen, die mit der *Penn Square* Bankgeschäfte gemacht hatten, meldeten innerhalb eines Jahres Konkurs an. Kurz nach dem Zusammenbruch soll Bill Jennings gesagt haben: „Wahrscheinlich ließen wir die Bank mit einer Geschwindigkeit wachsen, mit welcher wir einfach nicht Schritt halten konnten, ich möchte hier aber als mildernden Umstand hinzufügen, daß wir *ernsthaft* versuchten, das Wachstum der Bank in Grenzen zu halten. Außerdem glaube ich, ein besserer Bankier zu sein, als das *Penn-Square*-Debakel vermuten läßt."[29]

Diese Geschichten wurden nur als Paradigmen einer langen Liste jüngerer Wachstumskatastrophen entnommen. Die Liste beinhaltet große und kleine Firmen der unterschiedlichsten Branchen wie *Bendix Corporation, Baldwin-United, Dome Petroleum, TSR Hobbies* (Hersteller von Fantasy-Spielen), *The Hunts of Texas, Crocker Bank, LTV Corporation, Allegheny International, Braniff International, Occidental Petroleum, BankAmerica, Altair Airlines* etc. Die Liste ist hier noch lange nicht zu Ende.

Recht aufschlußreich ist die Tatsache, daß alle Firmen ein gemeinsames Merkmal kennzeichnet: Keine geriet durch Zufall auf diese Liste.

Klassische Wachstumsfallen

Eine hungrige Krabbe in der Chesapeake-Bai lockt man mit einem Stück Fisch in die Falle, was schließlich zur Folge hat, daß sie lebendig gekocht wird. Die Aussicht auf ein glorreiches Wachstum lockt wachstumssüchtige Anleger und Manager in ebenso tödliche Fallen. Gibt es irgendeinen wesentlichen Unterschied zwischen der hungrigen Krabbe und einem wachstumsbesessenem Menschen? Eigentlich müßte es einen geben, denn im Gegensatz zu den Krabben sollen die Menschen in der Lage sein, aus der Geschichte zu lernen. Dennoch geraten jedes Jahr Millionen angeblich intelligenter Menschen trotz dieses an sich entscheidenden Vorteils wie Krabben in Wachstumsfallen.

Dem Handeln wachstumsbesessener Menschen liegen gewichtige Motive wie Habgier, Macht, Angst oder Eitelkeit zugrunde. Obwohl niemand sie zu den vorrangigen und moralisch wünschenswerten Beweggründen zählt, können diese Antriebskräfte den Scharfblick der von ihnen beeinflußten Menschen trüben. Wachstumsfallen gibt es in Hülle und Fülle, die meisten von ihnen sind aber nur Abwandlungen einiger Grundschemata. Es gibt sie schon so lange, daß jeder mit ein wenig Erfahrung und gesundem Menschenverstand in der Lage sein sollte, sie bereits von Weitem zu erkennen. Trotzdem triumphiert die Hoffnung immer wieder über die Erfahrung. Im folgenden wollen wir die Arten von Fallen aufzeigen, in die leitende Angestellte, Manager, Anleger, Politiker und normale Bürger auf ihrer verzweifelten Suche nach ein bißchen mehr Wachstum geraten können. Die meisten Wachstumskatastrophen entstehen durch eine Kombination aus verschiedenen Wachstumsfallen. Beispiele für homogene Fallen gibt es wenige, wenn man aber die Fallen in Kategorien einteilt, kann man sie allein oder in Verbindung mit anderen leichter erkennen.

„Nepper, Schlepper, Bauernfänger"

Der Betrug ist eine Kategorie der Wachstumsfallen. Bei jeder Art von Betrug wird den Opfern weisgemacht, daß sie für fast nichts sehr viel bekommen. Wenn dann der Schwindel auffliegt, stellen diese fest, daß sie stattdessen für etwas nichts bekamen. Sprüche wie „Einen ehrlichen Menschen legt man nicht herein" und „Wenn es so aussieht, als ob es zu schön ist, um wahr zu sein, dann ist es wahrscheinlich auch so" sind epigrammatische Amulette gegen diese Spielart von Wachstumsfallen. Aber natürlich gibt es immer wieder jemanden, der viel zu gerissen ist, als daß diese Amulette eine Wirkung hätten. Ein paar spezielle Betrugsarten üben eine besondere Anziehungskraft auf Wachstumssüchtige aus.

Schon so mancher Anleger oder wachstumsfanatische Manager fiel auf den „Gewinner-Schwindel" herein. Dabei läßt man sich auf ein risikoreiches Unternehmen ein, das von der Aura des Erfolgs umgeben ist, wie zum Beispiel funkelnagelneue Ferraris, palastartige Bürogebäude, maßgeschneiderte Seidenanzüge, Stiefel aus Straußenleder mit einem dazu passendem Aktenkoffer, Diamantringe am kleinen Finger, noble Bewirtung und Unterhaltung, „Geschäftstreffen" an exotischen Orten usw. Bei einer oberflächlichen Betrachtung dieser Situation kommt man zwangsläufig zu dem Schluß, daß „es denen doch ungeheuer gut gehen muß, wenn sie so mit Geld um sich werfen können" und daß „letzendlich nichts so erfolgreich ist wie der Erfolg".

Bei einer genaueren Untersuchung stellt sich allerdings die Frage: Woher kommt das ganze Geld? Zumeist stammt es direkt aus den Umsatzerlösen und folglich aus den Gewinnen. Wenn es auch stimmt, daß die Spitzenleute erfolgreicher Unternehmen oft viel Geld verdienen, verwenden sie dieses normalerweise nicht als Mittel zum Aufstieg. Die wenigsten Risikounternehmen, die auf der Luxuswelle schwimmen, werden jemals eine langfristige Rentabilität erzielen. Natürlich können sich die Spitzenleute mit dem Geld anderer ein schönes Leben machen, solange dieses reicht.

Ein weiteres Betrugsspiel nennt sich „Wer ist der Dümmste im ganzen Land". Manchmal kommt es vor, daß eine Anlageform wie eine ballistische Rakete abhebt. Sie steigt immer höher und höher, und Anleger raufen sich um ein Stück vom Kuchen. Bald ist jedem klar, daß der Kaufpreis der Anlage weit über deren Substanzwert liegt, und trotzdem schnellt er weiter in die Höhe. Anleger rechnen

Klassische Wachstumsfallen 221

damit, daß sie, auch wenn ein Kauf zu diesem Preis vielleicht töricht ist, ihre Anlage bald einem noch Dümmeren zu einem noch höheren Preis verkaufen können.

Dies war zu Beginn des 17. Jahrhunderts in Holland der Fall, als eine Tulpenspekulation einsetzte, auf die in dem Buch „*Extraordinary Popular Delusions and the Madness of Crowds*" ausführlich eingegangen wird.[30] Weitere Beispiele sind der Kuwaiter Aktienmarkt zu Beginn der achtziger Jahre, Ackerland in den zwanziger und siebziger Jahren, unzählige „Wachstumsaktien" in den zwanziger, sechziger und achtziger Jahren. Auch bei Immobilienfonds, Silber, Gold, Diamanten und Energiereserven war dies zu beobachten. Solche Fälle gibt es tagtäglich und überall.

Folgendes sollte man dabei nie vergessen: *Das Spiel ist zu Ende, wenn der Allerdümmste auf der Bildfläche erscheint.* Irgendwann taucht er sicherlich auf, und dann erreicht auch die ballistische Rakete ihre Gipfelhöhe und saust wieder zur Erde zurück. An diesem Wendepunkt zahlt ein jeder tüchtig drauf, der noch bei dem Spiel mitmacht, der Dümmste natürlich am meisten.

Der *Ponzi-Plan* ist ein Gaunerstück, das nach jenem Mann benannt wurde, der als erster einen modernen Betrug heutiger Größenordnung beging. Der Schwindler Charles Ponzi entdeckte 1919 eine damals todsicher erscheinende Anlagemöglichkeit. Mit den Preisunterschieden zwischen den einzelnen Ländern bei den internationalen Rückantwortscheinen der Post konnte man Gewinne machen, wenn man die Scheine nur an den richtigen Orten kaufte und verkaufte. In diesem Sinne gründete er eine Firma, die *Securities and Exchange Company*, und versprach eine 40prozentige Kapitalrendite in nur 90 Tagen. Scharen von Anlegern strömten mit ihrem Geld zu ihm, so daß sein Büro mit Stapeln von Dollarscheinen und anderen Banknoten regelrecht zugeschüttet wurde. Eine Zeit lang war Ponzi das Stadtgespräch von Boston. Dann kam die ganze Sache ans Tageslicht: Mit seinem Plan hatte er überhaupt nie Geld zu machen versucht, er zahlte vielmehr die ersten Investoren mit dem Geld der später dazugekommenen aus (die natürlich alles verloren, was sie hineingesteckt hatten).[31]

Die Quintessenz eines Ponzi-Planes lautet, daß später investiertes Geld jene bereichert, die als erste eingestiegen sind. Kettenbriefe sind eine Paradebeispiel dafür. Nicht bei allen Ponzi-Plänen handelt es sich um wissentlich begangene Betrügereien. Einige der größten Coups werden von ehrlichen Leuten in bester Absicht durchgeführt. Eine Aktie (oder jede andere Anlagenform), deren Kurs vor allem von hereinfließenden Geldern nach oben getrieben wird, ist eine Art von Ponzi-Plan. Verlangsamt sich der Zufluß, dann läßt auch der Aufwärtstrend nach. Jene, die eine solche Situation schnell genug erkennen, können sich ihre Papiergewinne in bar auszahlen lassen, aber diejenigen, die als letzte eingestiegen sind, werden unweigerlich eine kalte Dusche abbekommen. Dies kann bei Neuemissionen von High-Tech-Titeln, bei Antiquitäten und auf allen Wertpapiermärkten passieren. Ja es kommt sogar bei Staaten vor. Der Volkswirtschaftler Paul Samuelson bemerkte einmal, daß ein Land mit einer wachsenden Bevölkerungszahl der größte Ponzi-Plan sei, der je ausgedacht wurde: Eine dünne Spitze älterer Leute sitzt auf einer wachsenden Pyramide von Arbeitnehmern, die soviel zusätzlichen Wohlstand schaffen, daß der hohe Lebensstandard der ersteren gewährleistet ist. Wie alle Ponzi-Pläne funktioniert auch dieser nur eine gewisse Zeit lang. Am Ende haben sich die Spätankömmlinge umsonst abgerackert.

Unberechtigter Optimismus

Als unverbesserliche Optimisten malen wir unsere Zukunftsbilder in rosigen Farben. Unsere Prognosen sind Abbilder unserer Träume. Wir verwechseln die Gegenwart, in der wir leben müssen, mit der Zukunft, die wir uns so schön vorstellen. Wir ignorieren die zynische Lebensweisheit von Herrn Murphy, der da behauptet, daß alles schiefgehen wird, was nur schiefgehen kann. Ein übertriebener Optimismus geht von zu vielen Zufallstreffern aus. Wenn jeder Ballaufschlag schon den Sieg bedeuten würde, dann wäre das Leben einfach, aber wie oft kommt das schon vor?

Das *zusammengesetzte* Wachstum ist ein Beispiel für eine Wachstumsfalle, in die allzu große Optimisten geraten können. Das pyra-

Klassische Wachstumsfallen

midenförmig aufgebaute Wachstum scheint ein einfacher und schneller Weg zum Reichtum zu sein, vor allem wenn jemand ein todsicheres System hat. Deshalb zogen ja auch die Investmentgesellschaften auf dem boomenden Aktienmarkt der zwanziger Jahre und die Investmentfonds auf dem der sechziger Jahre so viel Geld an. Für den „kleinen Mann" war dies eine Möglichkeit, in den berühmten Ligen mitspielen zu dürfen. Experten reinvestierten das Geld des kleinen Spielers viel geschickter, als es dieser hätte tun können. Als der Aktienmarkt anzog, stieg auch der Wert der Anlage. Wie schon in einem früheren Kapital erwähnt wurde, besteht das Problem darin, daß die primäre Anlage – in beiden Fällen Stammaktien – bereits eine Wette darstellte, bei der man auf das Wachstum der Firmen und der Wirtschaft im allgemeinen gesetzt hatte. Eine Spekulation mit dem Aktienwachstum zweiten Grades kann sich lohnen, wenn der Markt anzieht, ist aber ein hundertprozentiges Verlustgeschäft, wenn der Baisse-Markt den Hausse-Markt ablöst.

Wetten auf die Wiederholung eines früheren sensationellen Erfolges sind ein weiteres Beispiel für unberechtigten Optimismus. Wenn wir die Rennbahngazette im Hinblick auf mögliche Wettabschlüsse durchlesen, dann überprüfen wir die Leistungen eines jeden Pferdes und wollen wissen, wie es in der Vergangenheit abgeschnitten hat. Umsichtige Anleger verfahren bei der Bewertung einer möglichen Anlageform genauso. Kann ein Unternehmen auf viele Jahre zurückblicken, in denen es ein fähiges Management als auch ein solides Wachstum hatte, dann wird der Trend mit großer Wahrscheinlichkeit anhalten.

Anleger, die schnell reich werden wollen, setzen gerne unter Mißachtung allgemeiner Vorsichtsregeln auf einen Außenseiter, der in der Vergangenheit einen großen Treffer gelandet hat. Aber nur wenigen Unternehmern, die einen phänomenalen Erfolg für sich verbuchen konnten, gelingt dies ein zweites Mal. Die meisten sensationellen Erfolge beruhen auf dem nur einmal im Leben stattfindenden Ereignis, daß sich eine gute Idee, die mit viel Glück gepaart ist, zur richtigen Zeit und am rechten Ort einstellt. Nolan Bushnell brachte mit seiner brillanten Erfindung „Pong" die ganze

Computerspiel-Welle ins Rollen. Seine nächstes Unternehmen, *Pizza Time Theatre*, entwickelte sich in drei Monaten aus einem Umsatzgiganten von 150 Millionen Dollar zu einem Pleitegeschäft.[32] Der Pet Rock, ein Stein, den man sich anstelle eines Haustiers kaufte und auch so behandelte, der aber im Gegensatz zu einem Tier keinerlei Arbeit machte, erfreute sich in den USA großer Beliebtheit. Seinen Erfinder Gary R. Dahl machte er innerhalb von zehn Monaten zum Millionär.[33] Doch sein nächstes Produkt war ein Flop. Der Bausatz „Sand-breeding Kit" fand kaum Beachtung.

Es läßt sich nur schwer vorhersagen, ob und wann sich phänomenale Finanzerfolge einstellen werden, und fast ebenso schwierig sind Wett-Treffer auf Wiederholungsspiele. Zumeist verdankt man den ersten spektakulären Erfolg einer Reihe glücklicher Umstände, einer Glücksserie, die nicht ewig anhalten wird. Natürlich hat der erste große Gewinner insofern einen Vorteil, als er für einen zweiten Versuch leichter Kapital auftreiben kann.

Die Kehrseite des übertriebenen Optimismus ist, daß man nicht an eine Schattenseite glaubt. Einige Wachstumsmöglichkeiten scheinen eine todsichere Sache zu sein, bei denen ein Mißerfolg einfach ausgeschlossen ist:

- Immobilien – mit ihnen konnte man ein größeres Vermögen machen als mit jeder anderen Anlageform.
- Öl – bald wird es keins mehr geben. Die Menschen müssen aber ihre Wohnungen heizen und ihre Autos fahren. Deshalb kann es nur einen Aufwärtstrend geben.
- Ackerland – jeder Mensch muß essen, jeden Tag müssen mehr Mäuler gestopft werden.
- Geschäftsbanken – was auch immer geschehen mag, das amerikanische Zentralbanksystem wird sie nicht fallen lassen.
- die amerikanische Staatsverschuldung – die Zinssätze sind einfach unschlagbar und auch noch vom Staat garantiert.
- Versorgungsunternehmen – der Gas- und Elektrizitätsverbrauch steigt von Tag zu Tag an, und die Gewinne und Dividenden sind *gesetzlich* geschützt.

Klassische Wachstumsfallen

Heute wissen wir, daß bei jedem dieser angeblich todsicheren Tips die Anleger auf die eine oder andere Art Geld verloren haben. Es gibt *immer* eine Schattenseite, auch wenn die vom Wachstumsfieber gepackten Menschen sie vielleicht nicht wahrhaben wollen. Anleger, die zuerst nicht an die Schattenseite glauben wollen, werden später im allgemeinen eines Besseren belehrt. Diese Art von übertriebenem Optimismus ist keineswegs ein rein amerikanischer Charakterzug. Mexiko, das mit einem kontinuierlichen Einnahmenanstieg aufgrund seiner jüngsten Ölfunde rechnete, nahm riesige Kredite bei amerikanischen Banken auf. Als das Undenkbare geschah – sowohl der Mineralölpreis als auch die Nachfrage gingen jäh zurück –, schuldete Mexiko seinen freundlichen Nachbarn im Norden auf einmal mehr Dollars, als es wohl hoffen darf, eines Tages zurückzahlen zu können.

Die Griechen hatten ein Wort für diesen *Unglauben an die Schattenseite: Hybris*. Emissionshäuser und Arbitrageure, die in die jüngsten Insiderskandale verwickelt waren, machten sich der Hybris schuldig. Ebenso die *NASA* vor der Challenger-Katastrophe im Jahre 1986. Um ihre riesengroßen Versprechen einzuhalten, die sie abgegeben hatte, um die Unterstützung des amerikanischen Kongresses zu gewinnen, wurde aus dem Wort „machbar" zwangsläufig „todsicher".[34]

Jeder, der vorwärtskommen will, braucht ein wenig Optimismus. Wenn wir nicht damit rechnen, daß ein Vorhaben gelingen wird, dann werden wir es erst gar nicht durchführen. Aber wenn wir die Tatsache mißachten, daß jede Veränderung ein Risikoelement in sich birgt, öffnen wir den allergrößten Gefahren Tür und Tor.

Aufmerksamkeit: mangelhaft

Würden die Leute nur auf das achten, was um sie herum geschieht, dann gerieten sie auch weniger in Wachstumsfallen! Ein diesbezüglicher Ratschlag ist zwecklos. Warnzeichen gibt es viel häufiger, als die Betroffenen glauben, aber sie übersehen sie, weil sie entweder nicht daran interessiert oder nicht darauf geschult sind.

Ein „unaufmerksamer Unternehmer" ist eindeutig ein Oxymoron. Dennoch jagen Menschen Hals über Kopf dem Wachstum nach, ohne überhaupt darauf zu achten, wohin dies führt. Gegen Ende der siebziger Jahre waren viele hinter dem *Inflationsphantom* her. Sie wußten, was Inflation ist und daß sie illusionäre Werte schafft. Die Manager lernten jedoch die Inflation schätzen, weil sie viele Sünden vor den Unaufmerksamen verbarg und ein schwaches Ergebnis noch ganz passabel erscheinen ließ. Auch die Spekulanten lernten sie lieben, weil sie Geld machen konnten, indem sie einfach Dinge erwarben, die ihren Wert beibehielten oder sogar eine reale Wertsteigerung erfuhren.

In Zeiten der Inflation spricht einiges für den Besitz bodenständiger Vermögenswerte wie Gold, Silber und Land. Die Leute brauchen Mittel, um ihre Kaufkraft zu schützen. Problematisch wird es erst, wenn die Habgier um sich greift. Früher oder später verlangsamt sich die Inflation, sie kommt zum Erliegen, oder es setzt sogar ein gegenläufiger Trend ein. All die großen Wetten, die man auf die Fortsetzung der Inflation abgeschlossen hat, sind dann verloren. Spekulanten, die Ende der siebziger Jahre ganz groß in Gold, Silber, Ackerland oder Energiereserven eingestiegen waren, machten dabei nicht nur ein Plus-Minus-Null-Geschäft, sondern sogar einen Verlust. Unternehmensleitungen, die wegen der Lagergewinne und Abschreibungsbeträge für Anschaffungskosten gute Endergebnisse vorweisen konnten, mußten beachtliche Realberichtigungen vornehmen.

Der *Herdentrieb* stellt eine ständig lauernde Gefahr in investiven oder unternehmensführerischen Situationen dar (wenn man es genau bedenkt, in jeder Situation, die mehr als eine Person betrifft). Anstatt den Lauf der Dinge zu beobachten, warten wir lieber auf einen Wink seitens unserer Mitmenschen. Alle anderen machen es auch, folglich muß es eine gute Idee sein (...dachte jedenfalls so mancher Büffel, als er unbekümmert mit dem Rest der Herde den Felsen hinunterstürzte). Selbst Leute, die darauf achten, welchen Weg nun die breite Masse einschlägt, können mit ihr untergehen, wenn sie so unvernünftig sind und wider ihr eigenes Wissen handeln. Bei Agrarprodukten geschieht dies immer wieder. Alle Maisbauern rechnen mit einem aufnahmefähigen Markt zum Ende der Erntezeit und pflanzen daher auf jedem noch so kleinem Fleckchen Boden ihren Mais an. Die daraus resultierende Rekordernte überschwemmt den Markt, und alle, sowohl Gläubige als auch Zweifler, gehen dabei baden. In einer solchen Atmosphäre entstanden die „Konträrinvestitionsstrategien": Falls die ganze Herde dieselbe Richtung einschlägt, dann geh in eine andere.

Wie den Maisbauern erging es auch jenen, die in den fünfziger Jahren Bowlingbahnen eröffneten und in den achtziger Jahren Videospielhallen und PC-Einzelhandelsgeschäfte. Vor ein paar Jahren traf es auch die deutschen Bierbrauer. Da sie mit einem kontinuierlichen Wachstum des Bierkonsums rechneten, weiteten viele der 1500 Brauereien des Landes ihre Kapazitäten aus. Stattdessen ging der Konsum zurück, und bis 1980 waren infolge einer Überkapazität von 20 Prozent jeweils 50 Brauereien pro Jahr verschwunden. „Da jedermann den zunehmenden Ausstoß sah, glaubte auch ein jeder, daß es sich um eine Wachstumsbranche handele", sagte ein Sprecher, „aber für die letzten fünf Jahre traf dies nicht zu."[35] Auch für jene Braumeister, die mit einem nachlassendem Konsum gerechnet hatten, war die Bestätigung dieser Vermutung nur ein schwacher Trost, es sei denn, sie handelten gemäß ihrer Intuition und stiegen rechtzeitig aus dem Geschäft aus.

Der Versuch, vergangene Wachstumserfolge *nachzuahmen*, legt die Vermutung nahe, daß man es mit einem weiteren Fall mangelhafter Aufmerksamkeit zu tun hat, nämlich der Nichterkennung sämtlicher Gegebenheiten, die dafür sorgten, daß das frühere risikoreiche Unternehmen rentabel arbeitete. Michael Milken war mit einem derart unvollständigem Wissen ausgerüstet, als er Drexel Burnham Lambert zu seiner bahnbrechenden Junk-Bond-Finanzierung von Übernahmejägern überredete. Seine Nachforschungen an der Wharton School hatten ergeben, daß Obligationen mit einer niedrigen Bonitätsbewertung und einer hohen Verzinsung bisher eine sehr niedrige Ausfallquote gehabt hatten. Als Anlageinstrumente waren diese Obligationen daher weniger risikoreich, als man gemeinhin angenommen hatte. Als dieses Buch geschrieben wurde, gab es allerdings notleidende Obligationen im Wert von über

3 Milliarden Dollar, wobei einige bekannte Emissionsinstitute bereits Ausfallquoten von 10 Prozent und mehr hatten.[36] Was war geschehen? Vor Milkens Finanzierungsgeschäften hatte man Junk Bonds nicht absichtlich geschaffen, sondern sie wurden von Firmen ausgestellt, die in Schwierigkeiten geraten waren. Im Laufe der Zeit wurden die Schwierigkeiten aus dem Weg geräumt, oder die Verpflichtungen gingen auf Unternehmen über, die solche Firmen erwarben. Zahlungsausfälle gab es selten, weil die Schuldverschreibungen ja solide waren.

Der Fehler, den man bei der Emission vieler sogenannter Junk Bonds machte, war darauf zurückzuführen, daß man sich nur zum Teil mit den Tatsachen beschäftigt hatte. Jene, die ihre Ersparnisse in überall und leicht erstehbare „Sofort-Sammelobjekte" stecken, unterliegen demselben Irrglauben. Wenn der Preis von Gemälden, Münzen, Briefmarken oder von Ziertellern in der Vergangenheit rasch anzog, dann nur deshalb, weil ihre Stückzahl begrenzt war. Deren Massenherstellung zur Deckung der laufenden Nachfrage des „Anlegers" mag für die Hersteller und Verkäufer lukrativ sein, bedeutet aber für die Käufer nicht zugleich die Massenproduktion einer Wachstumschance. Diese traurige Wahrheit gilt für jedes Vorhaben, bei dem man eine Situation wiederherstellen will, die in der Vergangenheit ein enormes Wachstum hervorgerufen hat. Ein solches Vorhaben wird wahrscheinlich nicht zur Wiederholung dieses Wachstums in der Gegenwart führen, wie ein intensives Studium der Geschichte deutlich zeigt. In den fünfziger Jahren schafften die Hula-Hoop-Reifen einen Umsatz von 200 Millionen Dollar. Wer aus der damaligen Zeit würde wohl heute unsere Hula-Hoop-Unternehmung mit ein paar Millionen unterstützen? Wenn man sich an der Geschichte überhaupt orientieren kann, dann könnte man nur von einem „potentiellen" Riesenertrag des investierten Kapitals sprechen.

Fehler des Managements

Unternehmensleitungen, die unter dem Druck stehen, ein Wachstum vorweisen zu müssen, biegen manchmal vernünftige Manage-

Klassische Wachstumsfallen

mentpraktiken in der falschen Hoffnung zurecht, daß sich die Gewinne schon einstellen werden. Je nachdem, wie weit sie diese zurechtbiegen, gibt es Ergebnisse, die von einer schwachen Leistung und moralischen Problemen bis hin zu Firmenbankrott und Gefängnisstrafen reichen.

Der Versuch, die Wachstumsrakete zu zünden, indem man entweder *ein größeres Stück Zucker oder eine längere Peitsche* verwendet, ist der am meisten verbreitete Fehler unter phantasielosen Führungskräften. Gib irgendeinem machthungrigen oder geldgierigen Menschen einen Job, zu dem auch ein Anreizplan gehört, und er wird in kürzester Zeit die effektivste Methode zur Erreichung der gesetzten Ziele herausfinden. Der Anreizplan belohnt ein Umsatzwachstum? Keine Sorge – der Umsatz wird wachsen. Gewinne? Kein Problem – auch sie werden steigen. Negative Anreize oder Strafen haben dieselbe Wirkung. Wachsen oder gefeuert werden? Die Antwort ist klar.

Anreizpläne können auf effektive Weise jede Art von gewünschtem Wachstum schaffen. Die Wachstumsfalle wird beim Entwurf dieser Pläne miteingebaut. Allzu oft kommen die Fehler erst ans Tageslicht, wenn das Kind schon in den Brunnen gefallen ist. Dann zeigt sich, daß das geschaffene Wachstum krank und krebsbefallen ist und die Firma sich einer finanziellen Operation ohne Narkose unterziehen muß. Das angebliche Wachstum war in Wirklichkeit überhaupt keines, sondern es handelte sich um frisierte Bücher, betrügerische Verkäufe, fingierte Testergebnisse oder weitere Maßnahmen, die man ergriff, um sich die Prämie zu schnappen oder dem Druck zu entziehen.[37] *PepsiCo* etwa dachte sich ein Prämiensystem zur Verbesserung der Leistung mittels Wettbewerbsdruck aus. Dieses System veranlaßte mehrere im Ausland arbeitende Manager, die Betriebsergebnisse während eines Zeitraums von fünf Jahren um fast 85 Millionen Dollar nach oben zu korrigieren. 1982 kam diese peinliche Situation ans Tageslicht und zwang das Unternehmen, seine Gewinne für alle fünf Jahre zu berichtigen.[38]

Regierungen können ähnliche Fehler begehen. Es entbehrt nicht einer gewissen Ironie, daß das von der indischen Regierung geschaffene Anreizsystem in den beiden letzten Jahrzehnten aus einem

Land, welches einst vom „Schiff in den Mund" lebte, einen Getreideüberschußproduzenten gemacht hat, und die in den letzten drei oder vier Jahren angehäuften Ernten in Speichern verschimmeln. Dennoch steigern die Bauern weiter ihre Produktion. Aufgrund staatlicher Maßnahmen ist das Getreide für Exportmärkte und selbst für eine wachsende Zahl indischer Bürger zu teuer. Immer mehr Landarbeiter verlieren ihre Existenzgrundlage, weil man wegen des Produktionsdrucks in zunehmenden Maße zu modernen landwirtschaftlichen Methoden übergeht.[39]

Die Vorbereitung einer Firma auf eine *Zukunft, die nie stattfinden wird*, fällt ebenso unter diese Fehlerkategorie. Die Planung gehört zum Aufgabengebiet leitender Angestellter und ist für Unternehmen mit langen Vorlaufzeiten von entscheidener Bedeutung. Die Verlegung von Eisenbahnschienen, die Aufstellung der für eine neue Autoserie benötigten Maschinen oder der Bau chemischer Verarbeitungsanlagen nimmt viele Jahre in Anspruch. Firmen, die in die Zukunft hinein wachsen wollen, müssen sich für dieses Wachstum frühzeitig rüsten.

Zum Beispiel nutzte *General Motors* einen Abschwung auf dem Automobilmarkt im Jahre 1980 zur Durchführung eines 30-Milliarden-Dollar-Programms für Erweiterungsinvestitionen. Autoanalysten sagten voraus, daß der *GM*-Gigant dadurch zum einzigen amerikanischen Automobilhersteller mit einer vollständigen Produktpalette werden würde.[40] Jedoch verlief die Zukunft nicht so, wie man sie geplant hatte, und innerhalb eines Zeitraums von nur zwei Jahren mußte *GM* sein Programm (dessen Kosten bereits auf 40 Milliarden Dollar angestiegen waren) kürzen. Ein leitender Angestellter bei *GM* bemerkte: „Wenn wir uns jetzt sicher wären, daß sich der Autoabsatz nie mehr erholen würde, dann fände eine weitere Welle von Werksschließungen statt, die mindestens genauso umfangreich wären wie die vorangegangen".[41]

Auch zu Beginn des Jahres 1987 setzten die amerikanische Autounternehmen ihre Werkschließungen fort, da die Importe einen Teil des Marktes wegnahmen und eine zunehmende Zahl ausländischer Autohersteller Betriebsstätten in den USA errichteten.

Klassische Wachstumsfallen

In den siebziger Jahren befand sich der Versorgungssektor in einer ähnlichen Situation. Neue Kraftwerke erfordern Vorlaufzeiten von bis zu 20 Jahren und damit ein großes Vertrauen in die Zukunft. In den fünfziger und sechziger Jahren rechnete das Versorgungsunternehmen *Northeast Utilities* mit einem weiteren Jahresanstieg der Elektrizitätsnachfrage von sieben Prozent. Um für die achtziger Jahre gerüstet zu sein, übersäte das Unternehmen das südliche Neuengland mit Kernkraftwerken. Die kritische Energiesituation der siebziger Jahre, welche zu einer Nachfragedämpfung führte, dürfte das Management ziemlich überrascht haben. Das Unternehmen stand nicht allein da: Andere Versorgungsunternehmen trafen ähnliche Entscheidungen und müssen sich nun um die Kostendeckung von teuren und nicht benötigten Kernkraftwerken kümmern. Einige ihrer ängstlicheren Nachbarn ließen dagegen bei Erweiterungsplänen mehr Vorsicht walten und lagen mit ihrer Politik, wie sich später herausstellen sollte, richtig.[42]

Mit welchem Managementfehler haben wir es hier zu tun? Das eigentliche Problem stellen Wachstumsprognosen über einen längeren Zeitraum dar. Dazu bedarf es vieler kühner Hypothesen, von denen die gefährlichste wohl die Annahme ist, daß das augenblickliche rasche Wachstum sich mit der gleichen Geschwindigkeit fortsetzen wird. Wenn man von dieser Annahme ausgeht, riskiert man Riesenverluste infolge von unnötigen Investitionen in überschüssige Kapazitäten. Schlägt man einen konservativeren Kurs ein, läßt man sich möglicherweise ein paar Geschäfte entgehen (und wächst deshalb auch nicht in dem Maße, wie man es könnte). Unternehmen in vielen Branchen konnten aus der wirtschaftlichen Berg- und-Tal-Fahrt der siebziger und achtziger Jahre folgendes lernen: Anstatt kostspielige Wetten auf langfristige Prognosen abzuschließen, sollte man lieber eine möglichst große Flexibilität entwickeln.

Zu den Aufgaben des Managements gehört auch die Entwicklung effektiver Unternehmensstrategien. Um dieser Aufgabe gerecht zu werden, muß man genau wissen, auf welcher *Art von Markt* das Unternehmen konkurriert. Es gibt zwei Grundtypen von Produktmärkten: Ständige Märkte und kurzlebige Märkte. Auf einem ständigen Markt wird das Produkt immer wieder gekauft. Beispiele für ständige Märkte sind Rasierklingen, Autos, Zigaretten, Benzin und Limonade. Der Schlüssel zum Erfolg auf einem ständigen Markt ist die Erlangung und Beibehaltung der marktbeherrschenden Stellung, weil laut den Worten von Marketingtheoretikern und Unternehmensberatungsfirmen die marktbeherrschenden Teilnehmer das meiste Geld machen. Dies erfordert oft große Investitionen, die sich (mit etwas Glück) im Laufe der Zeit bezahlt machen. Dagegen tauchen kurzlebige Märkte auf, erleben ihren Höhepunkt und verschwinden dann wieder. Die Mode sowie Modeerscheinungen bilden einen solchen kurzlebigen Markt. Der Erfolg hängt davon ab, daß man einsteigt, wenn die Modewelle anrollt, und aussteigt, bevor sie abklingt. Richtiges Timing ist das, was die Sieger auf diesem Markt auszeichnet. Die Spitzentechnologiefirmen haben es mit einer anderen Art von kurzlebigem Markt zu tun – der kurzfristigen Chance. Die Technologie selbst kann vergänglich sein. Um zu gewinnen, muß die Firma gleich von Anfang an dabei sein und ihr Geld machen, bevor ihr Produkt von der nächsten Innovation abgelöst wird.

Die Strategien für diese zwei Markttypen haben nichts miteinander gemein, und ein latenter Managementfehler ist deren gegenseitige Verwechslung. Eine der gefährlichsten Wachstumsfallen besteht darin, daß man einen kurzlebigen Markt erobern will, den man für einen ständigen Markt hält. Ein Unternehmen investiert im großen Rahmen in die Produkt- und Marktentwicklung und muß alsbald feststellen, daß ihm ein Markt gehört, der soeben verschwunden ist. Dies war einer der größten Fehler der *Warner Communications*, als sie 1982 ihr gesamtes Vermögen auf die *Atari*-Videospiele setzte.

Die *General Mills* hatte ähnliche Probleme mit der von ihr erworbenen Firma *Izod*: Das Hauptgeschäft der *General Mills* sind Nahrungsmittel, die einen ständigen Markt bilden. Sportbekleidung fällt unter eine andere Kategorie. „Mode kann man nicht mit Getreideflocken vergleichen", war der Kommentar eines Analysten. „Wenn man am Morgen das Haus verläßt, dann weiß man, daß man Frühstückskost verkaufen wird. Aber in der Klamottenindustrie ist wirklich jeder Tag ein neuer Tag."[43]

Klassische Wachstumsfallen

Manchmal drängt sich ein kurzlebiger Markt einem ständigen Markt auf, wie dies zum Beispiel bei der Wildwestmodenbranche der Fall war, als im urbanen Amerika der frühen achtziger Jahre das Cowboy-Fieber ausbrach. Stiefel- und Huthersteller, die beim Eingemachten blieben und weiterhin den traditionellen ständigen Markt belieferten, fuhren gut damit. Ein paar Unglückselige vergaßen, daß alle Modeerscheinungen kurzlebig sind und blieben auf ihrer unverkäuflichen, riesige Lager füllenden Westernkleidung sitzen, als die Stadt-Cowboys den College-Look entdeckten...[44]

Zu einer weiteren Aufgabe des Managements gehört das Festlegen von Zielen, wobei die Rentabilität eines der grundlegendsten ist. Rentabilität hat zwei Aspekte: Zum einen muß man Geld hereinholen und zum anderen darf davon so wenig wie möglich entwischen. Um die Gewinnschmälerung auf ein Mindestmaß zu reduzieren, stürzen sich Unternehmensleitungen und Investoren Hals über Kopf auf das beliebteste Spiel in ganz Amerika: „Schlag dem Steuereintreiber ein Schnippchen." Die Folge davon ist, daß riesige Summen in unserer Wirtschaft zirkulieren, mit denen man jenen Wachstumsarten nachjagt, die nicht beschnitten werden. Der Fehler ist hier, daß man *den Schwerpunkt auf das falsche Ziel legt.* Sinn und Zweck jeder Wirtschaftstätigkeit sollte es sein, einen Markt zu befriedigen und nicht, dem Finanzamt zu entkommen.

Während des Nachkriegswachstums besteuerte der Staat die Dividenden von Unternehmen zumeist zweimal: einmal als Gewinne und dann wieder, wenn sie als Dividenden ausgeschüttet wurden. Dagegen wurden Kapitalgewinne nur einmal besteuert, wobei der Satz nur halb so hoch war wie jener für das Erwerbseinkommen. Diese Politik trug dazu bei, den Wachstumswahn jener Zeit zu schüren. Anstatt die Dividenden auszuzahlen, reinvestierten die Unternehmensleitungen die Gewinne in das Wachstum, um für die Aktionäre durch die Zuschreibung zu ihren Anteilen Werte zu schaffen. Auf ähnliche Weise flossen infolge degressiver Abschreibungen sowie Zinsabschreibungen Milliarden in Immobilienfonds und -gesellschaften. Abschreibungen für Substanzminderungen lenkten Geldmittel in die Öl- und Gasexplorationsbranche. Eine vorteilhafte Steuergesetzgebung, die 1978 in Kraft trat, spielte eine wichtige Rolle bei der Schaffung des fast schon explosionsartigen Wachstums beim Risikokapital, von dem ein Großteil zur Finanzierung der jungen High-Tech-Unternehmen im Silicon Valley verwendet wurde, bis dann das Spiel seine reizvollen Gewinnchancen verlor.[45]

Steueranreize zeitigen unwiderrufliche Ergebnisse, die ursprünglich nicht beabsichtigt waren. Trotz des offensichtlichen Unternehmenswachstums, das durch Kapitalgewinnanreizpläne gefördert wurde, ist die amerikanische Wirtschaft aus irgendeinem Grund hinter ihre internationale Konkurrenz zurückgefallen. Die meisten Großstädte leiden unter einem Überangebot an Büroräumen, deren Bau man von vornherein hätte bleiben lassen sollen. Die Öl- und Gasexplorationsbranche machte und blieb bankrott. Unternehmen expandierten in alle Himmelsrichtungen, trotzdem war es scheinbar noch zu wenig. Proktologen steckten ihr Geld in Chinchilla-Farmen, Rechtsanwälte ihre Ersparnisse in Mastviehzuchten und Wertpapiermakler ihre Yachten in Charterprojekte. In all diesen Fällen investierten sie ihr Geld mit dem falschen Ziel, nämlich es vor dem Finanzamt zu verstecken. Im Grunde genommen bleibt eine Fehlinvestition unter dem Mäntelchen einer Steuerersparnis immer noch eine Fehlinvestition.

Eine bestimmte Expansionsmethode ist für viele große Firmen eine Wachstumsfalle: die unverdauliche Akquisition. Unternehmen, die eine neue Marktlücke entdecken, können zunächst zweistellige Gesamtwachstumsraten verzeichnen. Wenn der Jahresumsatz 10 Millionen Dollar ausmacht und der Markt immer noch ausbaufähig ist, dann ist das Ziel einer größenmäßigen Verdoppelung in etwa jedem zweiten Jahr nicht zu hoch gegriffen. Wenn eine Firma eine gewisse Größe erreicht hat, zum Beispiel einen Umsatz von mehreren Milliarden Dollar im Jahr, dann verlangsamt sich das schnelle Umsatzwachstum. Der Markt hat sich stabilisiert. Neue Kunden sind nicht mehr so leicht auszumachen, und es wird zunehmend teurer, der Konkurrenz einen Marktanteil abzuringen.

An diesem Punkt versuchen viele Unternehmen das Wachstum mit Hilfe von Akquisitionen in Gang zu halten. Der Aufkauf eines anderen Unternehmens kann sich durchaus lohnen, wenn dabei ein

Klassische Wachstumsfallen

synergetischer Effekt erzielt wird, beispielsweise wenn die erworbene Tochtergesellschaft Zugang zu neuen Märkten verschafft, einen Schlüsselfaktor im Betrieb der Muttergesellschaft bildet, den Wert der eigenen Produkte der Muttergesellschaft erhöht oder die Produktionskapazität im wirtschaftlichen Sinne steigert. Aber lohnende Übernahmen in den eigenen primären Unternehmensbereichen lassen sich oft nur schwer ausfindig machen und können teuer werden, wenn man sie erst einmal aufgespürt hat.

Um dennoch wachsen zu können, versuchen es manche Unternehmen mit der Diversifikation, das heißt, sie dringen in eine neue Branche vor, deren Produkte und Märkte mit den eigenen nichts zu tun haben. Unternehmensleitungen gehen von der falschen Annahme aus, daß ein gutes Team von Betriebswirten alles managen kann. Allzu oft passen jedoch die beiden Unternehmensbereiche nicht zusammen, und man erreicht das Gegenteil von einem synergetischen Effekt. Ein unvereinbares Geschäftsklima mag daran schuld sein, wie dies bei *General Motors* der Fall war, als sie die *Electronic Data Services* von H. Ross Perot erwarb, oder bei *Sears Roebucks* Kauf von Dean Witter.

Manchmal unterscheidet sich der Geschäftsbereich der übernommenen Firma von dem etablierten Unternehmensbereich der Muttergesellschaft in einem solchen Maße, daß ein Zusammenschluß einfach zum Scheitern verurteilt ist. *Coca-Cola* mußte dies erkennen, als sie zu Beginn der achtziger Jahre mit großem Trara ins Weingeschäft einstieg. Das Brokerhaus *Merrill Lynch* stieß auf dasselbe Problem, als es sich auf Maklergeschäfte mit Wohnimmobilien einließ.

Selbst für eine Geschäftsschließung ist es dann oft zu spät. 1987 kündete *Campbell Soup* an, daß sie zwei Restaurantketten sowie einen Unternehmensbereich für Tierfutter zu verkaufen beabsichtige, bei denen sich Investionen für eine weitere Geschäftsfortsetzung nicht mehr lohnten. Mit dieser Entscheidung erkannte *Campell* an, daß sie „in erster Linie ein Hersteller für menschliche Nahrungsmittel" war.[46] Verschiedene Fluggesellschaften versuchten, ihr Unternehmenskonzept auszuweiten und „Allroundgesellschaften für Reisen" zu werden, indem sie Autoverleihfirmen und Hotelketten erwarben, um mit Pauschalreisen für Privat- und Geschäftsleute auf dem Markt auftreten zu können. Keine war dabei sonderlich erfolgreich.[47]

Von allen Firmen schritt wohl die *Beatrice Foods* am weitesten auf diesem dubiosen Wachstumspfad voran. Eine Wachstumsbesessenheit auf Kosten der Gewinne führte zu Akquisitionen, aufgrund derer die Firma im Jahre 1982 eine Palette von über 9000 verschiedenen Markenartikel anbieten konnte, die von Koffern bis hin zu Schokoladenriegeln reichte. Die Folge davon war ein 9-Milliarden-Dollar-Unternehmen, deren Aktionäre besser daran getan hätten, ihr Geld auf Sparkonten zu legen.[48]

Leverage oder die allergrößte Wachstumsfalle

Die größte Wachstumsfalle entsteht durch geborgtes Geld. Es verspricht grenzenloses Wachstum. Die Kreditgeber kommen in den Genuß des Wachstums, weil sich ihr Darlehensbestand erhöht, was wiederum ihr Vermögen steigert. Aufgrund der Spannen zwischen den von ihnen für das Geld gezahlten Zinsen und den von ihnen dafür berechneten Zinsen wächst auch ihre Rentabilität usw.

Die Kreditnehmer verzeichnen ein Wachstum, weil sie mit den Fremdmitteln bereits jetzt einen Anteil an der glorreichen Zukunft erwerben. Wohnungskäufer addieren Eigenkapital, Wertsteigerung und Steuerbefreiung zusammen, während die Zahlungen dank der steigenden Ertragskraft zunehmend geringer werden. Immobilienunternehmen verwenden die Darlehen für den Bau von Gebäuden, die sie dann mit beträchtlichem Gewinn verkaufen. Unternehmen finanzieren ihre Erweiterungsinvestitionen mit Darlehen, wodurch sie ihr Gewinnpotential vervielfachen. Anleger verwenden Darlehen für den Kauf von Aktien, die auf einem niedrigen Kurs stehen, in der Hoffnung, diese später einmal zu einem höheren Kurs verkaufen zu können.

Das eingesetzte Fremdkapital hat eine Hebelwirkung. Nur ein Bruchteil des betreffenden Geldes gehört einem selbst. Aber man bekommt die Erlöse aus dem Gesamtbetrag! Wenn der Wert eines Hauses, das 100 000 Dollar kostete, um 10 Prozent ansteigt und

Klassische Wachstumsfallen

die Anzahlung 10 Prozent betrug, dann erzielt man eine Kapitalrendite von nicht nur 10, sondern von 100 Prozent!

Das Ganze könnte man mit einer Gelddruckmaschine vergleichen. Es verwundert daher auch nicht, daß Kreditnehmer zugreifen, wenn ausleihbare Gelder zur Verfügung stehen. Sind diese in Hülle und Fülle vorhanden (wie das in den siebziger Jahren der Fall war, als amerikanische Banken plötzlich in arabischen Petrodollars schwammen), kann man sich ihrer manchmal kaum noch erwehren.

Die Überschuldung hat unzählige Finanzdebakel heraufbeschworen. Probleme tauchen auf, wenn die Zukunft weniger grandios ausfällt, als jedermann gehofft hat. Dann hat die Hebelwirkung einen gegenteiligen Effekt, und es wird offenbar, daß es sich bei den Fremdmitteln um „Hexengeld" handelte. In Wirklichkeit existierte es noch gar nicht, es war nur ein Versprechen, daß es irgendwann in der Zukunft existieren würde. Da es aber nun einmal im Umlauf war, gingen die Preise in die Höhe. Wenn die Zaubermusik aufhört, fallen die Preise, und das Geld verschwindet. Bei einem Haus, das 100 000 Dollar kostete, bedeutet eine zehnprozentige Wertminderung den Bankrott – das Eigenkapital ist verschwunden. Eine 40prozentige Wertminderung bedeutet: Rien ne va plus. Es hat keinen Sinn, weitere Zahlungen zu leisten. Das Bankinstitut am Ort handelt nun mit gepfändeten Immobilien.

Schulden haben unzählige Personen und Familien ruiniert. Tausende von Unternehmen mußten wegen Schulden zeitweilig oder für immer in Konkurs gehen. Schulden machten spekulativen Unternehmungen und sogar ganzen Aktienmärkten (zum Beispiel dem von Amerika im Jahre 1929) einen Strich durch die Rechnung. Sie führten zum Sturz von Königshäusern. Sie bedeuteten das Aus für eine ganze Reihe von Staaten. Andere entkamen diesem Schicksal nur mit Hilfe eines Tricks – der Autor John Train nennt ihn „Nichteinhaltung als letzter Ausweg" –, bei dem man die eigene Haut dadurch rettet, daß man zügellos Geld druckt oder Anleihen begibt und mit diesen die Kreditgeber hereinlegt oder sich gleich für zahlungsunfähig erklärt.

1987 steckten die Vereinigten Staaten bis zum Hals in Schulden. Wohin wird das führen? John Trains Kommentar im Jahr 1985: *„Man fragt sich, welche Technik wohl zur Lösung der heutigen Schuldenkrise angewandt werden wird. (...) Die amerikanische Staatsverschuldung ist jetzt so hoch wie der Wert aller börsennotierten Unternehmen zusammen, und die Zinsen entsprechen unserem Haushaltsdefizit. Folglich drucken wir Geld für die Zinszahlung. Am Schluß wird die Falle zuschnappen."*[49]
Bei den meisten Wachstumsfallen gibt es keine unschuldigen Zuschauer. Bei der Schuldenlast bestätigt allerdings eine Ausnahme die Regel. Die zukünftigen Generationen, die mit ihr fertig werden müssen, hatten nie die Gelegenheit zu sagen, daß sie damit nichts zu tun haben wollten.

Die Vermeidung von Wachstumskatastrophen

Früher oder später ist es mit dem Wachstum unweigerlich zu Ende, und dann gibt es oft ein böses Erwachen. Die im 5. Kapitel angeführten Beispiele, in denen das Wachstum aufgehört hat, könnte man der Kategorie „Wachstumstragödien" zuordnen. Ihnen haftet die Tragik klassischer griechischer Theaterstücke an: das menschliche Los ist vom Schicksal vorherbestimmt. Trotz allergrößter Anstrengungen, oder bis zu einem gewissen Grad gerade wegen dieser Anstrengungen, kommen die beteiligten Personen zu Schaden. Sie handeln so, wie sie glauben, daß man es von ihnen erwartet, so wie es jede vernunftbegabte Person an ihrer Stelle auch getan hätte. Die Zuschauer erschaudern ob des Ausgangs und haben mit der verzweifelten Lage der Protagonisten Mitleid. Nur der Gnade der Götter verdanken wir es, daß es uns nicht genauso ergeht wie ihnen.

Wachstumskatastrophen sind etwas ganz anderes, sie haben mehr mit Slapstickkomödien gemein als mit dem tragischen Drama.

Ihre Themen handeln nicht von den Lebensbedingungen des Menschen, sondern von allzu ehrgeizigen Zielen. Die handelnden Figu-

Die Vermeidung von Wachstumskatastrophen

ren wollen unbedingt hoch hinaus, viel höher, als es die Götter zulassen können. In der letzten Szene landet eine Sahnetorte mitten im Gesicht des hochnäsigen Bankiers, des tyrannischen Chefs oder des bösen Schurken. Die Blamage ruft Gelächter, nicht Mitleid hervor. Keines der Opfer war nur ein unschuldiger Zuschauer, auch wenn man einige mit etwas Nachsicht als naiv bezeichnen könnte. Mit den Opfern der Slapstickkomödie hat man einfach kein Mitleid, weil sie immer wieder und wieder ein wenig mehr wollten und ihre wohlverdiente Strafe bekamen. Sie haben es ja geradezu herausgefordert.

Jetzt wissen wir, auf was man achten muß. Ein einziger, simpler Ratschlag, der einem viele Geldausgaben, Mühen und Demütigungen ersparen kann, indem er eine Wachstumskatastrophe vermeiden hilft: Fordere die Götter nicht heraus!

Anmerkungen

1. Rogers, E. M./Larsen, J. K., Silicon Valley Fever, New York, Basic Books, 1986; und aus einem persönlichen Gespräch mit Everett M. Rogers, 1986.
2. Cohen, Laurie P., Raytheon Is Among Companies Regretting High-Tech Mergers, *Wall Street Journal*, 10. September 1984.
3. Bellew, Patricia A., Fallen Entrepreneurs In Silicon Valley Find Failure Is No Disgrace, *Wall Street Journal*, 30. April 1985.
4. Lueck, Thomas J., Venture Capitalists Shifting Focus from High Technology, *New York Times*, 6. February 1987.
5. Barmash, Isadore, *Tiffany*'s Next Sale: Its Stock, *New York Times*, 25. March 1987.
6. Klein, Heywood, Zooming Firms of 1980 Find That Fast Growth Can Turn into a Curse, *Wall Street Journal*, 24. August 1983.
7. Klein, Zooming Firms.
8. Kotlowitz, Alex/Buss, Dale D., Localities' Giveaways to *Lure Corporations* Cause Growing Outcry, *Wall Street Journal*, 24. September 1986.
9. Wie dem auch sei, dieses Spiel funktioniert nicht so gut, wie es sollte. Die organisierte Arbeiterschaft hat seit 1945 an Boden verloren, damals repräsentierte sie 35,5 Prozent der Arbeitskräfte. Heute sind es nur noch 17,5 Prozent, und es werden immer weniger; Yancy, Matt, Union Membership Continues to Dip, but Rate of Decline Is Much Slower, *Philadelphia Inquirer*, 13. February 1987.
10. Inman, Virginia, How *Nutri/System* Developed Indigestion from Its Acquisitions, *Wall Street Journal*, 14. October 1983.
11. Williams, Mary, *Nutri/System* Franchisees Are Pressing Suit, Imperiling Revenue and Fueling Uncertainties, *Wall Street Journal*, 4. April 1984.
12. Blivens, Terry, Slimmer, but Ready to Grow, *Philadelphia Inquirer*, 8/1986.
13. Blivens, Slimmer.
14. Belden, Tom, Goodbye, *People Express*, *Philadelphia Inquirer*, 1. February 1987.
15. Belden, Tom, High Expansion, Low Fares Put *People Express* in Peril, *Philadelphia Inquirer*, 25. June 1986.
16. Carley, William M., Many Travelers Gripe about *People Express*, Citing Overbooking, *Wall Street Journal*, 19. May 1986.
17. *Texas Air Corp.* Agrees to Buy People Express, *Wall Street Journal*, 16. September 1986.
18. Thomas, Paulette, Purchase of *People Express* Would Add $ 750 Million of Debt to *Texas Air Corp.*, *Wall Street Journal*, 16. September 1986.
19. Koten, John, No. 1 *United Airlines* Has Yet to Capitalize on Advantages of Size, *Wall Street Journal*, 9, June 1986.
20. Salamon, Julie, How New York Bank Got Itself Entangled in *Drysdale*'s Dealings, *Wall Street Journal*, 11. June 1982.
21. Schlender, Brenton R., *Datapoint* Kept Trying to Set Profit Records until the Bubble Burst, *Wall Street Journal*, 27. May 1982.
22. Humble Pie May Nourish *Datapoint*, *Business Week*, 29. November 1982.
23. *Value Line* Investment Survey, New York, Value Line Inc., 7. November 1986, S. 1098.

Anmerkungen 241

24. Singer, Mark, Funny Money, New York, Alfred A. Knopf, 1985.
25. Metz, Tim/Hill, G. Christian., *Penn Square* Blowout Ended a Lending Spree as Risky as Oil Drilling, *Wall Street Journal*, 27. July 1982.
26. Grant, Linda, An Image Is Tarnished, *Philadelphia Inquirer*, 14. July 1982.
27. Singer, Funny Money, S. 24.
28. Singer, Funny Money, S. 24.
29. Singer, Funny Money, S. 196.
30. Mackay, Charles, Extraordinary Popular Delusions and the Madness of Crowds, New York, Farrar, Straus and Giroux, 1852, 2nd ed.
31. Train, John, Famous Financial Fiascos, New York, Clarkson N. Potter, 1985, S. 1–6.
32. How Do You Start A Craze? Ask Nolan Bushnell, *Business Week*, 17. February 1986, S. 157.
33. Two PRs, Pet Rocks, Public Relations Not Research, Ads Get Mogul His First $ 1 Million, *Marketing News*, 26. March 1976.
34. When 'Can Do' Becomes 'Can't Fail', *Fortune*, 7. July 1986, S. 8.
35. Geddes, John M., The Germans Drink a Great Deal of Beer, but Not Enough to Suit the Beer Makers, *Wall Street Journal*, 28. August 1980.
36. Smith, Randall, Underwriters Find Junk Bond Pitfalls, *Wall Street Journal*, 29. September 1986.
37. Getschow, George, Some Middle Managers Cut Corners to Achieve High Corporate Goals, *Wall Street Journal*, 8. November 1979.
38. Bonner, Raymond, *Pepsi*'s False Foreign Profits, *New York Times*, 10. November 1982.
39. Kaufman, Marc, An Embarressment of Food Amid India's Hunger, *Philadelphia Inquirer*, 14. February 1987.
40. Simison, Robert L., Despite Losses, *GM* Could Merge Even Bigger and Stronger than Ever, *Wall Street Journal*, 7. August 1980.
41. Further Auto-Plant Closings Likely as Capacity Far Exceeds Production, *Wall Street Journal*, 24. November 1982.
42. Shenon, Philip W., Many Electric Utilities Suffer as Conservation Holds Down Demand, *Wall Street Journal*, 9. October 1980.
43. Gibson, Richard, *General Mills*'s Izod Woes Are Said to Reflect Broader Problems of Company's Management, *Wall Street Journal*, 4. December 1984.
44. Change in Fashion Sends Western Wear to the Last Roundup, *Philadelphia Inquirer*, 31. August 1982.
45. Lueck, Thomas, J., Venture Capitalists Shifting Focus from High Technology, *New York Times*, 6. February 1987.
46. Diaz, Idris Michael, *Campbell* Plans to Sell 2 Lines, *Philadelphia Inquirer*, 11. February 1987.
47. Sandler, Linda, *UAL*'s Effort to Be a Full Travel Company Has Some Trying to Tally the Price of Success, *Wall Street Journal*, 13. February 1987.
48. Colvin, Geoffrey, The Bigness Cult's Grip on *Beatrice Foods*, *Fortune*, 20. September 1982, S. 122.
49. Train, Famous Financial Fiascos, S. 109.

7. Kapitel

Vom richtigen Umgang mit dem Wachstum

Wissen und Können, also das, was wir unter dem Begriff „Erfahrung" verstehen, sind die Voraussetzungen, um eine Sache „gut" zu machen. Dies gilt auch für den Umgang mit dem Wachstum, denn Wundermittel gibt es hier genausowenig wie in anderen Lebensbereichen. Aber es gibt so etwas wie das Einmaleins des Wachstums: Wer den Markt ständig im Hinblick auf Trends und Veränderungen beobachtet, die Konkurrenz nicht aus den Augen läßt, immer auf dem neuesten Stand der Technik ist, rechtliche, politische und wirtschaftliche Veränderungen nicht ignoriert und die eigenen Stärken, Schwächen und Fähigkeiten kennt, der handelt mit Sicherheit nicht verkehrt. Ihm müßte es möglich sein, alle Phasen des Wachstums – Inkubation, Aufstieg und Verlangsamung – mit Erfolg zu überstehen.

Das Wundermittelsyndrom

Eine der unangenehmeren Tatsachen, mit denen frisch gebackene Betriebswirte in der realen Geschäftswelt konfrontiert werden, ist, daß es keine Wundermittel gibt. So sehr wir uns dies auch wünschen, das wirkliche Leben bietet keine hübsch verpackten Patentlösungen für die Probleme, auf die wir im Laufe der Zeit stoßen.

Anfangs versuchen viele diese so frustrierende Entdeckung einfach zu ignorieren, denn wenn dem wirklich so ist, haben sie dann nicht sinnlos Zeit und Geld für ihr Studium verschwendet (ganz zu schweigen von den Opportunitätskosten dafür, daß man wieder die Schulbank drückte, anstatt arbeiten zu gehen)? Warum sollte man auf Wein, Weib (Mann) und Gesang wegen einer mehrsemestrigen Schufterei verzichten, wenn dabei keine rasche finanzielle Belohnung für all die Mühen herausspringt? Wozu hat man denn bis in die frühen Morgenstunden hinein gebüffelt und die Worte der Professoren sowie die Lehrbuchtexte zu verstehen versucht, wenn dafür nicht umgehend Erfolg und Wohlstand winken? Die Akoluthen an Wirtschaftsschulen sind vom Nimbus mathematischer Modelle und Formeln derart hypnotisiert, daß Jim Fisk und Robert Barron glaubten, ihr ironisches Betriebswirtschaftsbuch „MBA Handbook" mit der „Formel zum Erfolg" abschließen zu müssen.[1]

Auf Wundermittel hofft man vergeblich, auch wenn man sie sich noch so sehr und lange wünscht. Wirtschaftsstudenten sind jedoch nicht die einzigen, die nach einer Wunderformel suchen, wie die Bestseller-Listen vieler Jahre belegen oder die Kontoauszüge elegant gekleideter Schwätzer, die Management- oder Anlageseminare abhalten. Viele Menschen aus allen Schichten, ob dies nun Führungskräfte, Manager, Verkäufer, Kleinunternehmer oder ganz gewöhnliche, vom täglichen Arbeitsstreß gezeichnete Menschen sind, würden bereitwillig ihr Geld für die seit langem gesuchten Zauberformeln und Tricks herausrücken, die da versprechen, die goldenen Türen zum Reichtum ganz weit zu öffnen. „Flexibilität." „Mut zum Risiko." „Nur das Beste ist gut genug." „Ohne jegliche Eigenkapitalbeteiligung." „Psychologische Wirtschaftsführung." „Das Einmaleins des Erfolgs." „Die Σ-Management-Theorie." „Wie schlage ich meine Konkurrenten aus dem Feld?" „Macht und Ansehen." usw.

Spaß beiseite – wenn wir wirklich dieses Einmaleins zu Ruhm und Reichtum kennen würden, verbrächten wir dann wohl unsere Zeit mit dem Schreiben von Büchern, damit *jeder* dieses erlernen kann? Wohl kaum. Wir würden Pina Coladas unter tropischen Palmen trinken und auf die Milliarden anstoßen, die wir mit unserer Entdeckung gemacht haben. Unser Anliegen ist doch eher entgegengesetzter Natur, eine Abkehr vom Erfolgseinmaleins und vorschnellen Antworten. Unser Ziel ist es, verständlich zu machen, was Wachstum ist und welchen Gesetzmäßigkeiten es unterliegt. Und Sie als Leser scheinen ebenfalls diese Lernintention zu haben, denn andernfalls hätten Sie das Buch schon längst beiseite gelegt. Ihre Hoffnungen werden somit auch nicht enttäuscht, wenn wir im folgenden keine neuen Wundermittel anbieten, sondern den Wachstumsprozeß analysieren und aufzeigen wollen, wie erfolgreiche Menschen damit umgehen.

Im 4. Kapitel sprachen wir vom gesundem Wachstum, als handle es sich hier um eine Art Abstraktum aus Platos Idealwelt. Menschen, die in politischen, wirtschaftlichen oder unternehmensstrategischen Diskussionen mit dem Begriff *Wachstum* um sich werfen, gehen dabei – bewußt oder unbewußt – von idealen Zuständen oder Abstraktionen aus. Will man von ihnen genauere Einzelheiten oder geschichtliche Fakten erfahren, dann erhält man keine präzisen Antworten. Sie sind konsterniert, erzählen immer wieder dieselben Stories oder reagieren mit gönnerhafter Arroganz auf die beharrlichen Fragen eines Gegenübers, das den „wahren Gehalt" ihrer Aussagen einfach nicht begreifen will.

Unsere anekdotenhaften Geschichten im 4. Kapitel, welche vom beeindruckenden, gesunden Wachstum handelten, waren so präzise, wie dies solche skizzenhafte Schilderungen sein können. Sie erzählten aber nur von den Highlights und vernachlässigten die Schattenseiten. Man sollte gar nicht glauben, wieviele Firmen, die in der Vergangenheit ein phänomenales Wachstum verzeichneten, heute vergessen oder gänzlich vom Erdboden verschwunden sind.

Das Wundermittelsyndrom

Nur einer ganz kleinen Zahl von Unternehmen – *Du Pont* und *Procter and Gamble* sind zwei dieser Ausnahmen – gelang es bis heute, mehr als ein Jahrhundert lang zu wachsen. Auch die am 2. Mai 1670 gegründete *Hudson's Bay Company* existiert noch, und ihr geht es gar nicht einmal schlecht. Beispiele außerhalb der Wirtschaftswelt sind die über 350 Jahre alte Harvard University, die zur Zeit scheinbar eine Blüte wie noch nie erlebt, oder die Katholische Kirche, welche in ihrer zweitausendjährigen Geschichte noch nie so viele Mitglieder wie heute gehabt hat. Aber jetzt beschäftigen wir uns schon wieder mit den Gewinnern, jenen, welche die Hindernisse überwanden und weiter wuchsen. Dabei sollten wir besser an all die vielsprechenden potentiellen Wachstumsunternehmen denken, die nie aus den Startlöchern herauskamen oder schon bei der ersten Hürde stolperten.

Welcher Unterschied besteht zwischen Unternehmen, die wachsen, und jenen, bei denen dies nicht der Fall ist? – Entscheidend sind das Umgehen mit den bestehenden Möglichkeiten, ein ausgezeichnetes Gespür für Wachstumschancen und ein entsprechendes Durchsetzungsvermögen.

Im 4. Kapitel beschäftigten wir uns mit den Möglichkeiten, also mit jenen Kategorien von externen Umständen, dank derer Unternehmen erst wachsen können. Ausgezeichnetes Gespür bedeutet, daß man die Fähigkeit besitzt, jene Arten von Möglichkeiten auszumachen, und von dieser Fähigkeit auch Gebrauch macht. Die Anwendungsprinzipien lassen sich rasch auflisten, unser kleines Einmaleins lautet wie folgt:

– den Markt im Hinblick auf Trends und Veränderungen laufend beobachten,
– die Konkurrenz nicht aus den Augen lassen,
– immer auf dem neuesten Stand der relevanten Technik bleiben,
– auf rechtliche, politische und wirtschaftliche Veränderungen achten,
– die eigenen Stärken, Schwächen und Fähigkeiten kennen.

Diese Regeln lassen sich zwar schnell aufzählen, sind aber in der Realität gar nicht so einfach zu befolgen. Die meisten Menschen kann man wahrscheinlich darauf schulen, daß sie mit Hilfe einer systematischen, angemessenen Methode ständig auf vielversprechende Möglichkeiten achten. Aber „angemessen" ist in einer konkurrierenden Geschäftswelt nicht ausreichend, in der es von cleveren und hungrigen Spielern nur so wimmelt. Der Gewinner muß die Möglichkeiten früher entdecken und etwas schneller handeln als alle anderen.

Ein ausgezeichnetes Gespür für solche Chancen kann man mit einem Talent wie zum Beispiel dem Malen von naturgetreuen Porträts oder mit anderen Fähigkeiten, die sich durch Fingerspitzengefühl auszeichnen, vergleichen. Menschen, die mit diesem Talent geboren sind und es weiterentwickeln, haben durchaus die Chance, erfolgreiche Unternehmer zu werden. Viele andere, die dieses Talent nicht haben, aber äußerst intelligent und mathematisch begabt sind, belegen Kurse für formalanalytische Prognosetechniken an Wirtschaftshochschulen. Die besten dieser Formalanalysten sind oft in Unternehmensberatungsfirmen oder in Firmenabteilungen für strategische Planung tätig. Wenden sie einmal ihren Blick von den Charts und Trendlinien auf ihrem Bildschirm ab, dann müssen sie feststellen, daß risikofreudige Pragmatiker ihnen bereits ihr Stück vom Kuchen weggegessen haben, während sie noch immer in Regressionsgleichungen vertieft waren.

Womit wir nun zum Durchsetzungsvermögen kommen. Die erfolgreiche Leitung eines Unternehmens unter der Prämisse gesunden Wachstums ist ein Managementproblem. Die besonderen Merkmale des Wachstumsprozesses hängen vom Unternehmenstyp, von der Art des Marktes, der Wettbewerbsintensität, politischen und sozialen Gegebenheiten sowie einer Vielzahl weiterer Faktoren ab. Obgleich sich der Wachstumsprozeß nicht in ein Schema pressen läßt – dafür ist er viel zu komplex –, kann er dennoch analysiert werden. Nach einer solchen Analyse wird man die wichtigsten Managementprobleme verstehen und dann ein paar Prinzipien und Richtlinien aufstellen können.

Der Wachstumsprozeß an sich läuft unabhängig vom Produkt oder den äußeren Gegebenheiten immer in drei Phasen ab (siehe Abbildung).

Das Wundermittelsyndrom

Er beginnt mit einer *Inkubationsphase*, während der das Produkt (gleichgültig ob dies nun eine Ware oder eine Dienstleistung ist) konzipiert und auf den Markt gebracht wird. Treffen Produkt und Markt aufeinander, dann beginnt die *Aufstiegsphase*. Besteht auf dem Markt ein Bedürfnis nach dem Produkt, wachsen Umsatz, Gewinn, Marktwert und andere Größen.

Früher oder später beruhigt sich das Wachstum, und die *Verlangsamungsphase* tritt ein. Der Markt nähert sich seiner Sättigungsgrenze, oder die Konkurrenz erobert einen so großen Anteil, daß sie den raschen Umsatzanstieg, der in der Aufstiegsphase jeder Firma zu beobachten ist, bremst. Mag sein, daß sich das Umsatzwachstum abschwächt und langsamer wird. Die verkauften Stückzahlen pendeln sich möglicherweise auf ein gleichbleibendes Niveau ein. Denkbar ist auch, daß Konkurrenz und Marktsättigung gemeinsam bewirken, daß der Umsatz einer Firma rückläufig wird und unter den Höchststand der Aufstiegsphase fällt. Es kann aber auch vorkommen, daß es mit der Marktchance einmal vorbei ist und es daher zu einem Umsatzeinbruch kommt. Wie dem auch sei, der Charakter des Wachstumsprozesses ändert sich noch einmal.

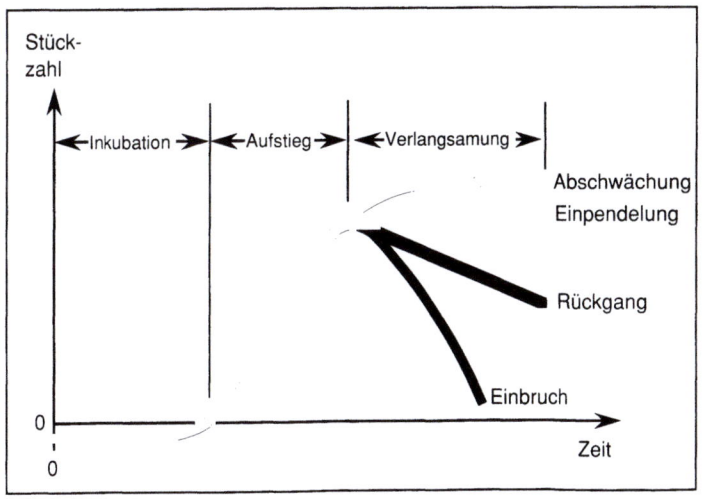

In jeder Phase gibt es unterschiedliche Probleme, die unterschiedliche Managementmethoden und -techniken erfordern. Um das Verständnis zu erleichtern, werden wir zunächst das Wachstum einzelner Produkte untersuchen.

Die erste Wachstumsphase: die Inkubation

Die Inkubation beginnt mit einer Idee, damit, daß die Augen eines Menschen zu leuchten beginnen. Sie endet, wenn die Idee verwirklicht und auf den Markt gebracht wird. Dazwischen muß die Idee erforscht, verfeinert, gefördert und entwickelt werden. Vor allem muß der „Embryo am Leben bleiben". Während der Inkubation sind Produkt, Absatzsystem und Markt nicht aufeinander abgestimmt. Die Einführung erfolgt, wenn diese zusammengebracht werden und Anzeichen dafür sprechen, daß sie ein brauchbares Trio bilden werden.

Die Dauer der Inkubationsphase läßt sich nicht zeitlich festlegen. Sie hängt von der Art des ins Auge gefaßten Produkts, vom Typ des potentiellen Marktes und weiteren Gegebenheiten ab, welche Produktion und Marketing beeinflussen, wie zum Beispiel ökonomische Bedingungen, das Wirtschaftsklima, der Stand der technischen Entwicklung und der Unternehmenstyp.

An Produktideen ist oft jahrzehntelang herumgetüftelt worden, bevor sie dann den Erfolg erzielten, der ihnen beschieden sein sollte. Das Prinzip der magnetischen Aufzeichnung wurde beispielsweise in einem Patent dargestellt, welches von dem Dänen Valdemar Poulsen im Jahre 1898 angemeldet worden ist. Die magnetische Aufzeichnung entwickelte sich jedoch erst nach dem Zweiten Weltkrieg, also 50 Jahre später, zu einer bedeutenden Wachstumsindustrie.

Als 1965 ein Chemiker bei G.D. Searle Aminosäuren mischte, kochte ein Glaskolben über. Fast 17 Jahre verstrichen, bevor das Ergebnis dieses Malheurs als NutraSweet, ein kalorienloser Süßstoff, auf den Markt kam. (Schon nach vier Jahren überstieg der Jahresumsatz die 1-Milliarden-Dollar-Grenze.)[2] Von der zufälligen

Die erste Wachstumsphase: die Inkubation 251

Entdeckung der Nylonfasern in einem Forschungslabor von *Du Pont* bis zum ersten Testmarkt für Nylonstrümpfe vergingen zehn Jahre. Es dauerte fast ein weiteres Jahrzehnt, bis deren großangelegte Kommerzialisierung erfolgte, welche durch den Krieg verzögert worden war.[3]

Aufgrund der heute verlangten Prüfungen und staatlichen Genehmigungen vergehen im allgemeinen Jahrzehnte, bis ein neues pharmazeutisches Produkt auf den Markt kommt. Die Laserabtastung im Tonträgerbereich wurde von *Philips* zum ersten Mal vorgestellt. 1970 wurde die japanische Firma *Sony Corporation* darauf aufmerksam. 14 Jahre später machte *Sony* die Laser-Abgetastung von Platten in Form des CD-Players zum Verkaufsschlager.[4] Während jenes Zeitraums befaßten sich mehrere Firmen mit dieser Plattentechnik, verwarfen sie dann aber, und *RCA* verpulverte 580 Millionen Dollar für ein Bildplattensystem, das auf einer Konkurrenztechnologie basierte.

Inkubationszeiträume können aber auch ganz kurzfristig sein. Für Leute, die Mode und Modeerscheinungen vermarkten, dauern Inkubationsperioden oft nicht einmal einen Tag. Zwei Spielzeuganbieter aus Los Angeles sahen in einer Fernsehnachrichtensendung, daß sich ein neues Gerät, der WallWalker, in Washington D.C. großer Beliebtheit erfreute. Schon ein paar Stunden später flogen sie in den Osten, um sich den Vertrieb zu sichern. „Wir müssen schnell sein", sagte einer von ihnen. „In unserer Branche ist jeder Tag ein Jahr."[5]

Urteilsvermögen und richtiges Timing sind bei Produkten der Mode- und Neuheitenbranchen von größter Wichtigkeit. Für die betreffenden Branchen ist der Gesamtmarkt zwar kontinuierlich, aber dessen einzige Konstante sind Chancen, die sich nacheinander aufgrund des Interesses der Kunden bieten, welche auf der ständigen Suche nach Neuem und Ungewöhnlichem sind. Artikel tauchen auf und verschwinden, und je erfolgreicher sie sind, desto sicherer ist ihr Untergang. Die Besten in diesem Wirtschaftszweig entwickeln ihre Ideen, kurz bevor der Markt bereit ist, und haben ihre Produkte auf dem Absatzweg, wenn der Markt Ausschau nach ihnen hält.

Ideen für neue Technologieprodukte und Konsumentenerzeugnisse haben längere Inkubationszeiten, vor allem, wenn sie in großen Unternehmen entwickelt werden. Innovative Firmen erkennen, daß ihre Zukunft von einem ständigen Strom neuer Produkteinführungen abhängt. Diejenigen Firmen, die darin Meister sind, haben zu diesem Zweck eine eigene Organisation, damit neue Ideen, aus denen ja durchaus einmal lukrative Geschäfte werden können, gefördert und nicht etwa abgewürgt werden.

Zum Beispiel ist die *Texas Instruments Corporation* für ihr straffes, kostenbewußtes Management bekannt. Die Gesellschaft dachte sich das IDEA-Programm (*I*dentify, *D*evelop, *E*xpose, Action) zum Erkennen, Entwickeln, Testen und Realisieren ihrer Ideen aus, um sicherzustellen, daß die Kontrollen nicht *allzu* streng ausfielen. Bei *TI* gibt es zwar offizielle Verfahren zur Erforschung und Entwicklung neuer Produkte, doch sind diese nicht für jene verrückten Einfälle geeignet, die manchmal neue Marktknüller hervorbringen. IDEA-Beauftragte können innerhalb der Firma Geldmittel genehmigen, wann immer sie auf eine vielversprechende Idee stoßen, ohne daß es einer weiteren Zustimmung bedarf. So wurden für das Gerät Speak & Spell zum spielenden Erlernen von Sprache und Schrift 25 000 Dollar aus dem IDEA-Startkapitalfonds bewilligt. Als man genauere Vorstellungen von der Technik, den Herstellungskosten sowie dem Marktpotential hatte, stellte man weitere Entwicklungsgelder zur Verfügung. Das Produkt, das man sich 1976 ausgedacht hatte, wurde in weniger als zwei Jahren auf den Markt gebracht. Bald enstand daraus ein Multimillionen-Dollar-Geschäft, zu dem auch weitere, mit einem sprechenden Computer ausgestattete Spiel-Lern-Geräte wie Speak & Math oder Speak & Read gehörten. Mehr als die Hälfte der IDEA-Projekte von *Texas Instruments* scheitern, aber das ist bereits mit einkalkuliert. „Man weiß nie, ob man sich nicht eine tolle Erfindung entgehen läßt, ob es nicht jemanden mit einer Idee gibt, die möglicherweise genial ist", sagte ein leitender Angestellter.[6]

Neue Produktideen gelangen auf mehreren Wegen zur Inkubation. Viele Produkte werden von Einzelpersonen erfunden, die ungenutzte Möglichkeiten erkennen. Thomas A. Edison gilt als der gro-

Die erste Wachstumsphase: die Inkubation

ße amerikanische Erfinder. Auch andere experimentierten damals mit der Elektrizität, aber Edison hatte eben ein einmaliges Gespür für diese neue Energiequelle und die erstaunlichen Dinge, die sie zustande bringen konnte. Michael Owens, ein weiterer Erfinder um die Jahrhundertwende, hatte einen ähnlichen Riecher für die Anwendungsmöglichkeiten von Glas. Drei seiner Unternehmen standen schließlich auf der *Fortune*-Liste der 500 größten US-Unternehmen. Jede der sich ähnelnden Geschichten vom unternehmerischen Erfolg im Silicon Valley beginnt mit ein paar Leuten und einer Idee. Neue Technologien erschlossen neue Möglichkeiten für Produkte. Die Hewletts, Packards, Bushnells, Jobs und Wozniacks erkannten sie als erste und glaubten so sehr an sie, daß sie sich und ihre finanziellen Mittel für die Realisierung der neuen Chancen einsetzten.

Eine weitere gebräuchliche Methode auf dem Weg zur Inkubation ist die „gelenkte Kreativät". Märkte werden untersucht, um herauszufinden, was die Kunden brauchen, welche Produktverbesserungen ihnen gefallen oder wie sie auf eine lange Liste neuer Produktkonzepte reagieren. Produktentwicklungsteams erarbeiten mit Techniken wie dem Brainstorming oder der Synektik neue Ideen oder Lösungen für bestehende Probleme. „Produktdesign-Boutiquen" werden damit beauftragt, gewinnträchtige Ideen zu unterbreiten. Diese Methode findet oft bei etablierten Firmen Anklang, deren Strukturen keinen großen Platz für eigenwilliges Denken und Handeln lassen oder deren Unternehmensleitungen Risiken lieber aus dem Weg gehen.

Dies erklärt womöglich auch, warum so viele erfolgreiche Neuerungen von kleinen Firmen kommen und warum große Firmen oft nur indirekt für unternehmerische Erfolge verantwortlich sind. Die Strukturen von Großunternehmen bilden selten einen idealen Nährboden für die Ideen risikobereiter Erfinder. Manchmal hat ein Neuerer eine grandiose Idee, für die sein augenblicklicher Arbeitgeber keine Verwendung findet. Zum Beispiel kamen die *Apple*-Gründer von den Firmen *Atari* und *Hewlett-Packard*. H. Ross Perot kehrte *IBM* den Rücken und gründete *EDS*. *Cray Research* entstand aus der *Control Data Corporation*. Die Firma *Amdahl* ist ein Ableger von *IBM*, und ein paar Jahre später war die Firma *Trilogy* wiederum ein Ableger von *Amdahl*.

Ist die Idee endlich im Inkubator, muß sie gehegt und gepflegt werden. Die Steuerung des Inkubationsprozesses hängt davon ab, welche Komponente noch nicht ausgereift ist, das heißt entweder die Produktidee, der Markt oder das Marketingsystem.

Ein unausgereiftes Produkt

Ist der Markt aufnahmefähig und hat man das Marketingsystem einigermaßen im Griff, besteht die vordringlichste Aufgabe in der Herstellung eines Produkts, das sowohl vom Markt als auch von der Absatzorganisation nachgefragt wird. In diesem Fall muß in der Inkubationsphase das Produkt entwickelt werden. Ist die dazu benötigte Technik realisierbar? Ist die Herstellung durchführbar? Wird das Produkt eine wirtschaftliche Alternative für die Käufer darstellen? *Du Pont* fand einen ausgehungerten, aufnahmefähigen Markt für Nylonstrümpfe vor. Als billiger Ersatz für Seidenstrümpfe wurden sie rasch zu einem Bekleidungsartikel des täglichen Bedarfs. Henry Ford fand eine Nation vor, die ungeduldig auf billige, zuverlässige Autos wartete. Bei den Herstellungskosten für sein Modell T trat er so weit auf die Bremse, daß sich der Großteil der arbeitenden Bevölkerung ein solches leisten konnte und bald die ganze Nation einen fahrbaren Untersatz hatte.

Nolan Bushnell war von den Spielen begeistert, die es für den Computer an der University of Utah gab, als er dort in den sechziger Jahren Ingenieurwissenschaften studierte. Er glaubte, daß die Leute Computerspielgeräte kräftig mit Vierteldollar-Stücken füttern würden, stünden solche Spielapparate überall zur Verfügung. Allerdings gab es keine kommerzielle Möglichkeit für die Vermarktung münzbetriebener Spiele bei einem 4 Millionen Dollar teuren Großcomputer. Die Computerspiele schwirrten immer noch in seinem Kopf herum, als er im Silicon Valley eine Stelle bei der Firma *Ampex* annahm, die damals wegen ihrer Magnetbandgeräte bekannt war. Zu Beginn der siebziger Jahre hatte dann die Kleinrechnertechnik einen Stand erreicht, die in sich geschlossene Videospielgeräte möglich machte. Bushnells erster Versuch mit einem münzbetriebenen Spielapparat war ein Flop. Seine Kollegen liebten das Spiel, für Kneipengäste war es zu kompliziert. Sein zweites Versuchsprodukt, Pong, wurde Ende des Jahres 1972 vorgestellt. Es brachte die ganze Videospielwelle ins Rollen und machte ihn schnell zum Multimillionär.[7]

Ein unausgereifter Markt

Ist das Produkt bereits vorhanden, steht das Marketingsystem bereit und ist nur der Markt noch nicht so weit, wird ein Unternehmer mit einer ganz anderen Inkubationssituation konfrontiert. Hier liegt das Problem darin, den Markt auf das verfügbare Produkt hinzubewegen. Manchmal tut sich ein Markt auf, wenn sich die Bedingungen ändern. Den Klingen-Rasierapparat von *King Gillette* gab es schon lange, bevor auf dem Markt ein Bedarf dafür entstand. Dank der Technik sowie eines zunehmenden Wohlstands, der zur Öffnung neuer Märkte führte, verzeichneten in den ersten Jahrzehnten des 20. Jahrhunderts viele Produkte, die auch heute noch alltäglich sind, ein stetiges Wachstum. Da zunehmend mehr Häuser mit sanitären Einrichtungen ausgestattet wurden, bedeutete dies auch größere Märkte für Seife, Zahnpasta, Shampoo und weitere Dinge der modernen Körperpflege. Mit der zunehmenden Elektrifizierung des Landes stieg auch der Absatz von Kühlschränken, Glühlampen und Radios. In jüngerer Zeit schuf der Zeitdruck, unter dem berufstätige Frauen stehen, Märkte für arbeit- und zeitsparende Waren und Dienstleistungen. Wachstumsmärkte für alle möglichen Dinge, zu denen Mahlzeiten zum Mitnehmen, Mikrowellenherde und Kinderbetreuungseinrichtungen gehören, waren das vorhersehbare Ergebnis davon.

Möglicherweise ist eine Weiterentwicklung des Marktes erforderlich. Neue Haushaltsprodukte wie die Gewebeweichmacher im Wäschetrockner erfordern „öffentliche Schulungskampagnen" durch Gratisproben und umfassende Werbeaktionen. Kalorienarmes Bier gab es schon seit Jahrzehnten, aber es verkaufte sich erst in den diätbewußten siebziger Jahren gut, und dann auch nur, weil die *Miller Brewing Company* klugerweise ihre Werbestrategie korrigierte. Macho-Biertrinker fielen nicht etwa auf ein Verkaufsgespräch zur „Gewichtsabnahme" herein, „weniger Füllstoffe" bedeutete für sie vielmehr, daß ein „ganzer Kerl" mehr davon vernichten konnte.

Manchmal muß man bei der Marktentwicklung Hindernisse auf einer Zwischenstufe des Absatzweges überwinden. Vor Jahren entwickelte *Plantronics* einen Fernmelde-Kopfsprechhörer, der bei weitem leichter war als die von den Telefonistinnen verwendeten. Damals mußten alle neuen, im Bell-System benutzten Geräte von der *Western Electric*, dem Produktionszweig von *AT&T*, genehmigt werden. Diese hatte es aber mit der Genehmigung eines Konkurrenzproduktes nicht sehr eilig, so daß *Plantronics* direkt beim Kundenstamm, das heißt bei den Telefonistinnen, warb. Davon nervte eine genügend große Anzahl *AT&T* so lange, bis sich die *Western Electric* schließlich gezwungen sah, die Zusage zu erteilen.

Ein unausgereiftes Marketingsystem

Das Produkt möchte am liebsten direkt vom Verpackungsfließband in die Hände des Verbrauchers gelangen. Die Öffentlichkeit wartet bereits mit großen, begierigen Augen darauf. Wenn kein Marketingsystem zur Verfügung steht, können sich die beiden noch so sehnsüchtig in die Augen schauen, sie kommen nicht zusammen, eine unüberwindbare Schlucht trennt sie. Die Aufgabe besteht also ganz offensichtlich darin, diese Schlucht zu überbrücken.

Für viele Menschen ist Marketing gleichbedeutend mit Werbung und aggressiven Verkaufsmethoden, und daher unterschätzen sie die Rolle, die eine kluge Marketingpolitik beim Wachstum spielen kann. In Wirklichkeit ist das Marketing zum einen eine Geschäftsphilosphie, und zum anderen besteht es aus einer Reihe von Instrumenten und Techniken, die vielseitig angewendet werden können. Neben Werbung und Absatz gehören zum Marketing Preisfestsetzung, Verpackung, Verteilung, Produktentwicklung, Forschung und alles, was dabei hilft, das Unternehmen und seine Kunden zusammenzubringen.

Die erste Wachstumsphase: die Inkubation

Welches Gewicht kommt nun dem Marketing zu? Durch eine Studie fand man heraus, daß bei etwa 60 Prozent der High-Tech-Produkte, welche das Kommerzialisierungstadium erreicht hatten, die Markteinführung wegen Marketingproblemen scheiterte.[8]

Als die Firma *Timex* zum ersten Mal zuverlässige, aber billige Armbanduhren herausbrachte, waren diese überall begehrt. Das einzige Problem bestand darin, daß man Armbanduhren in Juwelierläden kaufte, die Juwelierläden aber nichts mit massenproduzierten, billigen Uhren zu tun haben wollten. *Timex* löste das Problem mit einem gezielten Vorstoß. Sie war einer der ersten Hersteller, der einen besseren Weg zur Brieftasche des Kunden fand, nämlich durch Massenverkaufsstellen wie Supermärkte oder Discountläden.

Strumpfhosen waren nichts Neues, als die Firma *Hanes* ihre „L' eggs" im Jahre 1970 vorstellte. Was die „L' eggs" vor allem zur meistgekauften Strumpfhosenmarke machte, war deren Absatzsystem – eine freistehende Auslage in Form eines eiförmigen Regals, das nicht von Verkäufern, sondern von *Hanes*-Vertriebsleuten aufgefüllt wurde, die eigens damit beauftragt waren.

Die Firma *Arm and Hammer* schuf sich einen größeren, völlig neuen Markt mit Hilfe einer einzigen Werbekampagne, in welcher Millionen amerikanischer Hausfrauen dazu überredet wurden, das Backpulver der Firma als Geruchsbeseitigungsmittel in Kühlschränken zu verwenden.

In den zwanziger Jahren sorgten ein neuer Produkttyp und eine außergewöhnlich erfolgreiche Werbekampagne dafür, daß die Pepsodent-Zahnpasta aus dem Nichts zum Marktführer wurde. Die Firma *Fleischmann* hob den Preis ihres Gins an und änderte das Design ihrer Flasche. Diese imageverbessernde Maßnahme ließ nicht nur den Umsatz ansteigen, sondern es nahmen auch die verkauften Stückzahlen zu.[9]

Auf das Marketing kommt es also an. So manche neue Produktidee verdankt ihren Erfolg einem effizienten Marketingsystem, mit dem sie aus der Inkubationsphase hinauskatapultiert wurde. So manches gute Produkt starb eines jämmerlichen Todes, weil ein solches System fehlte.

Die Hauptregeln der Inkubationsphase

Das Rezept für den Erfolg während der Inkubationsphase läßt sich wie folgt zusammenfassen:

- den Keim am Leben halten,
- die Spreu vom Weizen trennen.

H. Ross Perots Ausspruch steht exemplarisch dafür:

„Durchhalten und immer wieder durchhalten, auch wenn es schwerfällt."

Wenn der Traum realisierbar ist, sollte man unbeirrt fortfahren und alle Probleme zu lösen versuchen. Die Spieler mit der größten inneren Überzeugung und dem stärksten Verlangen werden erfolgreich sein.

Dies ist eine wichtige Regel für die Inkubationsphase. Wer aufgibt, wird nie zu den Gewinnern gehören. Während der ganzen Inkubationsphase muß der Traum am Leben erhalten werden. Große Unternehmen, die schnell einen Gewinn sehen wollen, haben oft nicht die Geduld, das Ende der Inkubationsphase abzuwarten. Die Idee wird abgewürgt, bevor sie überhaupt entwickelt ist, oder, was noch schlimmer ist, der frustrierte Träumer ist gezwungen, einen anderen Weg zur Realisierung zu finden, und macht später einmal seinem früheren Arbeitgeber als erfolgreicher Konkurrent zu schaffen.

Aber wenn wir auch das Durchaltevermögen sehr hoch einschätzen, so sollten wir dennoch Realisten bleiben. Viele Träume haben nicht die geringste Chance, eines Tages in Erfüllung zu gehen, und nur ein Dummkopf würde Zeit, Geld und qualvolle Mühen auf ein Unternehmen verschwenden, an dessen Tür einmal der „Kuckuck" des Gerichtsvollziehers kleben wird. Hier kommen wir zur zweiten Hauptregel für die Inkubationsphase, nämlich: die Spreu vom Weizen trennen, die stolzen Schwäne von den plumpen Truthähnen un-

Die erste Wachstumsphase: die Inkubation

terscheiden, und zwar am besten, wenn sie gerade ausgeschlüpft sind. Je jünger die Brut ist, desto schwieriger ist es natürlich auch, diese auseinanderzuhalten.

Die Begabung, gewinnbringende Ideen zu erkennen, ist nicht erlernbar, wie auch bei anderen unternehmerischen Talenten. Es kann allerdings von großem Vorteil sein, wenn man unter jenen Leuten aufwächst, an die man später seine Waren verkaufen will. Harold Katz erhielt einige seiner frühen Anregungen für *Nutri/ System* von seiner Mutter und deren Freundinnen, die Schwierigkeiten beim Abnehmen hatten. Claude Hopkins, einer der großen Pioniere in der Reklamebranche, wurde in einer armen Familie groß. Während Gleichaltrige spielten und herumtollten, ging er von Tür zu Tür, um das selbstgemachte Silberpoliermittel seiner Mutter an Hausfrauen zu verkaufen. Die dabei gemachten Erfahrungen waren sehr nützlich für ihn. In seiner Autobiographie schreibt er:

„Sicherlich könnte ich die Reichen nicht beeindrucken, denn ich kenne sie nicht. Ich habe nie versucht, etwas zu verkaufen, was von ihnen nachgefragt wird (...) Aber ich kenne dafür das einfache Volk. Ich rede gerne mit Arbeitern, beschäftige mich mit Hausfrauen, die jeden Pfennig zweimal umdrehen müssen, ich liebe es, das Vertrauen von Mädchen und Jungen aus armen Familien zu gewinnen und etwas über ihre Wünsche zu erfahren. Man muß mir nur etwas geben, was sie gerne wollen, und ich werde die richtige Saite anzuschlagen wissen (...) In Millionen von Haushalten mit einem bescheidenen Einkommen werden die Leute davon erfahren und die Ware kaufen."[10]

Die Intuition spielt auch bei der Marketingpolitik moderner Unternehmen eine wichtige Rolle. Doch werden Entscheidungen auf höherer Ebene von Akademikern der gehobenen Mittelschicht getroffen und nicht von ehemaligen Verkäufern, die einst von Tür zu Tür gingen und sich dabei die Füße wundliefen. Während Alleinunternehmer selbst bestimmen können, wieviel „Mut sie an den Tag legen wollen", ist es den Marketingabteilungen großer Firmen lieber, wenn die Unsicherheitsfaktoren bei Neuprodukten mit Hilfe zuverlässiger und wissenschaftlicher Verfahrensweisen so weit wie möglich ausgeschaltet werden.

Der „Neuprodukttrichter" von *Booz • Allen and Hamilton* ist ein ausgezeichnetes Beispiel für diese strukturiertere Methode. Auf der Grundlage einer Studie über 700 amerikanische Herstellerfirmen, die neun verschiedenen Sparten angehörten, schlug diese Unternehmensberatungsfirma ein siebenstufiges Ausleseverfahren vor, das erfolgreiche Neuprodukte zu bestehen haben:

– Strategieentwicklung für Neuprodukte,
– Ideenproduktion,
– Sondierung und Bewertung,
– Geschäftsanalyse,
– Entwicklung,
– Tests,
– Kommerzialisierung.

Je früher man bei diesem Verfahren die Spreu vom Weizen trennt, desto kostensparender wird dessen Wirkung ausfallen. *Booz • Allen and Hamilton* fanden heraus, daß von sieben Neuproduktideen, welche das Sondierungs- und Bewertungsstadium erreichten, im Durchschnitt nur eine ein erfolgreiches Neuprodukt hervorbrachte, wobei überhaupt nur die vielversprechendsten Ideen bis zur dritten Prozeßstufe vordringen durften.

„Unsere Untersuchungsergebnisse deuten darauf hin, daß Firmen mit einer langen Liste erfolgreicher Neuprodukteinführungen relativ wenig Ideen pro erfolgreicher Neulancierung in Betracht ziehen und immer mehr Nachdruck auf die Ideensondierung legen."[11]

Hier sollte noch angemerkt werden, daß bei diesen Ergebnissen der Begriff „Neuprodukte" sehr weit gefaßt war. In jener Untersuchung aus dem Jahre 1982 waren mehr als die Hälfte der dort aufgeführten Produkte entweder Verbesserungen oder Änderungen von vorhandenen Produkten oder Ergänzungen zu bestehenden Produktgruppen. Die 10 Prozent, welche als bis dahin „völlig unbekannte Neuprodukte" eingestuft worden waren, kamen bei diesem Befund tatsächlich nach den Neuprodukten in Form von „Kostenersparnissen" (11 Prozent der Gesamtprodukte).

Die von Unternehmen angewandte Methode zur Realisierung neuer Ideen ist konservativ und soll eher Risiken und Unsicherheits-

Die erste Wachstumsphase: die Inkubation 261

faktoren minimieren als dem Stand der Technik entsprechende Verbesserungen schaffen. Verglichen mit dem Modell der „zwei Jungs in einer Garage" beinhaltet diese Methode mehr Kalkulationstabellen und weniger Träume. Aber dafür kann man kaum die Manager der Unternehmen verantwortlich machen. Je nach Produkttyp und der Definition des Wortes „Mißerfolg" schätzt man die Mißerfolgsquoten neuer Produkte auf 50-90 Prozent.

Es wird also zunehmend schwieriger, Wachstumsmöglichkeiten zu entdecken. Auf unternehmerischer Ebene können sogar die Beinahe-Versager die Firmenfinanzen und die Managerkarrieren teuer zu stehen kommen.

Die zweite Wachstumsphase: der Aufstieg

Unsere tolle Idee hat die Inkubationsphase überstanden und ist nun ausgereift. Das Produkt rollt vom Fließband. Mit Hilfe der von uns geschaffenen Absatzwege gelangt es in die Hände eines aufnahmefähigen und darauf wartenden Marktes. Während sich der Verkauf der von der Konkurrenz angebotenen Produkte dahinschleppt und ganz zum Erliegen kommt, handelt es sich bei unserem um einen wirklichen Schwan, der seine schneeweißen Flügel ausbreitet, um sich in die Lüfte zu erheben. Umsatz, Gewinn und die Firma selbst beginnen zu wachsen. Wir kommen jetzt in die Aufstiegsphase!

Auch wenn die Probleme der Inkubationszeit hinter uns liegen, es warten neue, denen wir uns stellen müssen. An dieses Stadium dachte wohl Peter Drucker, als er sagte, daß „es wenige Ausnahmen von der Regel gibt, welche besagt, daß das Wachstumsunternehmen von heute das Sorgenkind von morgen ist."[12]

Wachstum erfordert Investitionen und betriebliche Veränderungen. Werden beide nicht richtig durchgeführt, dann können sie den Untergang des Unternehmens bedeuten. Unser anfälliger Jungvogel hat zwar die Inkubationsphase überstanden, muß sich aber nun in einer äußerst gefahrvollen und risikoreichen Welt bewähren.

Wachstum kann doch nicht schlecht sein, möchte man meinen, aber das Szenario, welches über versteckt gelegene Restaurants in und um San Francisco geschrieben wurde, belehrt uns eines Besseren. Einer der Autoren dieses Buches lebte in den sechziger und siebziger Jahren in der Nähe von San Francisco. Damals wohnten um die Bai herum viele Menschen, die Gefallen daran fanden, echte und billige Restaurants ethnischer Gruppen ausfindig zu machen. Allerdings ging das Angebot an solchen Restaurants zurück. Normalerweise waren es Familienbetriebe, deren Besitzer allmählich ins Rentenalter kamen. Die Kinder, die Jura oder Wirtschaft studiert hatten, waren glücklich, daß sie die alte Bude an jemanden verkaufen konnten, der daraus eine Schickeria-Bar machen wollte.

Wie so oft, wollte ein Gaststätten-Kolumnist wieder einmal ein neues, echtes und billiges „ethnisches Restaurant" ausfindig machen und den Geheimtip im Wochenblatt an die große Glocke hängen. So sah sich der betreffende Wirt, nachdem er jahrelang eine gleichbleibende Stammkundschaft bedient hatte, plötzlich begierigen Fremden gegenüber, die vor seiner Tür Schlange standen. Die Küche war überfordert, desgleichen der Service. Manierenlose Schicki-Mickies vertrieben die alten Gäste, die sowieso gingen, weil die Atmosphäre ruiniert war und die frühere Qualität bei einem solchem Geschäftsvolumen nicht beibehalten werden konnte. Die Besitzer führten Erweiterungen durch, um dem Ansturm gewachsen zu sein, und hoben die Preise an, damit sie die Nachfrage ausnutzen und die Expansionskosten decken konnten. Dann verriet irgendein anderer Kolumnist die Adresse irgendeines neuen ausgekundschafteten Restaurants, woraufhin alle „Gourmets" zu diesem strömten. Die ehemalige Entdeckung saß auf dem Trockenem, ihre einstigen Stammgäste hatten ihr den Rücken gekehrt, und die untragbaren Kosten der nötig gewordenen Erweiterungsinvestitionen machten ihr zu schaffen. Dieses Szenario zeigt, daß einem explosiven Wachstum ein fürchterlicher Reinfall folgen kann. Der *Atari*-Geschichte liegt in etwa dieselbe Handlung zugrunde.

Wachstum kann insofern schlecht sein, als eine falsch gehandhabte Aufstiegsphase das Unternehmen möglicherweise zugrunde richtet. Laut *Dun and Bradstreet* gingen 1985 57 067 Firmen in Konkurs. Mehr als die Hälfte von ihnen machte Pleite, nachdem sie bereits über fünf Jahre im Geschäft gewesen waren, was darauf hindeutet,

Die zweite Wachstumsphase: der Aufstieg 263

daß so mancher Konkurs eher das Ergebnis eines schlecht gemanagten Wachstums als das Resultat von Anlaufproblemen ist. Joseph W. Duncan, der wichtigste Statistikfachmann bei *Dun and Bradstreet*, glaubt, daß bei drei von vier Firmenpleiten übermäßige Expansionen oder allzu ehrgeizige Pläne eine Rolle spielen.[13] Eine vom *Wall Street Journal* durchgeführte Studie über 50 kleinere Unternehmen, die von der Zeitschrift *Inc.* als die im Jahre 1980 am schnellsten wachsenden amerikanischen Firmen ermittelt worden waren, ist ebenso aufschlußreich. Der Gesamtumsatz jener Firmen war in den vorangegangenen fünf Jahren um 753 Prozent gestiegen, was verglichen mit den 60 Prozent der in der *Fortune*-Liste aufgeführten 500 größten US-Gesellschaften ein beachtliches Ergebnis war. Drei Jahre später zeigte sich folgendes Bild: Sieben dieser Firmen waren übernommen worden. Sieben hatten ihren Namen infolge von Akquisitionen oder Veräußerungen geändert. Vier gingen in Konkurs. Selbst diejenigen, die Erfolg hatten, mußten den rauhen Stürmen trotzen, in die sie allzu hohe Erwartungshaltungen hineinmanövriert hatten.[14] Eine derartige Leistung scheint auf den ersten Blick gar nicht so schlecht zu sein, bis man sich vergegenwärtigt, daß diese Firmen damals, als die Liste zusammengestellt wurde, die gewinnstärksten Unternehmen gewesen waren.

Kapitalhandhabung in der Aufstiegsphase

Während der Aufstiegsphase muß ein Unternehmen expandieren, will es mit dem Verkaufswachstum Schritt halten. Ziel ist es, innerhalb der Investitionszone für ein „sicheres Wachstum" zu bleiben, wobei gleichzeitig die Ressourcen und das Leistungspotential auf den sich entwickelnden Markt abgestimmt werden sollten. Das Unternehmen muß gemäß einem Expansionsplan investieren, der die Chancen für eine langfristige Rentabilität maximiert. Die Gefahren bestehen darin, daß man entweder zu wenig beziehungsweise zu spät oder aber zu stark beziehungsweise zu früh expandiert.

Investiert man zu wenig in die Expansion oder werden die Investitionen zu spät getätigt, kann es passieren, daß die Kapazität der Firma mit dem Markt nicht Schritt hält. Dies bedeutet geringere

Umsätze und Gewinne, die andernfalls realisierbar gewesen wären. Auch besteht dann die Gefahr, daß sich Konkurrenten, welche den Trend besser auszunutzen verstehen, auf den Markt drängen.

Wie das Modell der *Boston Consulting Group* mit der Wachstum-Anteil-Matrix aufzeigt, kann eine Firma wegen zu geringer und zu später Investitionen in eine sehr ernste und schwierige Lage geraten. Denn wenn das Unternehmen während der Phase des schnellen Wachstums die marktbeherrschende Positionen nicht beibehält, wird sie einen beträchtlichen Nachteil gegenüber größeren Konkurrenten haben, wenn sich die Wachstumsrate verlangsamt und der Markt seinen Sättigungsgrad erreicht.

Die dominante Firma auf einem gesättigten Markt ist zumindest theoretisch eine Cash cow, die äußerst rentabel arbeitet, weil ihre Größe Vorteile mit sich bringt und ihr langjähriges hohes Umsatzvolumen die Herstellungskosten reduziert. Dagegen gehören schwächere Firmen auf einem gesättigten Markt zu den sogenannten Dogs, welche wahrscheinlich immer einen aussichtslosen Kampf um den Marktanteil gegen die etablierte und sich daher im Vorteil befindliche Cash cow führen werden.

Eine geringe Größe kann man aber nicht unbedingt mit Schwäche gleichsetzen. Nur wenn erstere das Resultat mäßiger Leistungen ist, dürfte eine Firma in Schwierigkeiten geraten. Kleinere Firmen können sehr rentabel arbeiten, wenn sie sich ein genau abgegrenztes Marktsegment heraussuchen und dessen Bedarf zur vollen Zufriedenheit abdecken, oder wenn sie bei einem bestimmten Produkt oder auf einem technischen Gebiet ungewöhnlich stark sind.

Auch bei *zu hohen Investitionen oder Investitionen, die zu früh getätigt werden,* besteht die Gefahr, daß eine Firma Pleite macht. Erweiterungen, die den Markterfordernissen vorauseilen, schaffen Überkapazitäten, Gemeinkosten und Schulden. Erfüllt das Wachstum nicht die Prognosen der Optimisten, oder benötigt es mehr Zeit, als man für seine Entwicklung einkalkuliert hat, kann es zu einem völligen Zusammenbruch kommen. Die Rentabilität wird von aufgeblasenen Kosten und von Schulden zunichte gemacht, für die man nicht mehr aufkommen kann. Verfrühte Erweiterungen

Die zweite Wachstumsphase: der Aufstieg

waren die Ursache für einige Wachstumskatastrophen, von denen *Atari* und die Immobilien von Houston zwei der spektakuläreren Beispiele der jüngeren Zeit sind.

Die Kenntnis des Markttyps ist der entscheidende Faktor bei Investitionen in der Aufstiegsphase. Die Wachstum-Anteil-Matrix gilt vor allem für ständige Märkte, auf denen die Kunden das Produkt über einen langen Zeitraum hin immer wieder kaufen. Hier ist es sinnvoll, nach einer marktbeherrschenden Stellung zu streben, weil deren Vorteile Jahrzehnte lang andauern können. Die wirkliche Gefahr besteht darin, daß man sich auf einem kurzlebigen Markt finanziell übernimmt, zum Beispiel in eine Modeerscheinung, die bald verschwindet, oder eine schnellebige Technologie, die früh veraltet, zu viel investiert. Wenn es mit den Chancen vorbei ist, dann verwandeln sich Überkapazitäten in einen Klotz am Bein, wie auch oft die Firma selbst.

Das Franchising hat sich als nützliches (wenn auch nicht hundertprozentig sicheres) System erwiesen, damit die Expansionen mit den Wachstumsmöglichkeiten Schritt halten können. Dank dieser Erfindung kann eine Limonadenfirma, eine Hotelkette oder ein Schnellimbiß-Unternehmen proportional expandieren. Der Franchisenehmer stellt einen Teil des Kapitals oder sogar das gesamte zur Verfügung, wenn das Unternehmen wächst. So streut er das finanzielle Risiko. Verlangsamt sich das Wachstum, werden weniger Lizenzen vergeben. Die *Coca-Cola Corporation* erlangte teilweise ihre marktbeherrschende Stellung durch den Vertrieb ihres Getränkes mittels Flaschenabfüll-Lizenzen. In den ersten Jahren war dank dieses Systems, bei dem das Kapital des Franchisenehmers eingesetzt wurde, ein schnelleres Wachstum möglich, als dies die Firma allein hätte zustande bringen können. Das Geschäft war äußerst erfolgreich. Die Flaschenabfüll-Lizenzen von *Coca-Cola* sind so gute Investitionen, daß die Firma nun dabei ist, ein paar zurückzukaufen.

Das Franchising hat sich vor allem bei Unternehmen bewährt, die nicht kapitalintensiv sind. Es handelt sich hier um ein System, das insbesondere für weit verstreute Dienstleistungsbetriebe geeignet ist, welche keine großen, zentralisierten Anlagen benötigen. Bei der Schwerindustrie, der Spitzentechnologie und anderen Unternehmensarten, welche massive Vorausinvestitionen erfordern, hat sich dagegen das Franchising nicht sonderlich bewährt. Hier bildet folglich die richtige Einschätzung der Größe und Dauer des Marktes einen Schlüsselfaktor für den Erfolg.

Die Betriebsführung in der Aufstiegsphase

„Wenn sie morgen eine große Firma sein wollen, müssen sie schon heute damit beginnen, sich wie eine solche zu benehmen", pflegte Thomas J. Watson sr., der Gründer von *IBM*, zu sagen.[15] Die Art und Weise, wie das Unternehmen während der Wachstumsphase geführt wird, stellt die Weichen für seine Zukunft.

Wachstum erfordert betriebliche Veränderungen. Normalerweise wird ein neues Produkt von einer kleinen, tatkräftigen Gruppe auf dem Markt eingeführt. Alle ziehen an einem Strang. Das Kommunikationssysten ist zwang- und formlos. Topmanager, die oft die technischen Hauptneuerer sind, bleiben über alles unterrichtet, da sie sich weiterhin um die alltäglichen Belange kümmern. Die Gruppe wird von einem mitreißendem Teamgeist angetrieben, wie etwa eine Basketball-Mannschaft, die den Meistertitel anstrebt.

Wenn das Unternehmen wächst, dann sprengt es alsbald den Rahmen, für den ein wenig durchorganisierter, auf Teamarbeit basierender Führungsstil geeignet ist. Mehr und mehr Leute werden an Bord gebracht, um mit der steigenden Produktion, der wachsenden Belegschaft und der zunehmenden Verwaltungsarbeit Schritt halten zu können. Teamarbeit und gegenseitige Inspiration weichen spezialisierten Aufgaben und Organisationsplänen. Führungskräfte und Unternehmensleitung können sich nicht mehr intensiv um die täglichen Belange kümmern. Der größere Umfang und die Komplexität des Unternehmens machen ein Management, das für alles verantwortlich zeichnen kann, unmöglich und erfordern eine zunehmende Delegation von Machtbefugnissen an die unteren Führungsebenenen. Je nachdem, wie sie gehandhabt wird, kann eine zunehmende Größe ein Segen oder ein Fluch sein.

Die zweite Wachstumsphase: der Aufstieg

Wir sind uns oft gar nicht der Rolle bewußt, welche der organisatorische Aufbau von Unternehmen bei der Förderung unseres Industriezeitalters gespielt hat. Der Historiker Alfred D. Chandler jr. legt Beweise vor, daß die Großunternehmen von heute ihre Existenz einer Erfindung des 19. Jahrhunderts verdanken, nämlich der professionellen betrieblichen Organisation. Die Eisenbahnen waren es, welche die professionell gehandhabte Organisation (und damit die Organisationspläne) entwickelten, um ihre noch nie dagewesene, große und komplexe Unternehmensform zu koordinieren.[16]

Die riesigen Unternehmen von heute mit ihren Größenvorteilen und ihrer ungeheuren Marktmacht sind nur aufgrund dieser Strukturen möglich. Nach Ansicht von A. Chandler war die vertikale Verflechtung von besonderer Bedeutung. Einige Firmen schufen ihre eigenen Verkaufs- und Vertriebssysteme, wodurch sie bei der Vermarktung ihrer Produkte eine bessere Kontrolle und eine größere Effizienz erreichten. Andere sicherten sich Waren- oder Materiallieferungen durch Beherrschungsverträge oder schufen sich ihre eigenen Bezugsquellen, was Qualität, Zuverlässigkeit und Verfügbarkeit gewährleistete, und auch das Potential für eine zusätzliche Rentabilität durch die Eliminierung früherer Transaktionskosten schuf.

Andere administrative Neuerungen haben das Wachstum in den letzten Jahren beschleunigt. In japanischen Fertigungsstätten tragen Quality circles zu der überragenden Zuverlässigkeit und Leistung bei, die vielen japanischen Produkten einen Wettbewerbsvorteil verschaffen, und eine zeitlich genau abgestimmte Lagerbestandskontrolle hilft bei der Kostenminimierung. Den Erfolg von *IBM* kann man teilweise auf die dort praktizierte ständige Schulung zurückführen, dank der ihr Management weiterhin zur Branchenspitze gehört.[17]

Ab einem gewissen Punkt kann Größe allein zu einem Handicap werden. Das Topmanagement verliert den Bezug zu den Alltagsarbeiten. Kontraproduktive „Revierkämpfe" finden statt. Zunehmend mehr Genehmigungen sind erforderlich, weil Bürokraten die Verantwortung für gemachte Fehler stets abzuschieben trachten. Peter Drucker weist darauf hin, daß die *richtige Größe* – und nicht eine zunehmende – das wahre Ziel einer Unternehmung sei. Die richtige Größe hängt vom Unternehmenstyp ab. Für weltweit aktive, professionell geführte Dienstleistungsunternehmen im Bereich der Unternehmensberatung, der Wirtschaftsprüfung oder für große Werbeagenturen stellen ein paar Tausend Angestellte eine ebenso große Arbeitsbelastung dar wie ein Umsatz von einer halben Milliarde Dollar für ein Produktionsunternehmen.[18]

Peter Drucker bemerkt dazu:

„Der Glaube, daß das Wachstum an sich ein Ziel sei, ist ein großer Trugschluß. Besser zu werden, ist das wahre Ziel. Um gesund zu sein, sollte das Wachstum das Resultat richtigen Handelns sein. Das Wachstum per se besitzt im Grunde genommen keinen inneren Wert."[19]

Thomas J. Peters betont die Notwendigkeit, den Arbeitsumfang gering zu halten. Dafür empfiehlt er einen einfachen Aufbau und einen knappen Personalbestand. In seiner Studie über erfolgreiche Unternehmen fand er heraus, daß viele von ihnen auf dem Grundsatz des „small is beautiful" aufgebaut sind und sich in eng begrenzte, halbautonome Unternehmenseinheiten gliedern, deren Ziel die zügige Erledigung der anfallenden Arbeiten ist. Anstatt sich für die Institutionalisierung der Risikoversion in einer Firma auszusprechen, bei der Genehmigungen und Gegenzeichnungen mehrere Instanzen durchlaufen müssen, empfiehlt er vielmehr, daß Entscheidungen auf möglichst niedrigen Ebenen getroffen werden sollen. „Herausragende" Topmanagements halten Kontrollen aufrecht, „die gleichzeitig locker und straff sind". Sie behalten ein paar wenige Schlüsselvariablen wie Umsatz, Kosten, Einnahmen und Mitarbeiterzahl genau im Auge, lassen aber ansonsten den Führungskräften an der Basis freien Spielraum: „Folge deinen Ideen, versuch dein Glück und bring Gewinn und Erfolg unter Dach und Fach".[20]

Die Unternehmensleitung muß eine wachsende Firma so weit unter Kontrolle haben, daß deren Manager wissen, wer welche Arbeiten erledigt und wohin das Geld fließt. Ansonsten droht das Chaos. Als die Wachstumsmanie bei *Atari* ihren Höhepunkt erreicht hatte, war

Die zweite Wachstumsphase: der Aufstieg 269

die Firma über 49 verschiedene Gebäude verteilt, und keiner wußte, was eigentlich vor sich ging. Eine übertriebene Kontrolle hingegen ist genauso gefährlich. Auftauchende Probleme mit ihrem System 360, die hohe Kosten verursachten, veranlaßten *IBM*, Verfahren einzuführen, zu denen auch gegenseitige Kontrollen gehörten. Damit sollte sichergestellt werden, daß die zukünftige Entwicklung einer strengeren Überwachung unterliegen würde. Diese gegenseitigen Kontrollen wurden wieder gelockert, als ein neuer President erkannte, daß sie zwar Fehler ausschlossen, die Firma aber auch an der Entwicklung eines weiteren, größeren Computersystems hinderten.[21]

Wie man die Aufstiegsphase am Leben hält

„Wenn ein Mann eine bessere Mausefalle bauen kann als sein Nachbar, wird die ganze Welt an seine Tür klopfen, obgleich sein Haus fernab im tiefen Walde steht", sagte einmal der Essayist R. Emerson. Niemand mit praktischen Marketingerfahrungen würde je solch unverbesserlich optimistische Worte niederschreiben. Menschen, die jene besseren Mausefallen gebaut haben, wissen, daß sich Wachstum, von ein paar wenigen Ausnahmen abgesehen, nicht automatisch einstellt, sondern tatkräftigen Einsatz verlangt.

Wachsende Unternehmen haben festgestellt, daß zwei Methoden für die Verlängerung der Aufstiegsphase besonders gut geeignet sind:

- Dieselben Produkte auf neuen Märkten einführen,
- neue Produkte auf denselben Märkten einführen.

Marktanbietern stehen mehrere Mittel zur Verfügung, um *dasselbe Produkt in neue Märkte* einzuführen. Eines ist die „stufenweise Produktverbreitung". Das Produkt wird auf einer begrenzten Anzahl von Märkten vorgestellt. Hat man diese erst einmal im Griff und sind die gröbsten Fehler ausgemerzt, so wird das Produkt auf weiteren Märkten eingeführt usw. Solange die Konkurrenz nicht in der Lage ist, auf die Märkte zu drängen und diese zu erobern, bevor man selbst auftritt, ist die etappenweise Verbreitung eines neuen Produkts oder Geschäfts von einem Markt zum nächsten aus mehreren Gründen sinnvoll: Falls unvorhergesehene Probleme auftreten, hält sich der Schaden in Grenzen. Das Management kann seine Erfahrung mit den ersten Märkten insofern verwerten, als sich die Kapazitäts- und Verteilungserfordernisse der nachfolgenden Märkte genauer einschätzen lassen. Wenn man klein anfängt, ist der Prozeßablauf viel leichter kontrollierbar, und die Gefahr eines Mißerfolgs wird dadurch sicherlich verringert.

Die Strumpfhose „L'eggs" wurde von Markt zu Markt verbreitet, und drei Jahre nach ihrer Einführung war sie die meistverkaufte Marke in der Strumpfwarenindustrie, auch wenn ihr immer noch 10 Prozent zur vollen Abdeckung des nationalen Marktes fehlten.[22] Desgleichen stellen japanische Autohersteller ihre neuen Modelle zuerst im Inland vor, dann in Südostasien und Kanada. Wenn sie schließlich diese Modelle in die Vereinigten Staaten und nach Europa bringen, haben ihre neuen Produkte längst alle Kinderkrankheiten hinter sich. Eine derartige stufenweise Verbreitung kann sich insbesonders bei der Vermarktung eines Produktes in mehreren Ländern mit unterschiedlichen Kulturarten bezahlt machen. Da jedes Land gewisse Eigenheiten besitzt, ist die Verbreitung von einem Land in das nächste viel weniger risikoreich als der Versuch, in alle Nationen gleichzeitig vorzudringen.

Deckt schließlich das Produkt oder der Markenartikel den geographischen Bedarf voll, so ist es mit dem Prinzip der *Marktsegmentierung* immer noch möglich, neue Märkte ausfindig zu machen. Erfahrene Marktanbieter wissen, daß es echte Massenmärkte selten gibt, daß das Wachstum oft von der Identifizierung der Konsumentengruppen innerhalb des angestammten Marktes abhängt: jene, die sich von dem Produkt einzigartige Vorteile versprechen, jene, die dafür besondere Verwendungsmöglichkeiten haben, oder jene, welche es bei bestimmten Anlässen benutzen.

Das Wachstum läßt sich verlängern, indem man das Produkt und die neuen Marktsegmente zusammenbringt. Die Firma *Johnson and Johnson* steigerte den Absatz ihres Babyshampoos, indem sie auf dem Erwachsenenmarkt hervorhob, wie mild das Shampoo sei.

Die zweite Wachstumsphase: der Aufstieg

Die amerikanischen Fast-Food-Ketten, die mit einem sich schnell sättigendem Markt für „Hamburger am Straßenrand" konfrontiert wurden, nutzten Wachstumsmöglichkeiten aus, indem sie Imbißstuben und Snackbars an Örtlichkeiten wie Museen, Krankenhäusern, Universitätsgebäuden, Bushaltestellen und Bahnhöfen eröffneten. Als die Firma *Revlon* das Kosmetikprodukt „Pretty Feet" erwarb, verdoppelte sie geschickt den potentiellen Markt, indem sie es in „Pretty Feet and Hands" umbenannte.[23]

Das Produkt läßt sich auf neuen Märkten einführen, indem man verschiedene Qualitätsstufen anbietet, wie zum Beispiel „de Luxe" oder „sparsam". Marktsegmente haben oft unterschiedliche Verpackungspräferenzen; manche bevorzugen Familienpackungen, andere 20-kg-Trommeln und wieder andere handliche Spraydosen. Erfolgreiche Produkte für die Industrie wurden bei Privatverbrauchern beliebt, und Firmen, die an Konsumenten verkauften, gelang es, auch Industriekunden zu gewinnen. Den Möglichkeiten, mit denen man dasselbe Produkt auf neuen Märkten anbieten kann, werden nur vom Geschick und der Phantasie des Marktanbieters Grenzen gesetzt.

Eine andere gängige Methode zur Aufrechterhaltung und Ausweitung des Wachstums eines bereits erfolgreichen Unternehmens ist das Angebot *neuer Produkte auf einem bestehenden Markt*. *Procter and Gamble* verdanken ihren langen Wachstumsrekord einer Strategie, bei der man eine Vielfalt von Produkten einem einzigen Markt anbietet, nämlich in diesem Fall der „informierten Hausfrau". Sorgfältig geplante und durchgeführte Neuprodukt-Lancierungen, ob es sich nun um Waschmittel, Küchentücher oder Wegwerfwindeln handelte, zielten auf einen Markt ab, mit dem *P&G* äußerst vertraut war. Die *Coca-Cola* Corporation hielt ihr Wachstum in Schwung, indem sie neue alkoholfreie Getränke auf demselben Markt einführte, der bereits *Coca-Cola* trank (das verworrene Hin und Her in der Geschichte um die Coke Classic war eine der wenigen Ausnahmen). Allerdings erwies sich ihr Streifzug ins Weingeschäft als Reinfall. Weintrinker waren nicht einfach erwachsen gewordene Limonadentrinker – ein Unterschied, den die Firma am Anfang nicht voll und ganz erkannt hatte.

Ende der sechziger und Anfang der siebziger Jahre schrumpfte der Umsatz der *Ocean Spray Cranberries* bei ihrem traditionellen Produkt, der Preiselbeermarmelade. Die Familien wurden kleiner und lebten weiter voneinander entfernt, die Eßgewohnheiten des Landes änderten sich. Die Leute mochten zwar den Preiselbeergeschmack, aßen aber Preiselbeermarmelade zumeist nur an Feiertagen im Familienkreis. Die winzige *Ocean Spray* konnte unmöglich die neuen demographischen Gegebenheiten und Eßgewohnheiten des Landes rückgängig machen. Stattdessen paßte sie sich der neuen Situation an; sie führte nun Fruchtsaftgetränke mit Preiselbeergeschmack ein und bot später als erste Firma sterile Karton-Verpackungen an. Das Ergebnis davon war, daß zwar der Marmeladenumsatz mehr oder weniger gleich blieb, sich dafür aber der Fruchtsaftumsatz vervielfachte (und somit der Gesamtumsatz des Unternehmens).[24]

Die Hauptregeln für die Aufstiegsphase

Wenn ein gewinnbringendes neues Produkt oder Geschäft wie eine Rakete abhebt, ist Vorsicht geboten. Das Wachstum ist voller Verlockungen, vor allem wenn es so mühelos einsetzt. Wenn man mit jedem Tag größer wird, dann glaubt man vielleicht, daß dieser Zustand ewig anhalten wird. Aber natürlich gibt es irgendwann einmal ein Ende, auch wenn dieses noch nicht in Sicht zu sein scheint.

Unternehmen säen oft den Samen für die Wachstumskatastrophe in der Aufstiegsphase. Zwei Grundregeln sollen uns davor schützen, eben diesen Fehler zu machen:

– Den Bogen nicht überspannen,
– Habgier nicht aufkommen lassen.

Ist die Wachstumssuppe am Kochen, dann ist es oft der Irrglaube an die eigene Allmacht, der sie gründlich versalzt. Bei einem übertriebenen Selbstvertrauen kann man kein objektives Urteil mehr fällen. „Wir haben das fertiggebracht! Wir werden auch *alles andere* zuwege bringen!" Das Management geht dann dazu über, seine grenzenlosen Fähigkeiten unter Beweis stellen zu wollen, indem es

Die zweite Wachstumsphase: der Aufstieg

mittels Diversifikationen in völlig neue Geschäfts- und Produktbereiche oder Märkte vordringt. Fehlt den Managern außergewöhnliches Glück, werden sich die neuen Unternehmungen als Flop erweisen, der möglicherweise so spektakulär ist, daß dadurch gleichzeitig das ursprüngliche, noch wachsende Unternehmen zu Grunde gerichtet wird. Ratgeber für Manager könnten es nicht deutlicher ausdrücken: Schuster, bleib bei deinen Leisten! Konzentriere dich auf das, was du kannst! Halte dich an das Bewährte!

Grenzenloser Reichtum stellt die zweite Versuchung dar. „Wenn das Geld jetzt schon so hereinrollt, warum sollte sich nicht noch viel mehr herausschlagen lassen!" Die Fashion Avenue hat dafür ein Sprichwort: Wer nach dem letzten Dollar greift, fällt auf die Nase. Auch in der Wall Street gibt es dafür ein Sprichwort: Man kann ein erfolgreicher Hausse-Sppekulant oder ein erfolgreicher Baisse-Spekulant sein, aber kein erfolgreicher Raffzahn.

Manche kapieren das allerdings nie. Sie wollen nicht nur einen randvollen Teller, sondern auch noch alles, was sich auf dem Tisch befindet. Sie weiten ihre Kapazitäten derart aus, daß sie mit ihrer Ausbringungsmenge den ganzen Staat Montana versorgen könnten, und zwingen dann ihre Verkaufsorganisation, das Produkt an den Mann zu bringen. Eine solche Habgier endet immer mit dem völligen Ruin, der bei niemanden ein Gefühl des Mitleids erweckt.

Selbst wenn es um die allgemeine Wirtschaftslage ganz schlecht bestellt ist, kann es ein gesundes Wachstum geben, solange man mit diesem richtig umzugehen versteht. Dem „erzwungenen Wachstum" werden allerdings derartige Wirtschaftssituationen schwer zu schaffen machen.

Zum Beispiel gelang es einem Immobilienunternehmer, dem Sturm in Houston zu trotzen, obwohl um ihn herum alles zerstört und verwüstet wurde. Dennis Murphree fing 1965 ganz klein an, und 1985 gehörte seine Firma zu den 25 diversifizierten Spitzenbauunternehmen in den USA mit laufenden Projekten im Wert von 160 Millionen Dollar. Sein Erfolgsgeheimnis lautete:

1. Den Bau rechtzeitig und mit ausreichend finanziellen Mitteln unter Dach und Fach bringen.

2. Unter den Mitarbeitern den Teamgeist fördern.

3. Risiken minimieren, indem größeren Anlegern und Mietern Eigenkapitalbeteiligungen für eine günstige langfristige Finanzierung beziehungsweise umfassende und langfristige Mietverträge angeboten werden.

4. Weiterhin das Marktgeschehen beobachten.

Zu Beginn der achtziger Jahre mied D. Murphree den Bau von Bürohäusern und suchte sich Städte aus, in denen kein Überangebot herrschte. Laut D. Murphree muß man vor allem Geduld aufbringen. „Schließlich haben wir viel Zeit, um reich zu werden", meinte er. „Im Augenblick erleben wir das beste Jahr. Was wollen wir mehr."

Das *Wall Street Journal* verglich D. Murphree mit einem seiner Konkurrenten, dem es nicht so gut ging. Letzterer zählte einst zu Houstons erfolgreichsten Bauunternehmern. Zu seinem Jet-Set-Leben gehörte auch eine 50 Meter lange Jacht mit vergoldeten Wasserhähnen und Hubschrauberlandeplatz. Seine Strategie während des überhitzten Baubooms, der 1979 einsetzte, war wie folgt:

1. Häuser über ganz Houston verstreuen, und zwar so schnell, wie man die Finanzmittel dafür auftreiben kann.

2. Diese mit Mietern vollstopfen (viele hatte er mit für mehrere Jahre mietfreien Wohnungen geködert).

3. Sie an Anleger mit einem sagenhaften Gewinn verkaufen.

4. Schritte 1. bis 3. wiederholen.

Die Strategie funktionierte, solange der Markt im Aufschwung begriffen war. 1982 kam es dann zu einer Übersättigung, und 1983 stellte der Bauunternehmer den Konkursantrag. Da er Schulden in Höhe von 200 Millionen Dollar hatte, bestand keine Hoffnung auf deren Rückzahlung. Seine Firma war die fünftgrößte von Houston, die bisher Konkurs angemeldet hatte. Als letztes hörte man von ihm, daß er zurückgezogen in einer Wohnung lebe, die sich in einem seiner noch immer nicht verkauften Häuser befand. „Ich mußte mein Geschäft auf das Wesentliche reduzieren. Das hätte ich

Die zweite Wachstumsphase: der Aufstieg 275

von Anfang an so machen sollen", erzählte er einem Reporter. Er hofft auf eine Marktwende, um wieder ins Immobiliengeschäft einsteigen und etwas Geld machen zu können.[25]

Die dritte Wachstumsphase: die Verlangsamung

Früher oder später tritt eine Marktsättigung ein. Die Firmen erreichen ihre größenmäßigen Wachstumsgrenzen, ab denen sie nicht mehr effektiv arbeiten können. Die Konkurrenz beginnt, beträchtliche Teile des bestehenden Marktes an sich zu reißen. Auf die eine oder andere Weise geht es mit dem schnellen Wachstum zu Ende, eine Gesetzmäßigkeit, wie etwa die, daß auf den Tag die Nacht folgt.

Wird die Firma gut geführt und hat sie auch noch Glück, dann dauert die Aufstiegsphase viele Jahre an, in denen zunehmend mehr Gewinne gemacht werden. Aber unabhängig davon, ob das Wachstum nun kometenhaft oder gleichbleibend stark war, entscheidend ist, wie eine Firma in der Verlangsamungsphase agiert, denn dies wird deren Überleben nach dem raschen Wachstum bestimmen.

Wenn die Firma an diesem Punkt angelangt ist, sollte sie nach Ansicht der *Boston Consulting Group* am besten eine Cash cow sein. Theoretisch ist die Cash cow als beherrschende Firma auf einem langsam wachsenden Markt vor allem mit dem Scheffeln von Geld beschäftigt. Die Praxis sieht natürlich ein wenig anders aus. Um als Cash cow in Frage zu kommen, muß ein Unternehmen eine dominante Marktpräsenz haben, wobei sein relativer Marktanteil bei weitem größer sein sollte als der des schärfsten Konkurrenten. Aber wie viele Märkte sind heutzutage noch so strukturiert? Der Trend geht immer mehr in Richtung auf die Marktfragmentierung, bei der sich spezialisierte Konkurrenten um genau abgegrenzte Marktnischen bemühen. Die Erlangung und Beibehaltung der marktbeherrschenden Stellung wird zusehends schwieriger, was wiederum schwerere Zeiten für jene Cash cows bedeutet, die glauben, weiterbestehen zu können, indem sie sich einfach auf ihren

Lorbeeren ausruhen – die wenigsten dürften wohl mit einer solchen Einstellung einen längeren Zeitraum unbeschadet überdauern.

Gedeih oder Verderb in der Verlangsamungsphase hängen in hohem Maße davon ab, wie weit es der Firma gelungen ist, die Fallgruben in der Aufstiegsphase zu erkennen. Wenn die Kapazität mit dem Wachstum des Marktes Schritt hielt und das Unternehmen auf dem richtigen Kurs blieb, dann dürfte ein sich verlangsamendes Wachstum auch nicht allzu schmerzliche Folgen haben. Wenn das Unternehmen aber außer Kontrolle geriet und zu sehr expandierte, dann kann schon eine Wachstumsnivellierung eine plötzliche und äußerst unangenehme Verlangsamungsphase bedeuten. Wenn Kosten, Personalbestand sowie Kapazitäten zu sehr nach oben schnellen, dann hängt das Überleben möglicherweise davon ab, wie rasch man diese Zahlen nach unten korrigieren kann.

Unter der Voraussetzung, daß der Betrieb noch funktionstüchtig ist, wenn die Aufstiegsphase in die Verlangsamungsphase übergeht, gelten folgende Hauptregeln für die souveräne Handhabung der Verlangsamungsphase:

– Erkennen des Endes der Aufstiegsphase,
– schwerpunktmäßige Verlagerung von der Effektivität zur Effizienz,
– Beibehaltung der Flexibilität.

Nachdem sie so mühelos und unbeschwert einen Sieg nach dem anderen errungen haben, wollen viele Unternehmensleitungen von schnell wachsenden Firmen einfach nicht akzeptieren, daß sich das Blatt zu wenden beginnt. Wenn man an all die Annehmlichkeiten denkt, die das Wachstum uns beschert, wer wollte da schon, daß es damit nun ein Ende hat? In unser wachstumssüchtigen Wirtschaft wird man als Verlierer eingestuft, wenn man zu wachsen aufhört.

Aber mit dem Wachstum ist es einmal unweigerlich zu Ende, und kluge Unternehmensleitungen sehen dieser Tatsache frühzeitig genug ins Auge. Handelt es sich um ein Produkt oder eine Unternehmung auf einem kurzlebigen Markt, so muß man vor allem wissen, wann es Zeit ist auszusteigen. Wenn es mit den Chancen vorbei ist, so hat man die Alternative, den Betrieb aufzulösen, die Firma zu

Die dritte Wachstumsphase: die Verlangsamung

verkaufen oder sich etwas anderes zu suchen, das sich gerade erst auftut – auf keinen Fall sollte man zusehen, wie das Schiff langsam aber sicher auf den Eisberg aufläuft. An dem Tag, an welchem sich der letzte Hula-Hoop-Reifen verkaufen läßt, sollte das Lager leer und nicht etwa voll sein. Seinem Gespür, daß der Houstoner Immobilienmarkt keine Möglichkeiten mehr bot, verdankte D. Murphree in erster Linie seinen unternehmerischen Erfolg. Als dort kein Geschäft mehr zu machen war, sah er sich anderweitig um.

Ein Unternehmen, das auf einem ständigen Markt auftritt, muß vor allem wissen, wann es an der Zeit ist, die Expansionen zu drosseln. Dies bedeutet möglicherweise eine geringfügige Betriebsschrumpfung, ein Zurückstutzen der Kosten oder personelle Umbesetzungen, weil die zusätzlichen, durch den Wachstumsprozeß bedingten Ressourcen nicht mehr benötigt werden. Diese Schrumpfung ist aber sicherlich jenem drastischen Eingriff vorzuziehen, den man durchführen müßte, um das Leben des Unternehmens zu retten, dessen Überkapazitäten den eigenen Ruin bedeuten.

Auf einem ständigen Markt bedeutet eine langsamere Wachstumsgangart auch eine Umorientierung von der Effektivität zur Effizienz. Effektivität bedeutet hier, daß man „das Richtige tut", das heißt mit dem Stand der Technik, der Konkurrenz sowie den marktmäßigen Entwicklungen Schritt hält. Die Aufrechterhaltung der Effektivität gehört zu jenen Voraussetzungen, die in einem wachsenden Konzern eher Geld aufbrauchen als schaffen.

Effizienz bedeutet hingegen, daß man „die Dinge richtig macht." Wenn sich das Wachstum verlangsamt, muß ein Unternehmen seinen Schwerpunkt verlagern. Anstatt des kontinuierlichen Vorantreibens seiner Erweiterungen muß es nun die größtmögliche Rentabilität aus immer langsamer wachsenden Umsatzerlösen herauszupressen versuchen. Das Produkt, der Markt und das Absatzsystem haben nun eine Zeitlang eine fest umrissene Form. Der Wettbewerb intensiviert sich und wird vor allem mit Preisen ausgetragen. Die optimistischeren (oder weniger klugen) Konkurrenten haben ihre Produktionskapazitäten während der Aufstiegsphase zu sehr ausgebaut und müssen nun diese Überschußkapazitäten rechtfertigen, wenn sie nicht daran ersticken wollen.

Die in der Aufstiegsphase gemachten Gewinne sollten nun konsolidiert sein. Das Management kann sich jetzt auf eine wirtschaftlichere Gestaltung der Produktion konzentrieren. Der Geschäftsaufbau mittels Werbung und Verkaufsförderung gehört nicht mehr zu den vordringlichen Aufgaben der Manager. Die Absatzwege lassen sich festigen und rationalisieren. Gemeinkosten können gekürzt werden. Im allgemeinen wird nun deutlicher, wo Geldausgaben nötig sind und wo nicht.

Sobald die Verlangsamungsphase einsetzt, dürfte die entscheidende Aufgabe die Wahrung der Flexibilität sein, um auf die geänderte neue Situation entsprechend reagieren zu können. Die Probleme der Aufstiegsphase bestehen vor allem in der richtigen Durchführung von Kapazitätserweiterungen, der Entwicklung des Produktes und des Marktes sowie dem Aufbau eines Verteilungssystems, um mit der Entwicklung Schritt halten zu können. Bis sich die Aufstiegsphase stabilisiert hat, ist die Lage sehr ungewiß, und diese Ungewißheit verlangt ein stets konzentriertes Agieren.

In der Verlangsamungsphase erzielt man ein Wachstum vor allem dadurch, daß man einem Konkurrenten einen Marktanteil wegnimmt, während dem Auftun neuer Kunden nur eine untergeordnete Bedeutung zukommt. Wenn der Konkurrenz nicht gerade ein grober Schnitzer unterläuft, dann zahlt man für die Eroberung des fremden Territoriums einen hohen Preis. Auch die Verteidigung des eigenen Marktanteils gegen den blitzartig durchgeführten Werbe- oder Verkaufsförderungsfeldzug eines Angreifers hat ihren Preis. Selbst wenn es einem gelingt, die eigene Stellung zu halten, so geht dies direkt zu Lasten des früheren Gewinnstromes.

Großunternehmen und Kommunen

Die Prinzipien für den richtigen Umgang mit einfachen Wachstumsarten, wie zum Beispiel das Wachstum eines einzigen Produkts oder einer Firma, gelten im allgemeinen auch für größere und komplexere Einheiten. Großunternehmen, Kommunen oder Regionen machen ebenfalls ihre Inkubations-, Aufstiegs- und Verlangsamungsphasen durch. Jede dieser größeren Einheiten, die sich in einer Wachstumsphase befindet, sollte sich vor übermäßigen Erweiterungen hüten. Gleichgültig, auf welcher Ebene das Wachstum stattfindet, entscheidend ist in erster Linie, daß man den Prozeß unter Kontrolle behält. Aber die schwierige Aufgabe, das Wachstum ganzer Kapitalgesellschaften oder Gemeinden in den Griff zu bekommen, unterscheidet sich deutlich von der Handhabung einfacherer Wachstumsarten; es tauchen neue Probleme auf, für die neue Lösungen gefunden werden müssen.

Das Wachstum von Kapitalgesellschaften

Wir zeigten am Beispiel einzelner Produkte auf, wie man mit dem Wachstum umgehen sollte. Kapitalgesellschaften bieten jedoch variierende Sortimente von Produkten an. Das Management solcher Gesellschaften muß das Wachstum jedes einzelnen Produktes steuern sowie das Wachstum aller Produkte koordinieren. Die verschiedenen Erzeugnisse eines Unternehmens befinden sich jeweils in ihrem eigenen Wachstumsstadium. Um das Gesamtwachstum weiter in Gang zu halten, muß das Unternehmen sicherstellen, daß jedes Produkt mit seinem Markt sowie mit den vom Markt angebotenen Wachstumsmöglichkeiten Schritt hält, und daß neue Erzeugnisse entwickelt werden, mit denen jene ersetzt werden, deren Wachstum nachläßt.

Während eine kleine Firma oder eine einzige Produktlinie beim Altbewährten bleiben sollte, kann es sich eine große Gesellschaft nicht leisten, nur einen einzigen „Renner" zu haben. Wenn diese Eintagsfliege nämlich die Verlangsamungsphase erreicht, passiert dasselbe auch dem gesamten Unternehmen. Eine der größten Fallstricke für ein Großunternehmen besteht darin, das es zu lange das macht, was es ursprünglich auf die Topliste gebracht hat. Die *Swift and Company* florierte, weil sie als erste eine bedeutende Verfahrensinnovation anwandte, hatte aber mehr als ein halbes Jahrhundert später Anpassungsschwierigkeiten, als *Iowa Beef* sie mit einer anderen Innovation überrundete. Die amerikanischen Automobilhersteller wurden riesig, als sie die verchromten Statussymbole herausbrachten, nach denen sich die Amerikaner in den fünfziger und sechziger Jahren des Wohlstands sehnten. Die Realitäten der inflationären und energieknappen siebziger Jahre verwiesen diese Unternehmen und ihre Produkte in ihre größenmäßigen Schranken. Wie wir bereits gesehen haben, wurde aus dem Pharmazieunternehmen *SmithKline Beckman*, welches einst unter „ferner liefen" rangierte, dank seines umsatzstarken Krebsmittels Tagamet ein Industriegigant. Der Umsatz von Tagamet wurde schließlich von der Konkurrenz untergraben, tendiert heute recht lustlos und wird wahrscheinlich in den nächsten fünf Jahren von dem seines aggressiven Konkurrenten überholt werden. Anleger, die einst den Kurs der *SmithKline*-Aktie auf den zehnfachen Stand nach oben gedrückt haben, sind (gelinde gesagt) nicht gerade darüber glücklich, daß das Primärprodukt des Unternehmens keinerlei Forschritte macht und bis jetzt kein Ersatz gefunden worden ist.[26]

Erfolgreiche Unternehmen verlängern ihr Wachstum, indem sie aus der Veränderung eine Institution machen. Sie legen nach wie vor den Schwerpunkt auf diejenigen Dinge, die sie besonders gut beherrschen, sind aber allem Neuem gegenüber aufgeschlossen. Sie beobachten den Markt und sein Umfeld und ändern ihre Produkte, Verfahren, Techniken und ihr Marketing, wenn sich neue Möglichkeiten auftun und alte verschwinden. Mittels einer Strategie, die Flexibilität und Vielfalt innerhalb eines umgrenzten, leicht zu handhabenden Rahmens schaffen soll, haben einige Unternehmen die ständige Veränderung zu einem festen Bestandteil ihres betrieblichen Handelns gemacht.

Die *Minnesota Mining and Manufacturing Company (3M)* ist ein gutes Beispiel für ein großes Technologie-Unternehmen, das die Veränderung zur festen Institution werden ließ. *3M* rechnet damit, daß 25 Prozent des Jahresumsatzes eines jeden Unternehmensbereichs aus Produkten stammen werden, die es vor fünf Jahren noch nicht gab. „Unsere obersten Führungskräfte sind überhaupt nicht an den Produkten interessiert, die bereits auf dem Markt sind", lautete der Kommentar eines Unternehmensbereichsleiters. „Sie wollen wissen, welche Neuheiten es gibt. Das ist der Stil unseres Handelns."[27] Diese offiziell formulierte und abgesegnete Richtlinie sorgt dafür, daß die riesigen Forschungs- und Entwicklungslabors von *3M* mit der Suche nach neuen Produkten voll ausgelastet sind. Sie stellt des weiteren sicher, daß das Unternehmen nicht der Selbstgefälligkeit verfällt und dem Stand der Technik hinterherhinkt. Eine andere Managementmethode hätte leicht dazu führen können, daß die Firma ihre ursprüngliche Cash cow, das Produkt Scotch Tape, gemolken hätte und ein paar Jahrzehnte später an Schwindsucht gestorben wäre.

Procter and Gamble ist in technologischer Hinsicht keineswegs eine Steinzeitfirma. Sie hält sich über die vielen, modernen Techniken auf dem laufenden, auf welchen ihr breit gefächertes Warensortiment basiert. Aber ihre wahre Stärke ist die meisterhafte Beherrschung des Konsumentenmarketing. Im Gegensatz zu den plötzlichen Zickzackkursen, welche die Hochtechnologie bescheren kann, findet auf Verbrauchermärkten eine eher kontinuierliche Entwicklung statt. Das Programm von *P&G* zur Institutionalisierung der Veränderung läuft daher ganz anders ab als zum Beispiel das von *3M*, *Hewlett-Packard* oder *Digital Equipment*. Ihre Hauptwerkzeuge zur Unterstützung des Marketing sind die Antennen, die immer einsatzbereit sind und alles aushorchen. „Wir bemühen uns ständig darum, Neues auszukundschaften", bemerkte ein ehemaliger Vorsitzender.[28] In der Praxis bedeutet dies bei *P&G* eine laufende Überwachung des Marktes und der Konkurrenz. Das beinhaltet auch eine jährlich durchgeführte Untersuchung über jeden ihrer Markenartikel, wozu nicht nur Erhebungen mit Hilfe von Standardfragebögen gehören, sondern auch eine genaue Beobachtung, wie die Verbraucher die Produkte tatsächlich verwenden. Jedes neue Bedürfnis, jede Änderung des Lebensstils sowie jede technologische Entwicklung werden dadurch schnell erfaßt. Zum Beispiel wurde das Waschmittel Tide, ein 1947 eingeführtes Flaggschiff unter den *P&G*-Produkten, seit seiner Lancierung bis heute mindestes 60 Mal abgewandelt und hat sich im Lauf der Zeit erheblich verändert.

Die *Merck and Company* gehört seit langem zu den gewinnträchtigsten Gesellschaften, der ganze Konzern ist eine ewige Wachstumsindustrie. In den letzten Jahren wurde *Merck* trotz einer rasch agierenden Konkurrenz auch zu einer der am schnellsten wachsenden Gesellschaften. Doch die Hauptgefahr für das Wachstum pharmazeutischer Unternehmen ist der Verfall des Patentschutzes. Wenn dies passiert, dann drängt die Konkurrenz mit billigeren Doubletten auf den Markt und stellt somit eine Bedrohung für ein bis dahin profitables Monopol dar. Um an der Spitze zu bleiben, müssen Arzeimittelfirmen ständig neue Produkte anbieten. *Merck* wurde vor allem wegen ihres Forschungsprogramms zum Branchenstar und im Jahre 1986 zur „am meisten bewunderten Gesellschaft Amerikas". Anstatt nur die empirischen Methoden anzuwenden, welche Pharma-Chemiker bei ihren Forschungsarbeiten benutzten, ging Merck dazu über, aus neuen Entdeckungen in der Medizin und Biochemie Kapital zu schlagen. Vor allem berücksichtigte sie bei der Entwicklung chemischer Präparate zur Eindämmung spezifischer Krankheiten auch die Wünsche ihrer Kunden und dachte sich dann einen Weg zur Herstellung der Produkte aus. Da sie sich voll dieser Methode verschrieben hatte, wurde Merck die erste große Pharmaziegesellschaft, die sich von einer Spitzentechnologiestufe auf eine noch höhere bewegte. Da sie auch die größte und am besten geschulte Verkaufsorganisation der Branche hat, ist sichergestellt, daß die Produkte und der Markt auch zusammenkommen.[29]

Das Wachstum von Kommunen

Unternehmen fahren gut damit, wenn sie den Bogen nicht überspannen und mit Hilfe von schlecht geplanten Diversifikationen zu wachsen versuchen. Kommunen hingegen sollten das genaue Gegenteil machen. Das Schicksal von Großstädten oder Regionen, in denen nur ein einziger Industriezweig vertreten ist, hängt vom Wohl und Wehe dieser Industrie ab. Wenn der *Boeing* eine turbulente Luftfahrtindustrie zu schaffen macht, dann bekommt der Großraum Seattle die Auswirkungen davon zu spüren. Houston wuchs und fiel mit der Öl- und Petrochemieindustrie, Michigan mit den Autos, West Virginia mit der Kohle und das westliche Pennsylvania mit dem Stahl.

Es ist nicht Sinn und Zweck einer Kommune, unterm Strich einen Gewinn zu machen oder institutionelle Anleger anzulocken. Gemeinden sollten ihren Bewohnern ein sicheres und angenehmes Leben bieten. Städte mit nur einem Industriezweig, die sich bei wirtschaftlichen Aufschwüngen aufblähen, während sie bei Rezessionen in sich zusammenfallen, kommen dieser Forderung nicht nach. Für eine Gemeinde hat eine mannigfaltige Wirtschaftsbasis mehrere Vorteile. Einer besteht darin, daß reizvollere Arbeitsplätze und Wohnorte geschaffen werden. Die tägliche Konfrontation mit Menschen, welche die unterschiedlichsten Berufe ausüben, kann nur förderlich sein. Ein weiterer Vorteil ist die Stärkung der wirtschaftlichen Unabhängigkeit – die Kommune kann in vermehrtem Maß ihre Bedürfnisse selbst decken und ist weniger auf fremde Hilfe von außen angewiesen.

Der Hauptvorteil einer breitgefächerten Wirtschaftsbasis dürfte aber darin bestehen, daß wirtschaftliche Auf- und Abschwünge nivelliert werden. Das Wachstum in einer Branche kompensiert den Konjunkturrückgang in einer anderen. Dieser Ausgleich mildert einen Arbeitsplatzabbau und schützt vor einem rückläufigem Steueraufkommen. Familien werden nicht entwurzelt, junge Leute müssen nicht wegziehen, um Arbeit zu finden.

Wenn in einer Branche ein wirtschaftlicher Aufschwung einsetzt, gerät deren Standortgemeinde unter den großen Druck, mit dem Boom gleichzuziehen. Viele lokale Interessengruppen betrachten dies als Chance, um schnell und leicht Geld zu machen. Eine bessere Politik ist aber die Förderung einer parallelen Entwicklung in anderen Unternehmensbereichen, um den Aufschwung zu vervollkommnen. Die Vorteile einer solchen Diversifikation werden alsbald sichtbar. Schließlich ist es nicht der Endzweck des Wirtschaftswachstums, ein paar Anleger reich zu machen, sondern das Leben für alle Beteiligten angenehmer zu gestalten.

Anmerkungen

1. Fisk, Jim/Barron, Robert, The Official MBA Handbook, New York, Wallaby Books, 1982.
   Der entscheidende Faktor ihrer Formel, wenn nicht einer außerordentliches Glück hat, ist „Arbeit".
2. Phillips, Carolyn, Searle Fights to Keep Red-Hot Aspartame Hot for a Long Time, *Wall Street Journal*, 18. September 1984.
3. Drucker, Peter F., Innovation and Entrepreneurship, New York, Harper & Row, 1985, S. 43.
4. Browning, E. S., Sony's Perseverance Helped It Win Market for Mini-CD Players, *Wall Street Journal*, 27. February 1986.
5. Bingham, Hull, Jennifer, Fad Merchants Hustle to Sell Tomorrow's Big Craze Today, *Wall Street Journal*, 17. November 1983.
6. Ingrassia, Lawrence, How Four Companies Spawn New Products by Encouraging Risks, *Wall Street Journal*, 18. September 1980.
7. Rogers, Everett M./Larsen, Judith K. Silicon Valley Fever, New York, Basic Books, 1986, S. 260 ff.
8. Mansfield, Edwin, et al., Research and Innovation in the Modern Corporation, New York, W.W. Norton, 1971.
9. Brinbaum, Jeffrey H., Pricing of Products Is Still an Art, Often Having Little Link to Costs, *Wall Street Journal*, 1. December 1981.
10. Hopkins, Claude C., My Life in Advertising, New York, Harper & Bros., 1927, S. 6.
11. Booz · Allen & Hamilton, New Products Management for the 1980s, 1982, S. 6.
12. Drucker, Peter F., Management, New York, Harper & Row, 1974, S. 771.
13. Brown III, Francis, C., Too Far, Too Fast, *Wall Street Journal*, 19. May 1986.
14. Klein, Heywood, Zooming Firms of 1980 Find That Fast Growth Can Turn into a Curse, *Wall Street Journal*, 24. August 1983.
15. Drucker, Management, S. 778.
16. Chandler, The Visible Hand, Cambridge, Mass., The Belknap Press, 1977.
17. Drucker, Management, S. 766.
18. Drucker, Management, S. 645.
19. Drucker, Management, S. 722.
20. Peters, Thomas J., Putting Excellence into Management, *Business Week*, 21. July 1980, S. 196 ff.
21. Peters, Putting Excellence, S. 205.
22. DeBruicker, F. Stewart/Ward, Scott, L'eggs Products, Inc., A, Cases in Consumer Behavior, Englewood Cliffs, N.J., Prentice-Hall, 1980.
23. Abrams, Bill, Jell-O's Revival Shows Sales Can Grow with Older Products, *Wall Street Journal*, 11. September 1980.
24. DeBruicker, F. Stewart/Ward, Scott, *Ocean Spray Cranberries, Inc.*, A and, B, in: Cases in Consumer Behavior; Lynch, Mitchel C., In Its Raw Form, This Berry Would Curdle the Turkey, *Wall Street Journal*, 22. November 1978.
25. Zieman, Mark, In Overbuilt Houston, Success in Real Estate Means Sharing the Risk, *Wall Street Journal*, 17. January 1985.
26. Wolf, Ron, Challenge to Tagamet Could Give *SmithKline* Ulcers, *Philadelphia Inquirer*, 27. October 1986.

27. Ingrassia, How Four Companies Spawn New Products.
28. Prestbo, John A., At *Procter & Gamble*, Success Is Largely Due to Heeding Consumer, *Wall Street Journal*, 29. April 1980.
29. *Merck* Has Made Biotech Work, *Fortune*, 19. January 1987, S. 58 ff.; America's Most Admired Corporations, *Fortune*, 19. January 1987, S. 18 ff.

8. Kapitel

Wie man in einer Phase ohne Wachstum agiert

Eine Silbermedaille zu erreichen, ist für manchen Spitzensportler ein Ziel, dem er seine ganze aktive Karriere widmet. Besteigt er dann die Siegertreppe, ist er am Ziel seiner Wünsche angelangt. Doch wie reagieren wir darauf? Wir nehmen seinen zweiten Platz zur Kenntnis und gehen schnell zur Tagesordnung über. Eine Silbermedaille ist recht beachtlich ... aber eben nicht aus Gold. Ähnlich ergeht es uns mit dem Wachstum. Die erfolgreiche Leitung eines stagnierenden oder schrumpfenden Geschäfts erfordert unter Umständen mehr Geschick, als – auf kurze Zeit – ein Superwachstum zu realisieren. Doch wer erkennt eine solche Leistung schon an? Wäre uns bewußt, daß es im Bereich der Wirtschaft viel häufiger ums Überleben geht als ums Gewinnen, würden wir mit Phasen ohne Wachstum besser zurechtkommen.

Das Gesetz des Überlebens und das Wunder der Auferstehung

In den Geschichtsbüchern stehen die Namen der Generäle, welche die Siegerstreitkräfte in der Schlacht von Hastings, der Schlacht von Waterloo und den Pazifikschlachten des Zweiten Weltkriegs befehligten.

Wer aber kennt schon den Namen dessen, der in den ersten Monaten des Zweiten Weltkrieges den Abtransport der alliierten Streitkräfte aus dem Küstengebiet von Dünkirchen befahl? Diese militärische Glanztat bewahrte die britische Armee (sowie 123 095 französische Soldaten) vor einer Katastrophe und ermöglichte es England, später wieder in das Kampfgeschehen einzugreifen. Was vielleicht noch wichtiger war, es stärkte die Moral des Landes angesichts des von Hitler durchgeführten Blitzkrieges zur Eroberung des europäischen Festlandes. Die deutsche Armee beging einen entscheidenden Fehler, als sie dem Rückzugsunternehmen nicht Einhalt gebot, denn am Ende hätte ohne diese Operation der Krieg an der Westfront ganz anders ausgehen können.[1]

In entscheidenden Schlachten gibt es immer einen Sieger und einen Besiegten, und natürlich ist es der Gewinner, der Geschichte schreibt. Militärische Befehlshaber, die Siege erringen, werden zu Helden gemacht, und jenen, die schwer geschlagen werden, haftet das Stigma ihrer Niederlage an.

Militärstrategen sind allerdings der Meinung, daß eines der schwierigsten Manöver der erfolgreich durchgeführte geordnete Rückzug ist, mit dem man gerade eine Niederlage vermeiden will. Man erfährt zwar die Namen der Geschlagenen, von den „Nicht-Besiegten" hört man aber gar nichts, ein Rückzug ist auf beiden Seiten keine Sensationsmeldung. Wenn es einem Befehlshaber gelingt, seine Truppe vor der Vernichtung zu bewahren, und er dadurch die Heeresstärke, das Kriegsmaterial sowie die Kampfmoral aufrechterhalten kann, um eines Tages wieder unter günstigeren Vorzeichen zu kämpfen, wird dies von niemandem zur Kenntnis genommen. Was kann man denn schon darüber berichten? Es ist ja nichts passiert. Dünkirchen kam auch nur deshalb in die Schlagzeilen und in die Geschichtsbücher, weil seine Wichtigkeit und sein immenses Ausmaß es trotz der anfangs gering scheinenden Bedeutung zu einem bemerkenswerten Geschehen machten. Wieviele weitere gelungene Rückzüge auf militärischem Gebiet kennen wir denn sonst noch?

Auf den Schlachtfeldern der Wirtschaft ist die Situation nicht anders. Jene Wirtschaftsleute, die wir ehren und derer wir gedenken, sind fast ausnahmslos heroische Wegbereiter, welche ein sagenhaftes Wachstum bei Produktion, Umsatz und Gewinn bewirkten. Wir sollten ihnen die an sie gerichteten lobenden Worte vorbehaltlos gönnen – ein gesundes Wachstum ist für unsere Gesellschaft von Vorteil und ist gar nicht so ohne weiteres zustande zu bringen. Allerdings kommt es genauso häufig vor, daß von der Presse eine spektakuläre Pleite an die große Glocke gehängt wird.

Die erfolgreiche Leitung eines stagnierenden oder schrumpfenden Unternehmens ist im Grunde ein undankbares Geschäft, obgleich dies mindestens genauso schwierig ist wie die Führung einer wachsenden Firma. Die Gründe dafür müssen wir wohl bei uns selbst suchen – zum Beispiel bei unserem Hang zum Gewinnen. Wir Amerikaner wollen zu den Gewinnern gehören, und für die Tatkräftigen und Ehrgeizigen unter uns setzen wir dies als ein Ziel unserer Gesellschaft. Sicher, eine Silbermedaille ist recht beachtlich ... aber eben nicht aus Gold.

Ein weiterer Grund für die praktisch uneingeschränkte Aufmerksamkeit, die man Glanzleistungen zukommen läßt, liegt in der Medienberichterstattung. Sie ist so, daß Gelegenheitszuschauer diese ohne weiteres verstehen können. Wie beim Sport schlägt der Gewinner alle anderen. Mehr muß man gar nicht verstehen. In einer bestimmten Wettbewerbssituation kann ein guter, zweiter Platz tatsächlich eine überragende, unternehmensführerische Leistung abverlangt haben, aber mit Ausnahme der wenigen Wirtschaftskenner dürften die dabei überwundenen subtilen und komplexen Probleme den meisten entgehen. Das große Geschick, das dafür erforderlich war, weiß kaum einer so recht zu würdigen.

Das Gesetz des Überlebens

Letztendlich ist es auch eine Frage des Punktezählens. Einfache Zahlen sagen uns, wann und wie stark ein Unternehmen wächst. Der Umsatz war in einem Jahr x Dollar, stieg im nächsten Jahr um die Hälfte und war im darauffolgenden Jahr dreimal so groß. Im Vergleich zum Vorjahr stieg der Gewinn um 100 Prozent und wird im nächsten Jahr um 75 Prozent zulegen. Bei solchen Wachstumszahlen kann man sicher sein, daß das Geschäft floriert. (Zumindest sieht es so aus – wir sind da ja schon etwas vorsichtiger geworden, denn wir wissen, daß auch beim Wachstum der Schein trügen kann).

Aber wie steht es um ein Unternehmen in einem schrumpfenden Industriezweig? Es wird noch produziert und verkauft. Die Angestellten arbeiten weiterhin für die Firma. Besitzer und Anleger haben Interessen, die gewahrt werden müssen. Die Kommune ist auf den weiteren Betrieb der Firma angewiesen.

Die Leistung eines Unternehmens, das ein gleichbleibendes oder sogar rückläufiges Wachstum verzeichnet, ist keinesfalls unbedeutend. Wenn das Unternehmen alles daransetzt, die Nachfrage auf einem Markt zu decken und Arbeitsplätze zur Verfügung zu stellen, dann verdient es zumindest unsere Hochachtung, auch wenn es dafür keinen Preis auf dem Jahresbankett der Handelskammer verliehen bekommt. Die Führung eines Lebensmittelgeschäfts inmitten eines verfallenden Stadtzentrums, einer Bohrgerätefirma während einer Ölrezession oder einer Vertriebsfirma für Ersatzteile im Schrottrevier ist in vielerlei Hinsicht eine herausforderndere Aufgabe als die Leitung eines Spitzenunternehmens, welches aufgrund seines Wettbewerbsvorteils jeden auftauchenden Konkurrenten verschlingen kann. Einen Gewinner zu reiten ist sicherlich eine viel dankbarere und aufregendere Arbeit, als Tag für Tag mit großer Ausdauer und Beharrlichkeit ein leistungsschwaches Pferd zu trainieren, das sich nicht plazieren kann.

Eine Nation, die auf den Hund gekommen ist

Das Interesse der für strategische Planungen zuständigen Gurus richtet sich vornehmlich auf die „Stars", das heißt die beherrschenden Unternehmen auf schnell wachsenden Märkten. Einen oder zwei Stars im Unternehmens- oder Anlageportefeuille zu haben, ist zweifellos erstrebenswert, und ein Unternehmen an die Spitze zu bringen, kann eine aufregende und verlockende Aufgabe sein, ganz zu schweigen vom finanziellen Gewinn. Leider ist die Zahl der verfügbaren Stars äußerst begrenzt – kein Markt kann mehr als einen haben, und auf den meisten Märkten gibt es gar keinen. Beratungsfirmen prägten den gehässigen Begriff „Dogs" für die weniger ruhmreichen Unternehmen auf langsam wachsenden oder rückläufigen Märkten; Tatsache ist, daß die meisten Unternehmen dieser Kategorie angehören.

Seit Ende der sechziger Jahre hat sich die Geschwindigkeit unseres Wirschaftswachstums verlangsamt. Viele amerikanische Industriezweige haben Schrumpfungsprozesse durchgemacht (oder, um einen der zur Zeit geläufigen Euphemismen zu gebrauchen, „ein Zurechtstutzen der Größe"). Betriebsstätten werden geschlossen, und Firmen fusionieren oder verschwinden in der Schwerindustrie, der Petrochemie, in der Landwirtschaft, den Massenmedien und sogar in der Elektronik. Bei keiner dieser Branchen besteht die Gefahr, daß sie ganz von der Bildfläche verschwinden wird. Aber viele der Unternehmen, welche diese Branchen bilden, müssen sich einem Schrumpfungs- oder Auflösungsprozeß unterziehen, bei dem Millionen von Karrieren, Hoffnungen und Ambitionen zunichte gemacht werden.

1980 wurde John J. Nevin zum Vorstandsvorsitzenden der *Firestone Tire and Rubber Company* ernannt, der zweitgrößten Reifenfirma in Amerika. Sein Auftrag war, die Leitung eines darniederliegenden, diversifizierten Unternehmens in die Hand zu nehmen und einen negativen Cash flow umzukehren, der die Existenz der Firma gefährdete. Rückblickend bemerkte John Nevin sieben Jahre später, daß das Wachstum nicht mehr der einzige geeignete Maßstab für die Leistung eines Unternehmens sei.

Eine Nation, die auf den Hund gekommen ist

„*Früher glaubten die meisten Spitzenkräfte, daß ihre Aufgabe das Wachstum der Firma sei*", kommentierte er. „*Heute erkennen immer mehr von ihnen, daß es Situationen gibt, in denen ein maßvolles Zurücknehmen der Firmengröße das einzig Wahre ist.*"[2]

Schrumpfende Industriezweige sind selbst für jene Manager und Angestellten problematisch, welche ihre Arbeitsplätze nicht verlieren. Die in der Industrie gehandhabte Praxis läuft meistens darauf hinaus, daß der zuletzt eingestellte Mitarbeiter als erster gehen muß. Folglich sind es häufig ältere Arbeitnehmer, die die verbleibenden Jobs behalten. Bis zu einem gewissen Grad kann eine langjährige Berufserfahrung ein Plus sein. Aber in gleichem Maße, wie sich damit die Abfindungen älterer Arbeitnehmer erhöhen, schwindet auch deren jugendlicher Elan und Optimismus. Auf Managementebene bedeuten schrumpfende Industriezweige begrenzte oder sogar versperrte Karrieremöglichkeiten für den aufstrebenden Nachwuchs. Die Ehrgeizigen und Talentierten werden sich wohl kaum mit einer Situation abfinden, bei der die nächste Beförderung erst dann erfolgt, wenn ein 20 Jahre älterer Kollege in Rente geht oder stirbt. Jedoch brauchen gerade die wachstumsrückläufigen Industrien die Hilfe dieses agilen Nachwuchses in gleichem, wenn nicht sogar in stärkerem Maße, als die schneller expandierenden Sektoren.

In den Fabriken bedeuten ältere Arbeitnehmer unmittelbar höhere Kosten. Das Durchschnittsalter der 100 000 Arbeiter der *Ford Motor Company* schnellte zwischen 1978 und 1987 von 37 auf 44 Jahre empor. Laut Donald Petersen, dem Vorsitzenden von *Ford*, beschäftigen die Japaner in ihren neuen amerikanischen Autowerken „junge, gesunde und tüchtige Arbeiter". Dies verschafft ihnen gegenüber den drei großen amerikanischen Autoherstellern einen Arbeitskostenvorteil von 6 Dollar pro Stunde, da bei ihnen weniger Ausgaben (wie zum Beispiel Krankheitskosten) anfallen, die durch höheres Alter der Arbeitnehmer bedingt sind. Auch die Reifen-, Stahl- und Kohleindustrie hat eine „graumelierte" Belegschaft.[3] Hinzu kommt, daß ältere Mitarbeiter in schrumpfenden Wirtschaftszweigen ihre Ruhegelder früher beziehen – und zwar im Vergleich zu den Erwerbstätigen in stärkerem Maße, als man in den guten alten Zeiten angenommen hatte. Diese Last verstärkt auch den Druck auf die Ressourcen der um das Überleben kämpfenden Firmen.

In der Zwischenzeit findet auf den globalen Märkten ein radikaler Wandel statt, welcher die Wachstumsmöglichkeiten etablierter Firmen zunichte macht. Im ganzen Land veralten die seit langen Zeiten benutzten Technologien und Anlagen von Tag zu Tag mehr. Traditionelle Konsummuster haben ihre Gültigkeit für die neuen Lebensweisen und Bedürfnisse verloren. Und mit jedem neuen aufstrebenden Land setzen schärfere ausländische Konkurrenten unserer Außenhandels- und Binnenwirtschaft noch mehr zu. Gestern und heute war es Japan. Heute und morgen sind es Südkorea und Taiwan. Und wer weiß, welches Land es übermorgen sein wird.

Management-Alternativen bei blockiertem Wachstum

Was eine bestimmte Firma in einer wachstumslosen Situation unternehmen kann, hängt von mehreren Faktoren ab:

- von der Art der Wachstumsblockade, mit der die Firma konfrontiert wird,
- vom Zustand der Wirtschaft im allgemeinen,
- von der Form des Unternehmens, in dem kein Wachstum stattfindet.

Die spezifische Art der Wachstumsblockade bestimmt den strategischen Kurs des Managements. Befindet sich zum Beispiel das Unternehmen gerade in einer Phase, in welcher es vorübergehend an Chancen mangelt und nur eine Talsohle des Konjunkturzyklus durchquert werden muß? Stagnieren vielleicht die Märkte oder Möglichkeiten der Firma? Verschlechtert sich etwa die Lage der Firma, weil ein Industriezweig wegen schrumpfender Märkte oder eines aggressiven, externen Wettbewerbs einen Abschwung erlebt? Oder – im schlimmsten Fall – ist die Firma in Gefahr, das heißt

Tabelle 3: Unternehmensführerische Alternativen in wachstumslosen Situationen

Vorhandene Alternativen	Stagnation	Erkannte Situation	
		Verschlechterung	Wachstumskatastrophe
Erhaltung Personalabbau Lagerbestandsabbau Werkschließungen	So wenig wie möglich	Auf alle Fälle	Auf alle Fälle
Neuausrichtung Ausgliederungen Fusionen/Akquisitionen Interne Neuausrichtung	Die vielversprechendste Alternative	Möglicherweise	Wenn möglich
Umstrukturierung Neuausrichtung in einem Umfang, der beträchtliche Finanzmittel erfordert	Nein	Möglicherweise	Falls finanziell gerechtfertigt
Liquidation Verkauf der materiellen Firmenwerte Verkauf der finanziellen Firmenwerte Konsolidierung Konkurs	Nein	Wahrscheinlich nicht	Möglicherweise

steckt sie in einer nachweisbaren Wachstumskatastrophe und muß nach einem tiefen Sturz irgendwie überleben?

In jeder dieser Situationen wird das unternehmensführerische Können individuell auf die Probe gestellt. Um aus einer temporären Flaute herauszukommen, bedarf es vielleicht nur einer Kur, zu der ein strafferes Marketing, die Erhaltung der Ressourcen sowie die Bewahrung der Handlungsflexibilität gehören. Dagegen ist bei einer schwerkranken Firma möglicherweise ein radikaler Eingriff erforderlich, bei dem durchaus die Möglichkeit besteht, daß der Patient unter dem Messer stirbt. Tabelle 3 zeigt hierzu Wahlmöglichkeiten für Firmen auf, die sich mit den drei bedenklicheren wachstumslosen Situationen auseinandersetzen müssen. Während keine der zur Auswahl stehenden unternehmensführerischen Taktiken Erfolg oder Mißerfolg garantiert, haben wir die Alternativen nach ihren Erfolgschancen in bestimmten Situationen geordnet. Ausnahmen kann es natürlich bei jedem der in der Tabelle gemachten Vorschläge geben.

Arten wachstumsloser Situationen

Die entscheidende Aufgabe ist die genaue Bestimmung der Form von blockiertem Wachstum, mit der man es eigentlich zu tun hat, denn die für eine Situation geeignete Taktik kann für eine andere verheerende Folgen haben. Eine präzise Bestimmung der jeweiligen Situation anhand eines einzigen Symptoms ist sicherlich nicht möglich. Nachdem lange Zeit ein kräftiges Wachstum verzeichnet wurde, kann ein starker Auftragsrückgang bedeuten, daß die Absatzkanäle zeitweise verstopft sind oder daß die Augen der Kunden etwas größer waren als deren Mägen. Dieser Rückgang kann aber auch – wie *Atari* im Herbst 1982 feststellen mußte – ein Anzeichen für den nahenden Untergang sein.

Eine anhaltende Verlangsamung des Umsatzwachstums ist möglicherweise das Ergebnis eines sich sättigenden Marktes und kündet jene Art von Stagnation an, unter der viele Fast-Food-Ketten und nahrungsmittelverarbeitende Firmen in den letzten Jahren gelitten haben. Oder sie ist ein Vorbote für jenen langen und schmerzlichen

Abschwung, in welchem sich zur Zeit die ums Überleben kämpfende amerikanische Stahl-, Auto- und Reifenindustrie befindet.

Eine Firma, die schon verloren scheint, kann man vielleicht noch einmal mit Hilfe wirtschaftlicher Wiederbelebungsversuche dem Tod entreißen. Voraussetzung ist allerdings, daß deren Märkte noch Lebenszeichen von sich geben. Wenn die Lage schon von Anfang an hoffnungslos ist, wenn die Kombination aus einem schrumpfenden Markt und einer übermächtigen Konkurrenz zu wenig Platz zum Überleben läßt, dann bewirken heroische Rettungsanstrengungen höchstens, daß die Firma dahinsiecht, sich im Koma befindet. Hoffnungen wird neuer Auftrieb gegeben, sie werden weiter genährt und schließlich doch zerschlagen, wenn endlich jemand den Mut aufbringt und den Stecker herauszieht. Geld, Zeit und Kraft, die man produktiver hätte einsetzen können, waren völlig umsonst.

Die *Mobil Oil* hegte 1974 große Hoffnungen, als sie die stagnierende Einzelhandelskette *Montgomery Ward* erwarb. Trotz beträchtlicher Finanzspritzen wurde die *Ward* immer schwächer. Im Augenblick will die *Mobil* nichts weiter, als die *Ward* so lange pflegen, bis diese wieder auf eigenen Beinen stehen kann, um sie dann schnellstmöglich aus ihrem Unternehmensportefeuille zu entfernen.[4]

Je früher das Management eine wachstumslose Situation erkennt und die richtige Initiative ergreift, desto eher dürfte es ihm auch gelingen, den Schaden in Grenzen zu halten und die Chancen zu erhöhen. Aber auch Konjunkturprognosen haften Fehler und Schwächen an, und je früher die Lage eingeschätzt wird, desto wahrscheinlicher ist es auch, daß die Prognose ein subjektives Sachurteil darstellt, in welches die Präferenzen der Geschäftsleitung miteinfließen und bei dem von den günstigsten Voraussetzungen ausgegangen wird. Unterschiedlich veranlagte Führungskräfte verleihen darin ihren eigenen Vorlieben starken Ausdruck. Zum Beispiel neigen wagemutige Unternehmer zum unverbesserlichen Optimismus, der vielleicht noch mit einer Prise Arroganz gewürzt ist. Sie sind jenen Leuten sehr verbunden, die ihnen beim Firmenaufbau halfen. Manche fahren unbeirrt fort wie Spieler, die ständig am Verlieren sind und auf die Rettung durch eine rechtzeitig einsetzende Glückssträhne hoffen.

Jerry Sanders von *Advanced Micro Devices* gehört zu dieser Art von Unternehmern. J. Sanders hatte versprochen, daß es zu keinem Personalabbau kommen würde, als 1984 das Geschäft mit den Mikrochips stark zurückging. Er hielt sein Wort, während Konkurrenten wie *Intel* und *National Semiconductor* Tausende von Mitarbeitern entließen. Nach einem Jahr und einem Verlust von mindestens 20 Millionen Dollar mußte er schließlich doch 500 seiner Leute entlassen, was aber immer noch zu wenig war, um den Gewinnen wieder auf die Sprünge zu helfen. Wegen seines standhaften Verhaltens wurde er von einer Zeitung im Silicon Valley zum „lokalen Helden" erklärt und mit dem trojanischen Helden Hektor verglichen, der an seine eigene Stärke glaubte und dadurch sein Volk ruinierte. Fast die ganze Halbleiterbranche war der Ansicht, daß er einen großen Fehler begangen habe. Ein Firmenpräsident meinte, daß das Ganze „eine dumme Effekthascherei" gewesen sei. Ein Zeitungsreporter bemerkte: „Deshalb trifft man in der Wirtschaftswelt das Heldentum auch so selten an."[5]

Die Kursdrücker, Arbitrageure, Emissionshäuser und Übernahmeexperten in der Wall Street sind das genaue Gegenteil davon. Die Boeskys, Icahns und Goldsmiths der Geschäftswelt empfinden keinerlei Loyalität für eine Firma oder deren Mitarbeiter. Und sie handeln mit der liquidesten Form von Wirtschaftsgütern, dem Bargeld, und mit Versprechen. Deshalb spielt der Optimismus hier nur eine sehr untergeordnete Rolle. Sie können ohne weiteres alle beliebigen Schritte unternehmen, welche die höchsten Erträge in kürzester Zeit garantieren. Aus ihrer Sicht sind Kapitalgesellschaften finanzielle Gebilde, die durch Gewinn- und Verlustrechnungen und Bilanzen verkörpert werden. Der Abbau von Personal, die Reduzierung von Gemeinkosten oder die Verflüssigung von Aktiva sind für Leute dieses Kalibers reine Zahlenspiele. Ihre skrupellosen Umstrukturierungsaktionen haben mit den Menschen an sich und deren Leben nichts zu tun, sondern sie beinhalten nur Abstraktionen wie Wahrscheinlichkeitsrechnungen und Kennzahlen.

Leider können wir nicht beurteilen, ob vom unternehmerischen oder wirtschaftlichen Standpunkt aus die Methode der Übernahmejäger tatsächlich der von Jerry Sanders überlegen ist. Zumindest zeigt der oben angeführte Unterschied konträre Beispiele für verschiedene Handlungsweisen angesichts finanzieller Erfordernisse.

Wir wollen hier der Versuchung widerstehen und uns nicht nachträglich als Besserwisser aufspielen. Es ist unfair, erst die endgültigen Ergebnisse abzuwarten und dann jene zu kritisieren, die infolge dringender Notwendigkeiten und trotz ungewisser Faktoren schwierige Entscheidungen treffen mußten und die, wie sich später herausstellte, alles falsch gemacht haben, was man nur falsch machen konnte. Die wenigsten würden in solchen Situationen das Richtige tun, denn dazu braucht man Ruhe und klare Fakten. In Nichtwachstumssituationen sind die Chancen von Anfang an schlecht, selbst wenn die Art der Situation völlig eindeutig ist.

Dies ist allerdings selten der Fall. Versuchen Sie es doch selbst einmal. Befindet sich die amerikanische Luftfahrtindustrie zur Zeit in einem Wachstums- oder Schrumpfungsprozeß? Einige Fluggesellschaften verzeichnen Gewinne, während andere Millionen verlieren. Sind die Firmen mit den schlechten Ergebnissen gerade in einer Talsohle angelangt, stagnieren sie, oder trudeln sie steil nach unten auf die Katastrophe zu? Wie steht es mit dem Erdöl? Wird die amerikanische Mineralölindustrie auf lange Sicht marode sein, oder leidet sie nur unter einer vorübergehenden Flaute, während der ein weltweites, kurzfristiges Überangebot abgebaut wird? Wenn Sie diese Fragen mit Sicherheit beantworten können, wartet auf dem Aktienmarkt garantiert ein Vermögen auf Sie. Zögern Sie nicht! Rufen Sie noch heute Ihren Makler an!

Die wirtschaftliche Lage

Außer den von der Branche sowie den jeweiligen Firmen bedingten Faktoren gestaltet auch der Allgemeinzustand der Wirtschaft die Wahl der Strategien in einer wachstumslosen Situation. In einer expandierenden Volkswirtschaft kann eine Neuausrichtung der Ressourcen auf stärkere Produktgruppen oder regere Märkte die

Gewinn- und Verlustrechnung wieder ins Lot bringen. Dadurch werden Möglichkeiten geschaffen, und die Aufbietung der betrieblichen Kräfte zur Ausnutzung dieser Chancen ist hier eine der vordringlichsten Aufgaben. Befindet sich die Wirtschaft in einer Flaute, dann wäre es wahrscheinlich klüger, die Firma einem rigorosen Fitness- und Abspeckungsprogramm zu unterziehen. Wenn die Bedingungen allgemein schlecht sind, haben die schlanken, drahtigen und hungrigen Firmen die größte Chance, eine Nichtwachstumssituation zu überleben und wieder gesund zu werden.

Aber die Beurteilung der wirtschaftlichen Lage ist genauso schwierig wie die psychologische Einschätzung langfristiger Markttrends. Was macht eine Wirtschaft gesund und widerstandsfähig: Ein hoher Beschäftigungsgrad (in der Sowjetunion beträgt er 100 Prozent)? Wohlstand (die höchsten Pro-Kopf-Einkommen auf der ganzen Welt findet man in einigen Ölscheichtümern am Persischen Golf)? Hohe Produktionsquoten (in Kriegszeiten produzieren Volkswirtschaften mehr als in Friedenszeiten)? Wer die Wahl hat, hat die Qual – dies gilt auch für Maßstäbe dieser Art.

Welchen Maßstab man aber auch immer auswählt, die Inflation macht dessen Gültigkeit zunichte. Sie bringt alle wirtschaftlichen Meßgeräte durcheinander, weil sie falsche Signale aussendet. Die meisten Führungskräfte werden wohl nur schweren Herzens akzeptieren, daß ihr Geschäft bei einem jährlichen Umsatzwachstum von 10 Prozent rückläufig ist, was während der zweistelligen Inflation Ende der siebziger und zu Beginn der achtziger Jahre der Fall war. Darüber hinaus verwischt die Inflation nicht nur das Wirtschaftsbild der Gegenwart, sondern auch das der Zukunft. Wenn ungewiß ist, ob sich die Inflation fortsetzen, beschleunigen oder verlangsamen wird, kann man auch nicht planen. Der fluktuierende Wert des Dollars gegenüber ausländischen Währungen sorgt für dieselbe Art von Verwirrung auf internationaler Ebene. Wenn die Kaufkraft des Dollars von morgen nicht feststeht, dann kann jede Umsatz- oder Gewinnprojektion ein rosiges Wachstumsbild oder eine düstere Depressionsprognose sein. Jedes Auslandsgeschäft kann sich als sensationeller Erfolg oder Mißerfolg entpuppen, und zwar ohne Rücksicht auf die wirklichen Verdienste der Transaktion.

Die Unternehmensgröße

Die Größe des jeweiligen Unternehmens ist ebenfalls ein wichtiger Faktor bei der Entscheidung, wie man Nichtwachstumssituationen angehen sollte. Nachdem die Firmen der Bekleidungsbranche die dort stattfindenden Auf- und Abschwünge heil überstanden haben, kann beispielsweise die Faserstoffabteilung von *Du Pont* zu neuen Taten schreiten, während ein Haute-Couture-Haus in der Seventh Avenue ums Überleben kämpfen muß. Inmitten von kleinen Raffinerien und unabhängigen Bohrfirmen verkraftet die *Exxon* einen anhaltenden Abwärtstrend bei den Ölpreisen ohne weiteres.

Hier kommt der Unterschied zwischen den Soll- und den Ist-Ergebnissen zum Tragen. Großunternehmen haben Stehvermögen und Elan. Sie können ohne Gefahr von den erwarteten Ergebnissen jeder Entscheidung ausgehen, wobei ihnen klar ist, daß zwar kein einziges Ergebnis gewährleistet ist, aber ein paar Fehler den Betrieb noch nicht lahmlegen. Sie sind in der Lage, auf Chancen zu setzen und sogar einige kalkulierte Risiken einzugehen. Mit der Zeit wird sich alles zu ihren Gunsten einpendeln.

Was bei *Du Pont* nur ein kleines Versehen ist, würde für einen Spieler von der Größe eines Haute-Couture-Hauses das Aus bedeuten. Die kleineren Spieler müssen in einem wachstumslosen Umfeld schneller, zäher und scharfsinniger handeln. Sie verfügen über weniger Polster, mit denen sie einen Sturz abfangen können. Kleinunternehmen, die sich verkalkulieren, einen Schritt zurückfallen oder nur einmal Pech haben, sind für immer aus dem Rennen. Währenddessen jonglieren die *Du Ponts*, die *Exxons*, die *IBMs* und die *General Electrics* durch die Auf- und Abschwünge, auch wenn ihre strategischen Entscheidungen nicht immer optimal sind. Um eine größere diversifizierte Firma unter normalen Umständen in Grund und Boden zu wirtschaften, braucht man ein so einmaliges Talent, daß dies bis jetzt nur selten vorgekommen ist. Natürlich kann Größe auch einen eindeutigen Nachteil bedeuten, wenn starke, langfristige Richtungsänderungen in ganzen Industriezweigen stattfinden. Doch darüber später mehr.

Der Tätigkeitsbereich eines Unternehmens

Letztendlich ist auch der Tätigkeitsbereich eines Unternehmens ein Faktor bei der Auswahl von Strategien in Nichtwachstumssituationen. Unter sonst gleichen Bedingungen hat eine Firma desto mehr Wahlmöglichkeiten, je größer ihre technische oder marktmäßige Basis, das heißt, je stärker sie diversifiziert ist. Wenn einer ihrer Tätigkeitsbereiche erlahmt, kann sie ihre Energie auf Gebiete verlagern, in denen sie erfolgreicher ist, und Ressourcen und Investitionen dort einsetzen, wo die größten Gewinne zu machen sind. Eine Firma mit einem eng umgrenzten Tätigkeitsfeld, die an ein Produkt, an einen Lieferanten oder einen Kunden gebunden ist, hat in kritischen Zeiten weniger Ausweichmöglichkeiten. Eine Neuausrichtung ist schwieriger durchzuführen und verlangt wirtschaftliche Einschränkungen oder noch Schlimmeres, da das Management praktisch keine andere Wahl hat.

Nachdem wir eine Reihe von Faktoren besprochen haben, kommen wir zum wichtigsten Punkt in wachstumslosen Situationen zurück, nämlich zu der Frage, mit welcher Wachstumsblockade das Unternehmen konfrontiert wird. Die Hauptherausforderung an das Management ist die Aufrechterhaltung des Basisunternehmens als betrieblicher Einheit, bis dieses wieder in der Lage ist, nach einem gesunden Wachstum zu streben. Die Wahrung seiner Handlungsmöglichkeiten stellt den ersten Teil der Lösung dar; das Wissen, wann und wie die Ressourcen neu zu verteilen sind, den zweiten. Wir werden im folgenden die Alternativen genauer untersuchen, welche dem Management in den vier verschiedenen Nichtwachstumssituationen zur Verfügung stehen.

Die Überwindung der Talsohle

1919 begrüßte der amerikanische Kongreß die heimkehrenden GIs mit dem Volstead-Gesetz: Willkommen daheim, Jungs, aber zum Feiern gibt es keinen Alkohol. Für die amerikanischen Lieferanten alkoholischer Getränke war dies der Beginn einer vierzehnjährigen Abwärtsphase. Viele Bierfirmen gingen während der Prohibition

Die Überwindung der Talsohle

ein, und August Busch faßte sogar einmal die Schließung der Tore von *Anheuser-Busch* ins Auge. Aber seine Firma überlebte dank dem Verkauf von Hefe, Malzsirup und alkoholfreien Getränken und schaffte es später, nicht nur der größte Bierbrauer des Landes, sondern auch der größte Verkäufer von allen möglichen Alkoholika zu werden.[6]

In den Depressionsjahren wäre *IBM* beinahe untergegangen. Sie hatte ihr gesamtes Kapital in die Entwicklung des ersten elektromechanischen Buchungsautomaten investiert, welcher für den Verkauf an Banken bestimmt war. Zu Beginn der düsteren dreißiger Jahre kauften jedoch die Banken keine neuen Büromaschinen. Durch einen glücklichen Zufall traf Thomas Watson sr. einen Bibliothekar, der an den Geräten interessiert war. Bibliotheken hatten Bedarf an Buchungsautomaten und verfügten über staatliche Geldsummen, die sie ausgeben konnten. Dank diesem neuen Markt konnte Thomas Watson seine Firma am Leben erhalten und seine Politik der Nichtentlassung von Arbeitskräften weiterbetreiben.[7]

Ein Unternehmen, das sich gerade durch eine Abwärtsphase im Konkjunkturzyklus hindurchkämpft, hat allen Grund zur Hoffnung, daß bessere Tage kommen werden, wenn die Talsohle erst einmal durchschritten ist. Das Volstead-Gesetz hielt die Leute nicht vom Trinken ab und war zum Scheitern verurteilt. Unternehmen brauchten Buchungsmaschinen und kauften diese auch, als die Zeiten besser wurden. Eine Firma, die sich in einer Abwärtsphase befindet, muß zum einen ihre Ressourcen erhalten und sich zum anderen auf jene Zeit vorbereiten, wenn ein erneuter Versuch nach denselben strategischen Richtlinien aussichtsreicher erscheint. Das Überleben sowie die Wahrung des Leistungspotentials sind hier die entscheidenden Ziele.

Damit die Firma als betriebliche Einheit weiterbestehen kann, ist die Wahrung der Geschäftstätigkeit die vordringlichste Aufgabe, wobei möglichst viele Spitzenkräfte im Unternehmen verbleiben sollten. Wenn die Firma aller Voraussicht nach in etwa derselben Form und Größe wieder tätig werden kann, dann ist es wirtschaftlicher, die Belegschaft zu halten, als später neue Mitarbeiter einstellen zu müssen. Manchmal genügt schon ein kurzfristiger Zwangsurlaub oder eine temporäre Personalfreisetzung, um die Kosten während einer Geschäftsflaute unter Kontrolle zu halten. Vielleicht ist auch eine zeitweise Verlagerung von der Vollzeit- zur Teilzeitbeschäftigung bei nicht voll ausgelasteten Mitarbeitern möglich.

Eine weitere vordringliche Aufgabe ist die Kontaktpflege mit wichtigen Lieferanten, Großhändlern und Kunden. Lieferanten und Händler füllen Geschäftslücken rasch auf und haben dann möglicherweise Schwierigkeiten, einen Käufer beziehungsweise Kunden, von dem sie lange nichts gehört haben, wieder unterzubringen, vor allem, wenn ein Konkurrent den leeren Platz eingenommen hat. Kleine Firmen lassen sich leichter ersetzen als große. Hier gilt der Grundsatz: Aus den Augen, aus dem Sinn. Jede Firma, die sich durch Abwärtsphasen hindurchkämpft, sollte mit ihren Hauptlieferanten und -kunden in Verbindung bleiben und zumindest ein Minimumgeschäft mit ihnen abwickeln, damit die Präsenz gewahrt bleibt. Wenn wieder bessere Zeiten kommen, wird die Ausdehnung des bestehenden Handels viel einfacher durchzuführen sein als ein völliger Neuaufbau.

Im Zweiten Weltkrieg mußten sich viele Kapitalgesellschaften aus den Konsumentenmärkten zurückziehen und ihre gesamte Kapazität auf die Produktion von Kriegsmaterial richten. Einige setzten ihre Konsumentenwerbung während der Kriegsjahre fort, obwohl sie keine Waren hatten, die sie an die Verbraucher hätten verkaufen können. Als Friede und Wohlstand wieder einkehrten, fiel diesen Firmen die Rückeroberung ihrer Märkte im allgemeinen leichter als jenen Konkurrenten, welche es versäumt hatten, ihren Firmennamen im Gedächtnis der Kunden wachzuhalten.

Das Inganghalten des Geschäfts

Setzt eine Marktsättigung ein, so wächst der Umsatz in der gesamten Sparte langsamer oder gar nicht mehr. In der nächsten Zukunft wird der Umsatztrend gleichbleibend oder rückläufig sein, ohne daß eine größere Belebung in Sicht ist. Dieser Branchentrend bedeutet, daß im allgemeinen auch der Umsatz jener Firmen, die auf

Das Inganghalten des Geschäfts 305

solchen Märkten auftreten, nicht mehr wachsen wird. Die Aufstiegsphase ist vorbei, die Verlangsamungsphase beginnt. In diesem Fall ist die Entdeckung von Wachstumsmöglichkeiten in einer wachstumslosen Branche das Kernproblem.

Beispielhaft sei hier an den Markt für Nahrungsmittel in den USA erinnert. Die Bevölkerung wächst nur minimal und hat praktisch die Grenzen des Nahrungsmittelbedarfs erreicht. Infolgedessen beträgt das volumenmäßige Wachstum der gesamten Nahrungsmittelindustrie etwa 1 Prozent pro Jahr. Trotzdem würden ein paar sehr große Unternehmen liebend gern einen jährlichen Anstieg von 10 Prozent bei Umsatz, Gewinn und Marktanteil sehen. Was können *Pillsbury, Kraft, General Foods, Sara Lee* und die hundert anderen Firmen unternehmen, welche um den Zugang zu unseren jetzt schon stöhnenden Mägen kämpfen?

Die *Campbell Soup Company* ist ein ausgezeichnetes Beispiel dafür, was man in einem solchen Fall unternehmen kann. Schon seit langem hat sie etwa 80 Prozent des Dosensuppenmarktes fest in der Hand: Es gibt wohl kaum einen amerikanischen Haushalt, der nicht wenigstens ein paar ihrer bekannten rot-weißen Dosen in seinen Küchenregalen stehen hätte. Aber anstatt sich mit den Gewinnen zufrieden zu geben, die eine solche Cash cow abwirft, hat die *Campbell* das weitere Wachstum im Visier. Wie es heißt, soll sie einen jährlichen Umsatzanstieg von 15 Prozent sowie eine Eigenkapitalrendite von 18 Prozent anstreben.

Ihre Strategie besteht zum Teil aus einer Verteidigungspolitik, mit der ein langfristiger Rückgang des Suppenumsatzes verhindert werden soll und bei der die Leute außerdem zu einem größeren Suppenkonsum ermuntert werden. *Campbells* marktbeherrschende Präsenz garantiert ihr den Löwenanteil jedes zusätzlichen Suppenkonsums. Die Aufrechterhaltung des Dosensuppengeschäfts ist in *Campbells* Fall sicherlich richtig. Der Mißbrauch einer solchen Cash cow wäre genauso töricht wie das Schlachten eines Huhns, das goldene Eier legt. Auch wenn die mit Dosensuppen zu machenden Gewinne groß sind, sie gehören doch der Vergangenheit an. Wachstumsmöglichkeiten tun sich im Laufe der Zeit auf. Die von *Campbell* hängen mit den sich ändernden Lebensweisen in Familien sowie neuen Eßgewohnheiten zusammen.

Campbell hat einen ungewöhnlichen Vorteil. Ihr Firmenwachstum war lange Zeit niedrig gewesen. Während der siebziger Jahre lag ihre Leistung hinter dem allgemeinen Ergebnis der Nahrungsmittelindustrie zurück. Während *Campbell* zwischen 1971 und 1981 eine Wachstumsrate von etwa 8 Prozent verzeichnete, betrug die Durchschnittsrate der Branche 12 Prozent und die Wachstumrate ihres Erzrivalen *H.J. Heinz Company* 16 Prozent.

1980 übernahm Gordon McGovern das Amt des Präsidenten bei *Campbell*. Vor seiner Beförderung hatte er als Leiter des *Campbell*-Unternehmensbereiches „Pepperidge Farm" dessen Umsatz von 60 Millionen im Jahre 1968 auf 300 Millionen Dollar gesteigert. Er führt dieses Wachstum auf den ununterbrochenen Strom von Neuprodukten zurück, die für wohlhabendere Käufer bestimmt waren, welche bereit waren, für die von ihnen als qualitativ hochwertig empfundenen Produkte auch mehr Geld auszugeben. G. McGovern ist der Ansicht, daß der Erfolg seines Unternehmensbereichs teilweise darin begründet lag, daß dort insgeheim Innovationen entwickelt und einem Testmarkt unterzogen wurden, ohne daß die schwerfälligere Muttergesellschaft etwas davon erfuhr.[8]

Als Präsident nahm McGovern die Umgestaltung von *Campbell* in Angriff. Er teilte das Unternehmen in 40 autonome Geschäftsbereiche, die er dazu anhielt, sich zu eigenständigen Wachstumsunternehmen zu entwickeln. Ihre Wachstumschancen waren sich wandelnde Technologien sowie Veränderungen der demographischen Situation und der Lebensweisen, die die Märkte fragmentieren und traditionelle Kauf- und Eßgewohnheiten umstoßen würden. *Campbell* schickte sich an, dieser Herausforderung mit neuen Verpackungstechniken (wie zum Beispiel mit mikrowellengeeigneten Behältern) und neuen Produktarten (wie frischen „Marken"pilzen) entgegenzutreten. Des weiteren schnitt sie ihre Produkte, Werbung, Verkaufsförderung und Absatzanstrengungen auf verschiedene Landesregionen, ja sogar auf verschiedene Stadtgebiete zu. Von 1981 bis 1985 verbreitete sie 400 neue Produkte, von denen einige – wie die Le-Menu-Tiefkühlkost oder die Prego-Spaghettisauce –

Das Inganghalten des Geschäfts

einen Jahresumsatz von 200 Millionen Dollar rasch überschritten. Um die Verbreitung der Waren voranzutreiben, wurden die Marketingbudgets drastisch erhöht.[9]

Natürlich erlebte auch die *Campbell* ein paar böse Überraschungen (die Star-Wars-Plätzchen der Pepperidge Farm fuhren einen Verlust von 1 Million Dollar ein) und mußte ein paar „fade" Ergebnisse verbuchen (etwa bei den salzarmen Suppen und den Joice-Works-Getränken für Gesundheitsbewußte).[10] Aber insgesamt zeigte der Wechsel von einem schwerfälligen Hersteller zu einem aggressiven Marktanbieter eindrucksvolle Resultate. Die Firma bewegte sich auf der *Fortune*-Liste der 500 größten US-Unternehmen von Platz 136 im Jahre 1977 (1,635 Milliarden Dollar Umsatz bei einer Anlagenrendite von 7,48 Prozent) auf Platz 87 im Jahre 1986 (4,379 Milliarden Dollar Umsatz bei einer Anlagenrendite von 18,2 Prozent). Darüber hinaus lief sie der *H.J. Heinz* den Rang ab, und im Gegensatz zu vielen Unternehmen, die wegen des wirtschaftlichen Engpasses zu Beginn der achtziger Jahre ihr Personal abbauen mußten, nahm die Beschäftigung bei *Campbell* im gleichen Zeitraum um 33 Prozent zu.

Das Wachstumsrezept der *Campbell Soup* ist ein ausgezeichnetes Beispiel für die vielfältigen Methoden, mit denen Unternehmen trotz stagnierender Industriezweige oder Märkte ein gesundes Wachstum anstreben und auch erzielen können. Aus dem *Campbell*-Beispiel kann man mehrere Erkenntnisse gewinnen: Erstens blieb die Firma bei ihrem Haupttätigkeitsfeld – *Campbell* ist Hersteller von Nahrungsmitteln für Menschen, also kein Produzent von Tierfutter oder Betreiber von Fast-Food-Ketten. Zweitens nutzte sie Änderungen in ihrem betrieblichen Umfeld aus, wenn diese Wachstumsmöglichkeiten boten. Auch wenn das *Stück-Volumen* der Nahrungsmittel nur langsam zulegte, so waren ein steigender Dollarumsatz und ein zunehmendes Gewinnpotential möglich. *Campbell* wandte unter anderem folgende Taktiken an:

– Neuausrichtung vom Massenabsatz zum gezielten Absatz,
– Angebot neuer Produkte als Anpassung an sich wandelnde Lebensstrukturen – beispielsweise zur Deckung des Bedarfs, der durch das neue Gesundheitsbewußtsein sowie den Zeitdruck ge-

schaffen wurde, unter dem Haushalte mit Doppelverdienern stehen,
- verbesserte Qualität und dadurch ein größeres Dollarvolumen bei einem gleichbleibendem Stückvolumen,
- allgemeine Vorteile für die Verbraucher durch die Einsparung nichtmonetärer Kosten (wie Vorbereitungs- und Aufräumzeiten) bei relativ geringen Preiserhöhungen,
- gesteigerte Absatzanstrengungen, das heißt aggressive Suche nach mehr Geschäften.

Campbells Erfolg zeigt auch die Bedeutung des unternehmerischen Umfeldes. Auf einem stagnierendem Markt hatte die *Campbell Soup* gegenüber wachstumsorientierten Firmen einen Vorsprung. *Campbell* mit ihrer wachstumslosen Geschichte wurde nicht durch den Druck von Aktionären und von der in Sitzungssälen herrschenden Panik zu drastischen Maßnahmen gezwungen, um den Ruf sowie die Zunkunftsaussichten einer Wachstumsfirma zu wahren.

Ein paar andere Unternehmen sind dagegen auf ein hochtouriges Wachstum eingestellt. Die Wall Street hat deren Kurs-Gewinn-Verhältnisse in gieriger Erwartung immer weiter steigender Gewinne hochgeboten. Ihre Namen zieren die Kaufempfehlungs-Liste eines jeden Finanzanalysten. Die Wirtschaftspresse verherrlicht deren leitenden Angestellten als „Macher" unserer Zeit. Für diese Firmen haben plötzliche Kursabweichungen vom umsatzmäßigen Aufwärtstrend schreckliche Schockwirkungen. Wo ist das Wachstum geblieben? Schafft es *sofort* wieder herbei!

Man versetze sich hier einmal in die mißliche Lage der Firma *Procter and Gamble*. In den achtziger Jahren wurde ihr jahrzehntelanger Ruf als Spitzenwachstumsunternehmen erschüttert, als ein Fehlschlag dem anderen folgte. Die Zahncreme Colgate, die lange Zeit als Außenseiter galt, drohte, Crest von *P&G* zu überrunden. Ihr vielversprechendes Tampon Rely wurde mit einem toxischen Schocksyndrom in Zusammenhang gebracht und mußte plötzlich vom Markt genommen werden – der Schaden belief sich auf über 75 Millionen Dollar.[11] Der Absatz der Pampers-Wegwerfwindeln geriet auf dem amerikanischen Markt ins Stocken und kam in Japan völlig zum Erliegen.[12] Tide, das Flaggschiff unter *P&Gs* Mar-

Das Inganghalten des Geschäfts 309

kenartikeln, verlor gegenüber dem Flüssigwaschmittel Wisk der Firma *Lever* an Boden. Am schmerzlichsten war aber für *P&G,* daß sie 1985 zum ersten Mal in 33 Jahren ein rückläufiges Jahresbetriebsergebnis ausweisen mußte.

Die Unternehmensleitung reagierte äußerst heftig. Traditionen, die lange Zeit heilig gewesen waren, wurden in Frage gestellt oder ganz abgeschafft, wie zum Beispiel die seit 50 Jahren praktizierte Arbeitsplatzgarantie, das Vertriebsleitungssystem für Markenartikel, welches *P&G* als erste eingeführt hatte, die strenge Hierarchie für den Berichtsweg sowie die kurze Aktennotiz, jene legendäre Einrichtung, mit der man verhindern wollte, daß das Management Dummheiten machte. Als der Vorstandsvorsitzende John Smale im weißen Hemd und Nadelstreifenanzug während eines Betriebsausflugs eine Rede über die Firmenproduktivität vor den Mitarbeitern und deren Familien hielt, lautete die darin vermittelte Hauptbotschaft, daß die Tage der Firma als einer „großen Familie" nun offiziell gezählt wären.[13]

Wie bei der *Campbell Soup* war das Wachstum von *P&Gs* wichtigsten Märkten – Waschmittel, Reinigungsmittel und andere Haushaltsprodukte – nicht eben sensationell. Außerdem hatte sich im Laufe der Zeit deren Hauptwettbewerbsvorteil – der Massenabsatz hochwertiger Produkte an die praktisch denkende, informierte Hausfrau – aufgelöst. Die Massenmärkte splitterten sich auf, die Frauen gingen jetzt zum Arbeiten. Zwar verkauften sich Produkte mit betörenden Aufmachungen sowie technische Spielereien (zum Beispiel Zahnpasten mit Dosierspendern) gut, doch schien *P&G* überhaupt kein Gespür für solche Artikel zu haben, die aufgrund ihrer emotionalen oder ästhetischen Anziehungskraft begehrt waren. Deshalb war es auch kein Wunder, daß sich die Konkurrenz riesige Marktanteile einverleibte.

Die erste Reaktion seitens *P&G* war die blitzartige Lancierung neuer Produkte, zu denen der Citrus-Hill-Orangensaft, die Duncan-Hines-Plätzchen und ein lotiongetränktes Toilettenpapier gehörten.[14] Dabei gab sie ihre akribischen Produkteinführungsverfahren auf, mit denen sie Tide, Crest und andere führende Marken auf den Markt gebracht hatte. Die Ergebnisse waren enttäuschend.

Procter and Gamble besann sich wieder auf jenes Tätigkeitsgebiet, auf dem sie gut war, nämlich auf Qualitätswaren, mit denen sie die Konkurrenz ausstechen konnte. Um sowohl Markteinführungskosten als auch Zeit zu sparen, gab sie eine langjährige Geschäftspolitik auf und begann bewährte Markennamen für neue Produkte zu verwenden (dies war vorher nur bei dem Markennamen „Ivory" der Fall gewesen). Während sie früher im Umgang mit Geschäftspartnern arrogant und unerbittlich gewesen war, kam die Firma nun den Bedürfnissen ihrer Händler etwas mehr entgegen. Laut der Zeitschrift *Fortune* gewinnt sie auf dem Markt nun wieder an Terrain. Man geht jedoch davon aus, daß die Ergebnisse des Jahres 1987 immer noch unter denen von 1984 liegen werden.[15]

Wachstumsbesessene Firmen unterstützen jene Art von Personalpolitik, Maßnahmen, Strukturen und Standpunkten, die zur Fortsetzung eines solchen Wachstums notwendig sind. Wenn das Wachstum aufhört, werden frühere Notwendigkeiten als überflüssiger Ballast empfunden. Die Unternehmen mit einem immerwährenden Wachstum entdecken plötzlich, daß ehemals erfolgreiche Strukturen und Maßnahmen ungeeignet und Arbeitsplatzgarantien untragbar sind. Die *Campbell Soup Company* konnte, da sie bescheiden anfing, zum Angriff übergehen und Wachstumschancen auf einem wachstumslosen Markt suchen. Dagegen mußte *Procter and Gamble* hartnäckige Konkurrenten abwehren und auch die Erwartungen dämpfen, die man aufgrund ihrer langjährigen Herrschaft als Branchenführer und Wachstumsmaschine an sie stellte.

Andere ehemalige Wachstumsunternehmen hatten dieselbe Art von Problemen. Zum Beispiel strich die *General Electric* in den letzten Jahren mehr als 125 000 Arbeitsplätze, und die auf das Wohl ihrer Mitarbeiter bedachte *IBM* kündigte angesichts rückläufiger Gewinne ihren ersten offiziellen Personalabbau an. Das sich verlangsamende Wachstum in der Fernsehbranche machte Personalkürzungen sowohl in den größeren Sendern als auch in den Werbeagenturen unumgänglich.

Diversifizierte Unternehmen haben nicht nur die Möglichkeit, einzelne Produkte oder Geschäftsbereiche wieder zum Leben zu erwecken, sie können sich auch aus einer stagnativen Lage befreien,

Das Inganghalten des Geschäfts 311

indem sie Schwachstellen in ihren Unternehmensportefeuilles ausmerzen. Leistungsstarke Firmengruppen, Produktlinien oder Marken werden beibehalten, während jene mit geringen Marktanteilen oder schrumpfenden Gesamtmärkten abgestoßen werden. Gesellschaften wie *American Standard, TRW* und *Eaton* hatten mit dieser Methode Erfolg.[16] Manchmal braucht eine Betriebseinheit, die einer Firma mit anders gearteten Interessen angegliedert ist, nur eine neue Heimat. Veräußerungen können hier für alle Betroffenen von Vorteil sein. *General Electrics* Geschäftsbereich für Haushaltsprodukte – eine von 232 Betriebseinheiten, die von der *Electric* seit Beginn ihrer im Jahre 1981 eingeleiteten Umstrukturierungsmaßnahmen verkauft wurden – kam zu *Black and Decker*, wo er wächst und gedeiht.

Firmen geraten in eine Phase der Stagnation, wenn ihre Märkte zu wachsen aufgehört haben oder wenn sie selbstgefällig geworden sind. Auch andere Faktoren, wie zum Beispiel der Wettbewerbsdruck oder Hemmnisse unterschiedlichster Art, können schuld sein. Die allgemeine Angriffsstrategie zur Beendigung dieser lähmenden, stagnativen Situation lautet:

– Neue Möglichkeiten erkennen,
– Hemmnisse direkt angehen, das heißt, spezifische Probleme lösen,
– Aktivitäten neu ausrichten, das heißt, wichtige Dinge besser erledigen, als dies augenblicklich der Fall ist.

Wenn sich die Firma in einer starken Position befindet und keine neuen Gefahren auf sich zukommen sieht, kann sie sich sogar ein wenig entspannen und den Status einer Cash cow genießen, bis sie neue solide Chancen erkennt.

Das Überstehen des Ausleseverfahrens

"Ausleseverfahren: 1. Aussortieren, aussieben, auswählen. 2. Aussortieren von Patienten, insbesondere von Kampf- und Katastrophenopfern, und eine dementsprechende Behandlung nach einem

Prioritätensystem, das die Zahl der Überlebenden maximieren soll."[17]

Ein widerliches Wort, ein widerliches Konzept und eine widerliche Situation, wenn man sich darin befindet. Der Theologe und Historiker Richard L. Rubenstein behauptet, daß aufgrund der globalen Überbevölkerung der ganzen Welt ein Zeitalter der Auslese bevorsteht.[18] Zweifellos müssen sich viele amerikanische Industrien jetzt schon einem solchen Ausleseverfahren unterziehen. Die rapide wachsenden weltweiten Produktionskapazitäten in der Landwirtschaft sowie in der Stahl-, Automobil- und Elektronikindustrie haben ein rauhes, internationales Wettbewerbsklima geschaffen, in welchem amerikanische Produzenten überall ausgesiebt und aussortiert werden.

Das *Ausleseverfahren* wird angewandt, wenn wenig oder gar keine Hoffnung auf einen allgemeinen Aufschwung in der Zukunft besteht. Wenn ernsthafte Schrumpfungsprozesse im betrieblichen Umfeld zu beobachten sind, führen Unternehmensleitungen interne Ausleseverfahren durch, bei denen sie ihre aus einzelnen Betrieben oder Produktlinien bestehenden Portefeuilles nach zu veräußernden Einheiten hin abklopfen. Auf dem Markt selbst überlassen wir lieber der allwissenden „Vorsehung" die schmutzige Arbeit, welche jene auswählen soll, die weiterleben dürfen. Eine paar wenige sind sogar nach dem grausamsten Massaker immer noch am Leben und unversehrt. Aber für die meisten Kämpfer auf einem schwer angeschlagenem Markt ist das Überleben ohne größere Blessuren eine beachtliche Leistung.

Beispielsweise sei hier an das Ausleseverfahren erinnert, welchem sich die Personalcomputer-Industrie unterziehen mußte, deren Entwicklungsgeschichte in Monaten gemessen wird. Nachstehend zeigen wir die Aufteilung des Heimcomputer-Marktes im Jahre 1983:
– *Commodore*: 30 Prozent,
– *Texas Instruments*: 19 Prozent,
– *Atari*: 16 Prozent,
– *Radio Shack (Tandy)*: 10 Prozent
– *Timex*: 7 Prozent,
– *Coleco* und andere: 18 Prozent.[19]

Das Überstehen desAusleseverfahrens 313

Nur drei Jahre später war keine dieser Firmen im PC-Bereich noch von größerer Bedeutung. Einige hatten den Geschäftsbetrieb ganz eingestellt. Zu Beginn sahen Optimisten noch eine verdrahtete und vernetzte Nation – einen Computer in jedem Wohnzimmer. Aber als etwa 12 Prozent des Marktes erobert waren, stagnierte die Nachfrage der Privathaushalte. Tatsache war, daß nur wenige Verbraucher eine wirkliche Verwendung für die Home Computer hatten. Es fand eine Verlagerung vom Privatmarkt zu den Firmen- und Bildungsmärkten statt, auf denen schließlich *IBM, Apple, Compaq* und *Zenith* die Führung übernahmen. *Tandy* und *Commodore* blieben auf der Liste mit einem Anteil von 3,4 beziehungsweise 1,9 Prozent weit abgeschlagen.

Die Firma *Apple Computer*, welche 1977 ihr erstes Produkt auf den Markt brachte, gehörte zu den Branchenpionieren. Zehn Jahre später ist sie immer noch gesund und munter. Wie überstand *Apple* das Ausleseverfahren, in welchem *Coleco, Texas Instruments* und *Timex* ausschieden?

Apple zielte zunächst mit ihren Produkten auf Hacker und Heimcomputerbenutzer ab und wandte später eine „nicht *IBM*-gemäße" Taktik an, als sich die Big Blue auf den Markt drängte. Eigentlich hätte sie zusammen mit den Mitbewerbern schon damals untergehen müssen, aber sie entkam diesem Schicksal. *Apples* Rettung war ein überlegenes Produkt[20]. Um überleben zu können, mußte die *Apple* aber schon mehr auf die Beine stellen.

Apple führte erfolgreich die entscheidenden, aber schwierigen Aufgaben durch, aus einer unternehmerischen Struktur eine unternehmensführerische zu machen und das Gewicht vom Produkt auf den Absatz zu verlagern. 1983 heuerte die Firma John Sculley, eine Spitzenkraft bei *PepsiCo*, als Präsidenten und Vorstandsvorsitzenden an, um die Firmengründer zu unterstützen (und später, im Jahre 1985, zu ersetzen). *Apple* sah außerdem den nackten Tatsachen des Marktes ins Auge: Unternehmen und nicht Haushalte waren die Hauptkäufer von Kleincomputern. In dieser Arena kommt man ohne *IBM*-kompatible Geräte nicht weit. Dank den neuen Macintosh-Versionen, die für den Bürogebrauch bestimmt sind, besseren Kontrollen und einem weniger gegen das Establishment gerichteten Ton in ihrer Werbung verzeichnet *Apple* seit 1987 wieder ein lebhaftes Wachstum.

Die Autoreifenproduktion ist eine weitere Branche, die sich gerade einem Ausleseverfahren unterzieht. Die Energieschocks der siebziger Jahre führten den amerikanischen Reifenherstellern deutlich vor Augen, daß es mit den guten alten Zeiten vorbei war. Kleinere Wagen benötigten kleinere Reifen, die länger hielten. Wegen der hohen Benzinpreise standen mehr Autos in den Garagen. Die steigenden Marktanteile von Importwagen bedeuteten auch mehr Originalausstattungsreifen, die zusammen mit den Autos versandt wurden. Hinzu kam, daß sich Radialreifen, die viel länger gefahren werden können als Diagonalreifen, auf dem Markt durchsetzten.

Die Firma *Firestone Tire and Rubber Company,* der zweitgrößte Reifenhersteller in den USA, sah eine düstere Zukunft voraus, würde sie weiter auf ihrem augenblicklichen Kurs bleiben. John J. Nevin wurde damit beauftragt, die Firma auf die kommenden Jahre vorzubereiten. 1980 bemerkte er dazu, daß das frühere Management so getan hatte, als ob sich die Reifenindustrie in einer vorübergehenden Abwärtsphase befände, und überhaupt nicht erkannt hatte, daß es sich hier um einen langfristigen Abschwung handelte.[21]

J. Nevin machte sich daran, das Unternehmen auf eine Größe und Form zurückzustutzen, die den zu erwartenden, zukünftigen Entwicklungen angemessen wäre. Zwischen 1979 und 1987 verringerte die Gesellschaft die Zahl ihrer nordamerikanischen Reifenwerke von 18 auf 6. Der Kunststoffbereich wurde an *Occidental Petroleum* verkauft, die Zahl der Betriebe im Vereinigten Königreich wurde reduziert, man verringerte die Schulden des Unternehmens drastisch und vereinfachte die Produktgruppen. Die Zahl der verschiedenen Typen, Größen und Reifenarten, die *Firestone* einst hergestellt hatte, wurde halbiert.

Aus der *Firestone* wurde eine kleinere Firma mit einem enger umgrenzten Tätigkeitsfeld. Obwohl seit Nevins Amtseinführung bis zum heutigen Tag das Umsatzvolumen in etwa gleich geblieben ist, hat sich die Zahl ihrer Mitarbeiter um die Hälfte verringert.

Das Überstehen des Ausleseverfahrens 315

Verglichen mit ihren größeren Konkurrenten stammt ein höherer Prozentsatz der Betriebserträge aus dem Reifengeschäft. *Firestone* entschied sich gegen eine Diversifikation und damit für die Verwendung ihrer liquiden Mittel zum Abbau ihrer Verbindlichkeiten sowie zum Rückkauf ihrer Stammaktien.[22] Aus einem Verlust in Höhe von 1,84 Dollar pro Aktie im Jahre 1980 wurde 1986 ein Gewinn von 2,16 Dollar pro Aktie, und für 1987 rechnete man damit, daß die Gewinnmarke von 2,50 Dollar überschritten würde.[23]

Wie steht es um die *Goodyear Tire and Rubber*, der marktbeherrschenden Firma im inländischen Reifengeschäft? *Goodyear* war optimistischer gewesen als die *Firestone*. Während *Firestone* prognostizierte, daß der Verkauf von Neureifen von 119 Millionen Stück im Jahre 1980 auf 105 Millionen bis zum Jahre 1985 zurückgehen würde, sah die *Goodyear* einen Anstieg auf 138 Millionen Stück voraus und setzte deshalb ihre Erweiterungen und Diversifikationen auf dem Energiesektor sowie in der Raum- und Luftfahrtindustrie fort.[24] Die Energiekrise wurde zwar gemeistert, und 1984 versandten die Lieferanten mehr als 140 Millionen Neureifen, aber im gleichen Zeitraum weiteten die ausländischen Produzenten ihren Marktanteil von 11,2 Prozent auf mehr als 20 Prozent aus, weshalb die Marktgröße für die amerikanischen Produzenten trotz allem eher den Prognosen von Firestone entsprach.[25] Hinzu kam noch, daß die Reifenpreise fielen.

1985 war das Umsatzvolumen der *Goodyear* zweieinhalbmal so groß wie das von *Firestone*, während es 1976 nur um 50 Prozent höher gewesen war. Jedoch verbuchte *Firestone* 1985 eine Anlagenrendite von 44,3 Prozent im Vergleich zu 12,2 Prozent bei *Goodyear*.[26] 1986 mußte sich schließlich die *Goodyear* einem Ausleseverfahren unterziehen. Sir James Goldsmith aus Großbritannien unterbreitete ein Übernahmeangebot, das die *Goodyear* durch einen Aktienrückkauf vereitelte, der die Firma 2,26 Milliarden Dollar kostete. Um den Rückkauf zu finanzieren, war die *Goodyear* sowohl zum Verkauf ihrer Raum- und Luftfahrtunternehmen sowie ihrer Öl- und Gasbetriebe gezwungen als auch zu einer drastischen Kostenreduzierung, zu der auch Massenentlassungen in den ihr verbliebenen Werken gehörten. *Goodyear* hatte nach dem

Rückkauf Schulden, die sich auf fast 60 Prozent ihres gesamten Eigenkapitals beliefen. Mehr als 75 Prozent ihrer Geschäftstätigkeit war nun wieder auf die Herstellung von Reifen und damit zusammenhängender Produkte gerichtet. Ein Analyst war der Ansicht, daß die umstrukturierte Firma keinerlei größeren Gefahren ausgesetzt sei, „solange es zu keiner neuen Energiekrise kommt, welche die Reifenmaterialkosten in die Höhe treibt und den Reifenabsatz drastisch senkt."[27]

Diese beispielhafte Geschichte aus der Reifenbranche liefert zwei wertvolle Erkenntnisse über das Ausleseverfahren:

- Optimismus ist in einer Auslesesituation fehl am Platz.

- Vorausgreifende Maßnahmen dürften weniger schmerzlich sein als spätere Initiativen, die man aufgrund externer Notwendigkeiten ergreifen muß.

Obgleich ihre früheren Standpunkte völlig konträr waren, scheinen *Firestone* und *Goodyear* ähnliche Endresultate erzielt zu haben: Beide sind jetzt kleiner, beide haben ihr Tätigkeitsfeld begrenzt. Es sieht jedoch so aus, als habe das Management bei *Firestone* die Ereignisse besser unter Kontrolle gehabt und stehe zur Zeit auf festerem Boden, weil es rechtzeitig den Kurs geändert hat. Natürlich widerspricht das freiweillige Stutzen der Firmengröße allen Regeln, Traditionen und Dogmen unserer auf Wachstum basierenden Wirtschaftskultur. Deshalb delegieren Entscheidungsträger in Unternehmen die Aufgabe der Firmenbeschneidung lieber an die „Vorsehung", anstatt selbst eine bewußte Auslese zu treffen. Wer will schon als Förderer eines „Verlierers" traurige Berühmtheit erlangen? Dann muß man sich nämlich die peinlichen Fragen der Aktionäre und Finanzanalysten gefallen lassen.

Wenn eine Industrie oder eine Wirtschaft wächst, kann Größe von Vorteil sein. Wenn aber alle Anzeichen auf einen Abschwung hindeuten, kann sich eine kleinere Unternehmensform bezahlt machen. Jedenfalls wird ab einem gewissen Punkt ein Schrumpfungsprozeß unumgänglich sein.

Das Beispiel der rückläufigen Stahlindustrie verdeutlicht den latenten Vorteil einer absichtlich klein gewählten Größe. Noch 1975 ga-

Das Überstehen des Ausleseverfahrens 317

ben Branchensprecher rosige Prognosen von einem noch nie dagewesenen Wachstum und Wohlstand ab. Von diesem Zeitpunkt an ist die Beschäftigung in dieser Branche von über 500 000 Stellen auf weniger als die Hälfte zurückgegangen. Die jährliche Produktionskapazität fiel von 155 Millionen Tonnen auf 130 Millionen, wobei ein Großteil der Anlagen ungenutzt und praktisch schon aufgegeben war. Der Marktanteil des importieten Stahls stieg von 12 auf über 24 Prozent an. Insgesamt verlor die Branche zwischen 1981 und 1985 6,5 Milliarden Dollar.[28]

Wie wir schon in einem früheren Kapitel bemerkten, verschlimmerte sich die Lage so sehr, daß die *United States Steel*, welche fast ein Jahrhundert lang ein Symbol für die industrielle Stärke Amerikas gewesen war, Diversifikationen außerhalb des Stahlbereiches im Öl- und Gassektor durchführte und dabei ihren Namen in *USX* umänderte. 1983 ernannte das Unternehmen Thomas C. Graham zum neuen President seiner Stahlwerke. Graham, der entschlossen war, aus dem Stahl wieder ein rentables Geschäft zu machen, baute das Personal um fast zwei Drittel ab und verringerte gleichzeitig die Arbeitsstunden pro produzierter Stahltonne von 7,5 im Jahre 1983 auf etwa 3,25. Kürzungen und Werksschließungen lösten einen sechs Monate andauernden Streik aus, von dem sich die Firma nun zu erholen versucht. Ihre Produktionsmengen sind nun niedriger, als dies jemals seit 1920 der Fall gewesen war.[29]

Grahams Aufgabe ist nicht einfach. Da man den aufgeblähten Managementstab einer Abspeckungskur unterzogen hatte, war die Anstellung von Spitzenmanagern und technischen Talenten doppelt so schwierig. Eine Führungskraft bei *USX* meinte: „(Die Leute, die wir vor allem wollen,) haben vermarktbare Fähigkeiten, die bei Wachstumsunternehmen gefragt sind, und es ist schwierig, solche Leute dazu zu überreden, sich an ein schrumpfendes Unternehmen zu binden."[30]

In der Zwischenzeit schloß sich *LTV* – die Nummer Zwei der Stahlbranche – dem Vergleichsantrag ihres Konkurrenten *Wheeling-Pittsburgh Steel* an. Der Firma *LTV*, die bis heute der größte Industriekonzern ist, der je einen Vergleichsantrag gestellt hat, wurde dadurch Schutz vor Gläubigern gewährt, sie nutzte ihren neuen strategischen Vorteil bei Lohn- und anderen Zugeständnissen an die Gewerkschaft aus und wurde ihre schwebenden Pensionsverbindlichkeiten in Höhe von 2 Milliarden Dollar an die amerikanische Bundesrentenversicherungsanstalt, die *Pension Benefit Guaranty Corporation*, los.[31] Die verbleibenden Großunternehmen der Stahlbranche wie *Bethlehem Steel* fragen sich, ob *LTVs* Vergleichsantrag dieser so große Wettbewerbsvorteile verschaffen wird, daß andere Stahlhersteller demselben Beispiel folgen müssen.

Heutzutage schneiden in der inländischen Stahlindustrie nur die „Miniwerke" gut ab. Auf die kleinen Spezialstahlfirmen wie *Lukens, Nucor und Allegheny Ludlum Steel* entfallen derzeit 20 Prozent des in den USA produzierten Stahls gegenüber nur 3 Prozent im Jahre 1960. Da sie die Kosten niedrig halten und die neuesten Techniken anwenden, florieren diese Werke, deren Tätigkeitsfeld ganz spezielle, gewinnträchtige Marktnischen sind.[32]

Wie besteht man das Ausleseverfahren? Viele Firmen und Branchen werden nun mit dieser Situation konfrontiert, und nicht jede wird das Verfahren überleben. Sich rasch wandelnde Technologien und Anlageninvestitionen haben zusammen mit einer rückläufigen Nachfrage zu weltweiten Überkapazitäten bei einer Reihe von wichtigen Industrieerzeugnissen wie Autos, Stahl, Computern, Halbleitern, Industriegütern und Textilwaren geführt.[33] Mit der Zeit werden Angebot und Nachfrage einen Zustand des Gleichgewichts erreichen. Draußen auf dem Markt läuft das Ausleseverfahren nach rein darwinistischen Spielregeln ab. Im Kampf ums Überleben haben die Tüchtigsten die größte Chance. Nachfolgendend geben wir ein paar Tips, wie Unternehmen überlebenstüchtig werden können:

- Die lebenswichtigen Organe, das heißt Teams, die sich aus obersten Führungskräften und Betriebsleitern zusammensetzen, im unversehrten, vitalen und gesunden Zustand erhalten,
- das Tätigkeitsfeld der Firma eng umgrenzen, das heißt Nachdruck auf die Stärken der Firma legen, leistungsschwächere oder zweitrangige Einheiten verkaufen und ertragloses Kapital abstoßen,

Das Überstehen des Ausleseverfahrens

- die Größe der Firma auf die Geschäftsgröße reduzieren, die erfolgreiches Arbeiten möglich macht,
- anstatt nach Expansionen zu streben, sollten vielmehr die Ressourcen erhalten werden, bis sich Alternativen für neue Ziele anbieten,
- innerhalb des augenblicklichen Geschäftsbereiches das Marketing verbessern, das heißt, in stärkerem Maße nach unbefriedigten Bedürfnissen Ausschau halten sowie nach Mitteln und Wegen, um diese zu decken.

Kleinere flexible Firmen haben Überlebenschancen. Jeder Markt, ob er nun wächst oder schrumpft, bietet den Aufgeweckten und Flinken echte Möglichkeiten. Zu den wirklich gefährdeten Firmen gehören die Mammutgesellschaften mit ihren festgefahrenen Ansichten, jene Unternehmen also, die schon zu lange das machen, was sie überhaupt erst groß gemacht hat. Großunternehmen in einer Industrie, die ständig schrumpft oder laufend Überkapazitäten verzeichnet, sollten naive Wachstumsträume möglichst rasch aufgeben.

Der springende Punkt ist nicht mehr das Wachstum, sondern das Überleben. Eine Firma wird sich auf alle Fälle darauf einstellen müssen, daß es weniger Chancen geben und der Wettbewerb sich verschärfen wird. Eine entsprechende Anpassung wird unumgänglich sein. Die Hauptfrage lautet nun, ob das augenblickliche Firmenmanagement die Initiative ergreifen und die notwendigen, schweren Entscheidungen treffen wird.

Oder werden Außenstehende den Managern diese unangenehmen Pflichten abnehmen müssen? Der Firmenjäger T. Boone Pickens behauptet, daß es seine Mission sei, zögerliche Unternehmensleitungen zu solchen schweren Entscheidungen zu zwingen. Die inländische Ölbranche hält er für einen rückläufigen Industriezweig. Er ist dagegen, daß die Ölfirmen auf ihrer erfolglosen Suche nach einem neuen großen Fund das Geld weiterhin in unergiebige Bohrlöcher stecken, und zieht eine Reorganisation der Firmen vor, damit der größte Teil des aus dem Ölverkauf stammenden Geldes den Aktionären direkt über Treuhandgesellschaften zufließt.[34]

Wenn alle Stricke reißen, sollte man sich an den Gedanken der Auslese gewöhnen und nicht dagegen ankämpfen. Natürlich muß dann dasAusleseverfahren richtig durchgeführt werden. Mit ihrem Mozzarellageschäft hatte die Mafia vor einigen Jahren ein Patentrezept gefunden, ihre eigene Version der „Brandstiftung zum Zwecke des Versicherungsbetruges". Man kauft dabei die Milch für den Käse auf Kredit, stellt den Käse her, verkauft den Käse, bezahlt die Milch nicht, gibt das Geschäft auf und brennt dann die Fabrik nieder, um die Versicherungsprämie einzustecken.[35] Im kleinen Rahmen ist dies äußerst illegal. Wenn man aber das Ganze in einem genügend großen Stil durchführt, dürfte man gerade noch ungestraft davonkommen. Etwas ähnliches könnte jetzt auch jeden Tag auf internationaler Ebene passieren.

Wie ein Phönix aus der Asche?

Nach einer Wachstumskatastrophe steht man nicht einfach auf, klopft sich den Staub aus den Kleidern und schreitet frohgemut zu neuen Taten.

Die Vorstellung, daß selbst die vernichtendsten Rückschläge die Möglichkeit eines Happy Ends nicht ausschließen, ist sehr beruhigend. Unsere Medien bauschen gerne Geschichten auf, die trotz aller Widrigkeiten glücklich enden, weil wir auf solche Stories ganz versessen sind. Lee Iacoccas unglaubliche Rettung der Firma *Chrysler*, die sich am Rande des Abgrundes befand, machte ihn im ganzen Land berühmt und verlieh ihm mancherorts sogar den Status eines Helden. Man bat ihn sogar, sich als Präsidentschaftskandidat aufstellen zu lassen, als ob seine Fähigkeiten in den Sitzungssälen auf die im Amtszimmer des amerikanischen Präsidenten übertragbar wären. Wahrscheinlich würde er die staatlichen Betriebe rationalisieren, unser „Styling" ändern und unser nationales Ergebnis unterm Strich wieder aus den roten Zahlen bringen.

Unsere Träume vom eisernen Durchhalten verzerren die realistischen Perspektiven. Wachstumskastastrophenfirmen können sich bestenfalls mit viel Mühe zum Ausgangspunkt zurückkämpfen.

Wie ein Phönix aus der Asche? 321

Die Firma *Datapoint*, die heute dem Firmenjäger Asher B. Edelmann untersteht, hat Mitarbeiter, unverkäufliche Lagerbestände und Büroräume in der Hoffnung, dadurch wieder bessere Tage erleben zu dürfen, als unnötigen Ballast über Bord geworfen. Allerdings ist ihre Zukunft immer noch ungewiß.[36]

Atari scheint ein Combeback auf dem Personalcomputer- und Videospielemarkt feiern zu wollen. Unter der resoluten Führung ihres neuen Chefs Jack Trammiel erreichte *Ataris* Umsatz im Jahre 1986 258 Millonen Dollar gegenüber 142 Millionen Dollar im Jahre 1985. Der Umsatz liegt deutlich unter dem Höchststand, den *Atari* in den glorreichen Tagen verzeichnete, als ihr für eine kurze Zeit fast der ganze Markt im Wert von 1,1 Milliarden Dollar gehörte. Die Märkte für Videospiele und Heimcomputer werden fortbestehen, wie auch die Märkte für Modellrennautos und CB-Funk weiter existierten, obwohl aus den Modeerscheinungen ein alter Hut geworden war. Mit Hilfe eines straffen Managements sowie der Entwicklung innovativer Produkte dürfte sich *Atari* immer noch selbst aus dem Sumpf ziehen können. Das nicht nachlassende Interesse der *Warner Communications* an der Rückzahlung ihrer Darlehen dürfte *Atari* dabei Auftrieb geben. Aber da wir gerade von zugrundegerichteten Videospiel-Firmen sprechen, was ist denn aus *Intellivision, ColecoVision* und *Imagic* geworden?

Wachstumskatastrophen haben normalerweise eine lähmende Wirkung. Oft bedeuten sie das Ende. Wenn das Ausmaß oder die Bedeutung der Katastrophe groß genug ist, springt vielleicht jemand als Retter ein. Die amerikanische Regierung verordnet eine Fiskaltheraphie, um eine Geschäftsbank wie die *Continental Illinois* am Leben zu erhalten, übernimmt Eisenbahnnetze und leitet sie unter den Namen *Contrail* und *Amtrak* und bietet Kreditbürgschaften, wenn die nationale Verteidigung *(Lockheed)* oder viele Arbeitsplätze *(Chrysler)* gefährdet sind. Ließe man solche Unternehmen ganz zusammenbrechen, würden Probleme entstehen, deren Konsequenzen für jede amtierende Regierung zu schrecklich wären.

Als General Douglas McArthur die Philippinen verließ, nachdem ihm japanische Invasionstruppen eine klare Niederlage bereitet hatten, rief er aus: „Ich werde zurückkehren". Nach dem Debakel kehrte er zurück, genauso wie die *Continental Illionois Bank*, die *Pennsylvania Railrod, Lockheed* und *Chrysler* wieder auftauchten. Das Beispiel McArthur verdeutlicht eine Grundregel für das Überleben von Katastrophen: Einen großen Onkel zu haben, der hinter einem steht, ist ein entscheidender Vorteil.

Heute steht „Onkel Sam" hinter vielen Leuten: hinter Farmern, Rentnern, Anlegern und vielen anderen. Wenn alles gleichzeitig zusammenbricht, dann dürfte ihm die sofortige und vollständige Rettung aller Betroffenen schwerfallen. Keiner hat so viele Schulden wie der „große Onkel" selbst. Er schuldet mehr Geld, als irgendjemand auf der ganzen Welt *besitzt.* So bleibt also zu fragen, welcher Onkel hinter dem amerikanischen Staat steht.

Radikaloperation

Die amerikanische Wirtschaft der achtziger Jahre befindet sich in einer Periode des Umbruchs und der Ungewißheit, die seit der Weltwirtschaftskrise ihresgleichen sucht.

Auf der einen Seite sind wir Zeugen einer Unternehmenskonzentration. *General Eletric* fusioniert mit *RCA*, und es entsteht dabei ein elektronischer Megagigant. *Philip Morris* kauft *General Foods* auf, und das Ergebnis davon ist die weltgrößte Konsumproduktgesellschaft. Unzählige kleine Firmen werden von großen Unternehmen geschluckt, bis die Listen der Muttergesellschaften, Tochtergesellschaften und Unternehmensbereiche auf den Produktetiketten wie Firmenverzeichnisse von *Dun and Bradstreet* in Miniaturausgabe aussehen.

Natürlich gab es auch früher schon Zeiten der industriellen Konzentration. Aus den 200 amerikanischen Autoherstellern im Jahre 1910 wurden bis zu den dreißiger Jahren 20, bis zu den sechziger Jahren vier und bis 1987 schließlich drei. Ein Industriezweig, der in den zwanziger Jahren Hunderte von Firmen umfaßte, die Radios herstellten oder als Rundfunksender arbeiteten, ging während eines Zeitraums von etwas mehr als zehn Jahren in die Hände von einem Dutzend Hersteller und drei größeren Sendern über.[37] Vor der

Jahrhundertwende brachte John D. Rockefeller 95 Prozent der sich gerade entwickelnden amerikanischen Erdölindustrie unter seine Kontrolle. Aus einer Reihe kleinerer Firmen entstanden durch diese Fusionen Großunternehmen, die in den Genuß von Kostenersparnissen kamen und sich gegenüber Konkurrenten auf einem wachsenden Massenmarkt als strategisch vorteilhaft erwiesen. Die Strukturen der heutigen Konzentrationen sind vielschichtiger.

Einige Fusionen und Akquisitionen neueren Datums weisen eine betriebliche Kohärenz auf, bei anderen handelt es sich um Zusammenschlüsse in rückläufigen Industriezweigen. Aber bei vielen scheint es sich eher um finanzielle Vernunftehen oder Zweckgemeinschaften zu handeln als um das Ergebnis gezielter Unternehmensstrategien.

Auf der anderen Seite sind wir Zeugen großangelegter Umstrukturierungen, zu denen auch die Veräußerung von Betriebseinheiten, der Austausch von Unternehmensbereichen zwischen Muttergesellschaften sowie der massive Ersatz von Eigenkapital durch Schulden gehört. Nach vorläufigen Schätzungen gab es 1986 den Rekord von 3650 Fusionen, Übernahmen, fremdfinanzierten Aufkäufen sowie Veräußerungen, die sich insgesamt auf 175 Milliarden Dollar beliefen, gegenüber 3394 in Höhe von 144 Milliarden Dollar im Jahre 1985.[38]

Nach einem Bericht des *Fortune-Magazins* ist diese an der amerikanischen Wirtschaft durchgeführte Radikaloperation trotz des schmerzlichen und bedauerlichen Einschnitts im humanitären Bereich für alle Betroffenen das Beste. Eine Studie von Morgan Stanley belegt, daß in Industrien und Dienstleistungssektoren, welche einen unverhältnismäßig hohen Prozentsatz von Fusionen, Akquisitionen und fremdfinanzierten Aufkäufen verzeichneten, ein ebenso unverhältnismäßiger Produktivitätssprung stattgefunden hat. In dem Artikel wurde die Notwendigkeit großangelegter Umstrukturierungsmaßnahmen auf ein paar Schlüsselfaktoren zurückgeführt: eine wachsende Selbstzufriedenheit beim amerikanischen Unternehmensmanagement sowie ein betriebliches Umfeld, in welchem die Größenexpansion intern und das Gewinnwachstum vom Anlagepublikum extern belohnt wurde. Das Ergebnis davon war „ein schwerfälliger Haufen von Unternehmen, die zunehmend größer und langsamer wurden". Durch das Abstoßen peripherer Betriebe oder solcher mit begrenzten Zukunftsaussichten kommen Firmen in den Genuß liquider Mittel und können sich auf ihre Stärken besinnen. Einheiten, die im Laufe eines fremdfinanzierten Aufkaufs veräußert werden, können von einer stärkeren Konzentration profitieren. Andere betriebliche Ableger finden vielleicht ein Firmenzuhause, in das sie besser hineinpassen. Der Artikel endet mit dem Fazit, daß „im Bereich der Strukturierung von Unternehmen eine geistige Revolution begonnen hat. Da diese gesund und konstruktiv ist, wird sie sich als dauerhaft erweisen".[39]

Bei einem fremdfinanzierten Aufkauf leiht sich eine Gruppe von Anlegern Geld (oft durch die Emission hochverzinslicher, kaum besicherter Junk Bonds), um die im Umlauf befindlichen Aktien einer Firma zu erwerben und sie auf diese Art wieder unter die Kontrolle des klassischen „Eigentümer-Unternehmers" zu bringen. Diese Art von Umstrukturierung zeichnet sich durch einen potentiellen Vorteil aus, nämlich ein Management mit einem aktiven Eigentümerinteresse.

Theoretisch sind die Ziele eines solchen Unternehmens genauer umrissen als bei einem Unternehmen, welches das „Eigentum" von Tausenden passiver Börsenspekulanten ist. Diese Erfahrung machten zum Beispiel die *ARA Services* und die *Nutri/System*. Allerdings kam es bei anderen mit Fremdmitteln aufgekauften Firmen auch vor, daß diese, nachdem die Börsenzulassung aufgegeben worden war, ein paar Jahre später wieder in Aktiengesellschaften zurückverwandelt wurden – zur allgemeinen Bereicherung der mehrheitsbeteiligten Personen. Der wirtschaftliche Nettogewinn solch umständlicher Transaktionen für unsere Gesellschaft ist allerdings fraglich.[40]

Außerdem dürften sich ein paar vermeintliche Vorteile der in jüngerer Zeit durchgeführten Finanzumstrukturierungen als illusorisch erweisen. Eine Firma hat vielerlei Möglichkeiten, um auf dem Papier den Eindruck von Wachstum und Fortschritt zu erwecken. Man braucht dafür nur etwas Mut und ein Fingerspitzengefühl für das Zurechtbiegen von Maßstäben. Akquisitionen, überfallartige

Übernahmen oder fremdfinanzierte Aufkäufe bewirken im allgemeinen eine Verringerung des Eigenkapitals sowie eine Zunahme der Schulden. Solange eine Firma in der Lage ist, für den Schuldendienst aufzukommen, kann deren Gewinn pro Aktie sowie deren Eigenkapitalrendite beeindruckend aussehen. Zum Beispiel ist die Eigenkapitalrendite des Fernsehsenders *CBS* jetzt höher, weil dieser sein Eigenkapital durch den Rückkauf eines großen Aktienpakets beschnitt, welchen er durch die Aufnahme hoher Kreditsummen finanzierte.[41]

Allerdings können bei einem anhaltenden wirtschaftlichen Abschwung viele dieser Umstrukturierungsmaßnahmen direkt in den Konkurs führen. Banken, Versicherungsgsellschaften, Pensionsfonds und Einzelanleger, welche die zur Finanzierung von Umstrukturierungsmaßnahmen verwendeten Junk Bonds besitzen, kämen dabei sicherlich ebenfalls zu Schaden.

Doch was ist mit dem „schmerzlichen und bedauerlichen Einschnitt im humanitären Bereich", den die vom *Fortune-Magazin* gepriesene Maßnahmenflut neueren Datums gefordert hat? Das Geld ist heute eben wichtiger als der Mensch. Im *Wall Street Journal* stand, daß zwar die Werksausbringung zwischen 1982 und 1986 um 30 Prozent angestiegen sei, die Arbeitsplätze in den Fabriken aber um weniger als 6 Prozent zugenommen hätten.[42] So bietet der eine Maßstab schnelles Wachstum, während bei Anwendung eines anderen langsames Wachstum zu verzeichnen ist. Welchem Maßstab nun die größte Bedeutung beigemessen wird, hängt vom jeweiligen Standpunkt ab.

Hinter der Geschäftsmanie der achtziger Jahre steckt ein Management, das in wachstumslosen Situationen Amok läuft. Im allgemeinen bedeuten die Fusionen und Akquisitionen keine wirtschaftliche Konsolidierung wachsender Industrien, wie dies beim Aufkommen der Mineralölindustrie, der Automobilbranche oder des Rundfunks der Fall gewesen war. Wir sehen ein planlos zusammengeschustertes Flickwerk und nicht etwa eine Wirtschaft, die genau weiß, in welche Richtung sie vorwärtsschreiten muß. Interessengruppen kämpfen gegeneinander um die Stücke eines kleiner werdenden (oder zumindestens nicht größer werdenden) Kuchens. Im Augenblick bekommen jene ziemlich schnell die Oberhand, die große Beträge an Investitionskapital auf sich vereinen können. Wenn dieser wirtschaftliche Trend anhält, wird das Nettoergebnis davon die Bereicherung jener Interessengruppen sein, die daraus Nutzen zu schlagen wissen. Für die anderen hingegen wird es die Fortsetzung des langsamen Abwärtsdriftens des amerikanischen Lebensstandards, das vor fast zwei Jahrzehnten begann.

Sollte vielleicht die Zeit für einen neuen Kader von leitenden Angestellten und Managern gekommen sein, für Spezialisten auf dem Gebiet von Säuberungsaktionen, Rettungsoperationen und des Wiederauferstehens aus Wachstumskatastrophen? Sanford Sigoloff sorgt bei *Wickes Companies* für Ordnung, nachdem diese eine ungeheure Niederlage erlitten hat. John Nevin befehligt *Firestones* Rückzug, damit diese wieder im Reifengeschäft auf sicherem Boden steht. Lee Iacocca entreißt *Chrysler* den Fängen des Pleitegeiers. Thomas Rattigan, John Sculley und Jack Tramiel kurieren die kränkelnden Computerfirmen *Commodore*, *Apple* und *Atari* und stellen deren Gesundheit wieder her. Bei *General Electric* führt John Welch jr. Abbau-, Neuorientierungs- und Revitalisierungsmaßnahmen durch, um dadurch einen Rückzug gleich von Anfang an zu vermeiden. Wenn wir erst einmal den tief verwurzelten Glauben abgelegt haben, daß das Wachstum das einzig wahre Unternehmensziel ist und dessen Fehlen einem Mißerfolg gleichkommt, wird vielleicht einem in wachstumslosen Situationen geschickt taktierenden Management doch noch einmal jene Hochachtung gezollt werden, die es verdient hat. Edward C. Carlos wurde 1986 ein Platz in der amerikanischen Ruhmeshalle für Wirtschaft zugedacht, weil er die *United Airlines* zu Beginn der siebziger Jahre vor dem wirtschaftlichen Ruin bewahrt hat. Dies läßt hoffen, daß derartige Leistungen, wenn auch mit zeitlichem Verzug, eines Tages doch honoriert werden.

Anmerkungen

1. Life's Picture History of World War II, New York, Time, Inc., 1950, S. 21–24. Laut einem Bericht der *New York Times* war der Organisator der Vizeadmiral Jean Marie Abrial von der französischen Marine, vgl. Archambault, G. H., Allies Abandoning Flanders ... Dunkerque Shelled, *New York Times*, 30. May 1940.
2. Winter, Ralph E., *Firestone*'s Restructuring Bid Works Well – to a Point, *Wall Street Journal*, 14. January 1987.
3. Bussey, John, An Older Work Force Burdens Big Producers in the Basic Industries, *Wall Street Journal*, 5. March 1987.
4. *Value Line* Investment Survey, New York, Value Line Inc., 1986, S. 413.
5. Sylvester, David, Jerry Sanders: A Hector for Silicon Valley, *San Jose Mercury News/West*, 4. January 1987.
6. Curley, John, *Anheuser-Busch* Tries to Find New Markets as Drinking Declines, *Wall Street Journal*, 28. March 1985.
7. Drucker, Peter F., Innovation and Entrepreneurship, New York, Harper & Row, 1985, S. 43.
8. Morris, Betsy, After a Long Simmer, the Pot Boils Again at *Campbell Soup Co.*, *Wall Street Journal*, 16. July 1982.
9. Marketing's New Look, *Business Week*, 26. January 1987, S. 64 ff.
10. Morris, Betsy, Food Items Proliferate, Making Grocery Aisles a Corporate Battlefield, *Wall Street Journal*, 17. August 1984; Borowski, Neill, For *Campbell*, al Bitter Lesson on 2 Healthful Products, *Philadelphia Inquirer*, 8. December 1986.
11. Rotbart, Dean/Prestbo, John A., Taking Rely off Market Cost *Procter & Gamble* a Week of Agonizing, *Wall Street Journal*, 3. November 1980.
12. How *P&G* Was Brought to a Crawl in Japan's Diaper Market, *Business Week*, 13. October 1986, S. 71 ff.
13. Solomon, Jolie B./Bussey, John, Pressed by Its Rivals, *Procter & Gamble Co.* Is Altering Its Ways, *Wall Street Journal*, 20. May 1985.
14. Darlin, Damon, Faced With More Competition, *P&G* Sees Now Products as Crucial to Earnings Growth, *Wall Street Journal*, 13. September 1983.
15. Rice, Faye, The King of Suds Reigns Again, *Fortune*, 4. August 1986, S. 130 ff.
16. Winter, Ralph E., Corporate Strategists Giving New Emphasis to Market Share, Rank, *Wall Street Journal*, 3. February 1978.
17. Webster's Third New International Dictionary, s.v. „triage."
18. Rubenstein, Richard L., The Age of Triage, Boston, Beacon Press, 1983.
19. Home Computer Firms Begin to See Marketing as Industry's Salvation, *Wall Street Journal*, 12. September 1983.
20. Was die Autoren aus eigener Erfahrung bestätigen können: Dieses Buch wurde auf einem *Apple* Macintosh erfaßt!
21. Winter, Ralph E., *Firestone* Becomes Leaner and Stronger by Cutting Capacity, Jobs, Product Lines, *Wall Street Journal*, 19. October 1980.
22. Standard and Poors Industrial Surveys, New York, Standard and Poors, 1985.
23. Stricharchuk, Gregory, *Firestone* Posts 50 % Decline in Net for First Quarter, *Wall Street Journal*, 27. February 1987.

24. Winter, Ralph E., *Goodyear, Firestone* Split on Future Demand for Tires, *Wall Street Journal*, 23. February 1981.
25. Standard and Poors Industrial Surveys, 1985.
26. The Fortune 500, *Fortune*, 28. April 1986, S. 175 ff.
27. Stricharchuk, Gregory/Stewart, James B., *Goodyear* Tire to Buy Interest from Sir James, *Wall Street Journal*, 21. November 1986.
28. Wolf, Ron, Decade After Rosy Preductions, Steel Executives Try to Cope with A 'Crises', *Philadelphia Inquirer*, 22. May 1986.
29. Beazley, J. Ernest/Hymowitz, Carol, Strike at *USX* Shows How Far Steelmaker Has Fallen from Glory, *Wall Street Journal*, 7. August 1986.
30. Beazley, J. Ernest, *USX*'s Graham Faces Pivotal Tests as He Seeks to Revive Its Steel Sector, *Wall Street Journal*, 2. February 1987.
31. Simison, Robert L./Blumenthal, Karen, *LTV Corp.* Files for Protection from Creditors Under Chapter 11, *Wall Street Journal*, 18. July 1986; Pension Benefits, *Insight*, 16. March 1987, S. 49.
32. Russell, Mark, Small Steelmakers Finding Profitable Market Niches, *Wall Street Journal*, 8. January 1987.
33. A Global Overcapacity Hurts Many Industries; No Easy Cure Seen, *Wall Street Journal*, 9, March 1987.
34. Picken, jr. T. Boone, Boone, Boston, Houghton Mifflin, 1987,
35. Kwitny, Jonathan, Vermont's Dairymen Won't Soon Forget the Mafia's Arrival, *Wall Street Journal*, 3. March 1977.
36. Petzinger, jr., Thomas, *Datapoint*'s Bencsik Tires of Seeing Red, *Wall Street Journal*, 25. March 1987.
37. Drucker, Innovation and Entrepreneurship, S. 124.
38. Sifford, Darrell, How to Survive When Your Company Shrinks, *Philadelphia Inquirer*, 8. March 1987.
39. Magnet, Myron, Restructuring Really Works, *Fortune*, 2. March 1987, S. 38 ff.
40. Anders, George, Many Firms Go Public within a Few Years of Leveraged Buyout, *Wall Street Journal*, 2. January 1987.
41. *CBS* Braces for the Tisch Touch, *Fortune*, 13. October 1986, S. 63 ff.
42. Clark, jr., Lindley H., Manufacturers Grow Much More Efficient, but Employment Lags, *Wall Street Journal*, 4. December 1986.

9. Kapitel

Wenn nicht Wachstum, was dann?

Nicht nur die USA, sondern alle westlichen Industrieländer befinden sich in einer seltsam paradoxen Situation. Das eigentliche Problem unserer Zeit ist nicht ein unzureichendes Angebot, sondern eine ungenügende Nachfrage. Wenn wir als Konsumenten nur wüßten, woran es uns noch mangelt – die Wirtschaft würde es liebend gern produzieren. Sie verfügt über Kapazitäten, mit denen sie unsere materiellen Bedürfnisse und Wünsche befriedigen kann, aber nur, solange wir diese weiter steigern. Sind wir der Meinung, daß wir genug von allem haben, dann bricht das System zusammen. Für einen solchen Zusammenbruch mehren sich die Anzeichen. Aber wie immer in der Geschichte der Menschheit, zeichnet sich auch hier ein Ausweg ab: Noch ist es uns möglich, Wachstum durch andere Werte und Ziele zu ersetzen und dadurch eine globale Wirtschaftskatastrophe abzuwenden.

Wachstum – Pro und Contra

Wachstum – *Pro*

Wachstum läßt *auf eine bessere Zukunft hoffen.* Diese Hoffnung ist schon immer eine Grundidee des amerikanischen Traums gewesen. Viele unserer Vorfahren kamen nach Amerika, um dort reich zu werden oder neue Möglichkeiten aufzutun. Natürlich waren nicht alle erfolgreich, und viele blieben auf der Strecke. Wenn sich unsere Nation in einem Zustand des Wachstums befindet, können wir uns aber zumindest damit trösten, daß trotz gewisser Rückschläge in der Gegenwart die Zukunft rosiger aussehen wird.

Im Vergleich zu vielen anderen Kulturen findet man in der amerikanischen Gesellschaft ein hohes Maß an sozialer und ökonomischer Mobilität. Unser transparentes Gesellschaftssystem ist für unser Wachstum von entscheidender Wichtigkeit. Es beinhaltet aber auch einen negativen Aspekt. Es kann ein Gefühl der Isolation, Hilflosigkeit und Frustration erwecken. Alexis de Tocqueville bemerkte vor mehr als 150 Jahren:

„In Zeiten der Demokratie genießt man mehr Freuden als in Zeiten der Aristokratie, und vor allem haben mehr Menschen daran Anteil; auf der anderen Seite muß man aber eingestehen, daß die Wünsche und Hoffnungen der Menschen öfters zunichte gemacht werden, seelische Nöte und Ängste häufiger anzutreffen und die Sorgen selbst größer sind.[1]

Hätte Tocqueville diesen Satz erst gestern formuliert, so hätte er damit noch voll ins Schwarze getroffen. Seine Worte helfen uns verstehen, warum das Wachstum für unsere Nation einen Garant für eine gewisse innere Stabilität darstellt. Solange das Land voranschreitet und die Chancen zunehmen, können wir uns damit trösten, daß die gelegentlichen Hindernisse und Enttäuschungen nichts weiter als temporär auftretende Unannehmlichkeiten sind. Wenn unsere nationale Wesensart schon verlangt, daß wir alles aus eigenem Antrieb schaffen, dann hält das Wachstum zumindest die Hoffnung wach, daß wir am Ende obsiegen werden.

Ein weiterer positiver Effekt des Wachstums ist die *Aktivität*. Das Wirtschaftswachstum sorgt für rege Betriebsamkeit und hält die Leute auf Trab. Auch dieses Merkmal wird von den Amerikanern geschätzt. Ob der Grund dafür nun in der protestantischen Ethik zu suchen ist oder in dem den Amerikanern eigenen Bestreben, schnell reich zu werden – Tatsache bleibt, daß uns Müßiggang nervös macht. Menschen, die sich zurücklehnen und den dahinziehenden Wolken nachschauen oder vom Fenster aus gelangweilt die Leute beobachten, bezeichnen wir als faul. Wenigstens könnten sie ihre Hände mit etwas beschäftigen. Wenn das Wachstum nicht boomt und kein großer Fortschritt erzielt wird, sind viele Menschen untätig. Wir alle wissen, was mit solchen Leuten passiert.

Nicht nur körperliche, sondern auch geistige Aktivitäten werden durch das Wachstum unterstützt. Das Wachstum hat eine belebende Wirkung, es sorgt für Abwechslung und vermittelt neue Erkenntnisse. Da es neue Bereiche erschließt, die wir erforschen können, und weitere Methoden der Selbstprüfung aufzeigt, können wir dank des Wachstums etwas über unser ureigenes Ich erfahren. Viele haben schon entdeckt, daß der Weg und der Kampf viel wichtiger sind als das Ziel. Etwas zu erreichen, ist viel befriedigender, als es zu verteidigen, wenn man es erst einmal in Händen hält.

Die aus dem Wachstum resultierende Aktivität befriedigt ein weiteres wichtiges Kulturbedürfnis. Während unserer ganzen Geschichte haben wir den Wandel um seiner selbst willen genossen, und diesbezügliche Nachrichten und Berichte sorgen für jene Art von Sensation und Stimulation, nach der sich die Amerikaner schon immer gesehnt haben. Beim Wachstum können wir von etwas Aufregendem oder zumindest Interessantem erzählen, von Errungenschaften und Pioniertaten.

Gelegentlich sorgt das Wachstum für internationales Aufsehen, wie im Jahre 1869, als ein goldener Schienennagel die Verknüpfung des amerikanischen Ostens mit dem Westen per Eisenbahn symbolisierte, 1951, als ein Koaxialkabel die beiden amerikanischen Küsten per Fernsehen verband, oder 1969, als der erste Mensch auf dem Mond landete.

Der dritte positive Beitrag des Wachstums sind *gesteigerter Komfort und materieller Wohlstand*. Der oft zitierte Satz, daß wir ohne Fortschritt noch immer in Höhlen wohnen würden, stimmt zumindest im metaphorischen Sinne. Als im 15. Jahrhundert die kommerzielle Revolution im internationalen Handel einsetzte, kamen neue Materialien und Handwerke, Gold und Silber, Nahrungsmittel und Gewürze sowie fremde, exotische Waren in die Alte Welt. Die industrielle Revolution begann im 18. Jahrhundert und führte zu einer erheblichen Produktivitätssteigerung und damit zu einem deutlich erhöhten Angebot an Manufakturwaren. Im 19. Jahrhundert leitete das Dampfzeitalter die heutige Epoche ein, deren neue Technologien, Erfindungen und Energiequellen auf der ganzen Welt zu einem noch nie dagewesenen Wohlstand geführt haben.

Es ist zwar nicht ein jeder reich geworden, und viele Menschen kamen im Laufe der Zeit zu Schaden, aber es ist unbestreitbar, daß infolge dieser fünf Wachstumsjahrhunderte mehr Menschen besser ernährt sind und gesünder und angenehmer leben, als dies je zuvor in der Geschichte der Fall gewesen ist. Selbst die Armen unter uns würden fast durchweg von unseren Vorfahren beneidet werden. Schließlich haben sie Autos, elektrisches Licht und sanitäre Einrichtungen, und sie müssen nicht befürchten, an Pocken, Typhus, Cholera oder Gelbfieber zu sterben.

Ein unglaublicher materieller Wohlstand umgibt uns, auch wenn sich die meisten Amerikaner so sehr daran gewöhnt haben, daß er für sie selbstverständlich geworden ist. Der Wohlstand, den 1928 die Republikaner in ihrer Wahlkampagne mit dem berühmten Slogan „Ein Huhn für jeden Topf und ein Auto in jedem Hof" versprachen, ist Wirklichkeit geworden und noch einiges mehr: Die geschäftigen Cities, die Einkaufszentren in den Vororten, die Eisenbahnnetze, Fluggesellschaften, Straßen und Autobahnen, ein transkontinentales Strom- und Kommunikationsnetz, wachsende Wohngebiete und ein anhaltender Strom von Waren, Dienstleistungen und Unterhaltungsangeboten – all dies existiert für unseren Komfort, unsere Bequemlichkeit und unser Vergnügen und ist dem Wachstum zu verdanken.

Wachstum – *Contra*

Welche negativen Aspekte hat das Wachstum? Wie jede Art von Wandel erfordert auch das Wachstum gewisse Anstrengungen und birgt die Gefahr eines drohenden Verlusts. In Anbetracht seiner Vorteile haben aber die Amerikaner die Mühen und Nöte schon immer in Kauf genommen, welche mit dem Wachstum verbunden sein können. In den vorangegangenen Kapiteln beschrieben wir sowohl die bei einem ausbleibendem Wachstum auftretenden Schwierigkeiten als auch die Wachstumskatastrophen, von welchen jene heimgesucht werden, welche über das Ziel hinausschießen. Dies sind die realen Konsequenzen; sie sind für viele schmerzlich und kommen öfter vor, als wir es eingestehen möchten. Aber für uns Amerikaner sind es Strafen, die in dem „großen Wachstumsspiel" durchaus akzeptabel sind. Indem wir die Verlierer in riesige Stadtslums, in abgelegene Baracken und verwahrloste Wohnwagenparks stecken und sie uns so aus den Augen schaffen, können wir weiter dem festen Glauben anhängen, daß die Anzahl der Opfer gering ist und es sich überhaupt nur um eine kurzfristige Erscheinung handelt.

Wie sehen nun die tatsächlichen Konsequenzen aus, wenn das Wachstum nachläßt, aufhört oder gar völlig fehlt? So manche Existenz wird dann sicherlich ruiniert sein. Arbeiter verlieren ihre Jobs, die Karrieren von Managern werden zunichte gemacht oder gestoppt, und das Geld der Anleger verschwindet auf Nimmerwiedersehen in tiefen, dunklen Finanzlöchern. Aber es hat schon immer zu unserer amerikanischen Wesensart gehört, daß wir uns in solchen Situationen wieder aufrappeln, den Staub aus den Kleidern klopfen und von vorne anfangen. Solange die Grenze offen war, die Wirtschaft florierte und die Nation wuchs, konnte es ein ehrgeiziger und wagemutiger Mensch zu etwas bringen. Zumindest steht das so in unseren Geschichtsbüchern geschrieben.

Tocqueville beobachtete in den dreißiger Jahren des letzten Jahrhunderts, daß es den Amerikanern imponierte, wenn jemand in kommerziellen Dingen Mut bewies – zum Beispiel wenn jemand einem Sturm auf hoher See trotzte, um einen Tag früher im Hafen einzutreffen. Er bemerkt dazu, daß „der Mut sie beinahe unempfindlich für den Verlust eines hart erarbeiteten Vermögens macht und sie sofort zu neuen Taten schreiten läßt, um ein neues zu erlangen. Ein solcher Mut ist vor allem für die Verteidigung, aber auch für den Wohlstand der amerikanischen Siedlungen und Städte nötig, und er wird von ihnen besonders honoriert und geschätzt." Ihm fiel des weiteren auf, wie nachsichtig die Amerikaner gegenüber ihren Mitbürgern waren, die in geschäftlichen Angelegenheiten allzu unbesonnen handelten und deshalb Pleite machten: „Ihre Ehre leidet nicht durch einen solchen Vorfall."[2]

Wie auch immer die Konsequenzen für die Menschen aussehen mögen, die greifbaren Resultate des Wachstums sind weiterhin vorhanden, ob es sich nun um Eisenbahnen, Fabriken, Wohngebiete in Vororten, riesige Bürogebäude oder Großunternehmen handelt. Sie verpuffen nicht in einer Rauchwolke, nur weil das Unternehmen scheitert. Stattdessen geht der Anspruch auf den materiellen Reichtum auf jemand anderen über. Aus Gläubigern werden Eigentümer. Neue, tatkräftigere Käufer, die ihre eigenen Träume haben, erwerben den Besitz zu äußerst günstigen Bedingungen. Schrotthändler und Abbruchfirmen verwandeln die Trümmer des Mißerfolgs in Ausgangsstoffe, mit denen ein anderer einen neuen Versuch startet, um erfolgreich und reich zu werden.

In Amerika ist es Usus, die Verlierer so schnell wie möglich zu vergessen und immer weiter voranzuschreiten. Was einmal passiert ist, läßt sich nicht mehr rückgängig machen. Weshalb sollte man sich also deswegen grämen? Selbst die allergrößten Wachstumserfolge haben einmal ein Ende. Lassen wir noch einmal Alexis de Tocqueville zu Wort kommen:

„Ich kenne tatsächlich kein anderes Land, in dem die Liebe zum Geld die Gefühle der Menschen derart beherrscht (...) Aber der Reichtum zirkuliert mit einer unvorstellbaren Geschwindigkeit, und die Erfahrung zeigt, daß es selten zwei aufeinanderfolgende Generationen gibt, die in den vollen Genuß ein- und desselben Reichtums kommen."[3]

Dasselbe gilt auch für die industriellen Vermögen, die von den legendären Kapitalfürsten und ihren Nachfolgern während des großen Wirtschaftswachstums angehäuft wurden. Andrew Carnegies Vermächtnis ist in Form von Bibliotheken und Schulen über das ganze Land verstreut. Die Reichtümer von Ford, Rockefeller und vielen anderen fließen heute über philanthropische Stiftungen unterstützungswürdigen Projekten zu. William Randolph Hearsts fürstliches San Simeon-Gut ist heute ein kalifornischer Nationalpark. Franklin D. Roosevelts Hyde-Park-Herrenhaus wurde in eine nationale historische Stätte umgewandelt. Das stattliche Arden-Haus von E.H. Harriman ist ein Konferenzzentrum, das der Columbia University gehört. Landhäuser entlang der Steilküste von Newport, Rhode Island, dienen als Schulen, Museen und allen möglichen Zwecken, außer dem, für welchen sie ursprünglich bestimmt waren, nämlich als Sommeraufenthaltsort für die Superreichen. Leland Stanford verteilte letztendlich die Gelder, welche er einst aus kalifornischen Farmern mit der *Southern Pacific Railroad* herausgepreßt hatte, lediglich um, indem er sie in Form der Stanford University der Nachkommenschaft der Farmer zurückgab.

Unterm Strich ist trotz des scheinbaren Verlustes ein Großteil des aus dem Wachstum resultierenden Reichtums immer noch vorhanden und kommt praktisch der ganzen Nation zugute. Die Enteignung des einzelnen verwandelt sich somit in ein nationales Erbe.

Was läßt sich nun über die Gesamtauswirkungen des Wachstums sagen? Das hängt vom jeweiligen Standpunkt ab, den man vertritt. Aus wirtschaftsanalytischer Sicht hat das Wachstum im Laufe der Jahrhunderte nur Gutes bewirkt. Natürlich gehen manchmal ein paar Anleger baden, und gelegentlich machen Unternehmen oder auch ganze Wirtschaftszweige Pleite. Dennoch war das Ergebnis des Wachstums die Schaffung eines riesigen Vermögens sowie dessen Verteilung auf die eine oder andere Weise an viele Menschen aus allen möglichen sozialen Schichten über lange Zeiträume hinweg.

Die Nationalökonomen haben selbstverständlich ihre eigene, ganz spezielle Prioritätenliste. Sie sind alle der einmütigen Meinung, daß die Arbeit ein Kostenfaktor ist und nicht ein Segen. Der Zweck wirtschaftlichen Handelns ist in ihren Augen die Bereitstellung billiger Waren und nicht die Schaffung von Arbeitsplätzen. Ihrer Ansicht nach ist der Sinn ökonomischer Aktivitäten eine Verbesserung des Lebensstandards der Verbraucher, keinesfalls sollten sie der geistigen Erbauung oder Selbstverwirklichung dienen. Letztendlich leben wir, um zu konsumieren, und nicht, um zu produzieren.[4] Nicht jeder kann dieser Prioritätenliste zustimmen. Kein ethisches Philosphie- oder Religionskonzept, das von Dauer gewesen ist, nennt auf seiner Werteskala den Konsum an erster Stelle.

Bei einer umfassenderen Betrachtungsweise würde offenkundig werden, daß das Wachstum viel weitreichendere Folgen hat als nur die bloße Produktion von Reichtum. Das Wachstum befriedigt viele soziale und psychologische Bedürfnisse, welche aus der einzigartigen Geschichte und den einmaligen Bedingungen der amerikanischen Kultur herrühren. Abgesehen vom finanziellen Gewinn und materiellen Wohlstand sagt uns das Wachstum noch aus ganz anderen Gründen zu. Es gibt Anlaß zum Optimismus, es hilft uns, Großartiges zu leisten und uns selbst zu verwirklichen – es hält uns alle in Schwung.

Das augenblickliche Übergewicht, das dem Konsum in unserer Wirtschaftsgleichung zukommt, ist eine relativ neue Erscheinung. Wir übersehen oft, daß sich der in den Vereinigten Staaten stattfindende Wandel von einer produktionsorientierten zu einer konsumorientierten Gesellschaft nicht automatisch vollzogen hat. Während eines Zeitraums von drei Generationen, beginnend in den zwanziger Jahren, verursachte diese Neuausrichtung Werbe- und Marketingkosten, die höher waren als der Etat für das öffentliche Bildungswesen.[5] Unsere Tradition der Landerschließung und -bewirtschaftung, des agrarischen und nationalen Aufbaus ist tief in uns verwurzelt. Die sichtbaren Vorteile, die aus dem Wachstum resultieren, sind nicht der einzige oder auch nur der primäre Grund, warum wir es schätzen. Wir brauchen den *Wachstumsprozeß* in vielleicht noch stärkerem Maße als seine greifbaren Ergebnisse.

So lauten zumindest die Argumente, die im Hinblick auf das Wachstum vorgetragen wurden, wie es bis heute stattgefunden hat. Während ihrer ganzen Geschiche hat unsere Nation ein „gesundes Wachstum" erlebt, wie es im vorliegenden Buch definiert wurde. Die Bevölkerung wuchs und breitete sich über ein weites, unbewohntes Land aus. Scheinbar grenzenlose Ressourcen standen zur Verfügung, deren Nutzung praktisch von keiner politischen oder wirtschaftlichen Macht eingeschränkt wurde. Neue revolutionäre Technologien, Produktionsverfahren und Transportmethoden wurden entdeckt und entwickelt. Der materielle Lebensstandard stieg rasch an: von der Kerze über die Benzinlampe zum elektrischen Licht, vom Eilboten zum Telegraphen bis hin zum Fernsehen, vom Pferd über das Auto zum Jumbojet. Wünsche und Bedürfnisse wurden mit einer Geschwindigkeit und in einem Umfang befriedigt, wie man dies vorher noch nie erlebt hatte.

So sah unsere Vergangenheit aus. Das Wachstum unserer Nation fand zu einer bestimmten Zeit und an einem bestimmten Ort statt. Hat sich unsere Welt grundlegend geändert? Wird unsere Geschichte nahtlos in die Zukunft übergehen? Was wird uns wohl in den kommenden Jahrzehnten erwarten?

Wege in die Zukunft

Im 2. Kapitel sagte der „Wall-Street-Dschinn", daß die Vergangenheit aufgeschlagen vor uns liege, während die Zukunft noch ein Buch mit sieben Siegeln sei. Viele kühne Vorhersagen lagen weit daneben. Zum Beispiel erklärte am 17. Oktober 1929 der Wirtschaftsprofessor Irving Fisher von der Universität Yale, daß „die Aktien offenbar ein gleichbleibend hohes Niveau erreicht haben". 1967 gab eine recht bekannte Denkfabrik die folgenden „Produktprophezeiungen" ab: Bis 1971 wird es 3-D-Laser-Filme in Vollfarbe geben, bis 1977 senkrechtstartende Flugzeuge für Privatpersonen, bis 1981 Unterwasserbewirtschaftung und -abbau in großem Rahmen und bis 1985 kommerziell betriebene Passagierraketen.[6]

Hinzu kommt, daß in wirtschaftlichen Dingen nicht einmal die Vergangenheit völlig eindeutig ist. Der Nationalökonom Michael J. Boskin von der Stanford University drückt es folgendermaßen aus: „Was soll denn das Erstellen von Prognosen, wenn wir nicht einmal genau beurteilen können, was wir in der Vergangenheit getan haben, zum Beispiel im Jahre 1975 oder 1978?"[7]

Wege in die Zukunft

Der Leser wird deshalb Verständnis dafür haben, daß wir keine genauen Vorhersagen abgeben wollen. Jedoch lassen sich aus den Geschehnissen der Vergangenheit und den augenblicklich ablaufenden Prozessen Tendenzen ablesen, aus denen sich Prognosen für die weitere Entwicklung unserer Welt ableiten lassen, eine Welt kurz vor dem Schritt in das dritte Jahrtausend.

Im folgenden werden wir aufzeigen, was uns in nächster Zukunft wahrscheinlich erwarten wird, wobei natürlich nicht prognostizierbare Ereignisse, welche die augenblicklichen Trends verändern und sämtliche Hochrechnungen ad absurdum führen würden, ausgeklammert sind: zum Beispiel Katastrophen wie ein Atomkrieg, eine weltweite Seuche oder ein Riesenmeteorit, der die Erde in die Luft sprengen könnte.

Zunehmende Bevölkerungsdichte

Die Weltbevölkerung hat sich seit mehreren Jahrhunderten stark vermehrt, insbesondere seit dem 18. Jahrhundert, als in Europa eine Bevölkerungsexplosion einsetzte. Seit dem Zweiten Weltkrieg hat das Bevölkerungswachstum nochmals deutlich zugenommen. Aus 3 Milliarden Menschen im Jahre 1960 wurden 5 Millarden bis zum Jahre 1987, und man rechnet mit etwa 6 Milliarden für das Jahr 1999. In diesem Jahr wird dann jeder Neununddreißigjährige einen zweifachen Zuwachs der Weltbevölkerung miterlebt haben, die schnellste Verdoppelungsrate in der Geschichte. Das Tempo wird sich beschleunigen. Die Vereinten Nationen rechnen mit einem Anstieg auf 7 Milliarden Menschen bis zum Jahre 2010, wobei die Entwicklungsländer in Afrika, Asien und Lateinamerika am meisten zu diesem Zuwachs beitragen werden.

Überalterung der Industriegesellschaften

Während die Bevölkerung in den Entwicklungsländern immer jünger wird, altert sie zusehends in den Vereinigten Staaten, in Europa und Japan. Aufgrund rückläufiger Geburtenraten in den Industrienationen hat sich deren Bevölkerungswachstum fast auf Null reduziert, und infolgedessen nimmt der Anteil der älteren Menschen in diesen Ländern zu. Auf dem Weg ins 21. Jahrhundert werden viele der derzeit hochentwickelten Nationen feststellen müssen, daß ihren Erwerbstätigen immer größere Pensions- und Gesundheitsfürsorgepflichten aufgebürdet werden, weil ein wachsender Teil der Bevölkerung aus dem aktiven Berufsleben ausgeschieden ist.

Verknappung der Ressourcen

Der Mensch benötigt ein Minimum an Nahrung, Wasser, Wärme und Platz. Dank der heutigen Fortschritte in der Landwirtschaft produziert die Welt derzeit genügend Nahrungsmittel. Allerdings braucht man für die hohe Agrarproduktivität Kunstdünger, Insektizide und motorisierte Maschinen, alles Dinge, die unabänderlich auf den Rohstoff Erdöl angewiesen sind. Die Fangquoten der Fischereiflotten gehen zurück: Einige begehrte Meeresfrüchte sind praktisch von unserem Speisezettel verschwunden. Auf der Welt mangelt es heute sogar vielfach an Trinkwasser. In relativ dicht bevölkerten Ländern haben die Menschen nicht einmal genügend Platz zum Leben. Eine kaum beachtete Energiekrise findet bereits jetzt statt: Brennholz wird in zahlreichen darauf angewiesenen Ländern immer knapper. Wir erkennen allmählich, daß auch die verschiedenen Energievorräte begrenzt sind, von denen die weitere Existenz unserer heutigen Industriegesellschaften abhängt. Zu Beginn des Jahres 1987 wies eine Spitzenkraft bei *Exxon Corporation* darauf hin, daß das Mineralöl auf der Erde weiterhin schneller verbraucht werde, als neue Lager entdeckt würden, weshalb ein Preisanstieg als auch der Ersatz durch andere (ebenso begrenzte) Energiequellen praktisch unumgänglich sei.[8]

Technologischer Wandel

Der sich beschleunigende Trend, welcher seit Jahrhunderten bei Entdeckungen, Innovationen und Veränderungen beobachtet werden konnte, wird sicherlich anhalten. Auf der ganzen Welt erforschen Wissenschaftler und Technologen die Geheimnisse des Körpers, des Gehirns, des Atoms und des Weltalls und unterziehen dabei jeden Bereich des von uns bewohnten Universums einer gründlichen Untersuchung. In den bedeutenden Bildungszentren hat die Gewinnung neuer Erkenntnisse oberste Priorität. Neue Materialien, Geräte, Techniken und sogar Lebensformen werden jeden Tag entdeckt beziehungsweise geschaffen. Aber die tatsächlichen Konsequenzen der technologischen Innovationen für die Gesellschaft stimmen selten mit den prognostizierten überein. Wir können nur vorhersagen, daß die Anwendung eines unermeßlichen neuen Wissens zu bis jetzt noch unbekannten Veränderungen auf der Erde einschließlich unserer Lebensweise führen wird, und zwar sowohl im positiven als auch im negativen Sinne.

Ökologisches Ungleichgewicht

Die Umweltbelastung eskaliert, ohne daß eine Rettung in Sicht wäre. Die Industriestaaten leiden aufgrund der ständig verbesserten Spitzentechnologien unter einer zunehmenden Umweltverschmutzung. Der Verbrauch fossiler Brennstoffe und industrieller Chemikalien hat möglicherweise die Voraussetzungen für eine weltweite Aufheizung der Erde geschaffen, die einmal für die Überschwemmung der Küstenstädte und die Verwandlung von Ackerland in Wüsten verantwortlich sein könnte. Die tropischen Regenwälder werden aus wirtschaftlichen Interessen mit alarmierender Geschwindigkeit abgeholzt, Flora und Fauna dabei mit einem noch nie dagewesenen Tempo zerstört.[9] Infolge einer unbedachten Landbebauungs- und -erschließungspolitik wird die unersetzbare Ackerkrume in die Meere geschwemmt. In der Vergangenheit zerstörten unsere Vorfahren einst fruchtbare Landstriche, weil sie zum Beispiel in der Mittelmeerregion zu viele Schafe und Ziegen weiden ließen oder das nördlich gelegene Gebiet entlang des chinesischen Flußes Hwangho in den letzten 2000 Jahren zu intensiv kultivierten. Aber noch nie zuvor ist unsere Erde in einem so umfassenden, globalen Rahmen zerhackt, zerpflügt, eingedämmt, verbrannt, aufgebaggert und planiert worden wie in unserer Zeit.

Die Zukunft der Vereinigten Staaten

Trends in Industrie und Handel, in der politischen Stimmung und der öffentlichen Meinung, bei weit verbreiteten Anschauungen und beim individuellen Lebensstil kommen und gehen und verlagern sich dabei gemäß dem Diktat der jeweiligen Funktion, der Mode oder des Geschmacks. Jedoch sieht es so aus, als ob die fünf oben beschriebenen Trends unabänderlich seien. Sieht man einmal von völlig unvorhersehbaren Ereignissen ab, dann werden diese Trends zumindest ein Jahrzehnt andauern, möglicherweise sogar länger als eine Generation. Weniger starre Trends werden sich ihrer Wucht beugen und eine entsprechende Anpassung erfahren.

Demographische Entwicklungen, Bodenschätze und Techniken haben schon immer den gesellschaftlichen Wandel bestimmt. Diese Faktoren spielten beim Wachstum Amerikas eine Schlüsselrolle und werden es unserer Meinung nach auch weiterhin tun. Deshalb wäre es töricht, sie zu vernachlässigen.

Trotz allem kommt es uns hier und heute so vor, als ob diese fünf Trends noch in ziemlich weiter Ferne liegen und uns nichts anhaben können. Verglichen mit anderen größeren Nationen sind die Vereinigten Staaten in geographischer Hinsicht immer noch relativ isoliert, die Bevölkerungsdichte ist gering, und Bodenschätze sind reichlich vorhanden. Wir erleben nur die Vorteile der technologischen Entwicklung. Im Gegensatz zu den Bewohnern zahlreicher Entwicklungsländer haben die meisten wohlhabenden Bürger in Amerika die *direkten* negativen Auswirkungen dieser Trends bis jetzt kaum zu spüren bekommen. Jedoch betreffen diese Trends jeden von uns auf *indirekte* Weise. Und mit jedem weiteren Jahr werden sie direktere Folgen für uns haben.

Tatsache ist, daß die Welt voll von Menschen ist, die bereit sind, aus Hunger für weniger Geld mehr zu arbeiten als wir, und ihre Zahl steigt ständig an. Viele überqueren legal oder illegal unsere Grenzen und suchen – wie schon viele unserer Vorfahren – nach neuen Möglichkeiten. Manche Völker auf der Erde sind auch sparsamer als wir. Ihr aufgeschobener Konsum finanziert moderne, oft

Die Zukunft der Vereinigten Staaten

dem neuesten Stand der Entwicklung angehörende Technologien, die sie in die Lage versetzt, uns auf vielen Weltmärkten als Konkurrenten aus dem Feld zu schlagen.

Einige Nationalökonomen behaupten, daß der amerikanische Markt den Welthandel in Gang hält, weil er dessen Ausbringungsmengen konsumiert. Natürlich müssen wir diese Importe bezahlen. Wir können sie mit unseren eigenen Ausfuhrerlösen finanzieren, mit dem Geld, welches ausländische Anleger in amerikanische Immobilien oder in das Eigenkapital amerikanischer Unternehmen stecken, mit Schulden oder mit Schuldscheinen des U.S.-Finanzministeriums. Aber am Ende müssen wir sie bezahlen. Scharfe Beobachter des Geschehens haben die Ansicht geäußert, daß angesichts der auf dem Gesamtmarkt herrschenden Bedingungen ein relativer oder vielleicht sogar absoluter Rückgang des amerikanischen Lebensstandards nicht nur notwendig, sondern sogar unumgänglich sein wird.[10] Franco Modigliani, Träger des Nobelpreises für Wirtschaft, glaubt, daß ein deutliches Engerschnallen des Gürtels in Form von höheren Steuern, eines reduzierten Konsums und geringerer Staatsausgaben erforderlich ist, wenn wir jemals unsere gewaltigen Bundeshaushalts- und Außenhandelsdefizite verringern wollen.[11]

Unter Zugrundelegung bestimmter Kriterien dürfte der Lebensstandard bereits rückläufig sein. Obwohl die Zahl der Familien mit mehreren Erwerbstätigen zugenommen hat, ist die Kaufkraft der Haushalte seit Beginn der siebziger Jahre nicht merklich angestiegen. Heute leben mehr Amerikaner unter der Armutsgrenze als 1980. Unsere Lohnkosten (das, was ein jeder von uns als Gegenleistung für die am Arbeitsplatz verbrachte Zeit erwartet) sind so hoch, daß sich die Verbraucher außerhalb der Vereinigten Staaten unsere Fabrikwaren kaum leisten können. Selbst wir haben Schwierigkeiten mit der Bezahlung unserer eigenen Fabrikate und Agrarprodukte. Deshalb wird unser Land von Importen überschwemmt, und unsere Exporte schwinden dahin, während die Haushalts- und Handelsdefizite weiter anwachsen und die Arbeitsplätze in der inländischen Fertigung in ausländische Fabriken mit niedrigeren Kosten (und einer oft höheren Qualität) verlagert werden. Unsere Sparrate ist äußerst niedrig, und bei dem Versuch, den Lebensstil beizubehalten, welchen uns die amerikanischen Marketinginstitute ans Herz gelegt haben, verschulden wir uns immer mehr.

Geringe Sparraten, ein langsames Bevölkerungswachstum, ungeheure Schulden, anhaltende Handelsdefizite – dies ist sicherlich kein Rezept für die weitere Vergrößerung des Kuchens. Am Ende werden die Vereinigten Staaten womöglich an eine Grenze stoßen, ab welcher ihr Lebensstandard und materieller Wohlstand nicht mehr wachsen werden. In der Geschichte war immer dann ein bemerkenswertes Wachstum zu verzeichnen, wenn neue Produktionskapazitäten auf eine starke Marktnachfrage stießen. Trotz konzertierter Belebungsversuche liegt die Nachfrage in den Vereinigten Staaten weit hinter deren Produktionskapazität zurück. Der Grund für unser blockiertes Wirtschaftswachstum ist die Tatsache, daß wir zwar in der Lage sind, mehr Nahrungsmittel, Wohnungen, Beförderungsmittel, Kleider, ja mehr von fast allem zu produzieren, diese Artikel aber nicht ohne weiteres konsumieren können.

Um sich auf einer Wachstumskurve nach oben zu bewegen, bedarf es desto größerer Anstrengungen, je mehr man sich der horizontalen Asymptote nähert. Hier handelt es sich um das Gesetz der abnehmenden Erträge, dessen Prinzip für das Wachstum des materiellen Lebensstandards genauso gelten dürfte. Jeder Haushalt in den Vereinigten Staaten besitzt heute mehr als ein Fernsehgerät, ein Auto, zwei Telefone und vier Radios. Unsere Standardwohnung umfaßt fünf Zimmer, und nur in den allerwenigsten Fällen gibt es noch keinen Strom oder sanitäre Einrichtungen.[12] Mehr als die Hälfte unserer Haushalte prahlt mit Mikrowellenherden, und jeder zweite hat einen Videocassettenrecorder.[13] Völlerei und Fettleibigkeit gehören zu den weitverbreiteten Gesundheitsproblemen. Wieviel Raum bleibt noch für eine echte materielle Expansion anstelle von Unersättlichkeit, Glamour und technischen Spielereien?

Manche behaupten, daß die Verlagerung von einer Fertigungs- zu einer Dienstleistungswirtschaft unser zukünftiges Wachstum gewährleisten werde. Allerdings scheint dies aus mehreren Gründen nicht besonders realistisch zu sein. Zum einem spricht nach Peter

Die Zukunft der Vereinigten Staaten 345

Jordan, einem erfahrenen Volkswirt bei *Data Resources Inc.*, der „Multiplikatoreffekt" dagegen. Ein Dollar, der für ein in den USA hergestelltes Auto ausgegeben wird, bewirkt eine Expansion unserer Wirtschaft um etwa 2,80 Dollar, da so viele weitere Industriezweige wie Stahl, Glas und Kunststoff daran beteiligt sind. Andere Fertigwaren multiplizieren die Wirkung eines jeden ausgegebenen Dollars im Durchschnitt um etwa 2,52 Dollar. Dagegen hat ein Dollar im Dienstleistungssektor einen Multiplikator von nur 1,97 Dollar.[14]

Außerdem sind die Stellen im Dienstleistungssektor im allgemeinen schlechter bezahlt als die in der Fertigung (laut einer Schätzung 1,66 Dollar weniger in der Stunde)[15], wobei erstere zunahmen und letztere zurückgingen. Die Größenordnung dieser Verschiebung ist umstritten. Der Nationalökonom Robert Lawrence an der Brookings Institution behauptet, daß die Stellen in der Fertigung um höchstens 1,7 Millionen zurückgegangen sind, während zwischen 1974 und 1984 etwa 20 Millionen Arbeitsplätze im Dienstleistungsgewerbe geschaffen wurden.[16] Jedoch fand das Massachusetts Institute of Technology in einer von ihm durchgeführten Studie heraus, daß zwischen 1979 und 1984 11,5 Millionen amerikanische Arbeiter ihren Job aufgrund von Betriebsstillegungen, Standortverlagerungen, Produktivitätssteigerungen oder einer sinkenden Industrieproduktion verloren haben.[17] Die Wahrheit dürfte irgendwo dazwischen liegen.

Wenn man all diese Faktoren addiert, dann kann man schon von Glück sprechen, wenn bei der Verlagerung zu den Dienstleistungen kein Minus herauskommt:

Mehr Ausgaben beleben weniger Wirtschaftsaktivitäten

+ Mehr Arbeiter verdienen weniger Kaufkraft

= Mehr Anstrengungen ergeben weniger Erträge.

Für den am Massachusetts Institute of Technology tätigen Nationalökonomen Lester Thurow künden die augenblicklichen Trends eine zunehmend düster werdende Zukunft an. Der an einem Wendepunkt befindlichen Weltwirtschaft droht der Verlust der ökonomischen Integration.[18] Der riesige technologische Vorteil, den die Amerikaner in den fünfziger und sechziger Jahren hatten, ist verschwunden. Da wir leichtsinnigerweise unsere einst sorgenfreie Vormachtstellung aufs Spiel gesetzt haben, befinden wir uns nun in einer interdependenten Wirtschaftswelt: Wir Amerikaner haben heute ein Produktivitätsproblem, Europas Hauptproblem ist die Beschäftigung, und das Problem Japans dessen Handelsungleichgewicht. Lester Thurow behauptet, daß nur eine kooperative Handhabung des globalen Handelssystems letzeres davor bewahren kann, in einem Meer von Protektionismus zu versinken. Amerika ist nicht mehr in der Lage, dem Rest der Welt ökonomische Diktate aufzuerlegen.

Bedeutet diese Problemlösung, also Kooperation anstatt eines ungehinderten Wachstums, daß der amerikanische Traum in den kommenden Jahren zunichte gemacht wird? Fred Polak stellt eine noch beunruhigendere Hypothese auf: Der amerikanische Traum ist gar nicht mehr relevant. Die westliche Zivilisation hat ihre Zukunftsvision verloren. „Das Entstehen und Verschwinden von Zukunftsbildern geht dem Aufstieg und Fall der Kulturen voraus oder begleitet diese (...) Wenn sich erst einmal das Bild aufzulösen beginnt und verblaßt, wird eine Kultur nicht mehr lange exisitieren."[19]

Früher orientierte sich die Gegenwart an der Vergangenheit und an der Zukunft und verdankte ihre Existenzberechtigung nur diesen beiden Dimensionen: Unsere Geschichte lenkte unsere jeweiligen Schritte auf jene Zukunft hin, nach der wir strebten. Heute sind wir jedoch Gefangene der Gegenwart. Kleiner werdende Familien und eine geringere Kapitalanhäufung der Einzelsparer sind zwei Symptome dafür. Für positive Zukunftsbilder braucht man Vertrauen. Wegen des ungeheuren Einflusses wissenschaftlicher Erkenntnisse tun wir uns aber mit dem Vertrauen in die Zukunft schwer, obwohl wir gerade heute in der Lage sind, so viel mehr zustande zu bringen als jemals zuvor. Fred Polak glaubt, daß unsere Überlebenschance eine Mischung aus utopischen und eschatologischen Bildern sein wird. „Der Mensch ist in der Lage, sich schönere Träume auszudenken, als es ihm je zuvor möglich war."[20] Mit anderen

Worten: Das Potential für unsere Größe und Bedeutung wird dadurch zunichte gemacht, daß es uns an einer vereinigenden, positiven und nach vorne gerichteten Zielstrebigkeit mangelt.

Das Makro-Bild

Die augenblicklichen Ereignisse und sozialen Trends zeigen deutlich, daß das Wachstum in nächster Zeit nicht gerade üppig ausfallen wird. Natürlich kommt es auch vor, daß sich Trends ändern und Ereignisse stattfinden, deren Auswirkungen dem Wachstum neuen Auftrieb geben. Leider führen derartige Wendepunkte immer zu Verschiebungen, und oft haben sie ziemlich unangenehme Folgen. Beispielsweise sei hier an den Konjunkturaufschwung erinnert, den Amerika in den fünfziger Jahren erleben durfte, kurz nachdem man dem ungeheuren Blutbad und den furchtbaren Zerstörungen des Zweiten Weltkriegs Einhalt geboten hatte. Jene, die sich nach einer neuen Renaissance sehnen, übersehen normalerweise den Ursprung der ersten. Diese beruhte teilweise darauf, daß zwischen 1300 und 1450 die Pest zusammen mit dem Hunger und dem Krieg mehr als die Hälfte der Bevölkerung in Europa hinweggerafft hatte, wodurch ein deutlich spürbarer Arbeitskräftemangel entstand. In Zusammenhang damit wurde die Autorität der Kirche geschwächt.

Im vorliegenden Buch haben wir uns hauptsächlich auf den Mikrobereich konzentriert, das heißt auf das Wachstum eines Unternehmens, einer Produktlinie, eines Effektenportfeuilles oder einer stark fragmentierten Kapitalgesellschaft. Auf dieser Ebene besteht der Wachstumsmechanismus aus Entscheidungen, die von Einzelpersonen getroffen werden. Unternehmensstrategen, leitende Angestellte, Manager und Anleger suchen nach geeigneten Wachstumsmöglichkeiten innerhalb des von wirtschaftlichen, rechtlichen und politischen Maßnahmen abgesteckten und vorgeschriebenen Rahmens. Wie auch immer das jeweilige Wachstum, die jeweilige Stagnation oder die jeweilige Katastrophe aussehen mag, sie alle sind ein Produkt des Scharfblicks und der Fähigkeiten dieser Menschen, denen von den Zwängen sozialer Strukturen und vorhandener Chancen Grenzen gesetzt sind.

Auf die Chancen dürfte man kaum einen Einfluß haben; hier kann man nur versuchen, jene Situationen zu meiden, in denen alles auf einen klaren Mißerfolg hindeutet. Dagegen tragen soziale Strukturen, wenn sie nicht der Kontrolle einzelner Entscheidungsträger unterliegen, immer noch menschlichen Bedürfnissen, Ambitionen und Möglichkeiten Rechnung und werden von diesen mitgestaltet.

Alternative Modelle

Es ist gut, Wachstumsmöglichkeiten bei der eigenen Karriere oder im eigenen Unternehmen zu suchen. Als Bürger und Wähler sollten wir aber auch noch das Wachstum aus der Makroperspektive betrachten: Was für eine Haltung sollten unsere nationalen und globalen Führer gegenüber dem Wachstum einnehmen und was, soweit dies überhaupt möglich ist, sollten sie unternehmen, damit richtig mit ihm umgegangen wird? Unsere großen Denker mit ihren vielen Standpunkten haben verschiedene Ansätze für Makromaßnahmen vorgeschlagen. Im folgenden zeigen wir eine repräsentative Auswahl aus den möglichen Wachstums- (bzw. Nichtwachstums-)Modellen für die Zukunft, denen drei weitverbreitete Ansichten zugrundeliegen:

– Kein Grund zur Panik – in der Praxis werden weiterhin die augenblicklichen Methoden angewandt,
– Verderb und Untergang – unser Gesellschaftssystem hat schon den Punkt erreicht, an dem es kein Zurück mehr gibt,
– Anpassung an die neuen Bedingungen – die Probleme, mit denen wir konfrontiert werden, lassen sich lösen.

Die alten Methoden sind völlig ausreichend

Damit das Wachstum weiter vorangeht, bedarf es eines *freien Marktes*. Die klassischen Nationalökonomen wie Adam Smith und David Ricardo waren starke Verfechter des ökonomischen Individualismus, der von der „unsichtbaren Hand" des Marktes gelenkt

Alternative Modelle

wird. Läßt man dem eigennützigen Handeln des Individuums freien Lauf, so wird dies dem Wohl aller dienen. Die konservativen Nationalökonomen von heute, wie zum Beispiel Milton Friedman und die Chicago-Schule, sind Anhänger dieses Glaubens wie auch die sogenannten angebotsorientierten Volkswirtschaftler. Die freie Marktwirtschaft fördert die Effizienz, wobei Arbeit, Boden und Kapital für die Produktion von Gütern und Dienstleistungen verwendet werden, nach denen die größte Nachfrage herrscht. Nicht mehr, sondern weniger Eingriffe werden gefordert. Ein Staat, der sich in das Privatleben einmischt, stört nur die vorteilhaften Mechanismen des natürlichen Marktablaufs und setzt sie außer Kraft. Daher sollte er sich so weit wie möglich aus dem Wirtschaftsgeschehen heraushalten.

Die Vertreter der freien Marktwirtschaft behaupten, daß es der Welt nie an Ressourcen mangeln wird. Wenn bestimmte Artikel knapp werden, steigen deren Preise, woraufhin wirtschaftlichere Ersatzalternativen gesucht werden. Die Professoren Charles Maurice und Charles Smithson an der Texas A&M University überprüften vor kurzem zehn verschiedene Ressourcenengpäße der Vergangenheit und zeigten auf, wie die Marktkräfte die jeweiligen Krisen bewältigten. Dazu gehörten auch die Wale, die man wegen ihres Öls fing. Als diese Mitte des 19. Jahrhunderts auszusterben drohten, zogen die Preise für Walöl an, und das Mineralöl, nach dem man nun bohrte, wurde zum wirtschaftlichen Ersatzbrennstoff. Expandierende Eisenbahngesellschaften benötigten für den Bau von Brücken, Tunnels, Zäunen, Gebäuden usw. riesige Mengen an Holz. An der Wende zum 20. Jahrhundert motivierte die Bauholzverknappung Ingenieure, Architekten und Erfinder zur Umgestaltung von Bauten, zur Entdeckung von Ersatzmaterialien und zur Entwicklung von Verarbeitungstechniken, bei denen Holz in geringerem Maße verschwendet wurde.

Ja selbst aus der Pest zogen diese Autoren noch Schlüsse im Hinblick auf den Markt: Der „Schwarze Tod" forderte so viele Menschenleben, daß die Löhne stark anzogen, woraufhin sich die Arbeitgeber auf Maschinen und weniger arbeitsintensive Produktionsverfahren konzentrierten. Die Wasserkraft wurde nun überall ausgenutzt, und die Grundbesitzer umzäunten ihre Felder und verwandelten die Anbauflächen in Weideland für die Schafe.[21] Professor Julian Simon von der University of Maryland stimmt der obigen Ansicht zu. Eine wachsende Bevölkerung führt nicht zu einer Verringerung der Ressourcen, wie Thomas R. Malthus behauptete, sondern schafft welche. Menschen sollte man nicht als Kostenfaktor ansehen, sondern als die wichtigste Ressource überhaupt.[22] Wenn man ihnen genügend Zeit gibt, während der sie sich auf die Engpässe einstellen können, dann werden zusätzliche Hilfsquellen von Menschen geschaffen. Julian Simon führt beispielsweise an, daß das für die Herstellung von Billiardbällen verwendete Elfenbein durch Plastik ersetzt wurde, als die Stoßzähne der Elefanten knapp wurden.[23] Die Autoren Nathan Rosenberg und L.E. Birdzell jr. sind der Ansicht, daß der in der westlichen Welt geschaffene Wohlstand dem klassischen Kapitalismus zu verdanken ist, eine Behauptung, die wohl nur die wenigsten als völlig absurd abtun werden.[24] Die moralische Erkenntnis, die man daraus gewinnen kann, lautet, daß die Nationen wohlhabend wurden, weil sie dem Handel und Unternehmertum freien Lauf ließen.

Für viele mag das freie Marktgeschehen so etwas wie das Evangelium sein, aber als Rezept für die Zukunft hat es gewisse Schwachstellen. Eine besteht darin, daß man bei der Ablehnung von Malthus' Theorie möglicherweise die Ursache mit der Wirkung verwechselte. Es sieht so aus, als ob Bevölkerungszunahmen kommerziellen und technologischen Fortschritten gefolgt sind und nicht etwa diese eingeleitet haben. Die erste europäische Bevölkerungsexplosion fand statt, als neue landwirtschaftliche Techniken und Nahrungsmittel (wie die Kartoffel oder der Mais) aus der Neuen Welt eingeführt wurden. Dank der verbesserten Hygiene wie auch dem öffentlichen Gesundheitswesen wurden einst tödlich verlaufende Krankheiten unter Kontrolle gebracht, woraufhin die Bevölkerung in Europa in noch stärkerem Maße wuchs. Die Verbreitung dieser westlichen Innovationen in andere Länder löste die weltweite Bevölkerungsexplosion des 20. Jahrhunderts aus. Das Wettrennen zwischen Bevölkerung und Ressourcen ist noch nicht beendet. Malthus' Theorie ist noch keineswegs widerlegt.

Alternative Modelle

Stellen die von der „unsichtbaren Hand" geschaffenen Substitutionsgüter wirkliche Äquivalente für die Waren dar, welche sie ersetzen? Erdöl als Ersatz für Walöl kann man noch als solches anerkennen, allein schon deshalb, weil die Wale dadurch gerettet wurden. Aber entsprechen Schafweiden tatsächlich bebauten Feldern? Als in England die Schafzucht in großem Maßstab eingeführt wurde, jagten die Grundbesitzer die Bauern von ihrem Land, auf welchem deren Familien seit Generationen gelebt und gearbeitet hatten; das Dorfleben brach auseinander, und es setzte ein anhaltender Strom heimatloser Menschen in die Slums der Städte ein. Der Dichter Robert Burns beklagte damals, daß „die Schafe die Menschen auffraßen".

Es ist allgemein bekannt, daß unsere unheilbringende und anmaßende Wissenschaft keinerlei Aufhebens um die nicht quantifizierbaren ästhetischen, geistigen und sozialen Kosten für die Individuen und die Gesellschaftsstruktur im allgemeinen macht. Sind Vergnügungsparks, künstlich angelegte Seen und Zoos ein wirklich adäquater Ersatz für unberührte Landschaften, wilde Flüsse und frei lebende Tiere? Was für einen Ersatz gibt es für die Kondore, Nashörner oder Tiger, wenn die letzten von ihnen ausgestorben sein werden? Seelenfrieden, Schönheit, Zufriedenheit und soziale Integrität gehören nicht zu den Bestandteilen des Bruttosozialprodukts. Das Wort „Äquivalenz" umfaßt viele Faktoren außer den reinen „Anschaffungskosten".

Eine weitere bedenkliche Annahme ist die Hypothese, daß Äquivalente für erschöpfte (oder zumindest nicht mehr wirtschaftliche) Ressourcen zur Verfügung stehen. Im Fall des Walöls gab es glücklicherweise einen wirtschaftlichen Ersatz. Können wir ohne weiteres davon ausgehen, daß einmal ein Ersatzstoff zur Verfügung stehen wird, wenn das letzte Barrel Öl geleert ist? Oder werden sich zukünftige Generationen an das 19. und 20. Jahrhundert als „jenes Zeitalter" erinnern, „in dem man all die schönen Dingen aufbrauchte"

Genaugenommen ist das globale Marktgeschehen gar nicht wirklich frei. Nicht alle Bewerber haben in gleichem Maße Zugang zu ihm oder verfügen über dieselben Informationen. Viele potentielle

Bewerber (die Mehrheit, wie wir hoffen), die einmal ihre Angebote für die Waren oder Ressourcen abgeben werden, die wir heute in unserem frenetischen Streben nach dem Wachstum konsumieren, müssen erst noch geboren werden. Das Modell des freien Marktes macht es allen miserablen Akteuren zu einfach, die sich in eigennütziger und zeitgemäßer Weise auf das Ich und das Heute konzentrieren und dabei kurzen Prozeß mit den Interessen unserer Erben machen.

Einige unserer Denker betonen *den Wandel, die Fähigkeit zur Innovation und das Unternehmertum* als Schlüsselfaktoren der Neubelebung. Joseph Schumpeter preist diesen Prozeß als „Sturm der kreativen Destruktion". Der Kapitalismus ist ein Entwicklungsprozeß, eine Form von wirtschaftlichem Wandel, der nie stationär sein kann.

„Der grundlegende Impuls, der die kapitalistische Maschine in Gang setzt und in Bewegung hält, geht von den neuen Konsumentenwaren aus, den neuen Produktions- oder Transportmethoden, den neuen Märkten, den neuen Formen der industriellen Organisation, welche das kapitalistische Unternehmen schafft (...) Dadurch wird ständig die Wirtschaftstruktur von innen heraus revolutioniert, die alte zerstört und eine neue geschaffen."[25]

Schumpeters Sicht der Dinge ist eine Variante des alten Pioniergeistes. Man geht dorthin, wo die Chancen am größten zu sein scheinen, und läßt die Vergangenheit weit hinter sich. Am Anfang erschlossen die Siedler, Bergarbeiter und Holzfäller ein unberührtes Land. Dann nahm im Laufe des 19. Jahrhunderts die aufkommende Industrie die Stelle des Bodens als der Hauptquelle des Wohlstands ein. Heute messen wir der Industrialisierung keine Bedeutung mehr zu: Unsere neu erschlossenen Gebiete sind nun die Daten- und Informationsverarbeitung, die Hochtechnologie, der multinationale Handel, die Biotechnik etc. Die Endeckung weiterer Gebiete ist die Sache unserer Innovatoren und Unternehmer.

James Botkin, Dan Dimancescu und Ray Stata behaupten, daß die Gestalter der Zukunft schon voll am Werke sind. „In Amerika vollzieht sich ein neuer Prozeß", schrieben sie 1984. „Eine neue Wirklickeit hat Fuß gefaßt. Unsere Denkstrukturen sind veraltet, denn diese Wirklichkeit läßt Ideen heute überholt erscheinen, die erst gestern noch neu waren. Noch erstaunlicher ist dabei, daß vieles, das wir schon ad acta gelegt haben, mit neu gefundener Kraft wieder zum Vorschein tritt."[26] Die globale Welle von Innovationen und die Vitalität der Industrien betrachtend, die von der Schuhherstellung über Computer bis hin ins Bildungswesen reichen, kommen sie zu dem Schluß, daß wir durch die Wiederentdeckung und Wiederfreisetzug der kreativen Energien unserer Innovatoren unseren wirtschaftlichen Herausforderungen gewachsen sein werden.

Peter Drucker behauptet, daß wir uns notwendigerweise in einem Zeitalter des Unternehmertums befinden. Nur durch ein bewußt unternehmerisches Verhalten im internen als auch externen Bereich können sich große Firmen dem Auflösungsprozeß entziehen, den die „kreative Destruktion" mit sich bringt. Im Einklang mit seinen früheren Warnungen vor dem Streben nach einem unkontrollierten Wachstum betont Peter Drucker, daß die erfolgreiche Innovation auf das Erreichen einer Spitzenposition gerichtet sein sollte und nicht unbedingt auf das Erlangen von Größe.[27]

Zweifelsohne werden Innovation und Unternehmertum bestimmten Firmen und vielleicht sogar ganzen Industriezweigen zugute kommen. Das war schon immer der Fall. Aber reicht dies schon aus, damit ganze Volkswirtschaften auf ihrem Vorwärtskurs bleiben? Sind genügend echte Wachstumschancen vorhanden, damit Innovation und Unternehmertum den Herausforderungen voll gewachsen sein werden, mit denen wir heute konfrontiert sind?

Die *Keynessche Theorie* weicht von ihrem klassischen Pendant in einem wichtigen Punkt ab. Der Staat soll in das Wirtschaftsgeschehen eingreifen, weil der freie Markt unvollkommen ist. Eine Feinsteuerung des Konkjunkturzyklus wird als rettende Lösung angesehen. In Zeiten der Unterbeschäftigung wird die Nachfrage angeregt, wobei auch Haushaltsdefizite in Kauf genommen werden, wenn dies notwendig erscheint. (Das darauffolgende Wachstum wird für einen entsprechenden Ausgleich sorgen.) Bei dieser Lehre spielen Investionen, Nettoexporte, Staatsausgaben sowie die Verbrauchernachfrage eine wichtige Rolle. Es stimmt zwar, daß in der Geschichte immer dann ein gesundes Wachstum zu beobachten war, wenn eine starke Verbrauchernachfrage herrschte. Jedoch hat eine bewußte Defizitfinanzierung sowie eine Einkommensumverteilung in schlechten Zeiten nicht automatisch zu einem beachtlichen Wachstum geführt. Und von den Politikern weiß man, daß sie nur sehr ungern die Keynessche Medizin in guten Zeiten verordnen, das heißt ein bewußtes Abziehen der Staatsüberschüsse, damit sich die boomende Wirtschaft etwas abkühlen kann. Läßt man einmal die Theorie außer acht, dann erinnert die in der Praxis angewandte Keynessche Lehre an den Versuch, ein in eine Flaute geratenes Schiff wieder in Gang zu bringen, indem man die Mannschaft in die Segel blasen läßt. Dieser Plan ist von vornherein zum Scheitern verurteilt, weil er allen Naturgesetzen Hohn spricht. Aber zumindest lenkt er die Crew ab und hält sie eine Zeitlang in Atem. Möglicherweise handelt es sich bei der Verschuldung zur Schaffung von Wohlstand mittels Ausgaben um einen ähnlichen Prozeß.

Unser letztes Modell, welches derselben Kategorie angehört, ist die *Technologiemanie*. Wissenschaftler und Techniker haben in der Vergangenheit schon so manches Problem gelöst. In der von den „Technologiemachern" prognostizierten Zukunft werden uns intelligente Maschinen von der Plackerei und Schufterei erlösen. Biotechnologen und Gentechniker werden quälende Gesundheits- und Hungerprobleme aus der Welt schaffen. Physiker werden dank Plasma, Atomfusion und Hochleistungs-Solarwandlern billige und unbegrenzte Energiequellen schaffen. Wenn wir auf dem Mond landen können, dann dürften sich auch noch ganz andere Dinge bewerkstelligen lassen. Beispielsweise sah R. Buckminster Fuller den Tag kommen, an dem keiner mehr zu arbeiten brauchte, weil es dafür Computer und Roboter geben würde. Die moderne Technologie sei imstande, aus jedem Erdbewohner einen Milliardär zu machen. Laut der Theorie von Fuller können wir heute pro investierte Material-, Energie- und Zeiteinheit so viel mehr produzieren, daß zum ersten Mal in der Geschichte ein Überfluß vorhanden sein wird.[28]

Alternative Modelle 355

Wer wollte die Vorteile und Annehmlichkeiten leugnen, die Wissenschaft und Technologie bis heute geschaffen haben? Allerdings werden bei einem unvoreingenommenen Studium der Geschichte auch deren beängstigende Schattenseiten deutlich. Ein atomarer Krieg, welcher heute aufgrund der Erkenntnisse in der Physik sowie der Luft- und Raumfahrttechnik geführt werden könnte, würde alles Leben auf der Erde vernichten, ein Schicksal, das früher nie möglich oder auch nur vorstellbar gewesen wäre. Nie zuvor mußte unser Planet eine derart hohe Anzahl von Menschen ernähren. Diese Überbevölkerung findet ihre Ursache auch in den verbesserten Technologien im gesundheitsmedizinischen Bereich. Im Labor hergestellte Chemikalien bedrohen die Biosphäre mit Giften, gegen die sich die Natur nicht wehren kann.

Die Probleme, die wir mit der Technologie von morgen zu lösen haben, wurden sehr oft durch die Technologie von gestern verursacht. So vertrat vor kurzem eine Beratergruppe die Ansicht, daß die Eindämmung des sauren Regens, der auf das Konto einer früheren Hochtechnologie-Generation geht, tatsächlich eine größere Wachstumsindustrie schaffen könnte.[29] Noch bedenklicher dürfte das Kernstück der augenblicklichen SDI-Debatte sein (nämlich Spitzentechnologie-Satelliten in die Erdumlaufbahn zu bringen, welche Raketenangriffe vereiteln sollen), denn hier handelt es sich nur um eine weitere Technologiemanie im Rahmen einer nie enden wollenden Weiterentwicklung neuer Waffentechnologien, die bestehende ausschalten sollen.

Begehen wir nicht vielmehr einen furchtbaren Fehler, wenn wir uns an einen Peiniger wenden, der uns von jenen Qualen erlösen soll, die er uns zufügt? Jedenfalls hat auch der Technologiewahn seine Grenzen, die teilweise physikalischer Natur sind[30], zum Teil aber auch – was noch erschreckender ist – von der menschlichen Vernunft gesetzt werden, die über die technologischen Anwendungsbereiche entscheidet.

Sollte unsere Kritik an den bestehenden Modellen recht hart ausgefallen sein, dann deshalb, weil wir genügend Beispiele für deren Resultate und Auswirkungen nennen können, die uns nachdenklich stimmen. Die bewährten alten Methoden scheinen nicht mehr so gut zu funktionieren wie früher – möglicherweise wegen der von uns genannten Gründe. Ihnen liegt oft die Annahme zugrunde, daß das Wirtschaftswachstum ein wünschenswertes und erreichbares Ziel ist. Könnte es aber nicht sein, daß die optimistischen Wachstumshypothesen keine Gültigkeit haben, daß das zukünftige Wachstum mehr schadet als nützt und die Welt sich in einem viel desolateren Zustand befindet, als die meisten von uns zugeben möchten?

Hoffnungslosigkeit, Verzweiflung, Elend

Einige Beobachter des Wirtschaftsgeschehens schlagen bereits die Hände über dem Kopf zusammen. Für die amerikanische Wirtschaft, ja vielleicht sogar für die ganze Welt, gibt es keine Rettung mehr. Das Wort Wachstum kann man für immer aus dem Vokabular streichen, wir können ja schon von Glück reden, wenn wir überleben werden.

Ein Nationalökonom dieser Denkrichtung, Paul W. McCracken, befürchtet eine *globable wirtschaftliche Desintegration*. Er zählt Kräfte auf, die in der Geschichte zu kritischen Situationen geführt haben:

– Eine große, rasche Änderung der Handelsstrukturen, die direkte, protektionistische Maßnahmen erforderlich macht,
– stagnierende Binnenwirtschaften,
– eine einst führende Wirtschaft, die ihre Allmacht verloren hat.

„Alle drei dieser fundamentalen und zersetzenden Kräfte oder Bedingungen herrschen heute vor. Zweifelsohne bedarf es einer umfassenden Änderung der Welthandelsstruktur." McCrackens Meinung nach werden sich die Vereinigten Staaten mit einem sinkenden Lebensstandard abfinden müssen, während unsere Handelspartner ihren anheben sollten. Eine Berichtigung des Haushaltsdefizits ist laut McCrackens Empfehlung eine der vordringlichsten Aufgaben. Sein Fazit lautet, daß „die liberale internationale Wirtschaftsordnung, die seit dem Zweiten Weltkrieg einen hohen Bei-

Alternative Modelle

trag zum Wohlstand und zum Frieden geleistet hat, nun auf dem Spiel steht."[31]

Robert Heilbroner befaßt sich mit unserer Grundform der ökonomischen Gestaltung und ist noch pessimistischer eingestellt. Er rechnet mit dem *Untergang des kapitalistischen Systems*. Der fundamentale Prozeß, der dem Aufstieg des multinationalen Unternehmens zugrundeliegt, ist das Wachstum, die Expansion des Kapitals, „der Dämon des Kapitalismus selbst". Allerdings ist Robert Heilbroner der Ansicht, daß „wir eine historische Epoche hinter uns lassen, in welcher der expansive Trieb des Kapitalismus von einer unendlich reichen und immensen Umwelt aufgefangen werden konnte, und nun eine Epoche betreten, in welcher dieser Trieb von den immer schwächer werdenden Kräften der Natur gebremst und schließlich unterdrückt werden muß".[32]

Er nennt drei Gründe, warum wir mit dem Ende des Kapitalismus rechnen müssen:

1. Dem Wachstum und der Expansion sind Grenzen gesetzt.

2. Der Planungsapparat weitet sich aus.

3. Der „Geist" des Kapitalismus, das wirtschaftliche Wertesystem, wird untergraben.

Keine andere Zivilisation hat dem Motiv des Eigennutzes eine so übergeordnete Bedeutung zugemessen, aber das materielle Wohlergehen erwies sich als hohler Ersatz für das geistige Wohlbefinden. Die zunehmende Ungewißheit und Komplexität der achtziger Jahre hielten Robert Heilbroner davon ab, genaue Prognosen über den weiteren Verlauf zu machen. Jedoch ist er deshalb im Hinblick auf das Wachstum oder den Kapitalismus nicht zuversichtlicher geworden. Er weist darauf hin, daß alle berühmten Modelle der politischen Ökonomie, angefangen mit dem von Adam Smith bis hin zu dem von Joseph Schumpeter, dem Kapitalismus eine begrenzte Zukunft einräumten.[33]

Aufgrund der drohenden *ökologischen Katastrophe* wird es vielleicht unumgänglich sein, dem Wachstum – so wie wir es gekannt haben – Einhalt zu gebieten. Alarmiert von Rachael Carsons richtungsweisendem Buch „Silent Spring" (1962) wurden zu Beginn der siebziger Jahre Befürchtungen laut, daß die Gefahr einer Katastrophe unmittelbar bevorstehe. „The Population Bomb" von Paul Ehrlich (1971) sowie „The Limits of Growth" des Club of Rome (1972) warnten davor, daß eine Fortsetzung der augenblicklichen Entwicklung schreckliche Konsequenzen hätte. In „The Closing Circle" stellte Barry Commoner sogar die Frage, ob die herkömmliche Marktwirtschaft mit einer intakten Umwelt nicht völlig unvereinbar sei.[34] Sein Fazit lautete: Das Gewinnmotiv zwingt zu Entscheidungen, die auf eine größere Produktivität abzielen, welche wiederum zu einer größeren Umweltverschmutzung führen dürfte.

In den vergangenen zwei Jahrzehnten wurden einige Fortschritte bei der Reinhaltung und Erhaltung der Umwelt gemacht. Ein paar wenige Schlachten wurden gewonnen. Aber insgesamt gesehen dürften wir immer noch an Boden verlieren. Der vom Worldwatch Institute vorgelegte Bericht „State of the World 1987" nennt eine lange Liste immer größer werdender Probleme: Abholzung, Wüstenbildung, Abtragung des Kulturbodens, Treibhauseffekt, Atommüll, saurer Regen und sinkender Grundwasserspiegel. Die Hauptbotschaft dieser Ausgabe von „State of the World" lautet, daß die kritische ökologische Schwelle gerade überschritten wird, ab der es für uns kein Zurück mehr geben dürfte.[35]

Der Theologe und Historiker Richard L. Rubenstein glaubt, daß der Welt infolge des sich verlangsamenden Wachstums *politische und soziale Umwälzungen* bevorstehen.

„In einer expandierenden Wirtschaft, wie sie die Vereinigten Staaten im 19. Jahrhundert die meiste Zeit über erleben durften, sind die destruktiven Aspekte der in der bourgeoisen Gesellschaft vorhandenen globalen Konkurrenzfähigkeit nicht so augenfällig wie in einer statischen oder rückläufigen Wirtschaft. Die gegenseitige Feindschaft, die einem System innewohnt, in der alle Akteure zu einer Gewinnmaximierung auf Kosten der anderen gezwungen sind, tritt in einer Wirtschaft des Nullwachstums oder rückläufigen Wachstums deutlich zutage."[36]

Alternative Modelle

Rubenstein befürchtet, daß wir in einem „Zeitalter der Auslese" leben, in welchem Bevölkerungsgruppen zuerst geschaffen und später als ökonomisch überflüssig ausgerottet werden. Diese Situation herrschte während der gesamten Entwicklung des Kapitalismus und der Industrialisierung vor und wurde von Ereignissen gekennzeichnet, zu dem die englische Landeinhegungspolitik im 16. und 19. Jahrhundert, die irische Hungersnot im 19. Jahrhundert und die Massenvernichtung von Armeniern, Ukrainern, Juden und Kambodschanern im 20. Jahrhundert gehören. Er erinnert uns daran, daß aufgrund politischer Gewaltanwendung schon über 100 Millionen Menschen in den ersten 80 Jahren des 20. Jahrhunderts ihr Leben lassen mußten. Im Zusammenhang mit seiner These und dem Beweismaterial, das er in seinem Buch „The Age of Triage" vorlegt, scheint Rubensteins Versuch, ein zuversichtliches Schlußkapitel schreiben zu wollen, eine wohlgemeinte, aber nicht überzeugende Geste zu sein.[37]

Zweifellos lauern in der Zukunft Gefahren. Doch gehört Verzweiflung nicht zum Charakterzug der Amerikaner. Deutlich und genau formulierte Warnungen können oft schon Abhilfe schaffen. Aber die Zeit drängt. Heute laufen die Ereignisse in raschem Tempo ab, sie sind komplex und verworren, und ihre Auswirkungen waren noch nie so umfassend. Unter der Voraussetzung, daß wir auch den Willen dazu haben – liegt an diesem Punkt die rechtzeitige Aufbietung geeigneter Gegenkräfte noch im Bereich des Möglichen?

Mit der Zeit gehen

Möglicherweise steht die Katastrophe noch gar nicht bevor. Aber die bewährten alten Methoden sind auch nicht mehr das, was sie einmal waren. Schließlich ist es schon 200 Jahre her, daß die Lehrsätze der klassischen freien Marktwirtschaft formuliert wurden. Damals spielte die Landwirtschaft in der Weltwirtschaft eine dominante Rolle. Der internationale Handel wurde per Segelschiff abgewickelt. Adam Smiths Stecknadelfabrik galt als großes Unternehmen. Die Lage ist heute vollkommen anders, und ihre Entwicklung ist immer noch nicht abgeschlossen.

Es wäre vielleicht verfrüht, jetzt schon das Handtuch zu werfen. Mit unserer Litanei der lauernden Katastrophen wollen wir der Vermutung Ausdruck verleihen, daß viele der augenblicklich wunden Stellen wahrscheinlich nicht von alleine heilen werden. Die westliche Zivilisation zeichnet sich noch immer durch Stärke und bleibende Werte aus. Steht unsere Wirtschaftsordung wirklich am Rande des Bankrotts, der Zwangsversteigerung und Liquidation? Möglicherweise würden ein paar rechtzeitige Änderungen zusammen mit einer Neuordnung unserer Prioritäten sie wieder in eine Linie mit den Erfordernissen der modernen Technologie und der Gesellschaft als Ganzes bringen.

Russell L. Ackoff behauptet, daß heute die *Entwicklung* und nicht das Wachstum unser wahres Ziel sein muß. Seiner Ansicht nach sind Unternehmen wertvolle soziale Gebilde, die insofern einzigartig sind, als sie in effizienter Weise Wohlstand schaffen und diesen auch verteilen. Die Rolle der Unternehmen in der Gesellschaft hat sich im Laufe der Zeit derart gewandelt, daß traditionelle Ansätze nicht mehr ausreichend sind. Nachdem sie zuerst als „Maschinen" betrachtet wurden, deren Aufgabe die Schaffung von Geld für ihre Eigentümer war, wurden aus den Unternehmen zwischen den beiden Weltkriegen „Organismen", deren Zweckbestimmung das Überleben sein sollte. Heute erkennen wir allmählich, daß sie „soziale Systeme" sind, die Verantwortung für viele Interessengruppen tragen, zu denen auch der Betrieb, die Beschäftigten und die Gesellschaft als Ganzes gehören.[38]

Russell L. Ackoff definiert hier das Wort *Entwicklung* als eine „Intensivierung der eigenen Fähigkeiten und des Verlangens, die eigenen Bedürfnisse und legitimen Wünsche als auch die der anderen zu befriedigen".[39] Er legt den Nachdruck auf die Lebensqualität und weniger auf den Lebensstandard und empfiehlt, daß die ästhetische Dimension in die unternehmerische Entscheidungsfindung mit einfließen muß. „Die zur Zeit stattfindende Neuorganisation der amerikanischen Wirtschaft kann man als Bemühen verstehen, die Struktur des privaten Sektors in unserem Gesellschaftssystem zu modernisieren", bemerkt er. „Ein Wandel ist notwendig. Man muß sich nur vergegenwärtigen, wie die Umwelt heute ausge-

Alternative Modelle

beutet anstatt erneuert – das heißt für die Zukunft verwaltet – wird, um die Bedeutung dieser Notwendigkeit zu erkennen."[40] Ackoffs Lösung ist offensichtlich für die amerikanische Mittelschicht und andere Mitglieder im Club der „Habenden" bestimmt, die sich den Luxus gönnen können, nach Befriedigungen zu streben, die weiter reichen als das bloße Überleben. Für Milliarden anderer Menschen hier und anderswo, die als Außenseiter der Gesellschaft sehnsüchtg auf unseren überflüssig hohen Lebenstandard blicken und ihren Kampf ums tägliche Brot führen, mag diese Lösung weniger attraktiv sein.

E.F. Schumacher und Alvin Toffler empfehlen einen *kleineren Rahmen, auf den wir uns beschränken müssen,* wenn die Zukunft noch kontrollierbar sein soll. Schumacher ist der Ansicht, daß menschliche Unternehmungen sozialen und nicht rein wirtschaftlichen Zwecken dienen sollten. Sein *„Small is Beautiful"* war in den siebziger Jahren das Credo für Umweltschützer und Anhänger einer Gegenkultur. Er warnt davor, daß „es zwar ein ‚Wachstum' in Richtung auf ein begrenztes Ziel geben darf, nicht aber ein schranken- und zielloses Wachstum", und hält daher eine Abschaffung des augenblicklichen Systems für erforderlich, welches nur Habgier und Neid fördert. Wir müssen die Wirtschafts-, Psychologie- und Philosophiemodelle des 19. Jahrhunderts hinter uns lassen und auf die Größe um der Größe willen verzichten.

„Menschen können sich nur in kleinen, überschaubaren Gruppen verwirklichen. Wir müssen daher lernen, in den Dimensionen einer untergliederten Struktur zu denken, die einer Vielzahl kleiner Gruppen gewachsen ist. Wenn dies von einem wirtschaftsorientierten Denkmodell nicht verstanden wird, hat dieses keinen Sinn (...) wir sollten die Nationalökonomie über Bord werfen und neu beginnen."[41]

Alvin Toffler drückt in „The Third Wave" ähnliche Gedanken aus:

„Fortschritt läßt sich nicht mehr nur in Form von Technologie und materiellen Maßstäben messen (...) eine Gesellschaft, die moralisch, ästhetisch, politisch und ökologisch korrumpiert ist, kann keine reiche Gesellschaft sein".[42]

In der Zukunft wird es mehr Flexibilität, Individualisierung und Partizipation geben. Kleinere Arbeitsgruppen und der Aufbau eines Gemeinschaftsgefühls dürften die Antwort auf die drohende Vereinsamung und Entfremdung sein.

Auch Thomas J. Peters, ein atypischer Anhänger der „kleinrahmigen" Denkrichtung und Mitautor von „In Search of Excellence", glaubt, daß die Hoffnung für die Zukunft in *kleineren Organisationseinheiten* liegt. Die Komplexität der modernen Welt und die Geschwindigkeit, mit der heute Informationen, Technologie und Kapital zirkulieren, erfordern eine Flexibilität, die großen, traditionell strukturierten Unternehmen fehlt. Die Größe der amerikanischen Unternehmensriesen war nur so lange von Vorteil, wie die Massenmärkte diese rechtfertigten, aber letztere splittern sich zusehends auf. Firmen mit eng umgrenzten Tätigkeitsfeldern können mit den sich ändernden Marktbedürfnissen Schritt halten und die Nachfrage seitens kleinerer Marktsegmente zur Zufriedenheit und mit Gewinn decken. Diese Firmen werden im 21. Jahrhundert erfolgreich sein. Thomas J. Peters verweist auf zahlreiche Bereiche wie das Bankgewerbe, die Textilbranche, den Einzelhandel oder die Gesundheitsfürsorge, in denen kleine, spezialisierte und unternehmerisch ausgerichtete Firmen ihren schwerfälligeren Konkurrenten Marktanteile und – was noch wichtiger sein dürfte – Gewinne streitig machen.[43]

Kleine Unternehme sind für das Überleben auf dem Markt von Vorteil, und die meisten Menschen fühlen sich bei kleinen Firmen auch wohler als bei großen. Jedoch benötigen viele moderne Unternehmen – zum Beispiel die Luft- und Raumfahrt oder die Telekommunikation – riesige Organisationen. Ein plötzlicher und umfassender Schritt in Richtung auf eine kleine Form dürfte große soziale und wirtschaftliche Änderungen erforderlich machen, die wir freiwillig wahrscheinlich nicht auf uns nehmen wollen.

Daneben finden sich auch Ansätze, bei denen die Zukunft im Makrorahmen betrachtet wird und die Gesamtaussichten der ganzen Welt untersucht werden. Die elektronische Kommunikation durchdringt die nationalen Grenzen mit Lichtgeschwindigkeit. Was die Transportzeiten und -kapazitäten betrifft, so haben Düsenflugzeu-

Alternative Modelle 363

ge, Eisenbahnen und Autos die Erde auf die Größe eines Kleinstaates des 18. Jahrhunderts reduziert. Ein engstirniger Nationalismus sorgt für das Weiterbestehen der Grenzen, die dem Fortschritt im Wege stehen und die Diskrepanz zwischen reichen und armen Ländern vergrößern.

Für Willy Brandt, Nobelpreisträger und ehemaliger Bundeskanzler der Bundesrepublik Deutschland, ist die Zeit für eine internationale Zusammenarbeit und wirtschaftliche Umstrukturierung gekommen. Es sieht allerdings so aus, als ob das Wachstum, welches die fünfziger und sechziger Jahre kennzeichnete, erst einmal zu Ende ist. Er schreibt:

„Viele Jahre lang war es möglich, soziale Spannungen in demokratischen Gesellschaften auszugleichen, weil ein genügend großes Wirtschafswachstum vorhanden war, von dem ein jeder profitieren konnte."[44]

Willy Brandt sieht die wirtschaftliche Gefahr in einer weltweiten „Kreditorgie", in der Zunahme der Handelshemmnisse und in der Finanzierung des US-Defizits durch das Ausland. Das Wachstum der Weltbevölkerung gerät zunehmend außer Kontrolle, und der Rüstungswettlauf, an dem viele Nationen beteiligt sind, hemmt die Entwicklung der Weltwirtschaft.

Wie Russell L. Ackoff ist auch Willy Brandt der Ansicht, „Entwicklung" sei das richtige Ziel, nicht Wachstum.

„Heutzutage melden verschiedene Seiten berechtigte Zweifel an, ob sich wohl die Entwicklung einfach mit jeder Art von Wachstum gleichsetzen lasse. Eine Entwicklung ohne Wachstum ist kaum vorstellbar. Aber nicht jede Art von Wachstum führt zur Entwicklung, ganz zu schweigen zum Fortschritt. Die Frage lautet vielmehr: Was sollte unserer Ansicht nach wachsen und wie, damit wessen Entwicklung gefördert wird?"[45]

Zu Brandts Programm gehört eine Kürzung der weltweiten Rüstungsausgaben, eine Zusammenarbeit zwischen Israel und den arabischen Ländern und eine Art von Marshall-Plan für die Dritte Welt, welcher die Schuldenlast der ärmeren Länder verringern und ihnen bei der Deckung ihrer Grundbedürfnisse sowie der Verbesserung ihrer Wirtschaft helfen soll. Davon würden dann sowohl die reichen als auch die armen Länder profitieren.

Eine ganz schön lange Wunschliste! Folgende Schlüsselfragen bleiben aber unbeantwortet: Können die bestehenden politischen Systeme wirklich darauf Einfluß nehmen? Und falls ja, werden sie es auch tun, bevor Ereignisse eintreten, die eine derartige Möglichkeit ausschließen?

Für Theodore Levitt von der Harvard University ist die Supergröße das einzig Wahre. Theodore Levitt sieht die heutige Welt aus der Marketingperspektive – konvergierende Gemeinschaften, die eine neue kommerzielle Realität darstellen. In allen Ländern, ob nun arm oder reich, explodiert die Nachfrage nach den „modernsten Artikeln, die die Welt herstellen und verkaufen kann: erstklassige und äußerst zuverlässige Waren zu sehr niedrigen Preisen. Die Bedürfnisse und Wünsche auf der ganzen Welt sind für alle Zeiten homogen geworden. Das multinationale Unternehmen ist tot, es lebe das globale". Theodore Levitt sieht ein fast grenzenloses Potential für die Anhebung des weltweiten Lebensstandards, wenn die Marktanbieter die Unterschiede zwischen den Präferenzen der einzelnen Länder bei Waren und Dienstleistungen ignorieren und stattdessen „entsprechend standardisierte Produkte und Leistungen dem ganzen Globus aufzwingen. Wenn deren Preise auch noch niedrig sind, die Qualität hoch und ihre Zuverlässigkeit ausgeprägt ist, dann wird die Welt sofort zugreifen."[46] Firmen, die sich diesen neuen globalen Realitäten nicht anpassen, werden das Opfer jener werden, die sich richtig verhalten, warnt er.

Levitts Rezept gilt sicherlich für jene standardisierten Produkte und Dienstleistungen, die auf dieselben weltweiten Bedürfnisse oder Probleme gerichtet sind, zum Beispiel Fahrräder oder tragbare Radiogeräte. Aber viele Handels- und Konsumbereiche lassen sich nicht vereinheitlichen, da sie sowohl von der jeweiligen Kultur als auch vom jeweiligen politischen System in hohem Maße beeinflußt werden. Levitt träumt womöglich vom Modell einer homogenen, konsumorientierten Weltgesellschaft, das aber bislang nur für begrenzte soziale Segmente, Waren, und Regionen gilt.

Alternative Modelle

Vor etwa 40 Jahren vertrat Karl Polanyi die Ansicht, daß die Marktwirtschaft veraltet und irrelevant sei. Die Idee eines sich selbst regulierenden Marktes sei völlig utopisch, behauptete er. Dies „würde früher oder später die natürliche Substanz der Gesellschaft zerstören". In marktwirtschaftlichen Systemen hat der Kommerz Vorrang vor sozialen Beziehungen, Arbeit und Boden werden zu reinen Waren, und das Ergebnis davon ist eine Entartung der Kulturen. Bemühungen, die globale Marktwirtschaft in den Griff zu bekommen, führten zu „einer der größten Krisen in der Geschichte der Menschheit", dem Zweiten Weltkrieg.[47] Karl Polanyi vertritt eine sozialistische Position. Wo immer es möglich ist, sollten Veränderungen überwacht werden, um die Gemeinschaft vor den Folgen eines spontanen Wachstums zu schützen. Karl Polanyi schlägt als Lösung eine Beendigung der Marktwirtschaft als gesellschaftlicher Basis für den Eigennutz vor. Entscheidungen über Bodennutzung, Kapital und Arbeitsbedingungen (zum Beispiel Löhne, Sicherheit am Arbeitsplatz und Arbeitszeit) sollten außerhalb des marktwirtschaftlichen Systems getroffen werden.

Ende der achtziger Jahre werden nun auf der ganzen Welt unzählige betriebliche Entscheidungen außerhalb des marktwirtschaftlichen Rahmens getroffen. In sehr maßvoll sozialistisch orientierten Ländern wie Schweden oder Frankreich spielt der Staat eine vergleichsweise aktive Rolle bei der Planung und Steuerung des Kapitalflusses, im Managementbereich sowie bei Arbeitnehmer- und Verbraucherfragen. In den Vereinigten Staaten meiden wir den geplanten Eingriff seitens des Staates, bitten ihn aber andererseits um willkürliche Interventionen. Unzufriedene Arbeitnehmer verklagen ihre Chefs wegen Schikanen, Beförderungs- oder Kündigungsstreitigkeiten. Bundesbehörden legen Normen für die Sicherheit am Arbeitsplatz fest und setzen diese in Kraft, sie schaffen Umweltschutzkontrollen und regeln das Verhalten am Arbeitsplatz wie zum Beispiel das Rauchen. Gemeinden schreiben Vermietern vor, wieviel Miete sie verlangen dürfen. Für die Autohersteller erläßt die Regierung in Washington Vorschriften über Emissionswerte, Benzinverbrauch und Sicherheit. Verärgerte Gesetzgeber erlassen Verordnungen zur Verbesserung der Dienstleistungen von Fluggesellschaften. Geschworene entscheiden über zunehmend detaillierte Aspekte der Herstellerhaftung. Mit steuerpolitischen Maßnahmen, Projekten für öffentliche Anlagen und Transferzahlungen lenkt der Staat den Konsum- und Investitionsstrom um.

Wir brauchen uns gar nicht selbstgefällig auf die Schulter klopfen und meinen, daß es bei uns weder jene Hemmnisse noch jenen Bürokratismus gebe, welche den sozialistischen Ländern zu schaffen machen. Auf unsere eigene desorganisierte Art haben wir uns den von Karl Polanyi vorhergesehenen und befürworteten Veränderungen bereits stärker angenähert, als viele glauben wollen. Werden sich die Endergebnisse in den USA durch eine größere Effektivät oder Effizienz auszeichnen als in Staaten, die eine bewußtere politische Wirtschaftsplanung betreiben?

Ein Ausblick auf die Zukunft des Wachstums

Was soll man von diesem Prognosenpotpourri halten? Kurzfristig haben wir Amerikaner es schon immer verstanden, uns irgendwie durchzulavieren, und dieses Talent erwies sich in der Vergangenheit auch als recht nützlich. Unser angeborener Optimismus, unsere Einstellung, daß „alles machbar" ist, und die Bereitwilligkeit, mit der wir Veränderungen akzeptieren, hat unsere Gesellschaft trotz vieler beängstigender Krisen vorangebracht. Zu Beginn der Industrialisierung stellten die Monopole und Trusts eine zu große Machtkonzentration dar, und deshalb schafften wir sie ab. Während der Weltwirtschaftskrise wurde deutlich, daß das System der freien Marktwirtschaft die Nöte des Landes nicht lindern konnte, und deshalb entschieden wir uns für ein nues Führungsverständnis, das dem Staat eine wichtigere Rolle in unserer Wirtschaft zuwies. In den siebziger Jahren wurde auf die Gefahren einer zerstörten Umwelt aufmerksam gemacht, woraufhin wir per Gesetz Abhilfemaßnahmen verordneten. Sobald die Probleme definiert und klassifiziert waren, suchten wir sofort nach einer Lösung.

Wie sieht es aber langfristig aus? Wir Amerikaner hatten noch nie ein sonderlich gutes Geschichtsverständnis. Falls sich ein langfristiger Zeitraum aus einer kontinuierlichen Reihe aufeinanderfolgender, kurzfristiger Zeitabschnitte zusammensetzt, dann dürften wir mit unserer augenblicklichen Methode durchkommen. Aber vielleicht funktionierten unsere kurzfristigen Korrekturen in der Vergangenheit nur dank eines anhaltenden Wachstums. Könnte es sein, daß wir gerade einen weiteren historischen Wendepunkt überschreiten, daß die auf dem Wachstum basierenden Hypothesen, welche sich in der Vergangenheit als richig erwiesen, für die uns jetzt bevorstehende Zukunft keine Gültigkeit haben?

Dies könnte sehr wohl der Fall sein. Es scheint, daß die simplen Wachstums- und Fortschrittskonzepte des 19. Jahrhunderts heute veraltet sind. Der wohlhabende Teil der Weltbevölkerung (die Industriestaaten, ein paar Ölscheichtümer und die Priviligierten jeder Gesellschaft) nähert sich dem materiellen Sättigungspunkt. Ihm dürfte es wirklich an nichts mehr fehlen. Auch der weit größere Teil der Armen erreicht eine Grenze, weil die Ressourcen der Erde nicht für ein Wachstum ausreichen, das den materiellen Lebensstandard der Armen auf ein Niveau anheben könnte, das mit dem jetzigen unserer wohlhabenden Bevölkerung vergleichbar wäre.

Die Weltwirtschaft muß nicht unbedingt ein Nullsummenspiel sein, aber sie kann auch nicht die Bedürfnisse aller in unbegrenztem Maße befriedigen. Nationalistische Wachstumsbestrebungen führen zwangsläufig zu Konflikten auf jedem globalen Markt. In den frühen Jahren des Kapitalismus wurden diese Konflikte normalerweise militärisch gelöst. In den vier Expansionsjahrhunderten überrollten die westlichen Wirtschafts- und Industriemächte die technologisch rückständigen Länder, welche ihnen im Weg standen, ganz einfach.

Der Zweite Weltkrieg setzte dieser Praxis ein Ende. Die „Großen" können nicht mehr die Konditionen vorschreiben. „Zusamenarbeit" und „freundschaftlicher Wettbewerb" sind die Schlagworte einer fragmentierten, interdependenten und äußerst mobilen Weltwirtschaft. Wie US-Banken in lateinamerikanischen Schuldnerländern feststellen müssen, büßt auch das Kapital seine traditionelle Vorrechtsstellung ein, wenn sich das Wachstum verlangsamt. Weder haben die Armen der Welt Lust zu verhungern, nur damit wachstumsbesessene Geldgeber ihre Gewinnziele erreichen können, noch können wir Kanonen entsenden, um ihnen Mores zu lehren.

Interessenkonflikte breiten sich lawinenartig über die Vereinigten Staaten aus, weil das Wachstum hinter den Erwartungen zurückbleibt. Der Kampf zwischen Aktionären und Unternehmensleitungen hat sich derart zugespitzt, daß der Kongreß nun den Erlaß von Gesetzen in Erwägung zieht, welche Übernahmeversuchen und erpreßten Aktienpaketkäufen Einhalt gebieten sollen. Scharen von Arbeitnehmern wenden sich an die Gerichte, um sich bei einer rapide ansteigenden Zahl von persönlich empfundenen Ungerechtigkeiten Recht zu verschaffen. Unternehmen sollen nun Konsumenten und Gemeinden Rechenschaft ablegen. Konkurrenten kämpfen um winzige Vorteile mit den Waffen der Fusion und Akquisition oder wenden andere, noch aggressivere Geschäftstaktiken an. Jede Interessengruppe will mehr, aber es ist einfach nicht genug von diesem „Mehr" vorhanden.

Wir sind wieder zu unserer Ausgangsfrage zurückgekehrt: Was für ein Wachstum, und wem soll es nützen? Selbst auf nationaler und globaler Ebene kann man sich nicht den unentrinnbaren Konsequenzen entziehen, wenn das gesunde Wachstum aufhört. Welchen fragwürdigen Bewertungskriterien und Interessen wird wohl im Makrobereich der Vorzug gegeben werden? Der Beschäftigung oder der Produktivität? Verrringerten Defiziten oder einem größeren Bruttosozialprodukt? Laufenden Einnahmen oder einem akkumulierten Reichtum? Dem inländischen Eigentum oder dem „Kapitalimport" durch dollarschwere Handelspartner? Wie mißt man eine gesunde und progressive Wirtschaft? Wessen Interessen sollen begünstigt werden?

Genaugenommen handelt es sich gar nicht um wirtschaftliche Fragen, denn als Wissenschaft muß die Nationalökonomie wertneutral sein. Die oben genannten Alternativen sind nichts weiter als persönliche Entscheidungen, die in politische Maßnahmen umgesetzt werden können. Es handelt sich um moralische und ethische Priori-

Ein Ausblick auf die Zukunft des Wachstums

täten sowie um Konflikte zwischen konkurrierenden Interessengruppen. Was ist nun das Richtige? Was wollen wir wirklich? Was die Vereinigten Staaten betrifft, so befinden sich diese in einer seltsam paradoxen Situation. Unser eigentliches Problem ist nicht ein unzureichendes Angebot, sondern eine ungenügende Nachfrage. Wenn wir als Konsumenten nur wüßten, woran es uns noch mangelt, dann würde die Wirtschaft (das heißt wir als Arbeitnehmer) es liebend gern produzieren. Aber anstatt einen Zustand der Zufriedenheit und Gelassenheit anzustreben, gelüstet es uns nach einer Abstraktion, einer Art Heiligem Gral – wir wollen immer noch mehr Wachstum und wissen gar nicht genau, was das eigentlich bedeutet. Unser Wirtschaftssystem entbehrt nicht einer gewissen Ironie. Die Wirtschaft verfügt über Kapazitäten, mit denen sie unsere materiellen Bedürfnisse und Wünsche befriedigen kann, aber nur solange wir diese weiter steigern. Sind wir der Meinung, daß wir genug von allem haben, dann bricht das System zusammen.

In der Ökonomie finden wir vielleicht doch nicht die Schlüssellösung für die Befriedigung unserer echten Bedürfnisse. Unsere erbitterten Interessenkämpfe sind möglicherweise Ausdruck eines verzweifelten Wunsches nach neuen Mechanismen, um die nichtwirtschaftlichen Bedürfnisse zu decken, welche das Wachstum seit alters her befriedigt hat. Anstatt wegen des Wachstums, das es gar nicht geben kann, Zeter und Mordio zu schreien, sollten wir lieber alternative Quellen erforschen, die unser Selbstwertgefühl steigern, auf eine bessere Zukunft hoffen lassen und sinnvolle Beschäftigungen bieten. Vielleicht ist der Vorschlag, die Antwort in der Religion zu suchen, in Wirklichkeit gar nicht so absurd.

Es scheint, daß wir heutzutage dringend ein funktionsfähiges Wirtschaftssystem benötigen, welches auf etwas anderem als dem Wachstum basiert. Vor dem Kapitalismus überlebten unzählige Kulturen – primitive als auch hochentwickelte – und gediehen sogar, ohne daß sie unter dem unnachgiebigen Druck einer zügellosen Kapitalvervielfachung gestanden hätten. Ist die institutionalisierte Habgier, welche uns immer weiter vorantreibt, wirklich nötig? Entgegen unseren heutigen Vorstellungen waren die früheren Wirtschaftssysteme keineswegs untauglich. Sie taten den jeweiligen Erfordernissen Genüge, aber die meisten wurden am Ende von einem anderem System überholt, das den Zeiten besser angepaßt war. Sicherlich wird unser eigenes Wirtschaftssystem irgendwann in der Zukunft ein ähnliches Schicksal ereilen. Wie jedes andere wird auch unseres abgelöst werden, wenn seine Strukturen, Hypothesen und Direktiven nicht mehr geeignet sind, die Gesellschaft zum Wohle ihrer Mitglieder zu ordnen.

Das Erkennen historischer Wendepunkte im Geschichtsfluß der Ereignisse ist genauso schwierig, wie Wasserfälle an Talsperren, die für Kanuten das Ende bedeuten können, rechtzeitig auszumachen. Da sie praktisch auf der Wasseroberfläche sitzen, sehen die Fahrer oft erst dann einen Damm, wenn ihr Kanu bereits über dessen Krone hinweggleitet. Genauso verhält es sich mit historischen Wendepunkten. Ob wir uns jetzt am Rande einer historischen „Dammkrone" befinden, werden wir erst nach ein paar Jahren der Abwärtsfahrt mit Sicherheit sagen können.

Nach der kritischen Durchleuchtung der bisherigen Entwicklung und der aus ihnen ablesbaren Trends sind wir als Autoren dieses Buches der felsenfesten Überzeugung, daß der Prüfstein für die Wirtschaftspolitik am Ende nicht mehr das Wachstum sein wird. Wir hoffen, daß Wachstum durch „Entwicklung" oder ein ebenso humanes Äquivalent ersetzt wird, und bitten inständig, daß sich dieser Wandel mit einem Minimum an Streit, Blutvergießen und Freiheitsentzug vollziehen möge. Unseren heutigen Reichtum schätzen und mit ihm besser umgehen zu lernen, anstatt ihn auf der dubiosen und ungewissen Suche nach dem „Wachstum" zu verschwenden, wäre vielleicht ein erster geeigneter Schritt in diese Richtung. Vor allem müssen wir unsere Anpassungsfähigkeit bei sich neu entwickelnden Bedingungen zu bewahren versuchen.

Ein Ausblick auf die Zukunft des Wachstums

Wohin führt uns das Wachstum?

Am Ende läuft alles auf eine bloße Frage der „Zeitstrukturierung" hinaus. Wie verbringen wir die 24 Stunden des Tages, wie alle Tage unseres Lebens? Die Wirtschaftswissenschaften, das heißt, das Studium der Produktion und Verteilung von Wohlstand, befassen sich hauptsächlich mit dem Problem der Zeitstrukturierung, wenn auch die Nationalökonomen diese Tatsache zu verbergen suchen, indem sie alles mit einem Preisschild kennzeichnen und uns dann mit Statistiken, Grafiken, Kosten-Nutzen-Analysen und ökonometrischen Modellen verwirren. Unsere protestantische (in Wirklichkeit puritanische) Ethik ermahnt uns, immer mehr und härter zu arbeiten. Die Marktanbieter wollen, daß wir munter Geld ausgeben und das Leben in vollen Zügen genießen. Die Nationalökonomen liefern dazu das Punktezählsystem und geben den jeweiligen Spielstandkommentar ab.

Johann Calvin und die puritanischen Intellektuellen, die nach ihm kamen, entnahmen ihre strenge Religionslehre dem Alten Testament. Adam wurde wegen seiner Erbsünde zur Arbeit verdammt, und jene, denen Gottes Segen zuteil wurde, brachten es schon im Diesseits zu Wohlstand. Die logische Folgerung hieraus war sonnenklar: An deiner Arbeit wird man erkennen, ob du auf dem Weg zum Himmel bist oder nicht. Aber im Alten Testament steht noch viel mehr geschrieben. Was auch immer die Beweggründe dafür gewesen sein mögen, die Kalvinisten spielten jedenfalls das Zeugnis König Salomos herunter, der selbst nach den strengen Kriterien der Kalvinisten alles andere als ein Nichtstuer gewesen ist.

„Ich tat große Dinge: Ich baute mir Häuser, ich pflanzte mir Weinberge, ich machte mir Gärten und Lustgärten und pflanzte allerlei fruchtbare Bäume hinein, ich machte mir Teiche, daraus zu bewässern den Wald der grünenden Bäume. Ich erwarb mir Knechte und Mägde und hatte auch Gesinde, im Hause geboren; ich hatte eine größere Habe an Rindern und Schafen als alle, die vor mir zu Jerusalem waren. Ich sammelte mir auch Silber und Gold und was Könige und Länder besitzen (...) und war größer als alle, die vor mir zu Jerusalem waren (...) Als ich aber ansah alle meine Werke,

die meine Hand getan hatte, und die Mühe, die ich gehabt hatte, siehe, da war es alles eitel und Haschen nach Wind und kein Gewinn unter der Sonne (...)

(...) So geh hin und iß dein Brot mit Freuden, trink deinen Wein mit gutem Mut; denn dies dein Tun hat Gott schon längst gefallen (...) Genieße das Leben mit deinem Weibe, das du liebhast, solange du das eitle Leben hast, das dir Gott unter der Sonne gegeben hat (...)"[48]

König Salomos Aufstieg gehörte zu den beeindruckenden Wachstumsgeschichten jener längst vergangenen Zeit. Sein Wohlstand sorgte damals für ziemliches Aufsehen. Allerdings verehrten ihn nachfolgende Generationen wegen seiner Weisheit und nicht wegen seines Reichtums.

Aber in jedem Zeitalter und in jeder Generation herrscht auf dem Markt ein Überangebot an Weisheit vor. Dies heißt nun nicht, daß es besonders viel davon geben würde, denn unter den wertlosen Erkenntnissen, die jeden Tag ausposaunt werden, finden sich nur ein paar wenige Perlen. Tatsache ist vielmehr, daß die Nachfrage nach Weisheit noch geringer ist als das Angebot. Weise oder nicht, Wachstum ist ein untrennbarer Bestandteil der heutigen Zeit, ein offensichtlich zwangsläufiges Erfordernis der globalen industriellen Wirtschaft, wie sie sich bis heute entwickelt hat.

Vor allem prägt das Wachstum die Weltanschauung der Amerikaner. Es führt zur Befriedigung wichtiger Bedürfnisse, die aus der Betonung des materiellen Wohlbefindens, des sozialen Fortschritts und der persönlichen Erfüllung herrühren. Wenn wir kein Bild mehr von der Zukunft haben, wie Fred Polak behauptet, dann vielleicht deshalb, weil wir den Fehler begingen, nur nach materiellen Dingen zu streben. Am meisten erstaunt dabei, daß wir diese in einem Maße erreichten, welches die kühnsten Vorstellungen unserer Vorfahren weit übertrifft! Und was jetzt? Geht es uns wie dem Hund, der Autos nachjagte und dann nicht wußte, was er machen sollte, als er endlich eins erwischte? Vielleicht haben wir unseren ersehnten Gipfel erreicht und sind aufgrund der nun von uns verspürten Enttäuschung ratlos, was wir als nächstes tun sollen.

Ein Ausblick auf die Zukunft des Wachstums

Im Laufe der Geschichte änderten Gesellschaften ihren Kurs nur, wenn sie dazu gezwungen wurden. Die Vereinigten Staaten bilden hier keine Ausnahme. Höchstwahrscheinlich werden wir weiter unseren bisherigen Geschäften nachgehen, bis wir aufgrund sich ändernder Bedingungen einen anderen Weg einschlagen müssen. Das Wachstum hat viele wünschenswerte Aspekte, die wir schmerzlich vermissen würden, wenn es kein Wachstum mehr gäbe. Falls wir uns nun an einem historischen Wendepunkt befinden, dann sollten wir auch die Vorteile des Wachstums würdigen, solange dies noch möglich ist, und uns an die neue Situation anpassen, sobald deren Konturen deutlicher werden.

Letztendlich dürfte das eigentliche Problem darin bestehen, daß wir die Prioritäten verwechseln. Wenn die Reise wichtiger ist als das Ziel, wenn das Wachstum der erfolgreich vollbrachten Leistung vorgezogen wird, dann könnte die von uns so verzweifelt gesuchte Lösung eine Umorientierung sein, nämlich das Richtige gut, es mit Liebe und Stolz zu machen, anstatt zu versuchen, so viel Geld wie möglich zu scheffeln. Zumindest glauben wir, daß dies die Lösung sein könnte. Wir verkennen aber nicht, daß es nicht einfach sein wird, jedermann davon zu überzeugen, vor allem im Rahmen einer komplexen Weltwirtschaft, die sich schrumpfenden Ressourcen gegenübersieht. Im persönlichen Bereich oder in kleinen Gruppen stellte diese Neuausrichtung schon immer eine Lösung dar. Auf ein größeres Ganzes bezogen wurde sie bis jetzt aber nur selten, wenn überhaupt praktiziert.

Vor einigen tausend Jahren sagte Aristoteles: „Über die Natur eines jeden Dinges können wir erst etwas Genaueres erfahren, wenn es sein Reifestadium erreicht und überschritten hat". Die Behauptung, das Standardwerk über das Wachstum vorgelegt zu haben, weisen wir weit von uns. Wir haben nicht die Absicht, alles zu wissen, was es darüber zu wissen gibt. Wir wollen aber eine abschließende, ernüchternde Überlegung anstellen, über die man nachdenken sollte. Von Akademikern, die überzeugte Anhänger der aristotelischen Philosophie sind, weiß man, daß sie akkurate „Spätindikatoren" sind. Der erste Zeitschriftenartikel über die Marketingtheorie wurde 1948 veröffentlicht, als die Grundelemente des modernen Marketing schon fest in der amerikanischen Geschäftspraxis verankert und in die Struktur unserer Gesellschaft integriert waren. Galbraiths Buch „The New Industrial State" erschien 1967, als die von den Amerikanern nach dem Zweiten Weltkrieg beherrschte Wirtschaftsordnung bereits ihren Höhepunkt erreicht hatte.[49] Kurz darauf änderte sich die Form des Spiels drastisch und unterschied sich deutlich vom dem, was Galbraith beschrieben hatte. Everett Rogers und Judith Larsen verfaßten „Silicon Valley Fever", als das Spiel im vollen Gange war. Eine zwei Jahre später erscheinende Taschenbuchausgabe zeichnete bereits den Zusammenbruch auf.

Sollte etwa die Tatsache, daß zwei Akademiker sich anschickten, das Wachstum zu beschreiben, es zu analysieren, seine Auswirkungen zu erforschen und Vorschläge zu unterbreiten, wie man mit ihm umgehen sollte, Unheil bedeuten? Sollte dies ein untrüglicher Indikator dafür sein, daß das Konjunkturhoch überschritten ist und wir jetzt in die daran anschließende Talsohle hinabgleiten? Wir hoffen, daß wir in diesem Fall Ausnahmen zu dem akademischen Stereotyp bilden und wir alle noch viele Jahrzehnte des Wohlstands erleben dürfen.

Anmerkungen

1. de Tocqueville, Alexis, Democracy in America, New York, Oxford University Press, 1947, S. 347.
2. Tocqueville, Democracy in America, S. 419–420.
3. Tocqueville, Democracy in America, S. 43.
4. Stabler, Charles N., How Economists Think about World Trade, *Wall Street Journal*, 28. November 1983.
5. Vgl. Potter, People of Plenty.
6. Setting a Timetable, *Business Week*, 27. May 1967, S. 52 ff.
7. Boskin, Michael, There's No Quick Fix for Restoring Growth, but Better Basic Information Would Help, Supplement to the *Stanford Observer*, January 1983, S. 3.
8. Tanner, James, Exxon Official Sees a Significant Rise in Price of Oil as Inevitable before Long, *Wall Street Journal*, 23. March 1987.
9. Detjen, Jim, Plants and Animals Dying as Forests Fall, Expert Says, *Philadelphia Inquirer*, 15. February 1987.
10. Da könnten eigennützige Motive im Spiel sein, wenn solche Einschätzungen von Übersee herkommen. Die Nationen, von denen wir uns Geld geliehen haben, vor allem Japan, hätten gerne, daß wir alles Geld zurückzahlen könnten. Doch das würde uns sehr wahrscheinlich ein hartes Programm auferlegen, etwa so wie es unsere Banken heute von den Lateinamerikanern verlangen.
11. Modigliani, Franco, In the Shadow of the Budget Deficit, *New York Times*, 1. March 1987.
12. World Almanac, 1984; U.S. Department of Commerce, Bureau of the Census, Statistical Abstract of the United States, 1981, Washington, D.C.
13. Glaberson, William, A Sense of Limits Grips Consumers, *New York Times*, 15. March 1987.
14. Simnacher, Joe, What's Good for *GM* Is Still Very Good for the Nation's Economy, *Philadelphia Inquirer*, 13. February 1987.
15. Collins, Huntly, Left Out of the Recovery, *Philadelphia Inquirer*, 7. February 1986.
16. Lochhead, Carolyn, A Shifting U.S. Work Force for a Shifting U.S. Economy, *Insight*, 2. February 1987, S. 36.
17. Collins, Left Out.
18. Thurow, Lester C., What Future for the World Economy? *The McKinsey Quarterly*, Winter 1986, S. 2–17.
19. Polak, Fred, The Image of the Future, San Francisco, Jossey-Bass, 1973, S. 19.
20. Polak, The Image of the Future, S. 305.
21. Maurice, Charles/Smithson, C. W., The Doomsday Myth: 10 000 Years of Economic Crises, Stanford, Hoofer Institution Press, 1984.
22. Simon, Julian, The Ultimate Resource, Princeton, N.J., Princeton Univ. Press, 1981.
23. Simon, Julian, Myths of Overpopulation, *Wall Street Journal*, 3. August 1984.
24. Rosenberg, Nathan/Birdzell, jr., L. E., How the West Grew Rich, New York, Basic Books, 1985.
25. Schumpeter, Joseph A., Capitalism, Socialism and Democracy, 3d ed., New York, Harper Torchbooks, 1950, S. 83.

26. Botkin, James/Dimancescu, Dan/Stata, Ray, The Innovators, New York, Harper & Row, 1984, S. 7.
27. Drucker, Peter F., Innovation and Entrepreneurship, New York, Harper & Row, 1985, S. 136.
28. „Bucky" Fuller, A Renaissance Man's Sweeping Vision, Philadelphia Inquirer, 7. August 1983.
29. Geoller, David, Private Study Says Acid Rain Curbs Would Spawn Huge Growth Industry, Philadelphia Inquirer, 2. February 1987.
30. van Wyk, Rias J., The Notion of Technological Limits, Futures, June 1985, S. 214–222.
31. McCracken, Paul W., Toward World Economic Disintegration, Wall Street Journal, 9. February 1987.
32. Heilbroner, Robert L., Business Civilization in Decline, S. 90, 102.
33. Heilbroner, Robert L., The Nature and Logic of Capitalism, New York, W.W. Norton & Co., 1985, S. 143.
34. Commoner, Barry, The Closing Circle, New York, Bantam Books, 1971, S. 253.
35. Brown, Lester, et al., State of the World 1987, New York, W.W. Norton & Co., 1987.
36. Rubenstein, Richard L., The Age of Triage, Boston, Bacon Press, 1983, S. 59.
37. Rubenstein, The Age of Triage, S. 239.
38. Aus Gesprächen mit Russell L. Ackoff.
39. Ackoff, Management in Small Doses, John Wiley & Cons, 1986, S. 24.
40. Aus Gesprächen mit Russell L. Ackoff.
41. Schumacher, Ernest F., Small Is Beautiful, New York, Harper & Row, 1973, S. 75.
42. Toffler, Alvin, The Third Wave, New York, Wm. Morrow & Co., 1980, S. 312.
43. Peters, Thomas J., Memo to: Mr. Van Winkle, The Stanford Magazine, Winter 1986, S. 16 ff.
44. Brandt, Willy, Arms and Hunger, New York, Pantheon Books, 1986, S. 13.
45. Brandt, Arms and Hunger, S. 93.
46. Levitt, Theodore, The Globalization of Markets, Harvard Business Review, May/June 1983.
47. Polanyi, Karl, The Great Transformation, New York, Farrar & Rinehart, 1944, S. 3.
48. Ecclesiastes, 2, 4–11 and 9, 7–9.
49. Vgl. Johnson, Modern Times, New York, Harper & Row, 1983, S, 693.

Literaturverzeichnis

Ackhoff, Russell L., Management in Small Doses, New York, John Wiley & Sons, 1986.
Alderson, Wroe., Marketing Behavior and Executive Action, Homewood, Ill, Richard D. Irwin, 1957.
Bartels, Robert, The Development of Marketing Thought, Homewood, Ill., Richard D. Irwin, 1962.
Ders., The General Theory of Marketing, *Journal of Marketing* 32, 1/1968, S. 29–33.
Boorstin, Daniel J., The Americans: The Colonial Experience, New York, Random House, 1958.
Ders., The Americans: The National Experience, New York, The Vintage Press, 1965.
Ders., The Americans: The Democratic Experience, New York, Vintage Books, 1974.
Ders., The Image: A Guide to Pseudo-Events in America. New York, Harper Colophon Books, 1961.
Ders., The Discoverers, New York, Random House, 1983.
Borden, Neil H., The Concept of the Marketing Mix, *Journal of Advertising Research*, 6/1964, S. 2–7.
Botkin, James/Dimancescu, Dan/Stata, Ray, The Innovators, New York, Harper & Row, 1984.
Brandt, Willy, Arms and Hunger, New York, Pantheon Books, 1986.
Brown, Lester et al., State of the World, New York, W.W. Norton & Co., 1987.
Chandler Jr., Alfred D., Strategy and Structure, Cambridge, Mass., MIT Press, 1962.
Ders., The Railroads, New York, Harcourt, Brace & World, 1965.
Ders., The Visible Hand, Cambridge, Mass., The Belknap Press, 1977.
Cipolla, Carlo M., The Economic Decline of Empires, London, Methuen & Co., 1970.
Cochran, Thomas C., Social Change in Industrial Society: Twentieth Century America, London, G. Allen & Unwin, 1972.
Commoner, Barry, The Closing Circle, New York, Bantam Books, 1971.
DeBruicker, F. Stewart/Ward, Scott, Cases in Consumer Behavior, Englewood Cliffs, N. J., Prentice-Hall, 1980.
Dictionary of American History, New York, Charles Scribner, 1976.

Drucker, Peter F., The Future of Industrial Man, New York, The John Day Company, 1942.
Ders., Management, New York, Harper & Row, 1973.
Ders., The Invisible Revolution: How Pension Fund Socialism Came to America, New York, Harper & Row, 1976.
Ders., Innovation and Entrepreneurship, New York, Harper & Row, 1985.
Engel, James. F./Blackwell, R. D., Consumer Behavior, Hinsdale, Ill., The Dryden Press, 1982.
Funkhouser, G. Ray, Technological Antecedents of the Modern Marketing Mix, *Journal of Marcromarketing* 4, Spring/1984, S. 17–28.
Ders., The Power of Persuasion, New York, Times Books, 1986.
Funkhouser, G. Ray/Rothberg, Robert R., The Dogma of Growth: A Reexamination, *Business Horizons* 28, 3–4/1985, S. 9–16.
Galbraith, John Kenneth, The New Industrial State, New York, Signet Books, 1967.
Harsanyi, John C., Rational Behavior and Bargaining Equilibrium in Games and Social Situations, Cambridge, Cambridge University Press, 1977.
Hartley, Robert F., Marketing Mistakes, 2nd ed., Columbus, Ohio, Grid Publishing Inc., 1981.
Heilbroner, Robert L., Business Civilization in Decline, New York, W.W. Norton & Co., 1976.
Ders., The Nature and Logic of Capitalism, New York, W.W. Norton & Co., 1985.
Hofstadter, R., The Age of Reform, New York, Alfred A. Knopf, 1956.
Hopkins, Claude C., My Life in Advertising, New York, Harper & Brothers, 1927.
Jensen, Michael C./Ruback, Richard S., The Market for Corporate Control, *Journal of Financial Economics* 11, 1983, S. 586–631.
Johnson, Paul, Modern Times, New York, Harper & Row, 1983.
Josephson, Matthew, The Robber Barons, New York, Harcourt, Brace & World, 1934.
Kaufmann, Henry, Interest Rates, the Markets, and the New Financial World, New York, Times Books, 1986.
Kotler, Philip, Marketing Management, 5th ed., Englewood Cliffs, N.J., Prentice-Hall, 1984.
Levitt, Theodore, The Marketing Imagination, New York, The Free Press, 1983.
Lukacs, John, Historical Consciousness, New York, Harper & Row, 1968.
Ders., Outgrowing Democracy, New York, Doubleday, 1984.

Mackay, Charles, Extraordinary Popular Delusions and the Madness of Crowds, New York, Farrar, Straus & Giroux, 1852.
Mansfield, Edwin/Rapoport, John/Schnee, Jerome/Wagner, Samuel/Hamburger Michael, Research and Innovation in the Modern Corporation, New York, W.W. Norton & Co., 1971.
Marx, Karl, Capital: A Critique of Political Economy, New York, The Modern Library, 1906.
Maurice, Charles/Smithson, C.W., The Doomsday Myth, Stanford, Hoover Institution Press, 1984.
Miller, Paul B.W./Redding, Rodney, The FASB: The People, the Process, and the Politics, Homewood, Ill., Richard D. Irwin, 1986.
Mindell, Mark G./Gordon, W.I., Employee Values in a Changing Society, New York, American Management Association, 1981.
North, Douglass C., The Economic Growth of the United States, 1790–1860, New York, W.W. Norton & Co., 1966.
Ders., Structure and Change in Economic History, New York, W.W. Norton & Co., 1981.
Olgilvy, D., Confessions of an Advertising Man, New York, Dell, 1963.
Ortega y Gasset, Jose, Man and Crisis, New York, W.W. Norton & Co., 1958.
Packard, Vance, The Hidden Persuaders, New York, Pocket Books, 1958.
Ders., The Waste Makers, New York, David McKay, 1960.
Perrett, Geoffrey, America in the Twenties, New York, Simon and Schuster, 1982.
Peters, Thomas J./Waterman Jr., Robert H., In Search of Excellence, New York, Harper & Row, 1982.
Pfeffer, Jeffrey, Power in Organizations, Marshfield, Mass., Pitman Publishing Inc., 1981.
Pickens Jr., T. Boone, Boston, Houghton Mifflin, 1987.
Polak, Fred, The Image of the Future, San Francisco, Jossey-Bass, 1973.
Polanyi, Karl, The Great Transformation, New York, Farrar & Rinehart, 1944.
Potter, David M., People of Plenty, Chicago, University of Chicago Press, 1954.
Reibstein, David J., Marketing, Englewood Cliffs, N.J., Prentice-Hall, 1985.
Rogers, Everett M./Larsen, Judith K., Silicon Valley Fever, New York, Basic Books, 1986.
Rosenberg, Nathan/Birdzell Jr., L.E., How the West Grew Rich, New York, Basic Books, 1985.

Rostow, Walt W., The Stages of Economic Growth, Cambridge, Cambridge University Press, 1960.
Rothberg, Robert R., Corporate Strategy and Product Innovation, New York, The Free Press, 1981.
Rowsome jr., Frank, They Laughed When I Sat Down, New York, Bonanza Books, 1959.
Rubenstein, Richard L., The Age of Triage, Boston, Beacon Press, 1983.
Savitt, Ronald, Historical Research in Marketing, *Journal of Marketing* 44, Fall/1980, S. 52–58.
Schumacher, Ernest, F., Small Is Beautiful, New York, Harper & Row, 1973.
Schumpeter, Joseph A., Capitalism, Socialism and Democracy, 3d ed., New York, Harper Torchbooks, 1950.
Shapiro, Stanley J./Doody, A.F., (Hrsg.), Readings in the History of American Marketing, Settlement to the Civil War, Homewood, Ill., Richard D. Irwin, 1968.
Simon, Herbert A., Administrative Behavior, 3d ed., New York, The Free Press, 1976.
Simon, Julian., The Ultimate Resource, Princeton, N.J., Princeton University Press, 1981.
Sinclair, David, Dynasty: The Astors and Their Times, New York, Beaufort Books, 1984.
Singer, Mark, Funny Money, New York, Alfred A. Knopf, 1985.
Smith, Adam, An Inquiry into the Nature and Causes of the Wealth of Nations, New York, The Modern Library, 1937.
Smith, Adam [pseud.], The Money Game, New York, Dell, 1969.
Swanberg, W.A., Citizen Hearst, New York, Charles Scribners Sons, 1961.
Tawney, R.H., Religion and the Rise of Capitalism, New York, Harcourt Brace, 1926.
Terkel, Studs, Working, New York, Random House, 1972.
Thurow, Lester C., What Future for the World Economy?, *The McKinsey Quarterly*, Winter/1985, S. 2–17.
Tiger, Lionel, Optimism: The Biology of Hope, New York, Simon & Schuster, 1979.
de Tocqueville, Alexis, Democracy in America, New York, Oxford University Press, 1947.
Toffler, Alvin, The Third Wave, New York, Wm. Morrow & Co., 1980.
Train, John, Famous Financial Fiascos, New York, Clarkson N. Potter, 1985.

Literaturverzeichnis 381

U. S. Department of Commerce, Bureau of the Census, County and City Data Book, Washington, D.C., 1984.
Dass., Historical Statistics of the United States – Colonial Times to 1970, Washington, D.C., 1975.
Dass., Statistical Abstract of the United States, Washington, D.C., various years.
Van Horne, James C., Financial Management and Policy, Englewood Cliffs, N.J., Prentice-Hall, 1986.
Weber, Max, The Protestant Ethic and the Spirit of Capitalism, Translated by Talcott Parsons, London, G. Allen & Unwin, 1930.
White, Theodore H., America in Search of Itself, New York, Harper & Row, 1982.
Wilson, Edward, O., Sociobiology: The New Synthesis, Cambridge, Mass., The Belknap Press, 1975.
Worthy, James C., Shaping an American Institution: Robert E. Wood and Sears, Roebuck, Urbana, Ill., University of Illinois Press, 1984.

Stichwortverzeichnis

ABC 175 ff.
Ackoff, Russell L. 144, 360 ff.
Adidas 136
Advanced Micro Devices 190, 298
Akquisition 234 ff.
Aktiva 62 ff.
Allegheny International 218
Allegheny Ludlum Steel 318
Altair Airlines 218
Amdahl 253 f.
American Standard 311
American Telephon And Telegraph (AT&T) 123 f., 131, 180, 256
Amoco 163
Anheuser-Busch 16, 140, 303
Apple Computer 148, 189, 200 ff., 253, 313, 326
ARA Services 91, 324
Arbitrageur 95
Aristoteles 373
Arm and Hammer 257
Arroyo, Richard D. 20
Atari 15 ff., 148, 188 f., 232, 253, 262 ff., 265, 268, 296, 312, 321, 326
Aufstiegsphase 249, 263 ff.
Ausleseverfahren 312 ff.
Avantek 191
Avon Products 204
Ayer, N.W. 129

Babyboom-Generation 135
Baldwin-United 26, 218
Bank of America 26, 215 ff.
Barron, Robert 245
BBDO International 176
Beatrice Foods 236

Bechtel 91
Belegschaft 101 f.
Bell Laboratories 147
Bell System 180
Bendix Corporation 218
Bethlehem Steel 168, 318
Bevölkerungszunahme 350
Birdzell jr., L.E. 350
Black and Decker 311
BMW 136
Bodie 155 ff., 192
Boeing 282
Booz • Allen and Hamilton 260
Boskin, Michael 71, 338
Boston Consulting Group 16, 18, 144, 264, 275
Botkin, James 352
Bozic, Michael 179
Brandt, Willy 145, 363 f.
Braniff International 26, 218
Bruttosozialprodukt 35 f., 57
Budweiser 17, 58
Burger King 187
Bushnell, Nolan 15, 91, 223, 254

Calvin, Johann 371 f.
Campbell Soup 60, 140, 172, 235, 305 ff.
Carlos, Edward C. 326
Carlson, Chester F. 139
Carnegie, Andrew 91, 336
Carson, Rachael 357
Carter, Jimmy 31
Cash cow 16, 18, 264, 275
Cash flow 59 ff.
Caterpillar and International Harvester 168

CBS 113, 174 ff., 325
Chandler jr., Alfred D. 84, 267
Chase Manhattan Bank 212 f., 215 ff.
Chevron 163
Chrysler 320 ff., 326
Club of Rome 38, 358
Coca-Cola Corporation 17, 27, 134, 235, 265, 271
ColecoVision 312 f., 321
Collision Technology 191
Commodore 312 f., 326
Commoner, Barry 358
Compaq 313
Continental Illinois Bank and Trust 26, 64, 162, 215 ff., 321 f.
Control Data Corporation 123, 253
Cornfeld, Bernard 208
Crocker Bank 218

Dahl, Gary R. 224
Dallas 164 f.
Data Access Systems 206
Data Resources 345
Datapoint Corporation 56 f., 213 f., 321
De Beers Consolidated Mines 128 f., 131
Digital Equipment 95, 179, 281
Dimancescu, Dan 352
Dirks, Raymond L. 52
Diversifikation 19, 47, 235, 282 f.
Diversifizierte Unternehmen 310 f.
Diversifoods 187
Dogs 18, 264, 292
Dome Petroleum 218
Dorrance, John 140
Doyle Dane Dambach Group 176
Drucker, Peter 98, 114, 131 f., 135, 141, 144, 261, 268, 353

Drury, Michael 36
Drysdale Government Securities 212 f.
Du Pont De Nemours And Company 122 f., 131, 136, 247, 251, 254, 301
Dun and Bradstreet 262 f., 322
Duncan, Joseph W. 263

Eastman Kodak 138, 181
Eaton 311
Edelmann, Asher B. 321
Edison, Thomas A. 252 f.
Ehrlich, Paul 358
Eigentümer 90
Eigentümer-Manager 91
Eigentümer-Unternehmer 90 ff., 324
Eisenhower, Dwight David 30
Electronic Data Services (EDS) 235, 253
Entwicklung 360 ff., 370
Equity Funding Corporation of America 50 ff.
Exxon 163, 301, 340

Fairchild Semiconductor 148, 190
Falvey, Jack 131
FASB 70 f.
Fast-Food 186 f.
FDIC 64, 162, 171, 217
Federal Farm Credit System 171
Federal Telegraph Company 146
Firestone Tire and Rubber Company 292, 314 ff., 326
Firmenwert 65 f.
Fisher, Irving 338
Fisk, Jim 208, 245
Forbes, Malcolm 37
Ford Motor Company 140, 293
Ford, Henry 135, 40, 254, 336

Stichwortverzeichnis 385

Ford, Gerald 31
Forest, Lee De 146
Fox-Morris Associates 209
Franchising 208 ff., 265 f.
Friedmann, Milton 349
Frontier Airlines 212
Fuller Brush 208
Fuller, R. Buckminster 354

Galbraith, John Kenneth 25, 98, 102, 374
General Electric 93, 137, 181, 301, 310 f., 322, 326
General Foods 28, 66, 172, 305, 322
General Mills 172, 232
General Motors 27, 62, 97, 128, 135 ff., 230, 235
Gesellschaft 106 ff.
Gewinn 59 ff.
Gewinn je Aktie 61
Gilded Age 21
Gilette Razor Company 113, 134, 255
Gläubiger 96
Glaxo 131
Gloria-Marshall-Fitnessstudios 209
Godfather's Pizza 187
Goldblum, Stanley 51 f.
Goldsmith, James 86 f., 111 f., 298, 315
Goodyear Tire and Rubber 86 f., 112 f., 315 f.
Gould, Jay 208
Graham, Thomas C. 317
Great-Society-Programm 33
Greisenmarkt 138
Großunternehmen 278 ff.
Grove, Andrew S. 190
Gulf Oil 113

Halliburton 163
Harriman, E.H. 336
Hartley, Robert F. 144
Hearst, William R. 173, 336
Heilbroner, Robert 38, 357
Heinz Company 306 f.
Hewlett, William 91, 147 ff.
Hewlett-Packard 147, 199 ff., 253, 281
High Technology 26, 146 ff., 199 ff.
Hoeffler, Don C. 148
Holiday Inn 137
Honda 127
Honeywell 123
Hopkins, Claude 259
Houston 163 f., 265, 277
Hudson's Bay Company 247

Iacocca, Lee 320, 326
International Business Machines (IBM) 266 ff., 301, 303, 310, 313, 27, 59, 67, 93, 95, 123 f., 131, 139, 179 ff., 253 f.,
Icahn, Carl 86, 111, 298
IDEA-Programm 252
Inflation 33 f., 65, 72, 226, 300
Inkubationsphase 249 ff.
Innovationen 340 f., 352 f.
Inputfaktoren 56, 60, 68
Insull, Samuel 208
Integrated Securities Services 212
Intel 148, 190, 200 ff., 298
Intellevision 321
Interessengruppen 81 ff.
Interessenkonflikte 82, 87, 368 f.
Iowa Beef Processors 139 f., 279

Japan External Trade Organisation 146
Jennings, Bill 215, 218

Jim Thorpe (Mauch Chunk) 157 ff.
Jobs, Steven 202
Johnson and Johnson 145, 270
Johnson, Lyndon B. 30, 33
Johnson, Paul 136
Jordan, Peter 344
Josephson, Matthew 81
Junk Bonds 227 f.
Kahn, Herman 37
Kaiser Steel 168
Kaiser, Henry J. 168
Katz, Harold 208 ff., 259
Kaufman, Henry 74
Kennedy, John F. 30
Ketteringham, John 131
Keynessche Theorie 353 f.
Khashoggi, Adnan 166
Knight-Ridder 174
Kommunen 278 ff.
König Salomo 372
Konträrinvestitionsstrategien 227
Kotler, Philipe 144
Kreative Destruktion 352 f.

Lambert, Drexel Burnham 86, 176, 227
Landwirtschaft 169 ff.
Larsen, Judith K. 189, 374
Lavoisier 123
Law, John 208
Law, Warren A. 87, 113
Lawrence, Robert 345
Lehigh Coal and Navigation Company 158
Leverage 50, 236
Levi Strauss 91, 136
Levitt, Theodore 102, 364
Ling, Jimmy 50, 61
Ling-Temco-Vought (LTV) 50, 54, 167 f., 218, 317 f.

Lockheed Missiles and Space 148, 321 f.
Loeffler, Robert M. 52

M&M/Mars 91
Ma Bell 123 f., 180
Makro-Bild 347 f.
Makrosystem 88
Malthus, Thomas R. 350
Marketing System 256 ff.
Markt, bestehender 271 f.
Markt, freier 348 ff.
Markt, kurzlebiger 231 ff.
Markt, sich sättigender 297
Markt, stagnierender 307
Markt, ständiger 231 ff.
Marktanteil 58 f., 278
Marktdefinition 58
Marktsegmentierung 270 ff.
Marktwert, Gesellschaft 67
Marktwirtschaft 365 f.
Massachusetts Institute of Technology (MIT) 38, 147, 345
Massenmedien 173 ff.
Maurice, Charles 349
Mazda Motor Corporation 207
McArthur, Douglas 321 f.
McCracken, Paul W. 356
McDonald's 16, 27, 129 f., 131, 146, 187
McGovern, Gordon 306
Mercer, Robert E. 112
Merck and Company 281 f.
Mesta Machine 168
Mikrosystem 88
Milken, Michael 86, 176, 227 f.
Miller Brewing Company 58, 75, 256
Minnesota Mining and Manufacturing Company (3M) 139, 280
Mobil Oil 163, 297

Stichwortverzeichnis 387

Modigliani, Franco 343
Montgomery Ward 297
Moore, Gordon 148
Mozzarellageschäft 320
Multiplikatoreffekt 345
Murphree, Dennis 273 ff., 277

Nahrungsmittelindustrie 169 ff.
Nanometrics 191
NASA 225
National Cash Register Company (NCR) 123 f.
National Semiconductor 148, 190, 298
Navistar 168
Nayak, Ranganath 131
NBC 175 ff.
Needham Harper Worldwide 176
Nevin, John J. 292, 314, 326
New York Central Railroad 81, 98
Newhouse 173
Nissan 127
Nixon, Richard 31
Northeast Utilities 231
Noyce, Robert 148
Nutri/System 208 ff., 259, 324

Occidental Petroleum 218, 314
Ocean Spray Cranberries 272
Ökologische Katastrophe 357
Ökologisches Ungleichgewicht 341
Ölfeldregion 162 ff.
Ölpreissturz 165
Omnicom 176
Organisationseinheiten, kleine 362
Orion Capital Corporation 52
Owens, Michael 253

Packard, David 91, 147 ff.
Patterson, William G. 215

Penn Square Bank 162, 215 ff.
Pennsylvania Railroad 322
Pension Benefit Guaranty Corporation (PBGC) 37, 318
People Express 210 ff.
PepsiCo 134, 187, 313
Perot, H. Ross 91, 235, 253, 258
Personalabbau 298, 310
Peters, Thomas J. 145, 268, 362
Petersen, Donald 293
Pfeffer, Jeffrey 28
Philadelphia 159 f.
Philip Morris 322
Philips 163, 251
Pickens jr., T. Boone 86, 111, 319
Pillsbury 172, 187, 305
Pizza Hut 187
Pizza Time Theatre 224
Plantronics 256
Polak, Fred 346, 372
Polanyi, Karl 365 f.
Polaroid 27, 181
Politik 104 ff.
Ponzi, Charles 221
Ponzi-Plan 221 f.
Potter, David 31
Problem children 18
Procter and Gamble 16, 19, 103, 125 ff., 131, 181, 247, 271, 281, 308 ff.
Produktidee 250 ff.
Produktmärkte 102 ff.
Produktverbreitung, stufenweise 269 ff.

Quaker Oats 172
Quality Circles 267

R.J. Reynolds/Marlboro 16
Radio Shack (Tandy) 312 f.
Ramtek 191

388 Stichwortverzeichnis

Rattigan, Thomas 326
Ray Kroc 27
RCA 138, 251, 322
Reading and Bates 50 ff., 163
Reagan, Ronald 31, 190
Reibstein, David J. 144
Ressourcen, Verknappung der 340
Return on Investment (ROI) 60 f., 91
Revlon 271
Ricardo, David 348
Risikokapitalgeber 199 ff.
Rockefeller, John D. 323, 336
Rogers, Everett M. 191 f., 199, 374
Roosevelt, Franklin D. 30, 336
Rosenberg, Nathan 350
Ross, Steven J. 17, 20, 188
Rubenstein, Richard L. 312, 358 f.

Saatchi and Saatchi PLC 176
Safeway Stores 91
Sanders, Jerry 190, 298 f.
Schlitz 140 f.
Schlumberger 27, 163, 190
Schrottrevier 166 ff.
Schumacher, Edwin F. 37, 361
Schumpeter, Joseph 352, 357
Sculley, John 313, 326
Searle, G.D. 250
Sears, Roebuck and Company 145, 179, 235
Seattle First National Bank 162, 218
Securities and Exchange Company 221
Seelert, Robert L. 28
Shapiro, Stanley J. 39
Shockley Semiconductor Laboratory 148
Shockley, William 147
Sigoloff, Stanford 326

Silicon Valley 15, 146 ff., 188 ff., 199 ff., 254
Simon, Herbert A. 85, 91, 102
Simon, Julian 37, 350
Sloan jr., Alfred P. 135
Smale, John 309
Smartek 191
Smith, Adam 89, 91, 102, 143, 348, 357, 359
Smith, Donald 187
SmithKline Beckman 128, 131, 280
Smithson, Charles 349
Sony Corporation 251
Spitzentechnologie 159 f., 188 ff.
SRI International 169, 191
Stanford, Leland 336
Stanley, Morgan 323
Stars 18, 292
Stata, Ray 352
Steuern 233 f.
Sun 163
Swift and Company 139, 279

Tandem Computers 191, 200, 206
Technologiewahn 354 f.
Ted Bates Worldwide 176
TeleVideo 199
Terman, Frederick 147
Texas Instruments Corporation 252, 312 f.
The Hunts of Texas 218
Thurow, Lester 345 f.
Tiffany and Company 204
Tiger, Lionel 29
Time 174
Timex 257, 312 f.
Tisch, Laurence A. 175
Tocqueville, Alexis de 173, 331, 334 f.
Toffler, Alvin 361 f.
Toyota 127

Stichwortverzeichnis

Train, John 237 f.
Trammiel, Jack 18, 321, 326
Trans World Corporation (TWA) 86, 141
Triad America 166
Trilogy 254
TRW 311
TSR Hobbies 218
Turner, Ted 175

Überschuldung 237 f.
Umsatzwachstum 56 f.
Umstrukturierung von Unternehmen 323 ff.
United Airlines 141, 212, 326
United Parcel Service (UPS) 141
United Steelworkers Union 167
Univac 123
Unternehmen, multinational 364
Unternehmen, schrumpfendes 290
Unternehmen, stagnierendes 290
Unternehmenskonzentration 322 f.
USX (U.S. Steel) 167 f., 183, 317

Vail, Theodore 123
Value Line 214
Vanderbilt, William 81 f., 98
Varian Associates 147
Verlangsamungsphase 249, 275 ff., 305
Volstead-Gesetz 302

Wachstum - Contra 334 ff.
Wachstum - Pro 331 ff.
Wachstum, forciert 204 ff.
Wachstum, zusammengesetzt 222
Wachstum-Anteil-Matrix 15 ff., 144, 264 f.
Wachstumsaktien 32, 47
Wachstumsbestrebungen, nationalistische 367

Wachstumsblockade 294 ff., 302
Wachstumsdruck 200 f.
Wachstumsfallen 219 ff.
Wachstumskatastrophe 197, 208 ff., 320 f.
Wachstumskatastrophe, Vermeidung 238 f.
Wachstumslose Situation 296 ff.
Wachstumsprognosen 231
Wachstumsprozeß 248 f.
Walt Disney Corporation 113, 135
Warner Communications 15 ff., 188, 232, 321
Waterman jr., Robert H. 145
Watson, Thomas J. 123, 266, 303
Weigley, Russel F. 160
Welch jr., John 326
Weltwirtschaftskrise 32
Werbung 173 ff.
Western Electric 256
Wheeling-Pittsburgh Steel 168, 317
Wickes Companies 326
Williams, George 156 f.
Wilson, Edward O. 83
Wilson, Kemmons 137
Wirtschaftliche Lage 299 f.
Witter, Dean 235
Wozniak, Stephen 202

Xerox 27, 141, 181
Xynetics 191

Zenith 313

MIX
Papier aus verantwortungsvollen Quellen
Paper from responsible sources
FSC® C105338

If you have any concerns about our products,
you can contact us on
ProductSafety@springernature.com

In case Publisher is established outside the EU,
the EU authorized representative is:
**Springer Nature Customer Service Center GmbH
Europaplatz 3, 69115 Heidelberg, Germany**

Printed by Libri Plureos GmbH
in Hamburg, Germany